사진과 그림으로 보는

한국 현대사

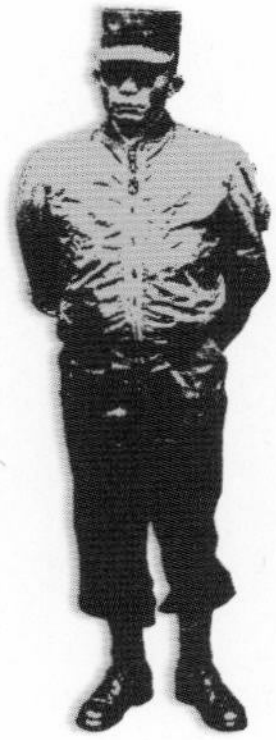

사진과 그림으로 보는 한국 현대사 (개정증보 3판)

초판 1쇄 발행 2005년 4월 8일
개정증보 2판 1쇄 발행 2013년 3월 25일
개정증보 3판 1쇄 발행 2020년 6월 22일
개정증보 3판 7쇄 발행 2024년 1월 2일

지은이 서중석

발행인 이재진 단행본사업본부장 신동해 편집장 김경림
교정교열 P.E.N. 표지디자인 최보나 본문디자인 박대성
마케팅 최혜진 이은미 홍보 반여진 허지호 정지연 송임선
국제업무 김은정 김지민 제작 정석훈

브랜드 웅진지식하우스
주소 경기도 파주시 회동길 20
문의전화 031-956-7366 (편집) 02-3670-1123 (마케팅)
홈페이지 www.wjbooks.co.kr
인스타그램 www.instagram.com/woongjin_readers
페이스북 https://www.facebook.com/woongjinreaders
블로그 blog.naver.com/wj_booking

발행처 ㈜웅진씽크빅 출판신고 1980년 3월 29일 제406-2007-000046호

ISBN 978-89-01-24163-0 (03910)

웅진지식하우스는 ㈜웅진씽크빅 단행본사업본부의 브랜드입니다.

사진과
그림으로 보는

한국 현대사

개정증보 3판

서중석 지음

웅진 지식하우스

현대사의 결정적 순간을 다시 조명하며

우리 시대의 고전 『역사란 무엇인가』에서 E. H. 카 교수는 "역사란 역사가와 사실 사이의 부단한 상호작용 과정"이라고 설파했다. 그런데 한국 현대사는 연구도 제대로 안 되었고, 사실을 밝힐 수 있는 자료가 불충분한 경우가 적지 않다. 그러다 보니 새로운 자료가 나올 때마다 사실이 새롭게 밝혀지는 일이 많다.

2013년 봄에 이 책의 개정증보 2판을 냈는데, 그해 8월에 필자는 정년 퇴임을 했고, 그때부터 프레시안에 「서중석의 현대사 이야기」를 연재했다. 그 뒤 시차를 두고 동명의 책으로 출판했는데, 올해 초 20권을 완간했다. 이 20권의 책에서는 유신체제의 배경, 유신 수호를 위한 총력안보 운동, 극단적 반공운동의 실상, 경제문제와 개발독재 논쟁, 반유신 민주화운동의 전개, 유신체제 조기 붕괴의 원인 분석에 큰 비중을 두었다. 그러면서 『사진과 그림으로 보는 한국 현대사』를 다시 손봐야겠다는 생각을 했다. 새로운 자료들을 접하면서 새롭게 이해되는 점들이 많았다.

특히 박정희 1인 독재 권력이 공고화된 유신 시기는 '사실'과 관련해 암흑기였다. 이 시기는 '긴조(긴급조치의 약칭) 시대'라고도 하는데, 사실에 접근하기도 알리기도 어려웠다. 부마항쟁이 2019년에 국가기념일로 지정되었지만, 정작 부마항쟁을 아는 사람은 드물다. 이유는 간단하다. 계엄이 선포되어 신문 1면 톱으로 보도되기 전까지 긴급조치 9호 때문에 한 줄도 보도될 수 없었다. 유신체제를 붕괴시킨 결정적 시위였는데도 그랬다. 박정희 유신체제는 계속 밝혀지는 '현재의 빛에 비추어' '조명'되지 않으면 안 되게 되어 있다.

박정희 유신체제가 재조명되어야 할 이유가 하나 더 있다. 박근혜 퇴진 촛불시위가 있었던 그곳에 아이러니하게도 성격이 전혀 다른 시위 부대가 자리를 잡고 특정 구호를 외쳤다. 이들은 6월항쟁 이후 변화에도, 냉전체제 붕괴에도 아랑곳하지 않고 계속해서 외쳤다. 무엇이, 어떻게, 저렇게 오랫동안 그들의 정신세계를 닫아놓았을까.

필자는 1975년 인도차이나 사태가 박정희 유신체제를 살려냈고, 그 직후 일어난 총력안보운동이 그때 사람들에게 정신적으로 지대한 영향을 끼쳤음을 이 책에서도, 다른 글에서도 강조하고 시사했다. 그렇지만 몇 년 전까지도 박정희 4·29특별담화에 주목하지 않았다.

박정희는 4월 29일에 금년(1975년)이 북이 남침을 저지르려는 가장 위험한 시기라면서 총화 단결을 역설했다. 그러자 열화와 같이 총력안보궐기대회가 일어났다. 비판세력을 모조리 삼킬 듯한 총력안보 광풍에 최순실 아버지 최태민의 구국선교단 등 개신교도 적극 참가했다. 5월 13일 돌연히 긴급조치 9호가 선포되었고, 이른바 4대 전시입법이 통과되었다. 대학에는 학도호국단이 부활하고 마을마다 아파트마다 반상회가 만들어졌다. '북괴 남침'이 예비군훈련장, 흑백TV, 각 교육기관을 통해 끊임없이 강조되었고, 이웃도 애인도 친척도 간첩인가 살피자는 간첩색출운동이 범국민운동으로 전개되었다. '이승복', '북괴 살인마'로 상징되는 살벌한 반공운동이 대대적으로 펼쳐졌다. 대규모 재일동포 유학생 간첩사건도 조작해 발표했다. 새바람을 일으키던 가수들이 '대마초 사건'으로 잇달아 구속되었고, 가요나 영화, TV 등 대중문화도 반공·안보 일변도로 할 것을 강요했으며, 난데없이 충효사상이 고취되었다. 학원 병영화에 이어 전 사회의 병영화·전시체제화가 이루어진 것인데, 이때 교육 또는 세뇌받은 것이 엄청난 영향을 끼쳤으므로, 총기획자인 박정희의 4·29담화에서 시작되어 1976년 초의 기만적인 포항 석유설 발표 등으로 이어지는 유신 수호 운동을 상호 연관 지어 기술해야겠다는 생각이 들었다.

지금도 개발독재를 들먹이며 유신체제가 정치는 나빴지만 경제를 발전시켰다는 주장이 있다. 학계에서도 그러한 주장이 있지만, 이 망령이 횡행할 때에는 필자가 경제야말로 유신체제 붕괴의 주요 요인의 하나였다고 아무리 강조해도 먹혀들지 않았다. 그러나 근래에 와서는 달라지는 모습을 보여주고 있어 다행이다.

앞서 언급한 사항 말고도 이번 개정증보 3판에서는 두 가지를 중시했다. 하나는 중동건설 특수와 중화학공업 팽창의 관련성이다. 이 부분은 바로 유신경제를 비틀거리게 한 재벌들의 중화학 과다 중복 투자 경쟁으로 이어진다. 또 하나는 한때 경제 발전에 일정한 역할을 했던 박정희 성장제일주의가 유신체제 붕괴 이전에 이미 종언을 고하고 있었다는 점이다. 1978년 12·12총선이 유신체제아래서, 그것도 긴급조치 9호 아래서 치러졌는데, 야당이 승리했다는 것은 그야말로 '경악할 만한 사태'였다. 김재규 중앙정보부와 공화당은 경제 실정 때문이라고 주장하며 경제팀 교체를 강력히 건의했다. 결국 유신체제 수호와 연결되어 있는 '성장제일주의' 정책을 이끌어온 남덕우 경제팀이 물러나고 신현확이 경제 부총리가 되었다. 신현확 경제팀은 중화학 축소 조정, 물가 안정, 금융 자율화 등 '안정화 정책'으로 사사건건 박정희와 충돌했다. 결국 유신경제와 긴밀히 연관되어 있는 YH 여성 노동자 사건과 부마항쟁, 이어서 10·26으로 1인 권력체제가 붕괴되었는데, 경제도 주요 요인이 되어 박 정권이 무너졌다는 것은 박정희가 얼마나 잘못 알려졌는가를 단적으로 말해준다 하겠다. 그와 함께 10·26이 없었더라면 위기 상황의 경제가 어떻게 되었을까, 그러한 착잡한 심정이 당시 안정화 정책을 밀어붙였던 경제 관료의 회고에도 나와 있다. 이처럼 부마항쟁과 10·26은 정치뿐만 아니라 경제·문화·사회에도 큰 변화를 초래하거나 초래할 수 있었다. 아울러 이번 개정증보 3판에서는 해방의 역사적 의미와 함께 1960년 4월혁명에 대해서도 정치·경제·문화·사회 전반에 걸쳐 큰 변화가 있었음을 중시했다. 해방, 4월혁명, 부마항쟁−10·26−광주항쟁, 6월항쟁이 현대사의 분수령이라는 점을 명확히 한 것이다.

광주항쟁 자체의 내용도 손질해야 했지만, 전두환·신군부의 12·12쿠데타와 5·17쿠데타의 '2단계 쿠데타'에 관해 잘 알아야 광주항쟁을 제대로 이해할 수 있다는 점에서도 고쳐 쓰는 것이 좋겠다고 생각했다. 일각에서는 5·17쿠데타는 쿠데타가 아니라고 생각하는데, 그래서 5·17쿠데타에 비중을 두고 서술했다.

노태우 회고록에 이어 말썽 많은 전두환 회고록도 나왔기 때문에 6월항쟁이나 6·29선언의 배경 설명도 이전과 좀 다르게 쓸 필요가 있었다. 1987년 대선에 영향을 준 재야의 '비판적 지지'에 대해 이제 좀 더 비판적으로 봐야겠다는 생각이 들었지만, 여러 정치인의 회고록을 보면서 1988년 4·26총선의 소선거구제가 지역주의의 구조화에 큰 역할을 했다는 점을 더 분명히 인식하게 되었다. 그래서 어떻게 해서 소선거구제로 되었는가를 아주 간략히 살펴봤다.

박정희 군사정권의 민정 이양과 관련해서도 보강을 했다. 민정 이양 과정에서 치러진 1963년 대통령선거에 대해 기존 학계는 '사상논쟁'을 중시했다. 그런데 필자의 제자가 학위 논문에서 밀가루 살포가 실질적으로는 더 큰 영향을 끼쳤음을 수치와 자료로 입증하고자 했는데, 필자도 그 주장이 설득력 있다고 보았다.

박근혜 정부, 문재인 정부에 대해서는 지금 평가하기가 너무 이르다고 생각한다. 독자의 양해를 바란다.

2020년 5월
서중석

차례

2

1948~1959

분단정부 수립과 전쟁의 참화

史+

3

1945~1959

새로운 사회의 출현

史+

4

1960~1961

민주주의를 향한 열망

5

1961~1979

'근대화'와 정보·철권 정치 18년

촛불소녀
촛불소녀
촛불아 모여라
될때까지 모여라

시민을 위한 최고의 현대사 개설서

나는 현대를 산 사람이다. 말할 나위도 없이 철들 무렵에는 해방 공간을 살았고 한국전쟁과 독재정권도 겪었다. 나는 역사학자의 길을 걸으면서 현대사의 여러 현장을 목격하였다. 어찌 보면 현대사의 증인인 셈이다. 나는 현대사를 전문적으로 연구하지 않았다. 그래서 감히 현대사를 쓸 엄두를 내지 못하였다. 어느 누가, 때로는 암울하고 때로는 처절하고 때로는 열정에 넘치는 우리의 현대사를 쓸 수 있을지, 자주 생각해보았다.

오늘에서야 현대사를 바르게 쓴 역사학자를 만나게 되었다. 현대사의 개설서인 『사진과 그림으로 보는 한국 현대사』의 저자 서중석 교수는 금기가 많은 현대사를 가장 열정적으로 연구해오면서 자기의 뚜렷한 주관에 따라 많은 연구 업적을 남겼다. 이 책은 그동안의 연구 업적을 종합 정리한 결정(結晶)이다. 나는 이 책을 읽으면서 많은 시사와 영감을 얻었으며 현대사를 정리하는 방법을 배웠다.

이 책은 대중 역사서의 서술 방식으로 쓰였다. 해방 공간을 시발로 하여 '국민의 정부' 시기까지의 사실을 담았다. 그러면서도 저자의 역사관이 분명하게 드러난다. 이를 몇 가지로 요약해보겠다.

무엇보다 저자는 일제 잔재의 청산을 내걸고 민족 주체적 관점에서 서술하였다. 이어 극우반공 냉전이데올로기에 짓눌려 왜곡된 역사를 '진실의 빛' '사실의 빛'을 비춘다는 관점에서 바로잡으려 노력하였다. 따라서 좌우의 대결과 중도파의 활동을 고르게 반영함으로써 여운형, 박헌영도 역사 인물로 살려냈다. 결코 한쪽으로 치우쳐 서술하지 않았음을 알려주고 싶다는 뜻이다. 이를 통일사관이라 해도 좋을 것이다.

모든 분야를 서술의 대상으로 삼았으면서도 정치사에만 빠지지 않았다. 곧 여러 민족운동·민중운동을 고르게 반영하였으며, 민주운동·노동운동·농민운동을 적절하게 배분하였다. 그런 과정에서 4·19혁명과 6월항쟁을 높이 평가함으로써 이들 운동이 역동적인 힘으로 우리 사회의 발전에 크게 공헌하였다는 의미를 전달하고 있다. 이를 민중사관이라 말해도 좋을 것이다.

이승만·박정희와 전두환·노태우의 역대 독재정권을 강력하게 비판하면서도 감성으로 접근치 않고 객관적 공정성을 살리려 노력한 흔적이 역력하다. 그리하여 저자는 우리 정치사가 이렇게 추잡하고 막가면서 엮어졌다는 자학사관에 빠지지 않고, 우리 사회가 일정하게 발전해왔다는 긍정사관에 충실하였다. 오늘의 현대사가 여러 고비를 넘기면서도 쉼 없이 발전해왔다는 사실을 알려준다.

이 책의 차례를 훑어보면 흥미롭다. 몇 마디로 표현한 제목만 봐도 해당 내용을 쉽게 알 수 있다. 또 딱딱하지 않고 이해하기 쉬운 문체로 서술했다. 그러니 대중 역사서의 여러 요건을 두루 갖춘 셈이다. 역사는 대중을 떠나서 존재할 수 없다. 역사책이 역사학자들의 자기만족을 위해 쓰여서는 그 의무를 저버리는 결과를 빚는다. 이 책은 누구나 쉽게 이해하며 읽을 수 있다.

한 가지 지적하고 싶은 이야기는 변화를 거듭한 생활사와 대중예술에 관한 기술이 상대적으로 소홀하였다. 아마도 저자가 이런 분야를 모두 소화해내기가 벅찼을 것이다. 또 제한된 지면과도 연관이 있을 것이다.

저자의 이런 접근방식을 편집에서도 잘 살려내고 있다. 사건사를 일지 형식으로 요약하기도 하고 정확한 통계 숫자를 제시하기도 하였다. 더욱이 필요한 대목마다 지도, 도형, 사진, 만평, 우표, 표어, 포스터와 가십 만평을 곁들였다. 이런 시청각 자료는 독자의 흥미를 불러일으킨다. 그동안 쉽게 찾아볼 수 없는 아주 희귀한 자료를 모아 독자들에게 알려주고 있다.

금년은 해방 60주년이 되는 해다. 민족 해방의 회갑을 맞이하였는데, 분단 구조는 변함없이 그대로 지속되고 있다. 이 시기에 우리의 현대사를 돌아보고 무엇인지 영감과 시사를 얻어야 할 것이다. 이 책은 분명히 독자의 역사의식에 일정하게 기여하리라 믿는다.

한편 오늘날 과거사 청산 문제로 여러 논란이 벌어지고 있다. 진정한 민주사회와 인권국가를 지향하기 위해서도 왜곡된 과거사는 청산되어야 한다. 이를 통해 미래사회의 화합을 이룩해야 할 것이다. 그런데도 이를 방해하는 세력들이 곳곳에 도사리고 있다. 이 책은 과거에 무슨 일이 일어났는지, 왜 잘못되었는지를 알려줄 것이다.

필자는 여러 의미에서, 올바른 현대사의 저술을 접하면서 흔쾌히 추천의 글을 쓰는 바다.

2005년 봄

과거사 청산을 열망하면서 아차산 밑에서 쓰다

이 이 화

역사 바로 알기의 계기가 되기를

천진하게도 나는 사실과 진실이 밝혀져 반공독재 정권의 본질이 백일하에 폭로되면 우리 사회가 크게 변모할 수 있으리라고 낙관한 적이 있다. 이 때문에 현대사 연구가 대단히 중요하고 필수적이라고 생각했다. 사실 현대사가 중·고교에서 교육되지 못한 것은 물론이고, 대학에서도 연구조차 되지 못한 것은 극우세력이 진실이 밝혀지는 것을 몹시 두려워했기 때문이었다. 극우세력은 현대사를 자의적으로 왜곡한 반공·냉전 이데올로기로 민중을 짓눌렀고, 모든 사회운동을 철저히 억압하였다.

부분적으로는 나의 판단이 틀린 것은 아니었다. 6월항쟁이 가열차게 전개되고 신군부 정권이 무릎을 꿇기까지에는 이념투쟁이나 학술운동이 분명히 일정한 역할을 했다. 그러나 그것을 과대평가해서는 안 된다. 더구나 현대사 연구의 영향은 더욱 한계가 있었다. 수구냉전세력에게 아무리 진실과 사실을 들이대더라도, 그들이 마이동풍 격으로 귀를 기울이지 않고 종전의 억지주장을 되풀이하는 것이 이해가 가지 않는 것은 아니다. 드라큘라 백작은 빛 앞에서 무력하기 짝이 없는 존재였는데, 일부 수구냉전세력이 '진실의 빛', '사실의 빛'을 회피하는 것은 당연하다는 느낌이 들기도 한다.

내가 놀란 것은 지식인과 언론인, 학생 등 어느 계층보다도 지적 욕구에 목말라해야 할 사람들이 현대사에 별다른 관심을 보이지 않는다는 점이었다. 특수한 정치적 상황 때문에 현대사에 무지한 상태였고 그래서 그동안 왜곡되게 알고 있었다면, 뒤늦게나마 진실을 알고 싶어할 터인데 현실은 그렇지 않았다.

더욱 답답한 것은 진보적 지식인들도 별로 다르지 않다는 점이었다. 마르크스나 레닌은 역사를 중시했는데도 한국에서 그들의 '추종자'들은 대부분이 그렇지 않은 것 같았고, 뛰어난 역사학자이기도 한 푸코의 제자처럼 글을 쓰는 사람도 그의 담론을 일종의 공식처럼 적용하는 것에만 급급할 뿐이었다. 유행복 바뀌듯 마르크스주의에서 포스트모더니즘으로 바뀐 것처럼 보여도, 이식 수준에 머물러 있는 것이나 추상적인 담론을 즐기는 것이 영락없이 1980년대의 어떤 풍토를 빼닮은 것 같다. 그래서인지 1980년대에 현대사 연구는 사회과학도들이 주도했는데, 이제 사회과학 대학원에서 현대사 연구자들을 찾기가 어렵다는 얘기를 자주 듣는다. 역사는 거꾸로 가는 것일까, 반복되는 것일까?

그런데 흥미롭게도 최근에 현대사에 관심을 기울이는 듯한 주장들이 나오고 있다. 그들은 진보세력 또는 소장 연구자들이 현대사를 왜곡하고 있어 그것을 바로잡아야 한다고 말한다. 그렇지만 이들의 주장은 촛불시위에 대한 대항 시위나 국가보안법 폐지 결사반대 시위에서 나왔던 것들과 닮은 점이 많은 것 같다. 해방 50주년을 맞아 이승만 살리기를 벌이고, '건국' 50주년을 맞아 박정희 신드롬 키우기에 열중하던 모습과 비슷한 풍경인데, 그때보다 더욱 절실하게 주장하는 것처럼 느껴진다. 전보다 더 외로워졌고, 그래서 이대로 가다가는 정말 안 되겠다고 결심했기 때문일까.

진보학자들의 현대사 '왜곡'에 대한 대항운동은 실증적 연구보다 주장이 앞서고 있고, 그 주장도 상당 부분은 극우반공 시대에 귀가 아프게 들었던 것을 다시 반복하고 있다. 그러한 퇴영적 논리로 설득될 사람이 얼마나 될까 하는 생각도 들지만, 진보학자들이 현대사를 부정적으로 가르치는 '자학사관'에 빠져 있다는 강변에는 섬뜩한 마음이 들지 않을 수 없다.

주지하다시피 '자학사관' 하면 일본 극우들의 '자유주의사관'이 연상되고, 그와 함께 '새로운 역사 교과서를 만드는 모임(약칭 새역모)'이 떠오른다. 그들은 역사 교과서에 일제가 저지른 침략과 만행을 사실대로 기술하는 것을 자학사관이라고 공격하고, 일본군 성노예나 난징(남경)대학살 같은 만행을 은폐하며, 수천만 명의 희생자를 낸 침략전쟁을 위대한 제국의 역사로 미화하기 위한 역사교육에 전력을 집중하고 있다. 이보다 더 기만적이고 비인간적인 역사교육이 어디 있을까. 그런데 이러한 자학사관을 본받자고 하다니.

현대사를 부정적으로만 가르쳐서는 안 된다는 주장에 나는 전적으로 동의한다. 나는 일선 교사들에게 학생들이나 시민들이 현대사에 흥미를 가질 수 있도록 소재나 에피소드를 개발하자고 역설한다. 현대사는 격동의 연속이었고 엄청난 변화와 발전이 수반되었기 때문에, 정치사나 경제사나 소재 개발에 따라서 흥미를 끌 수 있는 내용이 의외로 많다. 더구나 복식이나 주택, 연료의 변화 등 삶의 형태 변화 그리고 엄청난 사고의 변화, 남녀관계·가족관계의 변화나 영화·가요 등 대중문화의 변화에 이르기까지 현대사에는 사회적·문화적으로 흥미를 가질 수 있는 자료들이 수두룩하다.

문제는 현대사를 부정적으로 가르쳐서는 안 된다는 것을 어떻게 이해하느냐에 달려 있다. 나는 미군정의 잘못이나 이승만·박정희·신군부의 반공독재, 인권유린 행위를 은폐하는 것은 손바닥으로 해를 가리는 어리석은 짓이라고 생각한다. 이제 한국인도 상당한 수준으로 성숙했고 시민사회의 모습도 잡혀가고 있기 때문에 그것에 걸맞은 역사교육이 이루어져야 한다. 진실은 외면한다고 없어지는 것이 아니다.

나는 이 책의 저술에서도 각별히 유념했지만, 현대사를 가르칠 때 학생들이 현대사를 긍정적으로 이해하도록 마음을 많이 쓰고 있다. 해방이 얼마나 혁명적인 변화를 수반했는가, 그래서 역사상 처음으로 기본적 자유와 권리를 누릴 수 있게 되었고, 상당히 빠른 수준으로 보통선거를 실시할 수밖에 없었던 점 그리고 교육의 확대로 한글세대가 대거 탄생하고 토지개혁이 이루어져 1950년대에 1960~1980년대 경제 발전의 초석이 놓였다는 것을 자랑스럽게 가르친다. 특히 나는 한국 사회를 발전시킨 역동적인 힘을 중시한다. 역동성의 기반인 평준화가 왜 그렇게 빨리 성취되었나를 설명하고, 1956년 정·부통령 선거 등 여러 선거에서 유권자의 한 표가 독재정권을 위협했던 것을 강조한다.

한국의 민주화운동은 참으로 세계에 자랑할 만한 위대한 운동이다. 1950년대의 암흑을 뚫고 4월혁명이 일어났고, 유신체제의 폭압도 민주주의의 갈망을 짓밟지는 못했다. 광주항쟁에서 6월항쟁에 이르기까지 펼쳐진 민주화운동은 얼마나 자랑스러운 투쟁인가. 그래서 오늘 우리는 이만큼 자유를 누리고 민주주의를 발전시키고 남북관계도 호전시켜 세계에서 드물게 민주화운동이 성공한 사례로 꼽히고 있지 않은가.

일본에서건 한국에서건 자학사관을 주창하는 사람들과 그것에 비판적인 사람들은, 거창하게 들릴지 모르지만, 인생관이나 역사관이 다르다. 인간이 어떻게 살아야 하는가에 대해 다르게 생각하고 있다. 한국의 경우 근·현대사는 갈등이 심했고, 그 때문에 쟁점이 많다. 그러나 독립운동가와 친일파의 경우에서처럼 이러한 갈등도 대개는 인생관·역사관과 연결되어 있다. 그와 함께 도덕적·정신적으로 약점이 많을수록 억지주장을 부리게 마련이고, 여러 형태의 '권력'을 동원하여 상대방을 제압하려 한다는 점도 기억해둘 필요가 있다.

나는 한국 근·현대사의 큰 줄기는 『아리랑』의 주인공 김산이 "모든 한국인들은 단 두 가지만을 열망하고 있었다. 독립과 민주주의. 실제로는 오직 한 가지만을 원했다. 자유"라고 말한 것에 함축되어 있다고 본다. 개성을 마음껏 발휘할 수 있는 세상, 이성과 양식, 양심이 살아 숨쉬는 사회를 만들고 싶다는 소망도 같은 언저리에 있다.

이 책은 해방 이후 반세기 동안 자유와 민주주의를 향해서, 개성을 발휘할 수 있는 사회를 향해서 정치·경제·사회·문화 면으로 어떠한 어려움이 있었고, 그러한 어려움을 어떻게 해결해나갔는가를 살펴보는 데 초점을 맞추었다. 4월혁명과 6월항쟁은 정치사적으로만 의미가 있는 것이 아니고, 경제·사회·문화·예술 등 모든 면에 영향을 끼쳤다. 자유는 그렇게 위대한 힘을 발휘할 수 있었다. 반면에 유신체제는 정치적으로만 질곡을 가져다준 것이 아니었다. 그런가 하면 유신체제에 대항하는 새로운 정신은 새로운 사고의 지평을 열었고, 사회·문화·예술에 참신한 자극이 되었다.

지적 무지나 한계 때문이겠지만, 현대사를 총체적으로 이해하지 않고 단편적으로 파악하는 경우가 많다. 경제 발전만 하더라도 박정희 한 개인이나 소수 기업가 또는 테크노크라트에 공을 돌리는 주장을 자주 접한다. 그렇지만 경제 발전의 중요 원동력인 우리 사회의 역동적인 힘도 평준화 현상 등 몇 가지 요인에 의해 형성된 것이고, 이 책에서 기술한 대로 평준화 현상도 한두 가지 이유 때문에 생긴 것이 아니다. 경제 발전에는 국가 집행력도 중요한 역할을 했는데, 평범한 얘기지만 그것도 하루아침에 나온 것이 아니다. 특히 경제 발전을 가져온 핵심 축인 노동과 해외자본도 박정희 개인의 공로와 거리가 있다.

나는 이 책을 최대한 객관적이고 공정하게 기술하려고 노력했다. 무엇보다도 현대사에서 의미 있는 부분을 정확히 기술해야 하고, 또 틀려서는 안 된다고 생각했다. 중요한데도 빠져 있거나 부정확하게 기술되어 있는 역사서가 적지 않고, 마음 놓고 이용할 수 있는 연표 하나 없을 정도로 잘못된 기술을 많이 보았기 때문이다. 마땅하게 추천할 만한 현대사 개설서를 찾기 힘든 가운데 이 책만은 정확성에서 믿을 만하다는 신뢰감을 주고 싶었다. 그런데 초고를 보더니 웅진 편집부에서 일부 자를 것은 자르고 강조할 것은 강조하는 것이 좋겠다는 의견을 제시해 배경식 군이 수고가 많았다. 정치사의 경우 기본 자료에 의존해서 쓸 수 있었지만, 가요와 같은 대중문화 등은 모르는 것이 많아 기존의 글을 주로 이용했다. 1950년대의 여성 활동과 관련해서는 이임하 군의 박사학위 논문을 활용했다.

이 책은 정치사나 경제사에 치중해 기술하지 않았다. 아무래도 정치사가 비중이 크기는 하지만, 경제·교육·사회·여성·문학·예술·대중문화를 함께 기술해 현대사를 총체적으로 이해할 수 있게 했다는 점이 특징이라면 하나의 특징이 될 수 있겠다. 현대사와 관련해 책을 몇 권 냈으나, 『시민을 위한 한국역사』(창비, 1997)에 공동 집필자의 한 사람으로서 현대사를 맡아 300여 매를 쓴 것을 제외하면, 이 책이 최초의 현대사 개설서라고 볼 수도 있어 집필하면서 걱정을 많이 했다.

돌아가신 지 10년이 훨씬 넘은 은사 김철준 선생님은 평생에 대중을 위한 한국사 개설서를 내는 것이 소원이라고 말씀하셨다. 나는 그것은 역사가들의 꿈일 것이라고 말씀드렸다. 그분은 문장이 난삽하고 길기로 유명한데, 과연 대중 역사서를 쓰실 수 있을까 했는데 얼마 후 작고하셨다. 이 책의 원고를 쓰면서 김 선생님 말씀이 떠올랐는데, 변명 같지만 현대사의 경우 대중적인 역사서와 전문적인 역사서를 구별하여 쓰기가 무척 어렵겠다는 생각이 들었다.

올해는 해방 60주년, 을사조약 100주년, 한일협정 40주년, 남북정상회담 5주년이 되는 해다. 그것만으로도 역사 논쟁이 많을 터인데, 일본의 역사 교과서 문제로 한·중·일 세 나라에서 '새역모' 등 일본의 극우세력과 치열한 공방전이 전개될 것이다. 또 일제강점기의 강제동원, 친일파 문제, 정부 수립 직후 한국전쟁기의 주민 집단 학살 및 여러 의혹사건이 얽혀 있는 과거사 청산 문제도 계속 주목받을 것이다.

동양에서 환갑은 하나의 시기가 지나고 다음 시기가 온다는 것을 의미한다. 해방 60주년을 맞아 성숙한 시민의식으로 현대사를 되돌아보고 진지하게 성찰하여 새 출발하는 계기로 삼아야겠다. 이 책이 올해 역사 논쟁, 과거 청산의 화두가 될 진실과 화해, 새 출발을 위해 조금이라도 도움이 되었으면 좋겠다. 극우반공주의자들의 사고에 영향을 줄 수 있으면 얼마나 좋을까 하는 희망도 품어본다.

원고를 넘긴 지 1년이 되어 책이 나오게 되었다. 좋은 책을 만드는 데 적지 않은 어려움이 따르는 것 같다. 현대사의 경우 사진 한 장을 쓰는 데도 저작권 때문에 애를 먹는 일이 비일비재하다고 한다. 책이 늦게 나온다고 불평하기에 앞서 사진과 그림, 도표, 박스기사 등으로 현대사를 눈에 확 들어오게 만들기 위해 무진 노력하는 배경식 군과 김형보 편집장의 정성에 항상 감사하는 마음이 들었다. 배 군은 나와 웅진 편집부 사이에서 마음고생이 적지 않았을 것이다.

역사문제연구소는 수년 전에 『사진과 그림으로 보는 한국의 역사』 1~3권으로 호평을 받았고, 작년 9월에 발행한 『사진과 그림으로 보는 북한 현대사』도 독자의 관심을 끌고 있다고 한다. 이 책이 마지막으로 출판됨으로써 웅진과 함께 기획한 대중을 위한 한국사는 일단락짓는 셈이다.

2005년 3월

서중석

왜 지금 현대사인가

현대사는 현재를 성찰하여 미래를 구상하고 기획하는 데 직결되는 학문이다. 그럼에도 한국의 사회과학이나 인문학은 현대사에 기반을 두고 있지 않고, 심지어 외면하는 현상마저 보이는 실정이다. 다행히도 6월항쟁을 전후한 시기부터 현대사에 대한 학문적 접근이 이루어지고 있는 점은 환영할 만한 일이다.

그렇지만 아직 현대사에 관심을 기울이는 사람을 찾아보기는 그리 쉽지 않다. 그렇게 된 데에는 현대사가 극우반공체제에 의해 일방적으로 주입되었다는 점, 그리고 좌나 우 편향의 이데올로기에 의해 도식적으로 재단되고 그것을 뒷받침하는 구체적인 사실이 결여되어 있다는 점도 작용하였다. 또 일부 현대사 관련 서적이 권위주의 통치에 치중해 서술하다 보니 현대사를 어둡고 무기력한 것으로 보이게 만든다는 점도 영향을 끼쳤다.

『사진과 그림으로 보는 한국 현대사』는 2005년 출간된 이래 꾸준히 독자의 관심을 받아왔다. 이 책은 우리 역사를 자유와 민주주의, 인권, 한반도 평화에 확고한 가치를 두는 중도적 입장에서 권위주의 통치와 민주화운동 양자를 아우르며 객관적으로 서술했다. 또한 경제, 사회와 생활, 문학과 예술, 대중문화를 구체적이고 종합적으로 다뤄 역동적으로 변화하는 현대사를 총체적으로 이해할 수 있게 할 뿐만 아니라, 우리 역사를 긍지를 갖고 자랑스럽게 살펴볼 수 있도록 구성했다.

그런데 필자의 현대사 연구가 진전됨에 따라 새롭게 서술할 부분이 생겨났고, 6월항쟁 이전처럼 현대사 연구와 교육을 통제하려는 외부 입김이 강해져 그에 대한 대응도 필요하다고 생각해 개정증보판을 내게 되었다.

최근에 현대사 인식과 관련해 우려할 만한 현상이 벌어지고 있다. 이 책을 출간한 2005년 무렵부터 주목을 받았던 뉴라이트가 일부 언론과 결탁해 수구냉전 이데올로기를 모양을 바꾸어 유포시키더니 이명박 정권이 들어서자 정권 차원에서 노골적으로 교육에 개입하는 사태가 벌어졌다.

이명박 정권은 출범하자마자 수구냉전 이데올로기로 무장한 강사진을 동원해 현대사 교육을 시켰고, 근·현대사 검인정 교과서에 칼질을 했다. 또한 정부 수립 60주년을 맞아, 이승만 '건국'을 미화하고 심지어 광복절을 건국절로 바꾸자고 억지를 부리는가 하면, 한 걸음 더 나아가 건국 공로자를 포상하자는 놀라운 주장까지 했다. 독립운동가들의 강력한 항의가 없었더라면 친일 반민족 행위가 독립운동 자리를 차지하는 역사관·가치관의 전면적인 전도 현상이 일어날 뻔했다. 그뿐만이 아니었다. 광화문 한복판에 이승만 동상을 세우자는 운동이 벌어졌고, 이승만의 '건국 이념'과 4월혁명 이념이 같다는 주장도 했다. 2011년에는 돌연 교과서에 민주주의 대신 '자유민주주의'를 넣도록 해 평지풍파가 일어났다.

수구냉전세력의 창끝은 진보세력의 현대사 인식을 뒤집자는 것에 머물지 않았다. 그들은 이승만과 박정희의 권위주의 통치, 분단의 악용과 영속화 기도, 부정선거, 부정부패, 비리를 미화하거나 덮어 지금까지 저지른 자신들의 행위를 정당화하고 권력을 영속화하고자 했다.

참으로 답답한 것은 진보세력이 수구냉전세력의 공세에 무장해제당한 것이나 다름없는 모습을 보인다는 점이다. 진보세력은 1980~1990년대에 수구냉전

이데올로기를 매도하다시피 강하게 비판했지만, 그들이 알고 있는 현대사 지식은 피상적이고 도식적인 수준이 많아 수구냉전세력이 조금만 구체적으로 공격을 해오면 적절히 대응하지 못했다. 진보세력은 광복절과 건국절이 어떻게 다른지 왜 이승만 '건국'이 문제가 있는지 설득력 있게 설파할 수 있는 지식이 부족했다. 2012년 대선에서, 유신체제에서의 퍼스트레이디와 구국여성봉사단 지도자로서의 활동이 한 후보의 정치의식과 정치적 판단에 영향을 끼친 대단히 중요한 문제였는데도 불구하고 그 후보가 '사과'하는 것으로 끝맺었다. 역대 후보 중 가장 '과거'와 관련이 많았고, 그 '과거'가 앞으로 통치 행위와 긴밀히 연결될 수 있는데도, 일부 학계에서만 이를 계속 문제 삼았을 뿐 민주당, 언론계 모두 다 눈을 감았다.

이래저래 신경을 써서 새로 기술해야 할 부분이 많아졌다. 이번 개정증보판에서는 친일파 문제, 이승만의 단정운동과 '건국'·건국절 문제, 대한민국 정부 수립 이념이 잘 담겨 있는 제헌헌법과 이승만 정치 이념과의 괴리 현상, 이승만·박정희의 헌법 파괴 행위 등을 상세하게 설명하고자 했으며, 이승만과 3·15부정선거의 관계도 깊이 있게 기술했다. 5·16군부쿠데타와 관련해서 군이 어떠한 과정을 거쳐 형성되었는지 새롭게 조명했고, 유신체제의 성립과 성격, 말로를 자세히 기술했다. 유신체제와 경제의 관계는 특히 유신체제 몰락과 관련지어 서술했다.

최근에 있었던 필자의 연구 또한 개정증보판을 내는 데 도움이 되었다. 이승만의 '건국' 이념을 적나라하게 보여주는 초기 이승만 정권의 성격과 여순사건의 관계 연구, 3·15선거와 1·2차 마산항쟁 연구, 이승만 정권 붕괴 이후의 4월혁명기 연구, 부마항쟁과 유신체제의 말로 연구, 그리고 2011년에 저술한 『6월항쟁』과 2012년에 발표한 광주항쟁 관련 논문, 그해 대선 정국에서 발표한 유신체제의 성립과 성격에 관한 논문은 최근에 발생한 쟁점을 명료히 정리하는 데 도움이 되었다.

2005년 『사진과 그림으로 보는 한국 현대사』는 2000년 6·15남북정상회담으로 끝을 맺었는데, 출판사 측은 개정증보판에서 이명박 정권까지 써주기를 주문했다. 필자는 최근의 역사는 좀 더 시간을 두고 평가해야 한다고 생각하기 때문에 『사진과 그림으로 보는 한국 현대사』 초판에서 6월항쟁 이후는 간략히 서술했다. 그러나 이번 개정증보판에서는 앞에서 언급한 쟁점 때문에 2000년 이후에 일어난 일을 언급하는 것도 좋겠다 싶어 출판사 주문에 선선히 응했다.

개정증보판을 내기 위해 꼼꼼히 읽어보다가 사진과 그림 설명에서 부정확하거나 잘못된 기술을 발견했다. 현대사를 잘 모르는 뉴라이트의 글이 아니더라도 현대사 관련 저서와 글에서 오류와 왜곡, 과장이 많이 발견되기 때문에, 필자는 그동안 정확하고 명료하게 기술해야 한다고 각별히 역설했는데, 뜻밖의 발견에 부끄러움이 가득했다. 이 때문에도 개정증보판을 내는 데 마음을 기울였다.

개정증보판을 내는 데 2년 가까운 세월이 걸렸다. 각 장의 칼럼을 새로 쓰고, 그 밖에 추가 서술을 하는 것은 필자의 몫이었으나, 판형과 함께 그림과 사진을 대폭 바꿀 필요가 있었다. 그 작업을 하느라고 출판사 편집부 홍지연 씨와 디자이너 박대성 씨가 이리 뛰고 저리 뛰면서 수고하는 모습이 눈에 선하다. 출판사 김보경 대표도 여러 가지로 배려해주었다. 이분들께 깊이 감사드린다. 이 개정증보판은 정년을 코앞에 두고 낸다는 점에서도 필자에게 의미가 있다.

2013년 3월

서 중 석

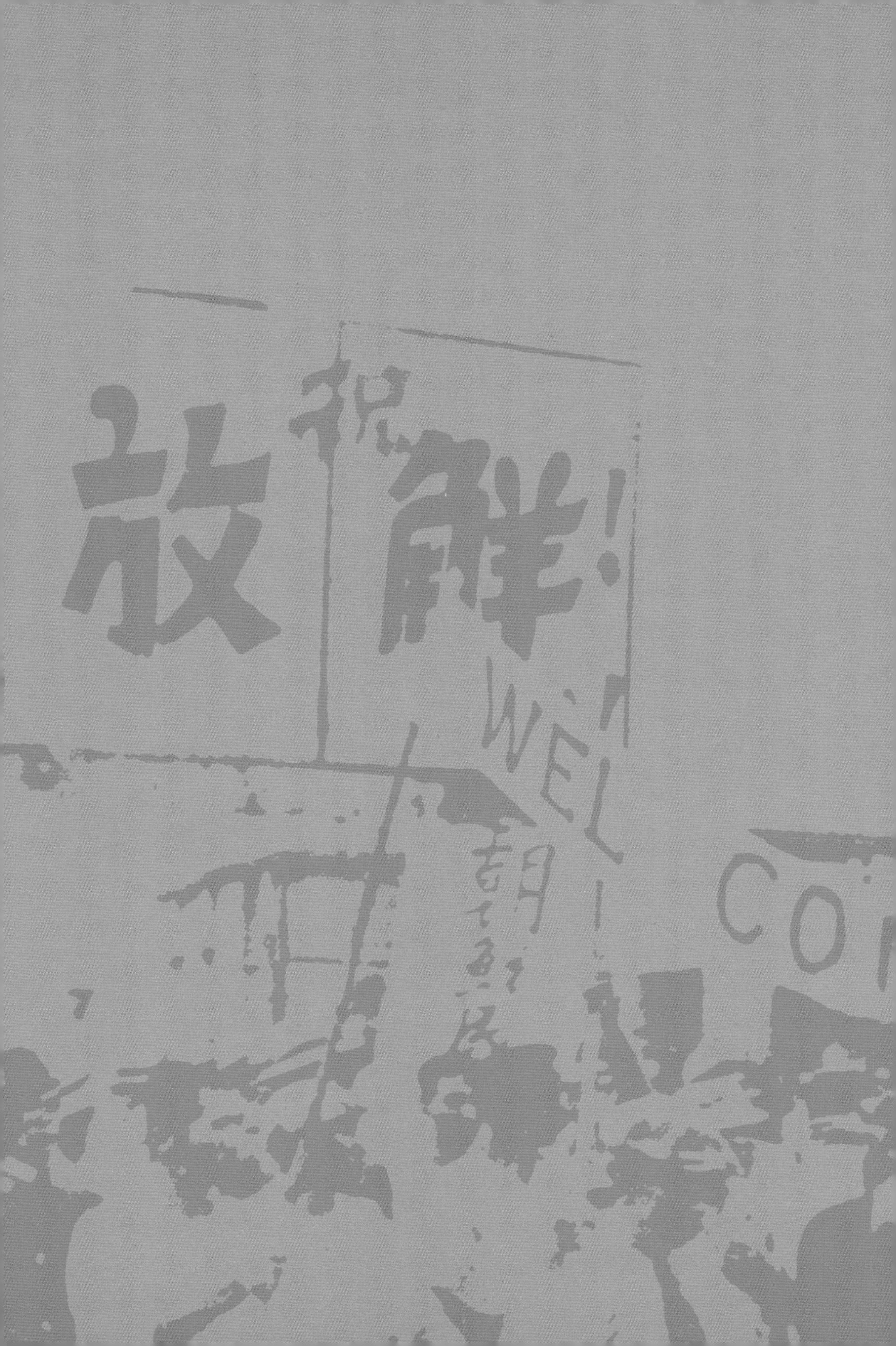
放
解!
WEL
CO

1

통일민족국가 건설을 위하여

오윤, 〈춘무인 추무의〉, 1985년

1945 – 1948

감격은 잠시였다. 꿈처럼 찾아온 해방은 완전하지 않았다.
좌우 합작과 대립이 거듭되는 가운데 점차 미소냉전이 격화되어
통일된 민족국가의 꿈은 멀어져갔다.

1945	8월	15일	해방. 여운형 등 건국준비위원회 조직에 착수
	10월	16일	이승만 귀국
	11월	23일	김구 등 임정 요인 귀국
	12월	27일	모스크바에서 미·영·소 외상 한국 문제 처리 방안에 대해 합의 (모스크바삼상회의 결정)
1946	3월	20일	제1차 미소공동위원회 개막
	7월	25일	좌우합작위원회 출범
	9월	23일	노동자 총파업
	10월	1일	10월항쟁 발발
	12월	12일	남조선과도입법의원 개원
1947	5월	21일	제2차 미소공동위원회 개막
	7월	19일	여운형 암살
	11월	14일	유엔총회에서 남북 총선거를 통한 정부 수립 결의
1948	2월	26일	유엔소총회에서 남한만의 선거 결의
	4월	26일	남북협상

여운형

이제 우리 민족은 새 역사의 첫발을 내딛게 됐다. 우리는 지난날의 아프고 쓰라린 것들은 이 자리에서 잊어버리고 이 땅에 합리적이고 이상적인 낙원을 건설하여야 한다.

— 1945년 해방 후 첫 연설 중에서

박헌영

일제의 잔존 세력과 친일파를 완전히 구축 일소함으로써만 이 조선의 독립은 완성될 것이다. 그런데도 덮어놓고 뭉치자고 하는 것은 옳지 않다.

— 1945년 발표한 「조선공산당의 주장」 중에서

김구

나는 통일된 조국을 건설하려다 38선을 베고 쓰러질지언정 일신의 구차한 안일을 취하여 단독정부를 세우는 데는 협력하지 아니하겠다.

— 1948년 발표한 「삼천만 동포에게 울며 고함」 중에서

김규식

나는 항상 조선 문제는 조선사람 스스로 해결해야 한다고 주장해왔다. 나는 미국의 장단에 맞춰 춤을 추었지만, 지금부터는 조선의 장단에 맞춰 춤을 추겠다.

— 남북협상 직전인 1948년 4월 25일에 한 인사말 중에서

101

꿈같이 찾아온 해방을 맞아

1945년 8월 15일, 해방은 꿈같이 찾아왔다. 그러나 이날도 해방된 줄 모르고 지낸 한국인이 아주 많았다. 15일 오전, 서울 시내 여러 곳에 "본일 정오 중대 방송, 일억 국민 필청(必聽)"이라고 쓰인 벽보가 붙었지만, 그것을 유심히 본 사람은 많지 않았다. 12시 일본 천황의 방송도 무슨 소린지 알아듣기 어려웠고, 라디오를 가진 한국인도 많지 않았다.

서울에서는 8월 16일 학생과 청년 등 5000여 명이 휘문중학교 운동장에 모여 조선건국준비위원회(약칭 건준) 위원장 여운형의 감격적인 사자후를 들으면서부터 해방을 실감했다. 같은 날 오후 세 차례에 걸친 건준 부위원장 안재홍의 방송 연설은 해방 소식과 함께 서울에서 우리가 주체적으로 건국 준비를 하고 있다는 소식을 전국에 알리는 데 기여했다. 또한 이날부터 여운형의 요구에 따라 전국 각 형무소에서 정치범이 석방되었다.

해방의 기쁨
꿈에도 그리던 해방의 감격을 만끽하기 위해 시민들은 거리로 쏟아져 나왔다. 1945년 8월 17일 해방경축 군민대회에 참가하기 위해 전남 광양서국민학교 교정을 가득 메운 군민들. '고려독립축하'라고 쓴 휘장이 눈길을 끈다.

감격적인 해방 소식은 17, 18일을 지나면서 전국 각지에 퍼졌다. 도시에서는 플래카드를 든 인파가 길을 메웠다. 농어촌에서도 깃발을 흔들고 풍악을 울리며 환호했다. 일장기에 먹칠을 해서 만든 태극기 등 가지각색의 태극기가 집에 걸렸고, 거리에 나부꼈다. 곡조는 지금과 같지 않았지만, 사람들은 환희에 가득 찬 뜨거운 목소리로 애국가를 불렀다.

그러나 해방을 모두 기뻐한 것은 아니었다. 일제의 패전 소식을 듣고 눈앞이 캄캄해진 한국인도 있었다. 일본의 침략 전쟁을 찬양하고 민족의식을 버리고 철저히 황국신민이 되자고 외치던 친일파들이 바로 그들이었다. 특히 친일 경찰은 피신하느라 8, 9월 출근율이 20퍼센트도 안 되었다.

해방은 수천 년 역사에서 최대의 변화, 그야말로 혁명적 변화를 가져왔고, 그러면서 현대의 기점이 되었다. 해방은 민족혁명인 동시에 시민혁명이었다. 해방은 한국인이 마음껏 한국어로 말하고 한글로 교육을 받을 수 있는 세상을 만났다는 것을 의미했다. 한글은 창제된 지 500년 만에 국민 문자가 되어 한글 세대가 대거 탄생해 문화혁명, 교육혁명이 이루어졌다. 역사상 처음으로 해방의 그날부터 우리 스스로 치안을 맡고 우리가 주체가 되어 언론·출판·집회·결사 등의 기본적 자유를 누릴 수 있었다. 민주주의가 가장 중요한 표어가 되었고, 경제의 주체도 한국인이 될 수 있었다. 거의 모든 한국인이 친일파 처단과 함께 이제는 농사짓는 사람이 땅을 갖는다는 경자유전의 원리를 실현하기 위해 토지개혁을 하지 않으면 안 된다는 데 공감했다. 해방은 무엇보다도 평등의 실현을 요구했다. 긴긴 고난의 항일투쟁을 하면서 그토록 바라마지 않았던 자유와 평등이 해방과 함께 눈앞에 다가오는 듯했다.

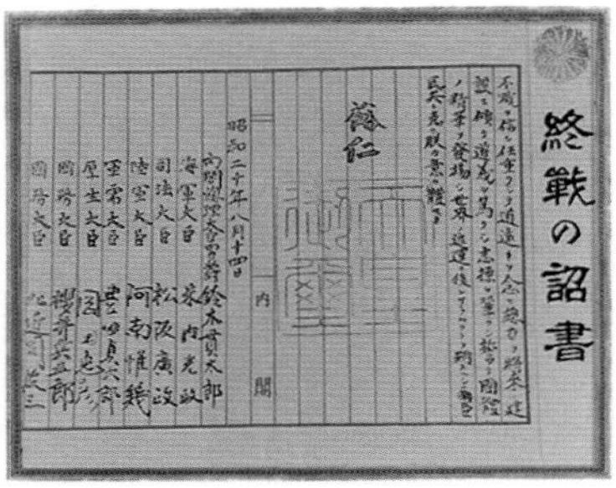
終戦の詔書

일왕의 '종전'조서
두 차례에 걸친 원폭 투하와 소련의 참전으로 일본은 무조건 항복을 결정했다. 사진은 8월 14일 일왕 히로히토가 날인하고 내각대신들이 서명한 '종전'조서. 항복 또는 패전 대신 '종전'이라는 말에 눈길이 거슬린다.

그러나 모든 것이 희망적이지는 않았다. 가장 큰 어려움은 새로운 민족국가를 세우는 문제였다. 해방 직후 대부분의 한국인은 남과 북에 분단국가가 설 것이라고는 꿈에도 생각지 못했다. 하지만 분단은 미·소 양군이 38선을 경계로 남과 북에 들어오면서부터 현실화되기 시작했다.

한국의 독립 문제는 이미 제2차 세계대전 중에 강대국들에 의해서 논의되었다. 1943년 11, 12월에 미국의 루스벨트, 영국의 처칠, 중국의 장제스(장개석)는 이집트 카이로회담에서 한국을 적당한 시기에 독립시킨다는 데 합의했다. 문제는 '적당한 시기'였는데, 루스벨트 대통령은 한국을 수십 년간 신탁통치한 다음에 독립시킬 구상을 하고 있었다. 카이로회담 중에 루스벨트는 이란의 테헤란으로 가서 소련의 스탈린 소련공산당 서기장과 만나 한국은 약 40년간 훈련 기간이 필요하다고 말했다.

1945년 2월 얄타회담에서 루스벨트는 스탈린에게 한국을 20~30년 동안

© 이경모

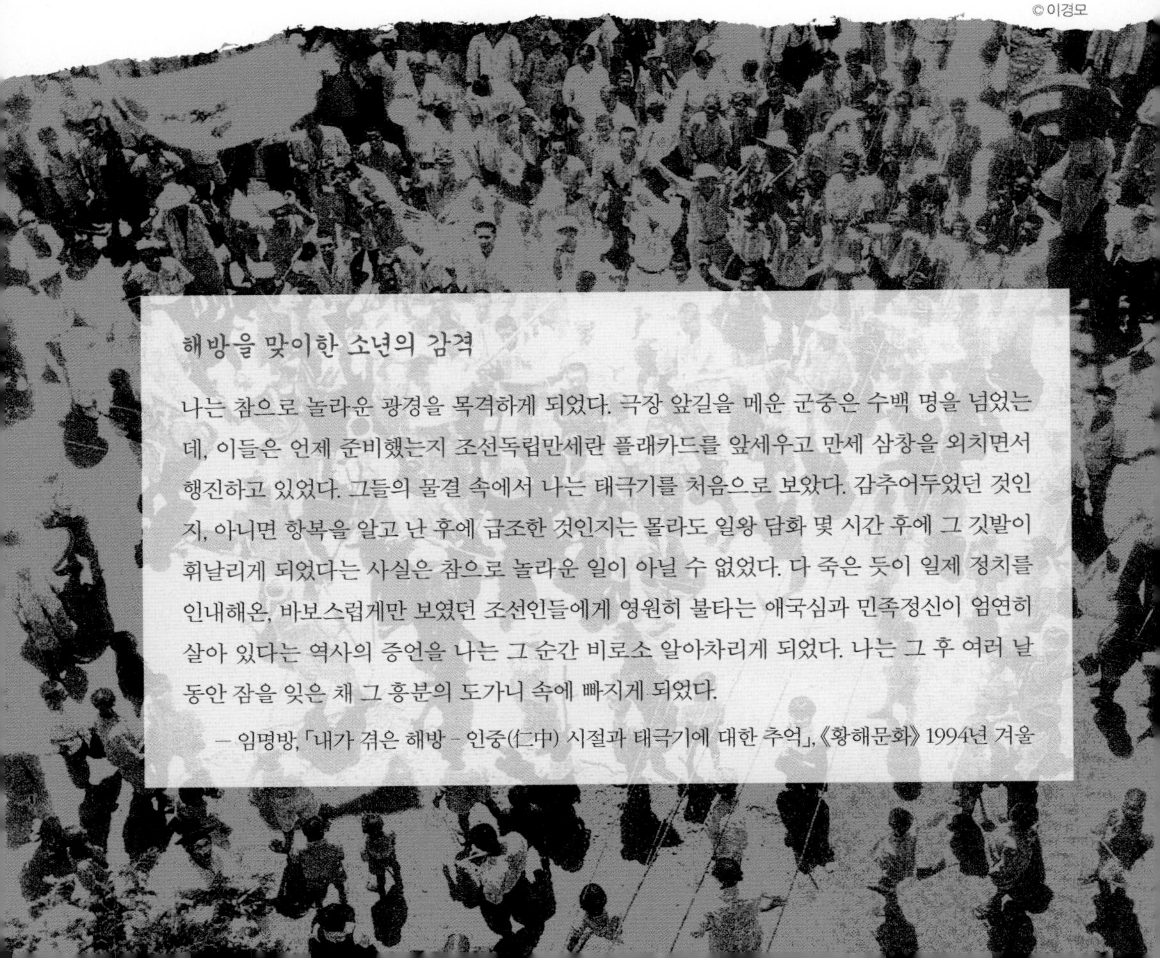

해방을 맞이한 소년의 감격

나는 참으로 놀라운 광경을 목격하게 되었다. 극장 앞길을 메운 군중은 수백 명을 넘었는데, 이들은 언제 준비했는지 조선독립만세란 플래카드를 앞세우고 만세 삼창을 외치면서 행진하고 있었다. 그들의 물결 속에서 나는 태극기를 처음으로 보았다. 감추어두었던 것인지, 아니면 항복을 알고 난 후에 급조한 것인지는 몰라도 일왕 담화 몇 시간 후에 그 깃발이 휘날리게 되었다는 사실은 참으로 놀라운 일이 아닐 수 없었다. 다 죽은 듯이 일제 정치를 인내해온, 바보스럽게만 보였던 조선인들에게 영원히 불타는 애국심과 민족정신이 엄연히 살아 있다는 역사의 증언을 나는 그 순간 비로소 알아차리게 되었다. 나는 그 후 여러 날 동안 잠을 잊은 채 그 흥분의 도가니 속에 빠지게 되었다.

— 임명방, 「내가 겪은 해방 - 인중(仁中) 시절과 태극기에 대한 추억」, 《황해문화》 1994년 겨울

루스벨트의 신탁통치 구상

신탁통치안은 루스벨트 대통령이 구상한 미국의 전후 식민지 처리 방안이다. 신탁통치안은 식민지가 거의 없는 미국이 신탁통치로 식민지 종주국의 지배를 약화시켜 경제적인 침투를 통해서 국가 이익을 관철시키고자 고안한 방안이었다. 그러나 영국은 1943년 루스벨트가 이 안을 제기할 때부터 즉각 반대했고, 프랑스도 반대했다. 이 때문에 신탁통치의 적용 국가는 자연스럽게 일본이 지배한 지역의 식민지, 그중에서도 한국이 그 대상이 될 수밖에 없었다. 한국에 대한 신탁통치는 영국도 찬성했다. 한국에 대한 신탁통치 실시 논의는 1942~1943년경부터 미국의 잡지 등을 통해 알려지기 시작했고, 루스벨트는 1943년 3월에 이든 영국 외상과의 회담에서 이 안을 제시했다.

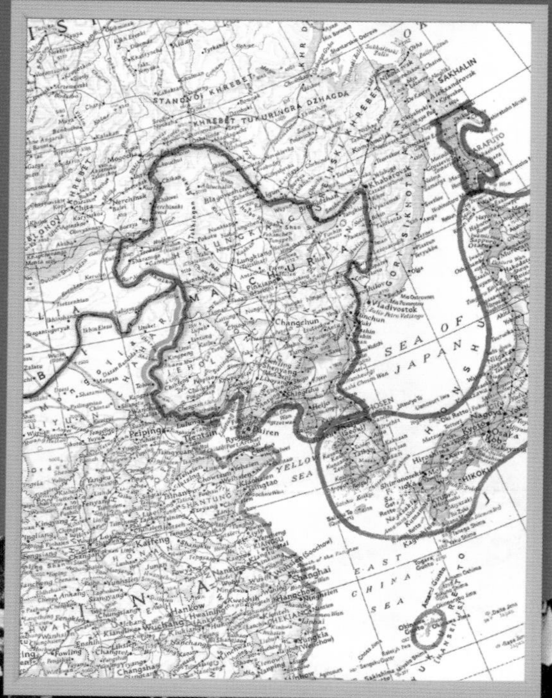

◀ 38선이 그어진 지도

소련군의 한반도 진주에 대비하여 1945년 8월 11일 미국 전략정책단에서 건의하여 전쟁성 작전국에서 38선을 획정할 때 참조한 지도. 38선에 가까운 한강을 경계로 일본대본영 작전권역과 관동군 작전권역으로 나뉘어 있다.

▼ 얄타 회담의 3거두

1945년 2월 미·영·소 연합국의 수뇌들이 모여 전후 대책을 논의한 얄타회담에서는 한국 문제가 공식적으로 제기되지는 않았으나 루스벨트와 스탈린 사이에 신탁통치 실시에 관한 간단한 의견 교환이 있었다. 사진 왼쪽부터 영국 수상 처칠, 미국 대통령 루스벨트, 소련공산당 서기장 스탈린.

신탁통치하는 것이 좋겠다고 피력했고, 이에 대해 스탈린은 짧을수록 좋을 것이라고 답변했다. 그해 7월에 열린 포츠담회담에서도 카이로선언을 확인했을 뿐 한국 문제에 대해 구체적으로 논의하지는 않았다. 미국은 바로 이때 원자폭탄 실험에 성공했기 때문에 한국 문제를 먼저 제기하려고 하지 않았고, 소련은 소극적이었다. 결국 해방될 때까지 연합국은 신탁통치를 실시한다고 잠정적으로 합의했을 뿐이다. 38선을 경계로 한 미·소 양군의 한반도 점령은 일본이 포츠담 선언을 수락한 직후에 미국에 의해 입안되었고, 소련이 그것을 받아들였다.

미군과 소련군이 한반도에 들어온 명분은 일본군의 무장해제였으나 실제로는 자국의 이해관계를 확실히 보장받기 위해서였다. 따라서 그 자체가 분단을 굳히는 성격을 지니고 있었다. 한국 문제는 자본주의의 맹주인 미국과 사회주의의 사령탑인 소련의 협력에 의해서만 해결될 수 있었다. 하지만 미·소 양군은 통합 사령부를 두지 않았고 상호 협의도 없었다.

미군과 소련군이 한반도에 진주하기 전에 한국인은 건준을 중심으로 주체적으로 건국사업을 벌여나갔다. 해방 전에 건국동맹을 조직하여 비밀 지하활동을 해온 여운형은 8월 15일 아침에 엔도 조선총독부 정무총감을 만나, ① 정치범의 즉시 석방, ② 서울 시민을 위한 식량 확보, ③ 치안 유지와 건설사업을 방해하지 말 것, ④ 학생과 청년 활동에 간섭하지 말 것, ⑤ 노동자들의 건설사업 협력을 방해하지 말 것을 요구하여, 한국인이 주체적으로 치안을 맡고 정부 수립 준비 활동을 할 것임을 명백히 했다.

8월 15일부터 활동에 들어간 건준에는 중도좌파인 여운형(위원장)과 중도우파인 안재홍(부위원장)을 비롯하여 좌우가 고루 들어가 있었다. 여운형은 우익의 지도자인 송진우도 들어올 것을 권유했지만, 그가 거부했다. 건준 지부도 활발히 조직되어 8월 말까지 145개가 생겨났다. 남의 지부에는 대개 좌우가 공존했으나, 북의 지부는 우익 중심으로 조직되었다. 그런데 미군 상륙설이 나돌고 송진우 쪽이 중경 임시정부 추대를 내세우자 안재홍을 비롯한 우익은 건준 중앙에서 이탈했다.

해방을 맞아 건준은 중요한 역할을 했다. 해방이 되었을 때 국외 독립운동 세력은 너무 멀리 떨어져 있었는데 연합국의 대한(對韓)정책 때문에 일찍 입국하기가 어려웠다. 김구와 김규식을 수반으로 한 대한민국 임시정부는 중국 중경에 있었고, 김두봉을 대표로 한 조선독립동맹은 중국 연안에 있었다. 만주에서 활동하던 빨치산은 소련의 하바롭스크 부근에 있었다. 만일 건준이 조직되어 국내 곳곳에서 주체적으로 건국 활동을 하지 않았더라면, 미국 주장대로 신탁통치를 받아 마땅하다는 논리에 대답하기가 쉽지 않았을 것이다.

8월 16일부터 활동에 들어간 건준 치안대는 전국 각지에서 해방 직후 혼란해진 치안과 질서 유지에 힘썼다. 이들의 활기찬 활동으로 민중은 비로소 나라를 되찾았다는 생각을 갖게 되면서 해방의 기쁨을 더욱 실감했다. 건준은 자치적으로 치안을 확보함과 동시에 각종 현존 시설과 기계, 기구, 자재, 자본 등을 함부로 버리거나 일본인이 가져가는 것을 막고, 그것을 인수하여 보존·관리하는 중대한 임무를 맡았다. 그렇지만 서울에서는 조선군사령부의 방해로 이중 정부와 같은 혼란이 야기되었다.

건준은 이름 그대로 독립국가를 탄생시키기 위한 초기적 임무를 수행하는 것이 목적이었다. 따라서 건준의 임무가 마무리되면 한 단계 더 진전된 조직을 갖는 것은 당연했다. 그러나 미군 상륙을 앞두고 9월 6일 조선공산당(약칭 조공)이 앞장서서 여운형과 함께 건준을 확대 개편하여 조선인민공화국(약칭 인공)을 조직한 것은 성급한 행동이었다. 전국의 인민 대표가

건준 강령

1. 우리는 완전한 독립국가의 건설을 기함.
2. 우리는 전 민족의 정치적·경제적·사회적 기본 요구를 실현할 수 있는 민주주의적 정권의 수립을 기함.
3. 우리는 일시적 과도기에 있어서 국내 질서를 자주적으로 유지하며 대중생활의 확보를 기함.

民族解放의獅子吼
우리들理想의樂土세우자

건준 위원장 여운형의 연설 보도

'이상적 낙원을 건설하자'는 연설을 보도한 《매일신보》 1945년 8월 17일자 기사.

한자리에 모이지 않았고, 우익이 참여하지 않았다는 점에서 결함이 있었다. 미군 상륙을 앞두고 한국인을 대표할 기관이 필요해서 조직했지만, 한편으로는 송진우 등의 중경 임시정부 추대에 대한 대응이기도 했다.

인공이 조직됨에 따라 지방의 건준 지부는 인민위원회로 개편되었다. 인민위원회는 미군이 진주한 뒤에도 해당 지방 주민들의 지지 속에 치안을 담당하는 등 '지방정부'로서 활동한 곳이 적지 않았다. 미국인 브루스 커밍스의 정밀한 연구에 따르면, 38선 이남의 조사 대상 138개 군 가운데 128개 군에 인민위원회가 조직되었고, 그 가운데 약 절반에 해당하는 69곳의 인민위원

건준 모임에서 연설 중인 여운형

건준은 빠른 시일 내에 자주적인 정부를 수립하기 위해 적극적으로 활동했다. 사진은 1945년 8월 하순 건준 집회에서 연설하고 있는 여운형.

회가 자치 관리를 했다.

중앙인민위원회가 결정한 소작료 3·7제는 농민들의 환호 속에 받아들여졌다. 식민지 지주제하에서 소작료를 5할, 많게는 6~8할까지 내 절대적인 빈곤에 신음하던 농민들은 3할만 소작료로 내면 된다는 주장에 정말 이것이 해방이구나 하고 감격했다. 미군정이 10월 5일 군정법령 제5호로 소작료를 생산량의 3분의 1만 내면 된다는 3·1제를 공포한 것도 3·7제가 농민들의 열렬한 환영을 받고 있었기 때문이었다.

인민대표대회가 열렸던 재동 경기고녀 교사

미군의 상륙 소식이 전해지자 여운형과 박헌영 등 좌익세력은 1945년 9월 6일 1000명 가까운 인사들로 인민대표대회를 열고 인민공화국의 수립을 선포했다. 사진은 인민대표대회가 열렸던 서울 재동 경기고녀(경기여자고등학교의 전신, 지금의 헌법재판소 자리) 모습과 전국인민대표회 개막 기사(《매일신보》 1945년 9월 7일자).

돌아오지 못한 해방, 우키시마호 폭침사건

해방이 되었지만 끝내 조국 땅을 밟지 못하고 불귀의 객이 된 사람들이 있었다. 그들은 바로 해방 후 첫 비극이자 대형 참사인 우키시마호 침몰사건으로 희생된 사람들이다.

일본에 의해 강제 징용됐던 조선인 수천 명(일본 공식 집계 3700명)을 태우고 부산으로 향하던 일본 해군함 우키시마호가 1945년 8월 24일 교토시 인근 마이즈루항 근해에서 원인 모를 폭발사고로 침몰했다. 일본의 공식 집계에 따르면, 이 사고로 조선인 524명과 일본 해군 25명이 사망했다고 했다. 하지만 실제로는 이보다 훨씬 많은 사람이 사망한 것으로 알려져 있다.

일본 정부는 미군이 부설한 기뢰가 폭발하면서 일어난 우발적인 사건이라고 발표했지만, 사건 발생 당시부터 우키시마호는 내부에 설치된 폭발물로 인해 침몰되었을 것이라는 의혹이 제기되었다. 기뢰에 의한 폭발이라면 선체의 바깥쪽에서 안쪽으로 구멍이 뚫려야 하는데, 1954년 10월 인양 당시 배의 바닥 구멍은 바깥 방향으로 뚫려 있었다. 또한 침몰 전 폭발 소리가 3~4회 들렸고 물기둥이 50~60미터나 솟아오른 현상도 기뢰에 의한 폭발로 볼 수 없다는 것이 전문가들의 주장이다.

우키시마호 사건을 다룬 북한 영화 〈살아 있는 령혼들〉.

이 사건은 그동안 철저하게 베일에 가려져 있다가 1977년 8월 일본 NHK 방송에서 우키시마호 폭침사건을 다룬 다큐멘터리 〈폭침〉을 방영하면서 널리 알려졌다. 피해자와 유가족 들은 1992년에 교토 지방재판소에 일본 정부의 공식 사죄와 28억 엔의 배상을 요구하는 소송을 제기했다. 1심 법원은 전후 보상 소송에서는 처음으로 일본 국가가 안전 수송의 의무를 이행하지 않았다며, 당시 배에 탄 사실이 확인된 15명에게 4500만 엔을 배상하라고 명령했다. 그러나 2심 법원은 1심 판결을 뒤집었으며, 2004년 11월 30일 일본 최고재판소는 개정도 하지 않은 채 적법한 상고 이유에 해당하지 않는다며 상고를 기각했다.

| 친일 문화인들의 해방맞이 표정 |

채만식과 이광수

얼마나 많은 한국인이 해방을 바랐을까. 경성고보(경성고등보통학교. 현 경기고등학교 전신) 시절 3·1운동으로 옥고를 치른 심훈은 1930년 3월 1일에 쓴 시 「그날이 오면」에서 해방의 그날을 다음과 같이 갈구했다.

그날이 오면 그날이 오면은 / 삼각산이 일어나 더덩실 춤이라도 추고 / 한강 물이 뒤집혀 용솟음칠 그날이, / 이 목숨이 끊기기 전에 와주기만 한다면, / 나는 밤하늘에 나는 까마귀와 같이 / 종로의 인경(人磬)을 머리로 들이받아 올리오리다. / 두개골은 깨어져 산산조각이 나도 / 기뻐서 죽사오매 오히려 무슨 한이 남으오리까.

안타깝게도 심훈은 1936년 35세로 세상을 떠났다. 모든 사람이 심훈과 같은 마음이었을까. 그렇지 않았다. 일제가 패망하는 것을 두려워한 사람들도 있었다. 악질 친일파일수록 해방은 공포였다. 그러나 대다수 한국인에게 해방은 감격 그 자체였다.

충남 당진 필경사에 세워진 심훈 동상.

종합잡지 《신천지》는 1946년 1월에 발간한 창간호에서 문화인들에게 "8월 15일 세기적 방송을 들으신 순간의 귀하의 심정을 알고 싶습니다"라는 설문을 던졌다. 시인 노천명은 "기쁨과 슬픔이 극도에 가서는 같이 통하는 것인지 순간 눈물이 흐를 뿐이었습니다"라고, 소설가 김영수는 "피잉 하고 눈물이 돌았습니다. 그리고 그저 덮어놓고 크게 하늘을 우러러 소리를 치고 싶었습니다"라고, 여배우 최은연은 "꿈같습니다"라고 답변했다.

소설가, 시인 등 문화인들은 종교인, 명사, 유지와 함께 친일 행위를 많이 했다. 해방을 맞았을 때 친일 행위를 한 문화인들은 대체로 세 가지 모습으로 나타났다.

일부는 8·15 전날까지 대동아·태평양 성전에서 승리하도록 징용 징병에 나가라, 영·미 귀축 무리를 쳐부수어라, 천황께 멸사봉공하자고 외쳤지만, 해방이 되자 그들은 왜정 치하가 지긋지긋했다면서 이제 애국심을 발휘해 건국사업에 앞장서자고 목소리를 높혔다. 일부 좌파 문화인들은 친일파 처단을 요구했다. 재빠른 변신이었지만, 해방의 감격으로 각성한 사람들도 적지 않았다.

"당신, 죄지었잖아요?"

해방이 되자 은거하여 속죄한 사람들도 있었다. 그리고 소수지만 자신의 친일 행위를 반성하는 글을 쓴 문화인들도 있었다. 『탁류』,

채만식과 그의 친필 원고.

『태평천하』의 작가 채만식은 해방 후 자신이 등장하는 소설을 통해 지울 수도 없고 지워서도 안 되는 친일 행위에 대해 변명도 하며 참회도 했다. 해방 직후 시대 풍경을 잘 묘사한 「역로(歷路)」(1946년 4월 집필, 《신문학》 1946년 6월호 수록)에서도 죄를 지은 경위를 밝히고 그것에 상당한 징계를 받아야 한다고 피력했다.

자신의 친일 문제를 본격적으로 다룬 것은 1946년 5월에 집필하고, 정부 수립 직후 친일파 처단 문제가 제헌국회에서 구체화되던 1948년《백민》10월호와 그다음 해 1월호에 수록된 「민족의 죄인」에서였다. 그는 이 소설에서 "한번 살에 묻은 대일 협력의 불길한 진흙은 나의 두 다리에 신겨진 불멸의 고무장화였다. 씻어도 깎아도 지워지지 않는 영원한 죄의 표지였다"라고 토로했다. 그는 아내가 "당신, 죄지셨잖아요? 그 죄, 지신 채 그대로 저세상 가시고파요?"라고 울면서 하는 말에도 고마움을 느꼈다.

"나는 나대로 친일하지 않을 수 없어서 한 것이외다"

또 다른 부류도 적지 않았다. 김연수와 함께 일제강점기 대표적인 친일 사업가였던 박흥식은 해방이 되자 악명 높은 모리배로 줄곧 지탄의 대상이 되었는데, 이들 친일파들은 해방이 되자 며칠 숨죽여 지내다가 미군정이나 이승만에게 붙어 다시금 출세의 길을 달리고, 탁월한 감각으로 검은손을 뻗쳐 각계 지도자로 군림했다. 이들 중에는 민족지도자나 독립운동가를 헐뜯고 매도하는 자들도 있었고, 이광수처럼 친일 반민족 행위를 합리화하고 정당화하는 데 여념이 없는 자들도 있었다.

일제의 패색에 번민하던 이광수는 8월 16일 서울 근교 사릉에서 해방을 알았다. 그날 군중이 면사무소와 면장 집을 부수었다는 이야기를 들었다. 8월 18일 아내가 서울에서 와 '친일파 이광수 타도' 등의 구호가 붙었다는 이야기를 해주었다. 그는 자식들을 모아

놓고 애국가를 가르쳤다. 1946년 5월에는 친일 행위 때문에 가족에게 피해가 가지 않고 재산도 보호하기 위해 아내와 합의 이혼을 했다. 당시 풍습과는 동떨어진 영악하고 계산 빠른 행보였다.

이광수는 해방 후 오랫동안 침묵을 지켰을 뿐 반성의 빛이 없었다. 그러고는 반민족행위처벌법(이하 반민법) 시행을 앞둔 1948년 12월에 출간한 『나의 고백』에서 자신의 일제 말 행위가 민족 보존을 위해 어쩔 수 없는 고육지책이었다고 강변하고, 말미에서 3년간 친일파 성토로 받은 고통으로 족하니 이제 더 추궁하지 말고 망각법으로써 민족 대화합을 회복하자고 주장했다. 반민법 재판에서는 "나는 나대로 친일하지 않을 수 없어서 한 것이외다"라고 답변했다.

『친일인명사전』에서 12쪽 분량
이광수의 태도를 어떻게 이해해야 할까

이광수는 1910년대에도 1920년대에도 일제와 유착하여 「대구에서」, 「유랑조선청년 구제 선도의 건」을 썼고, 1930년대에는 파시즘에 경도되어 개인주의와 자유주의를 비판하면서 히틀러와 무솔리니를 찬양했다. 그러나

이광수의 『나의 고백』.

이러한 글은 민족을 위한 것으로 강변할 수도 있었다. 1930년대까지 최승희가 일본을 비롯해 전 세계에 널리 알려진 무용가였다면, 이광수는 한국인에게 익히 알려진 인기 있는 대중작가였다.

일제 말에 이광수가 침략전쟁을 열렬히 찬양하여 '비인도적인 전쟁범죄'를 저지른 것은 군국주의 파시즘 신봉자로서 당연한 행위였고, 아예 피와 살과 뼈가 일본인이 되어야 한다고 무수히 역설하면서 황국신민화운동의 선봉에 선 것도 일제의 강요가 아니었다. '광수(狂洙)'라는 말을 들을 정도로 그가 일제 말에 한 행위는 너무나 광적이었다. 『친일인명사전』에서 그에 관한 서술이 무려 12쪽이나 되는데, 이것은 다른 친일파 기술의 몇 십 배나 될 정도로 어마어마한 분량이다. 이처럼 심했기 때문에 그는 반성할 엄두도 낼 수 없었을 것이다.

해방 후 이광수의 태도를 이해하기 위해서는 식민지 근대주의의 기만성과 위선성을 알 필요가 있다. 이광수는 대한제국 말 '일진회(대한제국 말 일제의 병탄정책에 적극 호응하며 그 실현에 앞장선 악명 높은 친일 매국 단체. 1904~1910)' 유학생으로 일본에 갈 무렵부터 근대 문명 고취에 앞장서면서 선각자나 지도자로 자임했으며, 그때도 자신의 잘못을 인정하지 않았다. 그의 인간관·민족관은 인본주의에 바탕을 둔 것이 아니었고, 민족을 한낱 계몽의 대상으로만 여겼다. 민족의식이 말살되어 정체성을 상실한 인간은 다른 민족으로부터도 멸시의 대상일 뿐이라는 사고가 그의 내면에 자리 잡을 수 없었다.

창씨개명의 동기와 의의에 대해 기고한 「창씨와 나」 (《매일신보》 1940년 2월 20일자).

말년의 이광수.

창씨의 동기

내가 향산(香山)이라고 씨를 창설하고 광랑(光郎)이라고 일본적인 명으로 개한 동기는 황송한 말씀이나 천황어명과 독법을 같이하는 씨명을 가지자는 것이다. 나는 깊이깊이 내 자손과 조선 민족의 장래를 고려한 끝에 이리하는 것이 당연하다는 굳은 신념에 도달한 까닭이다. 나는 천황의 신민이다. 내 자손도 천황의 신민으로 살 것이다. 이광수라는 씨명으로도 천황의 신민이 못될 것은 아니다. 그러나 향산광랑이 조금 더 천황의 신민답다고 나는 믿기 때문이다.

© 이경모

102

깊어지는 좌우 대립과 갈등

9월 8일 인천에 상륙한 미군은 다음 날 서울에 들어왔다. 이날 미 24군단장이자 주한 미군 사령관인 하지 중장과 아베 노부유키 조선총독 사이에 항복조인식이 치러졌다. 한국인은 미군을 해방군으로 맞았으나, 미군은 콧대 높은 점령군으로서 한국인을 대했고, 한국인의 심정을 이해하려고 하지 않았다. 태평양 미 육군 총사령부는 포고 제1호에서 "점령군에 대하여 반항 행동을 하거나 질서 보안을 교란하는 행위를 하는 자는 용서 없이 엄벌에 처함"이라고 경고했다. 그런가 하면 패전국인 일본은 간접 통치를 한 반면 남한에는 미군정을 설치해 직접 통치했다.

미군은 오히려 한국인을 경계하고 한국인을 괴롭힌 일본인 관리들을 상당 기간 그대로 근무하게 했다. 한국인의 불만이 커지자 일부 관리를 자문관으로 쓰기도 했다. 또한 친일 행위가 명백한 한국인 관리와 경찰을 그대로 근무

인력거를 타고 가는 미군 장교들
한국인은 남한에 진주한 미군을 '해방군'으로 열렬히 환영했으나, 그들은 한국인의 자유의사를 무시한 채 '점령군'으로 행세했다. 인력거 위에 다리를 꼬고 앉은 그들의 거만한 태도에서 '점령군'의 고압적인 자세를 엿볼 수 있다.

하게 했다. 일제 통치기구도 대부분 존속되었다. 한국인들은 특히 친일 경찰을 등용하고 승진시키는 것에 크게 불만을 가졌다. 이처럼 미군정의 현상 유지 정책으로 해방 직후 숨죽였던 친일파들이 다시 득세하면서 정국 혼란과 좌우 갈등이 더욱 심해졌다.

반공반소적인 미군은 좌익을 억압하고 우익을 적극 지원했다. 미군은 노동을 해본 적이 없는 흰 손을 좋아했고, 노동으로 거칠어진 검은 손은 멀리했다. 또한 인민공화국을 인정하지 않았고, 지방 인민위원회를 무력으로 탄압했다. 반면 한국민주당(약칭 한민당) 등 우익을 적극 비호하고 활용했다.

항복문서에 서명하는 아베 노부유키

1945년 9월 9일 조선총독부 중앙회의실에서 하지 중장과 킨 케이드 제독 이하 미군 장성들이 지켜보는 가운데 아베 노부유키 조선총독이 항복문서에 서명하고 있다. 같은 날 오후 4시 조선총독부 광장에는 미군들이 지켜보는 가운데 일장기가 내려지고 성조기가 게양됨으로써 3년간의 미군정 시대가 시작되었다.

친일 경력을 가진 경찰의 수

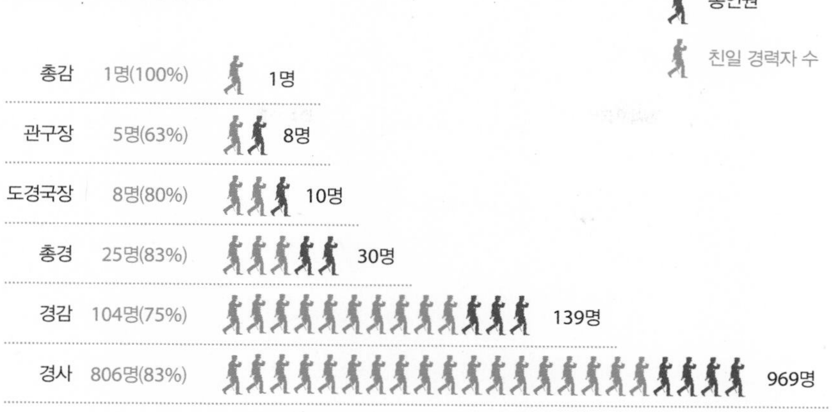

* 자료 출처 : 군정 한미 관계자 회의에서의 매그린 대령 브리핑 내용(24군단 역사파일).

해방과 함께 한국인은 유사 이래 처음으로 정치적 자유를 누렸다. 건준과 공산당은 해방된 그날부터 적극적으로 정치 활동을 펼쳤다. 미군이 상륙하기 이전으로, 일제 관헌도 어떻게 손을 쓸 수가 없었다.

건준에 대항해 9월 4일 임시정부 및 연합군 환영준비위원회를 출범시킨 김성수 등은 군소 정당으로 흩어져 있던 우익을 통합하여 9월 16일 한민당을 결성했다. 당 대표인 수석총무는 송진우였다. 결성 초기에는 김병로나 원세훈 같은 독립운동 관계자들도 있었으나, 중심세력은 송진우, 김성수 등《동아일보》계로, 부르주아·지주 세력을 대표했고 친일파가 적지 않았다.

명망가와 유지 중심의 한민당은 처음에는 지방에 뿌리를 내리지 못했다. 지방은 혁명적 분위기였고, 좌익의 지지를 받는 인민위원회의 세력이 강했기 때문이다. 그러나 미군정을 등에 업고 점차 지방으로 세력을 확대했다. 미군정은 10월에 군정고문을 임명할 때도 거의 대부분을 한민당원으로 충원하여 비난을 받았다. 한민당은 검찰과 재판부의 요직뿐만 아니라 도지사, 군수 등 지방 관직도 많이 차지했다. 친일 경찰이 미군정을 등에 업고 막강한 권력을 휘둘렀는데, 경찰의 총수인 경무국장에는 한민당 총무 8명 중 한 사람인

해방을 맞은 한국을 이해 못한 하지 주한 미군 사령관

해방 직후 한국의 운명에 가장 큰 영향을 끼친 미국인은 미군정의 최고 책임자로서 점령군 사령관이었던 하지 중장이다. 뒷날 그는 한국에서 맡았던 자신의 임무가 생애 최악의 임무였다고 하면서 "만약 내가 정부의 명령을 받지 않는 민간인 신분이었다면 연봉 100만 달러를 준다 해도 결코 그 직책을 맡지 않았을 것이다"라고 회고했다. 하지만 그것은 자신의 역사적 책임을 회피하기 위한 변명에 불과하다. 하지는 '태평양의 패턴'으로 불릴 정도로 용감한 군인이었으나, 미국의 많은 다른 장성들처럼 반소극우 성향의 인물이었다. 그는 점령 초기에 한국인은 일본인처럼 고양이와 같은 민족이라고 인종차별적인 발언을 할 정도로 한국인의 독립을 향한 열망과 다양한 사회적 욕구를 제대로 이해하지 못하고 억압했다. 이 때문에 그는 '조숙한 냉전의 용사'로서 누구보다 앞장서서 한반도에 냉전체제를 구현했다.

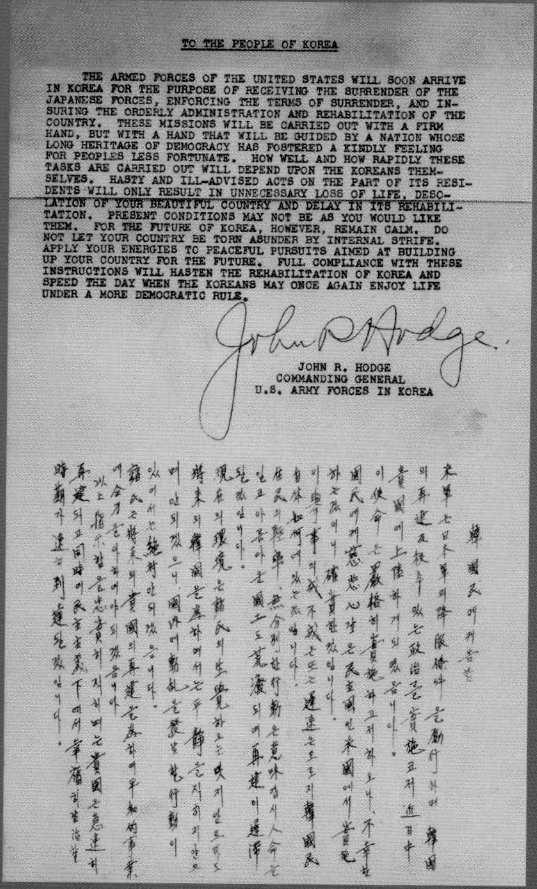

TO THE PEOPLE OF KOREA

THE ARMED FORCES OF THE UNITED STATES WILL SOON ARRIVE IN KOREA FOR THE PURPOSE OF RECEIVING THE SURRENDER OF THE JAPANESE FORCES, ENFORCING THE TERMS OF SURRENDER, AND INSURING THE ORDERLY ADMINISTRATION AND REHABILITATION OF THE COUNTRY. THESE MISSIONS WILL BE CARRIED OUT WITH A FIRM HAND, BUT WITH A HAND THAT WILL BE GUIDED BY A NATION WHOSE LONG HERITAGE OF DEMOCRACY HAS FOSTERED A KINDLY FEELING FOR PEOPLES LESS FORTUNATE. HOW WELL AND HOW RAPIDLY THESE TASKS ARE CARRIED OUT WILL DEPEND UPON THE KOREANS THEMSELVES. HASTY AND ILL-ADVISED ACTS ON THE PART OF ITS RESIDENTS WILL ONLY RESULT IN UNNECESSARY LOSS OF LIFE, DESOLATION OF YOUR BEAUTIFUL COUNTRY AND DELAY IN ITS REHABILITATION. PRESENT CONDITIONS MAY NOT BE AS YOU WOULD LIKE THEM. FOR THE FUTURE OF KOREA, HOWEVER, REMAIN CALM. DO NOT LET YOUR COUNTRY BE TORN ASUNDER BY INTERNAL STRIFE. APPLY YOUR ENERGIES TO PEACEFUL PURSUITS AIMED AT BUILDING UP YOUR COUNTRY FOR THE FUTURE. FULL COMPLIANCE WITH THESE INSTRUCTIONS WILL HASTEN THE REHABILITATION OF KOREA AND SPEED THE DAY WHEN THE KOREANS MAY ONCE AGAIN ENJOY LIFE UNDER A MORE DEMOCRATIC RULE.

John R Hodge

JOHN R. HODGE
COMMANDING GENERAL
U.S. ARMY FORCES IN KOREA

▲ **하지 장군과 김구, 이승만**

이승만과 김구는 미군정과 하지 중장의 적극적인 지원을 받으며 정치활동을 벌였다.

◀ **해방 직후 하지 중장 명의로 살포된 포고문**

미국의 대조선정책에 적극적으로 협조할 것을 당부하는 내용이다. 영문과 한글로 각각 표기된 것이 인상적이다.

조병옥이, 수도경찰청장에는 장택상이 임명되었다.

한민당보다는 약했지만 9월 24일 안재홍을 위원장으로 하여 결성된 우익 정당 국민당도 영향력이 있었다. 일제강점기의 비타협 민족주의자들이 주요 간부인 국민당은 만민공생의 신민주주의와 신민족주의를 표방했으며, 좌우 협조를 중시하는 중도우파의 정치 노선을 대표했다.

해방 정국에서 가장 강력한 대중조직을 끼고 있었던 정당은 조공이었다. 해방 직후 장안파와 재건파 공산당으로 나뉘어 있던 공산주의자들은 9월 8일 열성자대회를 거쳐, 9월 11일 박헌영의 재건파를 중심으로 한 조공으로 통합되었다. 9월 20일 공산당 중앙위원회에서는 기본 노선으로 '8월테제'(1945년 8월 20일 박헌영에 의해 작성된 '일반 정치 노선에 대한 결정'을 보충하고 가다듬어 조선공산당의 정치 노선과 활동 방침을 밝힌 장문의 문서)로 더 많이 알려진 '현 정세와 우리의 임무'를 채택했다.

조공은 8월테제에서 급진 노선을 채택했지만, 실제로는 연말까지 그다지 과격한 행동을 하지는 않았다. 12월까지 조공은 당 조직과 대중 단체의 결성에 주력했다. 그 결과 조선노동조합전국평의회(약칭 전평), 전국농민조합총연맹(약칭 전농), 조선청년총동맹(약칭 청총), 조선부녀총동맹(약칭 부총) 등이 차

8월테제와 부르주아 민주주의 혁명론

조공은 8월테제에서 현 단계 혁명을 부르주아 민주주의 혁명으로 규정하고, 혁명적 민주주의 정권을 세움과 동시에 일본 제국주의자와 민족 반역자, 그리고 대지주의 토지를 보상하지 않고 몰수하여, 토지가 없거나 적게 가진 농민에게 무상으로 분배하는 토지 문제의 혁명적 해결을 기본 과제로 제시했다. 그리고 노동자·농민·도시 소시민·인텔리겐치아(지식인)를 진보적 새 조선 건설의 가장 중요한 동력으로 설정하고, 한민당은 지주와 자본 계급의 이익을 대표하는 반동적 정당으로 규정했다. 또한 민족급진주의자, 계급운동을 포기한 사회개량주의자들을 배격했다. 8월테제는 일제하 코민테른(국제공산당)의 조선 혁명에 대한 노선인 '12월테제'를 해방 후의 정치적 상황에 맞게 약간 변형한 것으로 해방 후 조선공산당의 정치 노선을 이해하는 데 중요한 문건이다.

남한에서 1945 ~1949년 활동한 주요 정당의 계보도

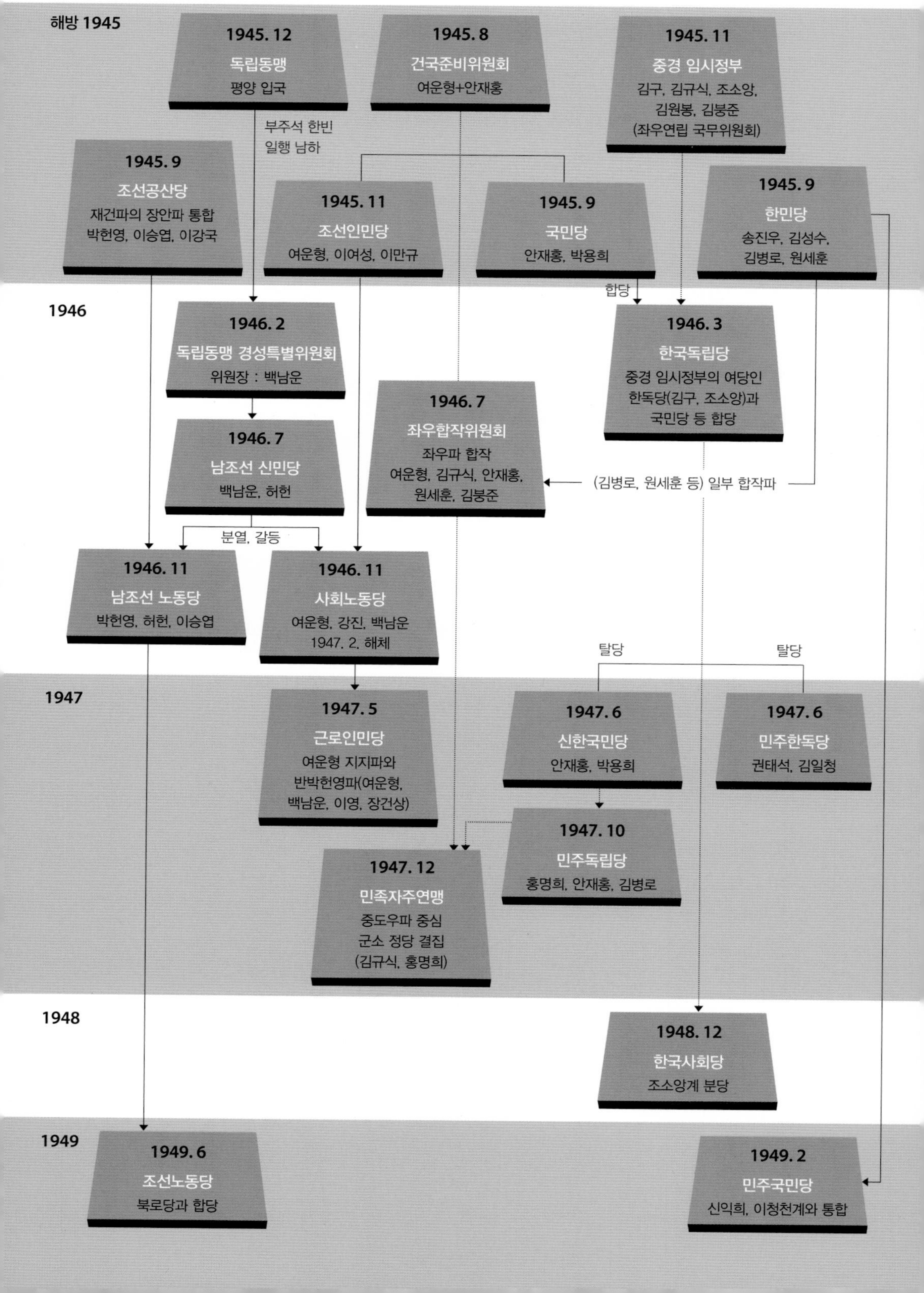

해방 1945
1945. 12
독립동맹
평양 입국
1945. 8
건국준비위원회
여운형+안재홍
1945. 11
중경 임시정부
김구, 김규식, 조소앙,
김원봉, 김붕준
(좌우연립 국무위원회)
부주석 한빈
일행 남하
1945. 9
조선공산당
재건파의 장안파 통합
박헌영, 이승엽, 이강국
1945. 11
조선인민당
여운형, 이여성, 이만규
1945. 9
국민당
안재홍, 박용희
1945. 9
한민당
송진우, 김성수,
김병로, 원세훈
1946
합당
1946. 2
독립동맹 경성특별위원회
위원장 : 백남운
1946. 3
한국독립당
중경 임시정부의 여당인
한독당(김구, 조소앙)과
국민당 등 합당
1946. 7
좌우합작위원회
좌우파 합작
여운형, 김규식, 안재홍,
원세훈, 김붕준
1946. 7
남조선 신민당
백남운, 허헌
(김병로, 원세훈 등) 일부 합작파
분열, 갈등
1946. 11
남조선 노동당
박헌영, 허헌, 이승엽
1946. 11
사회노동당
여운형, 강진, 백남운
1947. 2. 해체
탈당
탈당
1947
1947. 5
근로인민당
여운형 지지파와
반박헌영파(여운형,
백남운, 이영, 장건상)
1947. 6
신한국민당
안재홍, 박용희
1947. 6
민주한독당
권태석, 김일청
1947. 10
민주독립당
홍명희, 안재홍, 김병로
1947. 12
민족자주연맹
중도우파 중심
군소 정당 결집
(김규식, 홍명희)
1948
1948. 12
한국사회당
조소앙계 분당
1949
1949. 6
조선노동당
북로당과 합당
1949. 2
민주국민당
신익희, 이청천계와 통합

례로 결성되었다. 청총과 부총은 범좌익적 성격이 강했다.

11월 12일에는 여운형을 위원장으로 한 중도좌파 정당인 조선인민당(약칭 인민당)이 탄생했다. 인민당은 좌우 갈등을 최소화하고 민족통일전선을 형성하여 좌우연합 정부를 수립하려고 했다. 여운형은 민족국가의 건설은 오직 각 당, 각 파를 망라한 민족적 총역량의 집중에서만 가능하다고 역설했다. 인민당은 일제강점기와 해방 직후의 정치 상황을 반영하여 자본가부터 공산주의자까지 참여했다.

10월 16일, 이승만이 해외 독립운동가로서는 처음으로 귀국했다. 소련과의 협조를 통해 한국 문제를 해결하려고 했던 미 국무부는 반소적인 인물인 이승만의 입국을 막기도 했지만, 미군정은 여운형 등 좌익이 주도하는 정치 상황을 개편하기 위해 그의 정치활동을 적극 지원했다. 이승만은 미군정의 지원으로 독립촉성중앙협의회(약칭 독촉)를 결성했다. 그러나 이승만은 과도하게 한민당으로 기울어져 있었고 친일파를 정치적 기반으로 삼음에 따라 좌익과 갈라서게 되었다. 결국 독촉은 이승만 지지세력의 단체가 되고 말았다.

11월 23일, 김구를 비롯한 충칭(중경) 임시정부(약칭 중경 임정) 요인들이 개인 자격으로 귀국했다(2진은 12월 2일 입국). 중경 임정이 입국함으로써 12월까지 해외 독립운동가들이 대부분 입국했다. 한국인은 김구 등 중경 임정 요

해방 직후의 정당 난립

해방된 지 3~4개월 만에 수십 개로 늘어난 극심한 정당 난립 현상을 풍자한 《주간신보》 1946년 1월 26일자 시사만화. "다 읽으시면 속히 이웃 사람에게 돌립시다"라고 적힌 설명문이 눈길을 끈다.

이승만의 귀국 연설

1945년 10월 16일 귀국한 이승만이 1945년 10월 20일 미군정청 앞 광장에서 열린 연합군환영회에서 하지의 극적인 소개를 받고 귀국 후 최초의 연설을 하고 있다.

인들이 리더십을 발휘하여 좌우를 단합시키고 친일파의 발호를 막아 하루빨리 통일된 민족국가를 수립해주기를 간절히 기대했다.

입국 초기 중경 임정 요인들 중에는 좌우연합에 적극적인 인사들이 적지 않았다. 그러나 김구는 임시정부의 법통성을 중시하여 중경 임정과 인공의 대등한 합작은 있을 수 없다고 생각했다. 반면 인공 측에서는 자신들이 대중의 지지를 많이 받고 있으므로 중경 임정 아래로 들어갈 수는 없다고 주장했다. 그리하여 중경 임정은 정국이 반탁의 소용돌이에 휘말리기 시작한 12월 하순까지 뚜렷한 비전을 제시하지 못했다.

임시정부 귀환환영대회

1945년 12월, 서울 시내 한 중심가에 광복과 더불어 중국에서 귀국하는 임정 요인들을 환영하기 위해 시민과 학생들이 구름처럼 모여들었다.

해방의 흥분과 감격은 1945년 12월이 되자 점차 답답하고 어두운 마음으로 바뀌어갔다. 좌와 우의 대립의 골은 점점 깊어갔고, 사회적·경제적 혼란이 야기되었다. 일제 말에서 해방 직후까지 조선총독부가 통화를 남발하는 바람에 극심한 인플레이션이 유발되었다. 생활필수품은 점차 구하기 어려워졌고, 공장은 문을 닫았으며, 실직자가 늘어났다. 해방된 해에는 풍년에다 일제의 공출도 없었지만 미군정의 자유방임 정책과 모리배의 창궐, 쌀 남용으로 심각한 식량문제가 발생했다. 또한 일본군이 무장해제되었음에도 미·소 양군은 여전히 물러나지 않는 데다가, 38선의 통행도 점차 힘들어졌다. 그해 연말 남한의 상황은 몹시 혼란하고 사람들의 불만이 많아 '불만 당기면 금방 폭발할 것 같은 화약통' 같았다.

길거리의 어린 행상들

아주머니, 아저씨뿐만 아니라 어린 꼬마들까지 배고픔을 이기지 못해 거리의 행상으로 나섰다. 고구마 몇 개만을 벌여놓은 좌판을 통해 당시의 궁핍상을 짐작할 수 있다(1945년 10월).

史+

| 해방 직후 첫 여론조사 |

반다시 우리를 지도하야 줄 인물은?

우리는 건국이라는 대창업이 앞에 잇으니 반다시 우리를 지도하야줄 인물도 잇다는 의미에서 출발하고 십다. 이러한 의미에서 우리 지도자를 찾고자 하는 이 취지를 양해하사 주심을 바라는 바이다.

추선(推選)되는 인물의 자격

一. 국제 정세에 정통하고 一. 조선 사정에 통달하고 一. 가장 양심적

一. 가장 과학적 一. 가장 조직적 一. 가장 정치적으로 포용할 아량을 가질 것.

제씨는 조선의 이 혼돈 상태를 구하는 의미에서 순정하고도 진정한 의미로 투표하야주시오. 이것은 유희가 아니고 진정으로 조선 지도자를 찾는 의미로 막대한 노력과 경비를 소비하야 조사하는 것이오니 이 인물이 되엇다 하시고 투표하야주심을 복망(伏望).

一. 선생님 뫼옵고 조선의 내각을 조직하라 하면 어떠한 인물을 어떠한 지위로 추선하여야 조선 장래가 제일 잘 발전할가?

대통령, 내무부장, 외무부장, 재무부장, 군무부장, 사법부장, 문교부장, 경제부장, 교통부장, 노동부장.

一. 과거 이래 조선 혁명가로 선생님이 굴지하시는 분 중에 지금것 생존하신 분이 누구신가? (씨명, 주소, 내력 등 명세히 기록하야주시오.)

1945년 11월 선구회라는 단체에서 해방 후 첫 여론조사를 실시했다. 선구회의 여론조사는 아직 해외 지도자들이 국내에 모두 들어오지 않고 좌우 대립이 본격화되지 않은 시점에서 실시되었기 때문에 해방 직후 정치가들에 대한 국민의 지지도를 알 수 있는 좋은 참고가 된다.

조사는 ①조선을 이끌어갈 양심적 지도자, ②희망하는 정부 형태, ③내각이 조직될 경우 적당한 인물, ④생존 인물 중 최고의 혁명가 등 4개 항목에 대해 실시되었다. 이 조사에서 가장 높은 점수를 얻은 사람은 여운형이다. 그는 ①과 ④ 항목에서 각각 가장 많은 표를 얻었다. 해방 초기 건준을 주도한 그

의 인기도를 잘 말해준다. 여운형 다음으로 많은 표를 얻은 사람은 이승만이다. 그는 ①과 ④ 항목에서 각각 2등을 했으나, 내각 책임자를 묻는 항목에서는, 연령이 높다는 점도 작용했겠지만, 대통령 후보로 44퍼센트의 지지를 받아 가장 많은 표를 얻었다.

반면 대한민국 임시정부 주석 김구는 ①과 ④ 항목에서 각각 3위를 했지만 대통령 후보로 2위, 내무부장 후보로는 1위를 차지했다. 해방 직후 조공의 최고 지도자였던 박헌영은 ①과 ④ 항목에서 각각 4위와 3위를 차지했다. 그는 주로 비밀 지하활동을 했고 해방 후에도 공개석상에 나타나지 않았기 때문에 대중에게 잘 알려져 있지 않았다. 5등은 김일성이 차지했다. 빨치산 지도자로 알려졌기 때문일 터인데, 해방 직후 남한에서 그가 차지하는 정치적 위상을 말해준다.

여론조사를 실시한 선구회가 우파 성향의 조직임에도 불구하고 장차 조직될 임시정부 내각 명단에 추천된 인물은 좌익 여섯 명, 우익 네 명으로 좌익이 우익보다 더 많았다. 반면 한민당 관련 인물이 각 항목별로 단 한 명도 1위를 차지하지 못한 것은 당시 한민당에 대한 대중의 지지도를 잘 보여주는 결과라고 할 수 있다.

조선을 이끌어 갈 양심적 지도자

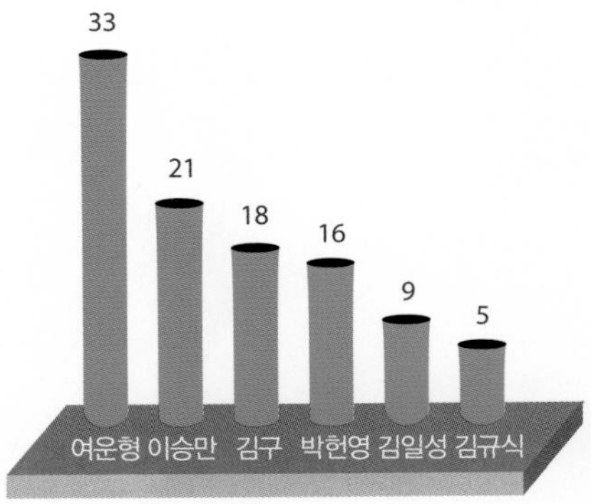

생존 인물 중 최고의 혁명가

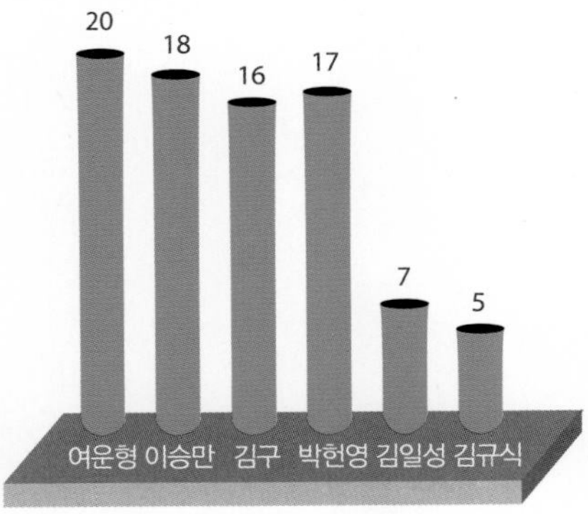

*중복 투표이므로 합계는 100퍼센트가 되지 않음.

내각이 조직될 경우 적당한 인물

* 최고 득표자로 구성

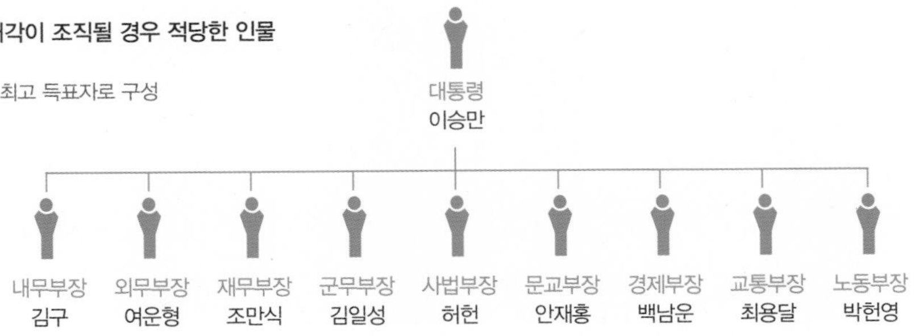

103

반탁의 소용돌이 속에서

해방된 해 연말 서울은 반탁투쟁으로 격랑에 휩싸였다. 반탁투쟁에 불을 지핀 것은 언론의 왜곡 보도였다. 《동아일보》는 12월 24일부터 연일 모스크바삼상회의에 대해 왜곡 보도를 했고, 반소 기사를 실었다. 이승만은 26일 방송을 통해 미국이 아니라 소련이 신탁통치안을 주창하고 있음을 시사했다. 27일 《동아일보》는, 소련은 신탁통치를 주장하고 미국은 즉시 독립을 주장한다는 훨씬 자극적인 왜곡 기사를 실었다. 같은 날 한민당과 국민당이 신탁통치 배격을 결의했다. 삼상회의 결정이 발표된 28일에도 국내 신문은 엉뚱하게도 계속해서 소련이 신탁통치를 주장한다고 보도하면서 소련을 맹렬히 비난했다.

해방 직후 한반도 문제가 최초로 논의된 것은 12월 16일 모스크바에서 열린 미·영·소 3국 외상회담에서였다. 이 회담에서 미국은 이전의 정책에 따라

반탁시위를 벌이는 군중을 해산시키는 기마경찰대
해방의 기쁨도 잠시, 1945년 연말에 남한은 격렬한 반탁투쟁 소용돌이에 휩싸였다. 그때부터 사람들은 거리로 나와 반탁과 모스크바삼상회의 결정 지지로 나뉘어 시위를 벌였다. 사진은 1947년 6월 23일 제2차 미소공동위원회가 열리는 동안 반탁시위를 하고 있는 군중과 이를 해산시키려는 기마경찰대의 모습.

한반도 문제 해결 방안으로 신탁통치안을 제출했고, 소련은 임시정부 수립을 골자로 한 수정안을 제출했다. 3국 외상은 27일 소련안에 미국안을 절충하여, ①독립국가로 재건설하기 위해 조속히 임시 조선민주주의 정부를 수립할 것, ②그러기 위해 미소공동위원회(약칭 미소공위)를 열 것, ③최고 5년 기한으로 미·영·소·중 4국의 신탁통치를 실시하되, 그 방안은 미소공위가 조선 임시정부와 협의할 것, ④남북의 현안을 논의하기 위해 2주 내로 미소공위를 열 것을 주요 내용으로 하는 결정 사항에 합의했다.

국제연합의 신탁통치 조항과 다르게 구체적인 방안을 미소공위가 임시정부와 협의하게 되어 있는 신탁통치 조항도 아주 중요하지만, 삼상회의 결정의 핵심은 임시정부 수립이었다. 하지만 국내에는 이 사실이 제대로 보도되지 않은 채 신탁통치 실시 부분만 크게 보도되었다.

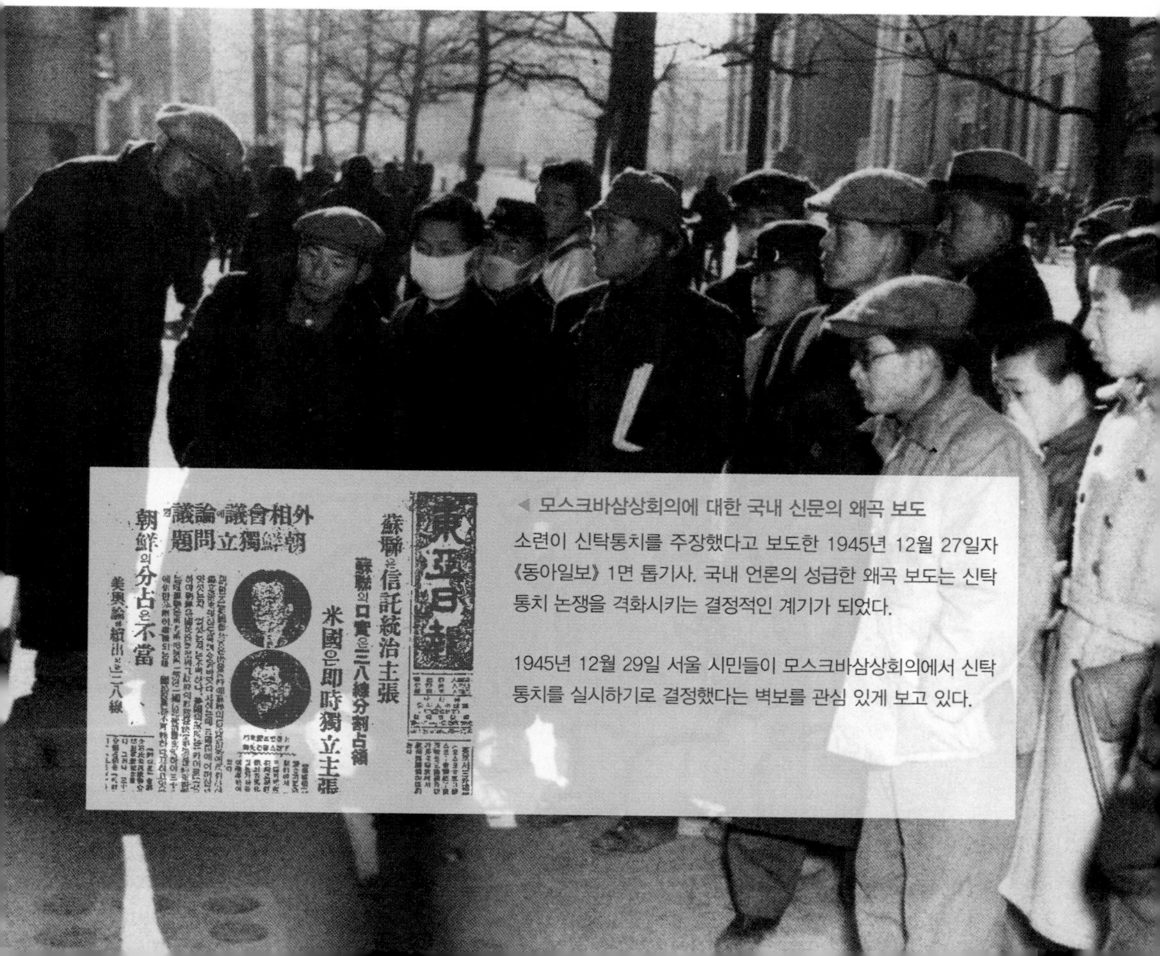
東亞日報
外相會議에 論議된 朝鮮獨立問題
蘇聯은 信託統治主張
蘇聯의 口實은 三八線分割占領
米國은 卽時獨立主張
朝鮮의 分占은 不當

◀ 모스크바삼상회의에 대한 국내 신문의 왜곡 보도
소련이 신탁통치를 주장했다고 보도한 1945년 12월 27일자 《동아일보》 1면 톱기사. 국내 언론의 성급한 왜곡 보도는 신탁통치 논쟁을 격화시키는 결정적인 계기가 되었다.

1945년 12월 29일 서울 시민들이 모스크바삼상회의에서 신탁통치를 실시하기로 결정했다는 벽보를 관심 있게 보고 있다.

주한 미군 사령부가 모스크바삼상회의의 한국 사항 결정을 정확히 알게 된 것은 29일 정오쯤이었다. 국내 신문도 30일에는 그 내용을 보도했지만 눈에 잘 띄지 않았고, 격앙될 대로 격앙된 사람들이 그 내용을 조목조목 따져 살펴본다는 것은 무리였다.

반탁투쟁을 주도한 것은 김구가 이끄는 중경 임정 측이었다. 28일 오후에 임정 측은 비상대책회의를 개최하여 신탁통치를 반대하는 정당과 사회단체를 중심으로 신탁통치반대국민총동원위원회를 설치하고 29일부터 본격적인 반탁투쟁을 벌였다.

반탁 대열에서는 중경 임정의 즉각 승인과 반탁을 결의했다. 특히 임정 주도의 반탁투쟁은 반소·반공 운동, 중경 임정 추대운동과 병행하여 전개되었다. 반탁 문제에 다른 견해를 가졌던 한민당 당수 송진우가 극우에 의해 암살된 30일부터 반탁투쟁은 더욱 거세졌다. 흥분한 일부 우익 단체들은 좌익 신문사에 대한 테러도 서슴지 않았다.

12월 31일 서울에서 반탁투쟁은 최고조에 달했다. 중경 임정 내무부장 신익희는 전국의 경찰 및 행정 기구 소속 한국인은 임시정부의 지휘를 받으라고 지시했고, 군정청·체신국·서울시청 등에서 파업이 계속되었다. 상가도 문을 닫고 반탁 대열에 합류했다. 당황한 미군정은 이를 쿠데타로 규정하고 강력하게 제지했다. 미군 사령부와 김구 측과의 심각한 갈등은 다음 해 1월 1일 임정이 파업 철회를 지시함으로써 일단락되었다.

모스크바삼상회의의 결정 소식이 전해지자 주요 정치세력은 각각 상이한 주장과 활동을 전개했다. 김구와 중경 임정, 이승만과 한민당은 반탁에는 입장을 같이했으나 그 목적은 서로 달랐다. 김구 측은 반탁의 초기 국면을 주도하면서 중경 임정 추대에 열중했고, 이승만과 한민당 측은 반탁운동을 이용하여 점차 단독(분단)정부 수립에 치중했다.

김규식, 김병로, 안재홍 등의 중도우파는 미소공위에 협조해 신속히 임시정부를 수립하고 신탁통치는 임시정부가 수립된 후에 반대한다는 '선 임시정

신탁통치 결사반대(위)와 모스크바 결정 절대 지지(아래)

모스크바삼상회의 결정에 대해 우익은 반탁투쟁에 나섰고, 좌익은 삼상회의 결정 지지로 맞섰다. 위쪽은 1945년 12월 31일 서울운동장에서 열린 우익의 반탁집회 장면이고, 아래쪽은 1946년 1월 3일 서울운동장에서 열린 좌익의 조선자주독립민족통일전선결성시민대회 장면이다. 좌익의 군중 동원이 훨씬 많은 것을 볼 수 있다.

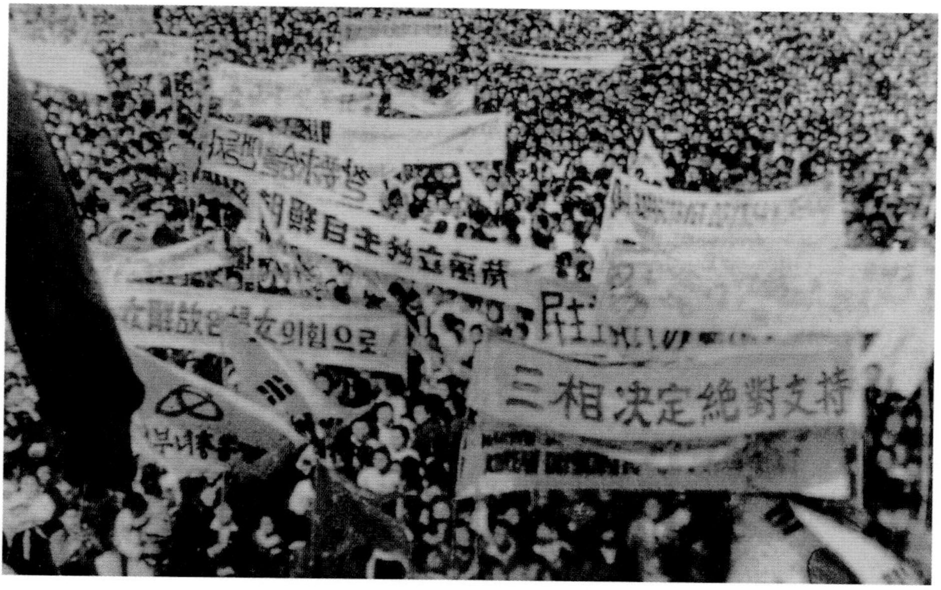

부 수립, 후 신탁통치 반대'를 주장했다. 여운형과 백남운 등의 중도좌파도 미소공위에 적극 협조하되 신탁통치는 받지 않도록 해야 한다고 주장했다.

조공은 12월 28, 29일경까지는 정식 발표가 없어 알 수 없다는 단서를 달았지만, 초기에 신탁통치는 반대한다는 입장이었다. 조공이 신탁통치를 반대한 것은 유엔헌장에 규정된 신탁통치를 반대한다는 것이었다. 모스크바에서 3국 외상이 합의한 신탁통치는 유엔의 신탁통치 규정과는 차이가 나는 것으로, 미소공위가 임시정부와 협의해 신탁통치 방안을 작성하여 미·소·영·중 네 나라에 회부하여 확정하게 되어 있었다. 그러나 신탁통치는 즉시 독립을 바라는 한국인의 열망에 배치(背馳)되었다. 그런데 조공은 1월 2일 모스크바 삼상회의 결정을 지지한다고 발표했다. 조공 간부들이 모스크바 결정을 지지한다고 하면서 신탁통치까지 찬성한 것은 민족 감정을 무시한 것으로, 일부 조공당원들에게도 반발을 샀다.

신탁통치 찬반 논쟁을 계기로 좌우의 갈등과 대립이 본격화되었다. 그때까지 친일파는 매국노요 민족 반역자였는데, 반탁운동을 '세탁'의 기회로 삼아 애국자로 둔갑했다. 친일파가 반탁운동에 적극 참여하면서 우익의 반탁 투사들은 조공을 매국노, 민족반역자로 몰아세웠다. 반탁투쟁은 즉시 독립을 원하는 한국인에게 호소력이 컸고, 수세에 몰렸던 우익을 공세로 전환시켰다.

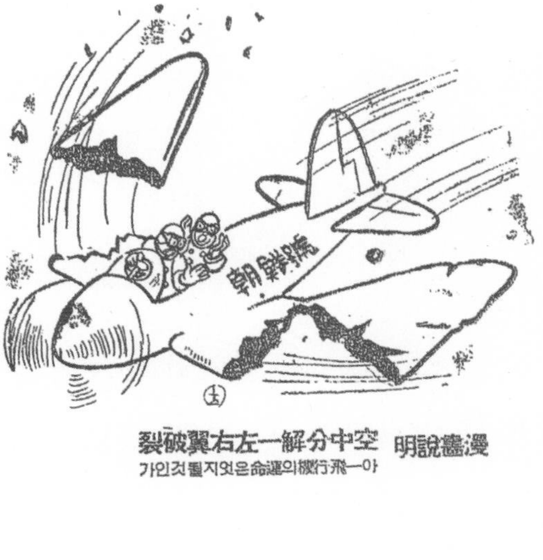

좌우익으로 분열된 정치권을 풍자한 시사만평
'공중분해 – 좌우익 파열', '아! 비행기의 운명은 엇지될 것인가'라고 적힌 만평 설명문이 좌우로 분열된 1946년 1월의 정치적 상황을 잘 보여주고 있다(《서울신문》 1946년 1월 27일자).

삼상회의 결정을 계기로 반탁투쟁이 거세지고 좌우 대립이 첨예해져 위기의식이 고조되자 민족통일전선을 형성해야 한다는 목소리가 높아졌다. 1월 7일 한민당·국민당·인민당·공산당 대표가 간담회를 갖고 모스크바삼상회의에서 자주독립을 보장한다는 것은 전면적으로 지지하되, 신탁은 장래 수립될 우리 정부가 해결하도록 한다는 결정을 보았다(4당 코뮤니케). 좌우 정치세력이 어렵게 타협점을 찾아내 최선의 방안을 마련한 것이다. 삼상회의 결정이 연합국에 의해 통일된 임시정부를 수립하자는 데 합의를 본 유일한 문서라면, 이 4당 코뮤니케는 좌우 주요 정당이 민족국가 건설 방안에 합의를 본 유일한 문서였다. 하지만 4당 코뮤니케는 대한민국 임시정부의 반대 속에 한민당과 국민당이 뒤집어 무효가 되었다.

한국 문제에 대한 연합국의 유일한 구체적 합의이자 해결책이기도 한 모스크바삼상회의 결정은 정치세력의 이해관계가 엇갈려 오히려 국내 정치 상황을 악화시킴으로써 좌우 분립을 초래했다. 김구가 소집한 비상정치회의는 비상국민회의로 명칭이 바뀌어 우익의 각계 대표만이 참여한 가운데 2월 1일 열렸다. 이 회의에서는 비상국민회의가 일체의 과도정권 수립 권한을 갖되, 사실상 중경에서 해체된 대한민국 임시의정원의 권한을 계승한다고 천명했다. 비상국민회의는 과도정부의 내각에 해당될 최고정무위원회를 설치할 것을 결의하고, 인선을 이승만과 김구에게 일임했다.

이승만과 김구가 선임한 최고정무위원은 김구 측의 반대에도 불구하고 미군 사령부에 의해 남조선대한국민대표민주의원(약칭 민주의원)의 의원이 되었다. 민주의원은 하지 사령관의 자문기관이었다. 의장은 이승만, 부의장은 김규식이었는데, 자문기관에 어울리지 않게 총리를 두었다. 총리는 김구였다. 한편 이승만이 조직했던 독립촉성중앙협의회는 해체되지 않고 살아나 독립촉성국민회로 이름이 바뀌었다.

좌익은 좌익대로 거대 단체 조직을 기획했다. 민주의원이 발족한 다음 날인 2월 15일 민주주의민족전선(약칭 민전) 결성대회가 열렸다. 민전에는 공산당·인민당·독립동맹(남한 대표 백남운)이 참여했다. 또한 전평·전농·청총·부총과 여러 문화단체 등 규모가 큰 대중 단체가 가담했다. 중경 임정에서 탈퇴한 김원봉·장건상·김성숙·성주식과 천도교 간부 오지영도 가담했다. 공동의장으로는 여운형·박헌영·허헌·김원봉·백남운이 선임되었다. 민전 또한 과도적 임시정부 역할을 맡겠다고 선언했다.

그런데 3월 초 북에서는 2월 8일 창설된 북조선임시인민위원회(위원장 김일성)를 중심으로 토지개혁을 단행하여 미군정과 남한의 지주·부르주아 세력을 당혹하게 했다.

좌우 정치세력의 분열이 깊어지는 가운데 임시정부 수립의 임무를 맡은 미소공위가 1946년 3월 20일 덕수궁에서 열렸다. 미소공위 시작부터 미·소 양국은 정면으로 부딪쳤다. 소련 측은 반탁투쟁을 한 정당·사회단체를 임시정부 구성에서 배제할 것을 역설했고, 미국 측은 민주의원을 중심으로 임시정부를 구성할 것을 주장했다. 4월 5일 소련 측은 반탁투쟁을 했더라도 삼상회의 결정을 지지하겠다고 밝히면 그 정당·사회단체와는 협의하겠다는 양보안을 내놓았다.

그다음 날인 4월 6일 밤 미군 당국이 남한 정부 수립에 착수했으며, 이승

남조선대한국민대표민주의원 개원식
1946년 2월 14일 우익이 중심이 되어 하지 중장의 자문기관으로 발족한 민주의원 개원식 장면. 중앙에 서 있는 사람이 이승만이고 왼쪽이 김규식, 오른쪽이 김구다. 이 무렵부터 이승만·김구·김규식은 우익 3영수로 불렸다.

만이 정부 주석이 될 것이라는 보도가 들어왔다. 미군 당국은 이 보도를 부인했지만, 소련과 협의가 잘되지 않으면 분단정부가 들어설 것이고, 분단정부 수반은 이승만이 될 것이라는 점을 강력히 시사했다는 점에서 주목된다.

미소공위는 4월 18일 삼상회의 결정을 지지하여 미소공위에 협력한다면 과거의 반탁 행위를 불문에 부치고 임시정부를 수립하는 데 협의 대상으로 하겠다는 공동성명 5호를 발표했다. 하지 역시 공동성명 5호에 서명할 것을 촉구했다. 김규식은 우선 임시정부를 세운 다음 신탁통치를 반대하자고 민주의원 의원들을 간곡히 설득했으나, 김구·조소앙·김창숙 등이 반대했다.

4월 23일 이승만은 공동성명 5호를 지지했지만 김구 등이 여전히 거부하자, 하지는 4월 27일 공동성명 5호에 서명하더라도 반탁의 의견 발표를 보장하겠다는 특별 성명을 냈다. 그리하여 민주의원과 비상국민회의에서 공동성명 5호를 지지할 것임을 밝혔지만 소련 측이 이의를 제기했다. 소련 측은 하지의 특별 성명을 문제 삼으면서 공동성명 5호에 서명하면 반탁 의사 표명을 포기해야 한다고 공박했다. 5월 6일경부터 미소공위는 휴회에 들어갔다.

여운형·김규식·백남운 등은 미소공위가 임무를 성공적으로 완수할 수 있도록 혼신의 노력을 경주했다. 여운형은 4월에 임시정부 수립 문제를 논의하

미소공동위원회 개막

1946년 1월 16일부터 3주간 서울에서 개최된 예비회담을 거쳐 1946년 3월 20일 덕수궁 석조전에서 미소공동위원회가 발족되었다. 연설을 하고 있는 사람이 소련 측 수석대표 스티코프 대장, 그 왼쪽에 앉아 있는 사람이 주한 미군 사령관 하지 중장이다.

기 위해 북한을 방문하고 돌아왔다. 그러나 박헌영이 이끄는 조공은 소련 측과 같은 강경한 입장을 견지했다. 김구는 계속 대의명분으로 반탁을 고수했다. 소련 대표는 반소·반공 운동으로 전개된 반탁투쟁에 불만이 컸고, 많은 한국인이 왜 반탁을 지지하는지 도무지 이해하려고 하지 않았다. 미국 대표는 미국이 신탁통치를 주장하는 가운데 친미세력인 우익이 반탁투쟁을 전개해 심각한 딜레마에 빠졌다.

미소공동위원회 주요 일정

1946년	1월 16일	미·소 미소공동위원회 예비회담 개최
	3월 20일	제1차 미소공동위원회 개최
	4월 18일	미소공위에 협력하면 과거 반탁 행위를 불문에 부치고 협의 대상에 참여시키겠다는 공동성명 5호 발표
	5월 6일	무기 휴회
1947년	5월 21일	미소공위 재개(제2차 미소공위 개최)
	6월 23일	남북의 정당·사회단체에서 공위 협의 청원서 제출
	7월 1일	평양에서 미소공위 회담 개최
	8월 28일	미국, 한국 문제를 미·소·영·중 4개국 회담에 맡기자고 제안
	9월 17일	미국, 한국 문제 유엔 상정
	9월 26일	소련 대표단, 미·소 양군 한반도 동시철수안 제안
	10월 18일	미국 대표단, 미소공위 휴회안 제안
	10월 21일	소련 대표단의 철수로 미소공위 최종 결렬

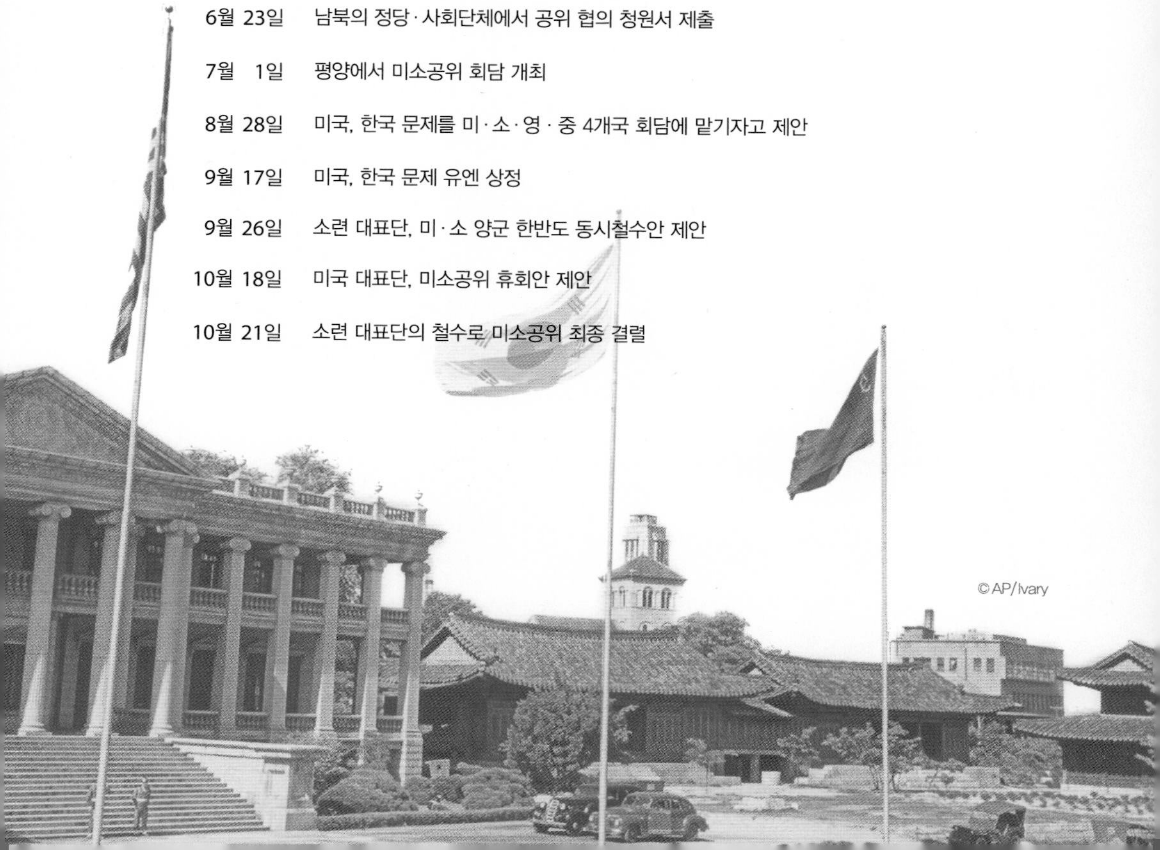

© AP/Ivary

| 미소공위와 임시정부 수립 |

반탁의 소용돌이 속에 숨은 미·소의 암투

1946년 3월 20일 새로 단장한 덕수궁 석조전에서 임시정부를 탄생시킬 미소공위가 열리자, 한 신문은 민족의 진로를 좌우할 이 회의에 대해 3000만 민중의 감격과 흥분이 격앙되고 있다고 보도했다. 그러나 미·소 양국 대표는 발족식 날부터 자국에 유리한 임시정부를 세우려고 치열한 암투를 벌였다. 호리호리한 몸매의 주한 미군 사령관 하지 중장의 개회사에 이어, 뚱뚱한 소련 측 대표 스티코프 중장이 인사말에서 반동분자·반민주주의적 악당들과 투쟁하겠다고 말하자, 하지와 미국 측 대표 아널드 소장은 암담한 심정에 빠졌다.

미·소 양측 대표는 개막식 이전에 이미 상대방에 대해 심한 오해와 불신을 품고 있었다. 남북의 경제 현안 등을 논의하기 위해 1월 16일 열린 미소공위 예비회담에서 소련 측은 쌀을 주면 전력과 석탄, 화학용품을 보내주겠다고 제의했다. 해방된 해에 남쪽은 모처럼 풍년이 들었는데, 북쪽은 흉년이었다. 그런데 미국 측 대표는 쌀이 없다고 답변했다. 미군정이 한국 실정을 모르고 자유경제를 실시하자 모리배들이 쌀과 생필품을 대량 매입한 데다 일반 사람들이 일제시기와 달리 통제를 받지 않아 자유로이 쌀을 소비했기 때문에 새해 들어 품귀 현상이 나타난 것이다. 그렇지만 소련 측은 미국 측이 거짓말을 한다고 확신했고, 자신들의 식량 부족 사태에 대한 해결 노력을 고의로 방해한다고 믿었다. 결국 소련 측이 전력을 계속 공급하기로 했고 남북이 우편물 교환에 합의했지만, 예비회담은 별다른 성과 없이 끝나고 말았다.

하지가 미소공위 벽두부터 실패를 확신한 데는 더 큰 이유가 있었다.

미국은 자신들이 신탁통치를 주장했으면서도 남한의 반탁투쟁에 대해 애매모호한 태도를 보였다. 번즈 미 국무부 장관은 반탁투쟁이 거세게 일어나자 신탁통치를 실시하지 않을 수도 있다는 발언을 했다. 하지는 해방 직후 힘을 못 쓰던 우익이 반탁투쟁으로 헤게모니를 잡고, 친일파들이 애국자로 행세하는 놀라운 현상에 내심 반가워했다.

소련은 신탁통치에 대해 '후견제'라는 용어를 사용하면서, 그것의 구체적 방안이 결정되지 않았는데도 반탁투쟁이 일어나는 것

주한 미군 사령관 하지 중장

에 의아해했고, 특히 반탁투쟁이 반소·반공 운동으로 일어나는 것에 경악을 금치 못했다. 미소공위 예비회담이 열리고 있던 1월 22일 소련의 타스통신은 남한의 반탁투쟁과 반소 선전을 격렬히 비난했다. 이틀 후 타스통신은 모스크바삼상회의 과정을 자세히 공개했다. 하지는, 미군정 관리 로빈슨의 표현을 빌리면, 미친 듯이 날뛰면서 미 국무부에 문의했고, 타스통신 보도가 나가지 못하도록 검열했다. 그러자 남한 신문까지 일일이 수집하는 수집광 스티코프가 서울에서 처음으로 기자단을 만나 타스통신 전문을 공개했고, 미 국무부 차관 애치슨은 1월 25일에 이어 27일에 타스통신의 내용을 대체로 수긍했다.

미소공위 발족이 눈앞에 다가오자 미국 측은 불안했다. 소련 측이 반탁투쟁 세력을 걸고넘어질 것이 불 보듯 뻔했다. 하지는 임시정부 구성에서 친미세력의 주력인 반탁투쟁 세력을 제외하자는 주장을 단호히 거부할 생각이었다. 또 미국 측 대표단은 1차적 목적이 소련의 한국 지배를 막는 것이고 한국 독립은 2차적 목적이므로, 수년 내에 한국 정부에 완전 독립을 허용하는 것이 미국의 이익에 부합되지 않는다는 '협상 지침'을 마련했다.

공위 개막 연설에서 반동분자, 반민주주의적 악당들과 싸울 것을 선언한 소련 측은 모스크바삼상회의 결정을 반대한 반탁투쟁 정당과 사회단체를 임시정부 구성에서 제외할 것을 제의했다. 공위는 난항을 거듭했으나 소련의 양보로 돌파구가 생겼다. 하지만 또다시 반탁 문제로 휴회되고 말았다. 임시정부 수립을 고대하던 한국인에게 청천벽력 같은 비보였다.

제1차 미소공위가 실패한 데는 양측 대표가 군인 중심으로 구성된 것도 영향을 끼쳤다. 양측 대표들은 회의장을 전쟁터로 착각했다. 더구나 하지는 용맹한 군인 중의 군인이었으나 극우적 성향을 지녔고, 조속히 임시정부가 수립되기를 바라는 한국인의 심정을 이해하지 못했다. 39세의 스티코프는 스탈린의 대숙청 이후 벼락출세한 스탈린주의자로서, 반탁투쟁에서 반소·반공적인 측면만 중요시했을 뿐 한국인 대부분이 신탁통치를 반대하는 마음을 읽지 못했다.

공위 휴회 소식에 절망하지 말자고 한 언론인은 부르짖었지만, 하지도 공위가 성공하기 위해서는 이승만·김구 등의 늙은 망명객을 거세하고 친미세력을 키워야 한다는 미국 정부의 지시에 따라 임시정부 수립을 최우선의 과제로 중시한 김규식을 내세워 공위 속개를 모색했다. 소련도 한편으로는 북한을 '민주기지'화하면서 공위 재개에 나섰다.

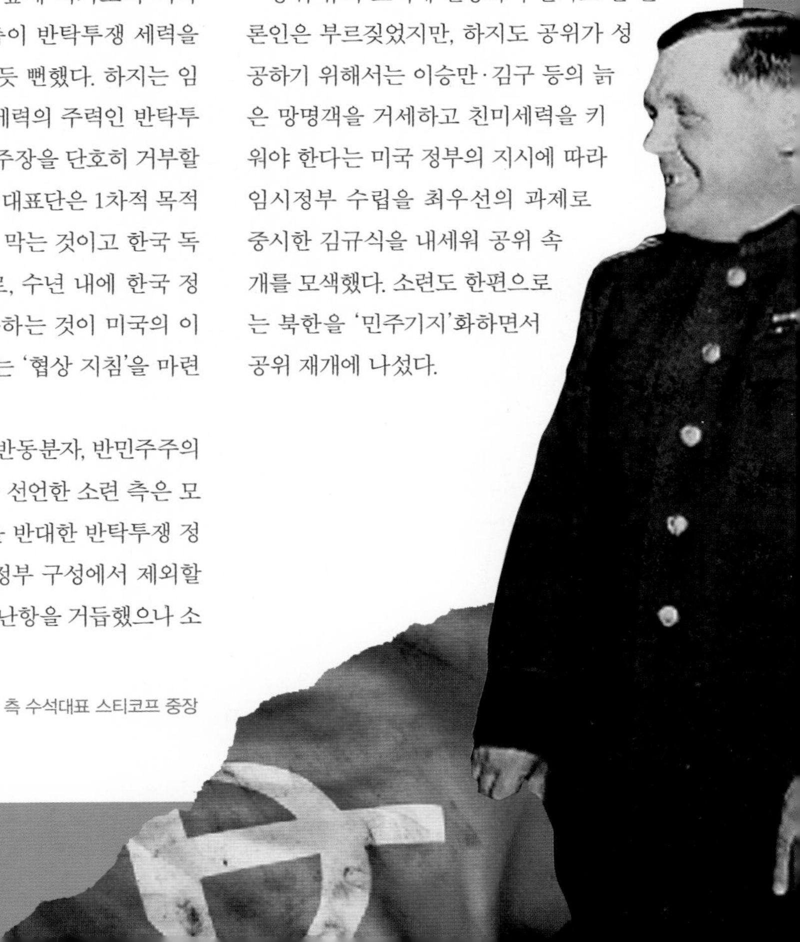
소련 측 수석대표 스티코프 중장

"南方만의 臨時政府 或은 委員會組織이 必要"

李博士

"單獨政府樹立說에 우리黨은 贊成不能"

이승만의 정읍발언을 보도한 신문기사

처음부터 미소공위에 호감을 갖지 않았던 이승만은 미소공위가 무기 휴회되자 기다렸다는 듯이 남한만의 단독정부 수립을 주장하는 이른바 '정읍발언'(1946년 6월 3일)을 발표하여 세상을 놀라게 했다.

104

좌우합작을 추진하다

미소공위의 휴회는 정국에 큰 영향을 끼쳤다. 내심 미소공위가 실패하기를 바랐던 이승만은 마치 기다리기라도 한 듯이 가장 먼저 단독정부(이하 단정) 수립을 주장했다. 그는 1946년 6월 3일 전라북도 정읍에서 통일정부 수립이 여의치 않으니 남한만이라도 임시정부 같은 것을 수립하자고 연설했다. 한민당과 친일세력을 제외한 모든 정치세력이 그의 주장에 격렬하게 반대했다. 1000년 이상 하나의 통일체로서 역사적으로 분단이나 분권의 경험이 없었던 한국인은 단정이란 절대로 있을 수 없다고 생각했다.

미군은 대중에게 영향력 있는 좌익을 분열·약화시키고자 했다. 5월 7일 일제강점기에 저명한 공산주의자였던 조봉암이 박헌영과 공산당을 신랄하게 비난한 개인 서신이 우익 신문에 크게 보도되었다. 이는 조봉암의 의사와는 관계없이 미군정의 공작으로 벌어진 일이었다. 5월 9일 여운형의 아우 여운홍이 공산당을 비난하고 인민당을 탈당했다. 비슷한 시기에 공산당이 위조지폐를 찍어 경제를 혼란에 빠뜨리려고 했다는 조선정판사 위폐사건이 우익 신문에 대대적으로 보도되었다. 우익 신문들은 여러 달에 걸쳐 이 사건을 대서특필했다. 이러한 일련의 사건은 미군정의 좌익 분열·탄압 정책과 관련이 있었다.

조숙한 냉전론자인 이승만은 미국이 자신을 지지할 것이라는 판단하에 단정 수립을 제기했지만 그의 판단은 정확하지 않았다. 미국이 좌익을 약화시키려고 한 것은 틀림없지만, 미군정과 미국 정부는 김규식 등의 개혁적인 중도파 정치인을 지원했다. 미국은 소련과 협의하여 한국 문제를 처리하는 것이 여전히 유효하다고 생각했다. 그 경우 지나치게 반소·반공적인 이승만과 김구 등을 배제하고, 우익과 좌익의 온건파들에게 합작의 주도권을 주는 것이 필요하다고 판단했다.

하지 장군의 합작 권유에 김규식은 처음에는 망설였지만, 여운형은 흔쾌히 응했다. 좌우합작이 당면한 긴급 과제는 미소공위를 다시 열도록 촉구하는 것이었다. 그렇지만 여운형과 안재홍 등이 해방된 그날부터 좌우연합을 추구한 것은, 기본적으로 한국이 지정학적으로 강대국에 둘러싸여 있기 때문에 내부적으로 단결하면 강대국의 지원을 경쟁적으로 받을 수 있지만, 그러지 못하면 항상 민족적 위기에 처한다고 보았기 때문이다. 또한 실제로 미·소 양군이 주둔하고 있는 상황에서 두 나라와 등거리외교를 하면서 좌우합작을 하는 길만이 민족적 위기를 돌파할 수 있는 유일한 방안이라고 확신했다. 제2차 세계대전 후 오스트리아와 핀란드는 강대국에 적절히 대처한 대표적인 경우였다.

조선정판사 위조지폐사건 공판 광경

경찰은 공산당원이 조선은행의 지폐 발행 평판을 훔쳐서 300만 원 이상의 위조지폐를 발행했다고 발표했다(나중에 1200만 원으로 발표). 하지만 조공은 이 사건이 공산당의 위신을 추락시키려는 계획적 행동이며 공산당은 이 사건과 아무런 관련이 없다고 주장했다. 서 있는 사람은 조공 총무부장 겸 재정부장 이관술이다.

초기에 좌우합작은 순조롭게 진행되는 것 같았다. 좌우에서 각각 다섯 명의 대표를 선임하고 김규식과 여운형을 공동대표로 선출했다.

7월 22일에 예비회담을 열어 공동성명서를 발표하고, 25일에는 1차 정식 회담을 열었다. 그러나 27일 민전에서 삼상회의 결정의 전면적 지지, 무상몰수 무상분배의 토지개혁, 정권을 인민위원회에 즉시 이양하도록 기도할 것을 주요 내용으로 하는 합작 5원칙을 제시하자 좌우합작위원회는 위기에 빠졌다.

민전 5원칙은 대부분 미국과 우익이 받아들일 수 없는 것이었다. 5원칙은 조공이 미국에 대해 우호적이었던 종래의 태도를 바꾸어 반미투쟁도 불사한다는 '신전술', 곧 급진적인 새로운 전술로 전환한 이후에 나왔다. 신전술은 박헌영이 북한을 방문하고 돌아온 직후 채택되었다.

좌우합작위원회

1946년 5월 25일 김규식, 여운형, 원세훈이 모임을 가지면서 시작된 좌우합작운동은 미소공위 재개와 성공을 위해 노력하다가 1947년 12월 15일 해체되었다. 사진은 좌우합작위원회가 해체될 무렵 찍은 기념사진이다. 사진 앞줄 왼쪽에서 여섯 번째가 김규식이고, 여운형이 사망한 후에 찍은 사진이라 오른쪽 끝에 여운형의 얼굴 사진이 별도로 첨가되어 있다.

미소공위가 배포한 질문서

미소공위는 새로 수립될 임시정부의 성격이나 구체적 내용에 대해 한국인의 견해를 듣고자 정당·사회단체 지도자들에게 질문서를 배포했다.

북에서는 미소공위 휴회 후 미국을 제국주의 국가라며 비난하고, 우선 북한 지역에 민주기지를 강화할 것을 천명했다(민주기지론). 민주기지론은 민주주의를 확고히 발전시키겠다는 주장이었지만, 실제는 사회주의 체제를 발전시키겠다는 주장에 다름 아니었다. 남녀평등법·노동관계법·산업국유화법이 공포되고, 7월에 정당·사회단체를 망라하여 북조선민주주의민족통일전선(약칭 북민전)을 조직했다. 이어서 북조선공산당과 북조선신민당을 통합하여 북조선노동당(약칭 북로당)을 조직했다(위원장 김두봉).

8월에 들어와 조공·인민당·남조선신민당 등 남한의 좌익 3당의 합당이 추진되었다. 그러나 3당 합당은 좌우합작을 성공적으로 이끌고자 하는 여운형 측과 이를 반대하는 박헌영 측의 치열한 헤게모니 싸움으로 인해 실패로 끝났다. 결국 3당 합당은 여운형 중심의 사회노동당과 박헌영 주도의 남조선노동당(약칭 남로당)으로 분열되었다. 사회노동당은 박헌영 측과 북의 압력으로 해체되었고, 여운형은 1947년 5월에 근로인민당을 출범시켰다. 1946년 11월에 결성된 남로당은 한국전쟁이 끝날 때까지 거대 좌익정당으로 활동했다.

미군정이 조공을 탄압하면서 좌우합작을 추진하자 조공은 강력한 대중투쟁으로 이에 맞섰다. 1946년 9월총파업은 조공의 신전술과 미군정의 박헌영 체포령이 직접적인 계기가 되었으나, 그 바탕에는 열악한 노동조건과 절대 빈곤에 허덕이던 노동자들의 불만이 깔려 있었다. 1946년 물가는 1944년에 비해 92배 올랐는데, 임금 수준은 이를 따라가지 못했다. 1945년 대비 1946년 5월의 임금 상승률은 물가 상승률의 13분의 1밖에 안 되었다. 식량 배급도 아주 열악했다. 9월 23일 부산 철도 노동자들의 파업을 시작으로(총파업은 다음 날인 9월 24일부터임) 10월 중순까지 계속된 총파업에는 전국에서 25만여 명의 노동자 및 학생과 일반 대중이 참여했다. 김두한 등이 이끈 우익 청년 단체들은 경찰의 지원을 받으며 폭력으로 총파업을 파괴했다.

9월총파업은 10월항쟁으로 이어졌다. 10월 1일 대구에서 경찰과 시위 군중이 팽팽히 대치하다가 한 명이 사망하면서 시작된 10월항쟁은 10월 2일 대구경찰서가 시위대에 의해 '접수'되면서 삽시간에 경상북도 전역으로 퍼졌다. 이후 항쟁은 경상남도, 전라남도 및 충청남·북도, 경기·서울, 강원도, 전라북도 일부 지역으로까지 확대되었고, 12월까지 경찰서를 습격하는 등 폭력 사태가 이어졌다.

경북 지역 10월항쟁 피해 통계
(1946년 10월 20일 현재)

인명 피해 (명)	사망	136	경찰 등 관공리	63
			민간인	73
	부상	262	경찰 등 관공리	133
			민간인	129
건물 피해 (동)	건물 전소	10	관청	4
			일반	6
	건물 파괴	766	관청	240
			일반	526

* 자료 출처: 정해구, 『10월 인민항쟁연구』, 열음사, 1998, 156·190쪽.
* 민간인은 경찰 가족, 우익인사 등임.
* 봉기를 일으킨 측의 사망자는 포함되지 않았음.

10월항쟁 전국 분포도

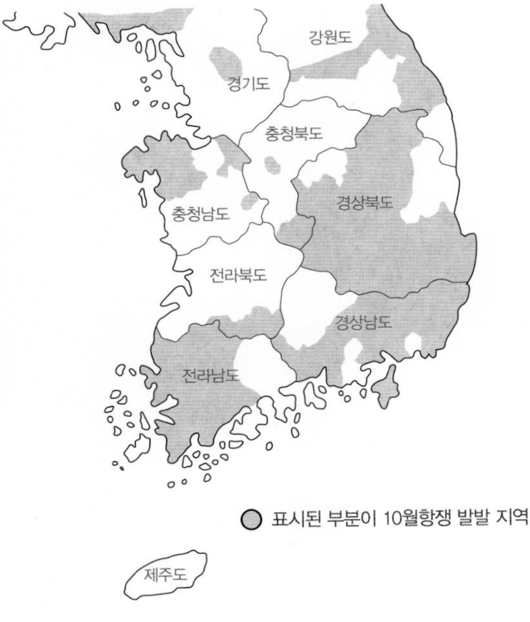

10월항쟁은 커밍스가 지적했듯이 대부분 자연발생적으로 일어났다. 식량 부족, 친일 경찰과 관공리의 횡포, 하곡 수집 등 미군정에 대한 불만이 직접적인 원인이었지만, 조속히 민족국가가 수립되지 못한 것이 배경으로 작용했다.

좌우합작 7원칙 주요 내용

1. 남북을 통한 좌우합작으로 민주주의 임시정부 수립.
2. 미소공동위원회 속개를 요청하는 공동성명 발표.
3. 토지를 농민에게 무상분여, 중요 산업의 국유화, 지방자치제 확립.
4. 친일파 처리 조례 마련.
5. 정치운동자 석방과 남북·좌우의 테러 행동 제지.
6. 입법기구에 대한 대안 마련과 적극적 실행.
7. 언론·집회·결사·출판·교통·투표의 자유 보장.

9월총파업과 10월항쟁의 와중에서 여운형 지지세력을 제외한 좌익이 좌우합작에 반대하여 합작운동은 난관에 부딪혔다. 9월 하순 여운형은 다시 북한을 방문하여 김일성을 설득했다. 10월 7일 미소공위 속개, 유상몰수 무상분배의 토지개혁, 친일파 처단 조례 제정, 미군정 구상의 입법기구에 합작위원회 참여를 주요 내용으로 하는 좌우합작 7원칙이 발표되었다. 7원칙이 발표되자, 미국은 미소공위 속개를 위해 노력했으나 미·소 간의 입장 차이로 다음 해로 미루어졌다.

미소공위가 휴회된 가운데 미군정은 남한 최초의 입법기구인 남조선과도입법의원(약칭 입법의원, 의장 김규식)을 발족시켰다(1946년 12월 12일). 입법의원의 과반수는 미군정이 지명한 관선으로 뽑았는데, 합작위원회에서 추천한 인사가 다수 임명되었다. 나머지 과반수는 4단계의 간접선거로 선출했는데, 중

극우극좌의 방해로 난관에 봉착한 좌우합작을 풍자한 시사만평 (〈제3특보〉 1946년 10월 28일).

남조선과도입법의원 개원식
1946년 12월 12일 개원된 입법의원은 1948년 5월 20일 정식으로 해산될 때까지 총 33건의 법률안을 심의하여 22건을 통과시켰으나, 민족반역자·부일협력자·간상배에 대한 특별법과 같이 정치·사회적으로 중요한 안건은 미군정의 반대로 대개가 법률로 공포되지 못했다.

간에서 걸러져 거의 대부분 극우 성향의 인물들이 당선되었다. 좌익은 이 선거에 참여하는 것을 거부했다.

입법의원에서는 극우세력과 중도파 의원 간에 끊임없이 공방전이 벌어졌지만, 친일파처단법 등이 통과되는 등(군정 장관이 거부) 성과도 있었다. 비록 한계가 있었으나 최초의 의회 경험이었다.

1947년 2월 북에서는 1946년 11월에 치러진 도·시·군 인민위원회 선거에서 선출된 의원들이 선임한 인민회의가 소집되었다. 북조선인민회의는 최고 집행기관으로 김일성을 위원장으로 한 북조선인민위원회를 출범시켰다.

1947년 5월 21일 재개된 제2차 미소공위는 처음에는 순조롭게 진행되었다. 이승만과 김구는 여전히 반탁투쟁을 벌이면서 미소공위를 반대하는 활동을 벌였으나, 한민당은 미소공위의 협의 대상으로 참여하겠다고 공표했

재개된 미소공위를 향한 기대

1947년 6월 12일에 발표된 공동성명 12호를 주의 깊게 읽고 있는 시민들. '마침내 발표! 민주임정수립구체안'이라고 적힌 성명서 발표 제목은 미소공위에 대한 한국인의 기대감을 잘 보여준다.

다. 6월 23일 각 정당과 사회단체가 미소공위의 협의 대상으로 참여하겠다는 청원서를 제출했다. 25일에는 서울에서 미소공위 양측 대표단과 각 정당·사회단체 대표들이 한자리에 모였다. 7월 1일에는 평양에서 동일한 회의가 열렸다.

희망은 잠시뿐이었다. 미소공위는 반탁운동을 한 정당·사회단체 처리 문제로 평양회의 며칠 후부터 삐걱거렸다. 그러나 더 큰 이유는 미·소 냉전이 격화되면서 미국의 세계 전략이 변화했기 때문이었다. 미국의 트루먼 대통령은 이미 3월 12일에 그리스와 터키 등지에서 소련의 팽창을 좌시하지 않겠다고 선언했다(트루먼독트린). 이어 6월에는 유럽 공산주의에 대항하기 위해 서유럽 자본주의 국가의 경제 부흥을 지원하는 마셜플랜을 마련하고, 7월에는 대소 봉쇄 정책으로 나아갔다. 미국은 더 이상 소련과 협의해서 한국 문제를 처리해야 할 필요성을 느끼지 못했다. 마침내 미국은 한국 문제를 미국이 주도권을 행사하고 있는 유엔으로 떠넘겼다.

미소공위의 성과가 부진함을 풍자한 《새한민보》 만평

남북 분단을 해결할 열쇠를 쥐고 있는 '공위' 앞에서 '남북 분단'이라고 적힌 족쇄를 차고 손가락으로 1947년 8월 15일을 가리키는 사람의 절박한 표정이 당시 한국인의 심정을 잘 보여주고 있다.

史+

| 우익의 거두, 김규식 |

"나무 위에 올려놓고 흔들지 마시오"

이승만 이것이 하지 개인의 의견이라면 몰라도 미 국무성의 정책이오. 아우님이 한번 해봐야지. 독립을 위해 미국 사람이 해보라는 것을 해봐야 어쨌든 안 된다는 것이 증명이 될 것 아닌가.

김규식 좌우합작은 독립을 위한 제1단계요. 이 단계를 밟지 않으면 둘째 단계인 독립을 얻을 수 없다면 내가 희생하겠소. 당신이 나를 나무 위에 올려놓고 흔들어댈 것도 알고 있소. 또 떨어뜨린 후에는 나를 짓밟을 것도 알고 있소. 그러나 나는 독립정부를 세우기 위해 나의 모든 것을 희생하겠소. 내가 희생된 다음에 당신이 올라서시오.

— 조규하 등, 『남북의 대화』, 1972.

이승만이 찾아와 좌우합작을 권하면서 당시로는 큰돈인 50만 원인가를 내놓자, 애연가인 김규식은 두 자나 되는 긴 담뱃대를 집으면서 "형님은 대통령을 하시오. 나는 대통이나 즐기겠소"라고 말했다. 위의 대화는 이승만에 대한 김규식의 시각을 잘 보여준다.

태극기를 대량으로 찍어내기 위해 목재에 4괘와 태극 문양을 새긴 목판.

이승만과 김규식은 1919년 구미위원부 시절부터 잘 아는 사이였다. 이승만은 김규식보다 여섯 살이나 위였지만 한 살 아래인 김구보다 김규식을 더 어려워했다. 이승만은 김규식이 국제 정세에 대해 식견이 높고 애국심과 헌신성이 강할 뿐 아니라, 따질 것은 분명히 따지는 성격이라는 것을 잘 알고 있었다.

하지 중장은 1946년 5월 미소공위 휴회 후 김규식을 내세워 좌우합작을 추진했지만, 김규식이 그다지 내켜하지 않자 이승만에게 김규식이 합작에 적극적으로 나서도록 권유하게 했다. 이승만이 좌우합작을 방해하지 못하게 하기 위해서도 김규식이 합작 지지 의사를 표명하는 것이 필요했다.

해방 정국에서 이승만, 김구, 김규식은 우익 3영수로 불렸다. 그렇지만 세 사람은 성격도, 살아온 역정(歷程)도, 지향하는 바도 판이했다.

김구는 자신이 이끄는 대한민국 임시정부 추대운동을 벌였다. 반탁투쟁도 그 일환이었다.

개혁 성향을 지닌 김규식은 모스크바삼상회의 결정에 따라 하루빨리 임시정부를 수립하고 신탁통치는 그 이후에 반대하면 된다는 입장이었다. 따라서 좌우합작이 필수적이었는데, 극우와 극좌 때문에 어렵다는 것을 경험으로 터득하고 있었다.

친일파와 지주·부르주아를 주요 세력 기반으로 한 이승만은 분단 노선을 지향했다. 1946년 1월, 우리 정부를 세우고 북쪽을 소탕하자고 하여 일찍부터 단정의 속마음을 드러냈다. 미소공위가 휴회되자 이승만의 행보는 더욱 빨라져 6월 3일 정읍에서 단독정부를 세우자는 주장을 하기에 이르렀다.

미소공위 휴회 이후 하지에게 이승만은 골칫덩어리였다. 단정운동이 좌우합작을 추진했던 미국의 정책과 충돌하기 때문이기도 했지만, 이때쯤 하지는 이승만의 인간성을 의심했다. 그는 6월 하순 굿펠로에게 보낸 편지에서 "나는 여러 차례 그 늙은 깡패(이승만)와 만나 격론을 벌이면서 자중을 촉구했다. 그는 정말로 다루기 힘든 사람"이라고 털어놓았다. 하지와 러치 군정 장관은 이승만이 과대망상으로 제정신이 아니라고 생각하고, 정신과 의사와 이승만이 은밀하게 면담을 가지도록 주선하기도 했다.

미국의 좌우합작 지원으로 '선량한 박사'(김규식)는 더욱더 '늙은 박사'(이승만)의 최악의 적이 되었다. 이승만은 김규식이 플래시를 받고 자신이 뒷전으로 밀리는 것을 수수방관하지 않았다. 이승만은 '좌우합작 흔들기'로 점점 더 하지의 '목의 가시'가 되었다. 12월 5일 미국에 간 이승만과 올리버, 임영신 등은 "한국은 내란의 위기에 있다", "북괴군 50만이 남침을 준비 중이다", "하지는 한국을 소련에 팔아넘기려 한다"고 선전해 단정 분위기 조성에 매진했다. 그럴수록 성미 급한 하지는 분노로 펄쩍펄쩍 뛰었지만, 운명의 여신은 이승만 편을 들었다. 1947년 3월 12일 트루먼 독트린으로 이승만에게 서광이 비쳤고, 냉전이 세계적 규모로 가시화되었다.

勤勞人民의
最高指導者
世界平和의
偉大한 貢獻者

105

멀고도 험한 남북협상의 길

1947년 7월 19일, 여운형이 경찰의 방조를 받은 극우 청년에게 암살당했다. 분단을 막기 위해 모든 열정을 기울여 좌우·남북 합작에 불철주야 뛰어다녔던 노(老)애국자는 결국 테러에 의해 비명횡사하고 말았다.

여운형의 죽음은 미소공위에 의한 임시정부 수립이 불가능하다는 것을 상징적으로 보여준 사건이었다. 미국은 8월 28일 미·소·영·중 4대국 회의를 제안하여 분단의 국제적 수순을 밟았다. 예상한 대로 소련이 거부했고, 미 국무부장관 마셜은 한국 문제를 유엔총회에서 논의할 것을 제의했다. 소련의 반대에도 불구하고 9월 23일 유엔총회는 한국 문제의 유엔총회 상정안을 가결했다.

그러자 소련이 역습을 가했다. 9월 26일 미소공위 소련 측 수석대표 스티코프는 1948년 초까지 미·소 양군의 한반도 철수를 제안했고, 소련의 유엔대표는 한국인을 초청하여 한국 문제 토의에 한국인의 의견을 듣자고 제안했다. 하지만 당시 유엔은 미국의 거수기에 불과했기 때문에 소련안은 받아

여운형 장례식

1947년 8월 3일 해방 직후 최초의 인민장(사회장)으로 거행된 여운형 장례식 행렬. '근로 인민의 최고 지도자', '세계 평화의 위대한 공헌자'라고 적힌 만장이 눈길을 끈다.

들여지지 않았다. 소련이 불참한 가운데 11월 14일 열린 유엔총회에서 유엔 감시하의 남북 총선거안을 43대 0(기권 6, 결석 8)으로 결의했고, 이 결의에 따라 오스트레일리아, 캐나다, 중국, 엘살바도르, 프랑스, 인도, 필리핀, 시리아 등 8개국 대표로(처음에는 9개국이었으나 우크라이나공화국이 불참했다) 남북 총선거를 감시할 유엔한국임시위원단을 구성했다. 그리고 유엔총회는 점령군이 가능한 한 최단 시일 내에 철수할 것을 강조하고, 남북 총선거로 구성된 중앙정부는 가능하다면 90일 이내에 점령군이 완전 철수하도록 점령 양국과 협정할 것을 요구했다.

유엔에서 한국 문제가 숨 가쁘게 진행될 때 국내 정치세력은 각자 다른 길을 걸었다. 김구는 유엔의 활동을 지지하면서 이승만·한민당과의 단합을 모색했다. 이승만은 임시정부 법통론을 부정하고 유엔위원단이 오기 전에 총선을 실시해야 한다는 조기 총선론을 주장했다.

11월 말 김구가 이승만 노선에 동조하는 대신, 김구의 국민의회(비상국민회의가 1947년 2월에 명칭을 변경했음)를 중심으로 우익이 단결하는 데 이승만이 동의했다. 그러나 12월 2일 한민당의 지도자 장덕수가 암살됨으로써 김구 측과 한민당·이승만과의 단합은 사실상 무산되고 말았다. 한민당은 이 암살에

냉전전쟁, 누가 더 찰까?
강대국의 냉전으로 약소민족들이 피해를 보고 있는 당시의 냉엄한 국제 현실을 풍자한 시사만평(《만화행진》 1947년 9월 15일 창간호). 큰 얼음덩이 위에 방석을 여러 장 깔고 앉은 미·소 강대국이 얼음 사이에서 추위에 떨고 있는 약소민족들을 거만하게 내려다보고 있다.

김구·한독당 측이 관여했다고 믿었다.

이 무렵 김규식은 남북지도자회의 소집의 필요성을 피력했고, 한독당의 조소앙도 그러한 주장을 했다. 연합국이 한국 문제를 해결할 수 없다면 한국인 스스로 문제를 해결하기 위해 노력해야 한다는 주장이었다.

중도파 민족주의자들은 여운형이 사망한 후 단결을 모색했다. 홍명희·김병로·안재홍 등은 1947년 10월 19, 20일에 민주독립당(약칭 민독당)을 출범시켰다(위원장 홍명희). 12월 20, 21일에는 민독당을 주축으로 중도파 정치세력을 망라한 민족자주연맹(약칭 민련)을 결성했다. 민련은 정당 15개, 사회단체 25개 및 개인 참여로 조직되었는데(주석 김규식), 민독당을 제외하면 군소 정당이

미군정 재판정에 선 김구

한민당의 실질적 지도자였던 장덕수는 김구가 황해도에서 교육운동에 종사할 때 가르쳤던 제자이기도 했다. 미군정과 경찰은 범행 관련자들의 진술을 조작하여 이 사건에 김구를 연루시키고자 했다. 김구는 여러 차례 조사를 받았고, 마침내 증인으로 미군정 법정에까지 서는 수모를 당했다. 법정에서 미군 장교가 김구를 범인으로 취급하자 김구는 다음과 같이 자신의 무죄를 항변했다. "나는 왜놈 이외에는 죽이라고 말한 적이 없소, 왜놈을 죽이란 말은 아마 내 입에서 끊인 적이 없었소. …… 장덕수 씨가 죽어서 더 분해하는 나더러 검사는 마치 죄를 뒤집어씌우려 드니……. 내가 증인이라면 더 말할 것이 없으니 나는 가겠소!"

이 사건을 계기로 김구는 이승만·한민당과 결별하고 남북협상에 적극적으로 나섰다.

대부분이었다. 민련은 남북통일 중앙정부의 조속한 수립을 위한 남북정치단체대표자회의 개최를 정책으로 제시했다.

1948년 운명의 해가 왔다. 1월 8일 유엔한국임시위원단이 입국하여 활동에 들어갔다. 위원단은 1월 26, 27일에 이승만과 김구, 김규식을 만나 남북총선 문제를 논의했다. 26일 위원단 대표를 만난 뒤 김구는 미·소 양군 철수→남북요인회담→총선에 의한 통일정부 수립 방안을 제시하여 이승만과 한민당을 깜짝 놀라게 했다. 마침내 김구가 이승만·한민당과 완전히 결별하고 김규식·민련과 노선을 같이한 것이다.

2월 4일 민련은 남의 김구와 김규식이 북의 김일성·김두봉과 회담을 갖자는 4김요인회담을 결의했다. 그리하여 김구·김규식 명의로 김일성·김두봉에게 남북지도자회담을 열자는 서신을 보냈다.

김구와 김규식이 북의 반응을 간절히 기다리는 동안 격렬한 논쟁 끝에 2월

유엔한국임시위원단 입국

1948년 1월 8일 인도 대표 메논을 임시의장으로 하여 8개국 대표로 구성된 유엔한국임시위원단이 입국했다. 사진은 1948년 1월 14일 서울운동장에서 거행된 유엔한국임시위원단 환영대회의 모습과 유엔한국임시위원단을 환영하는 포스터.

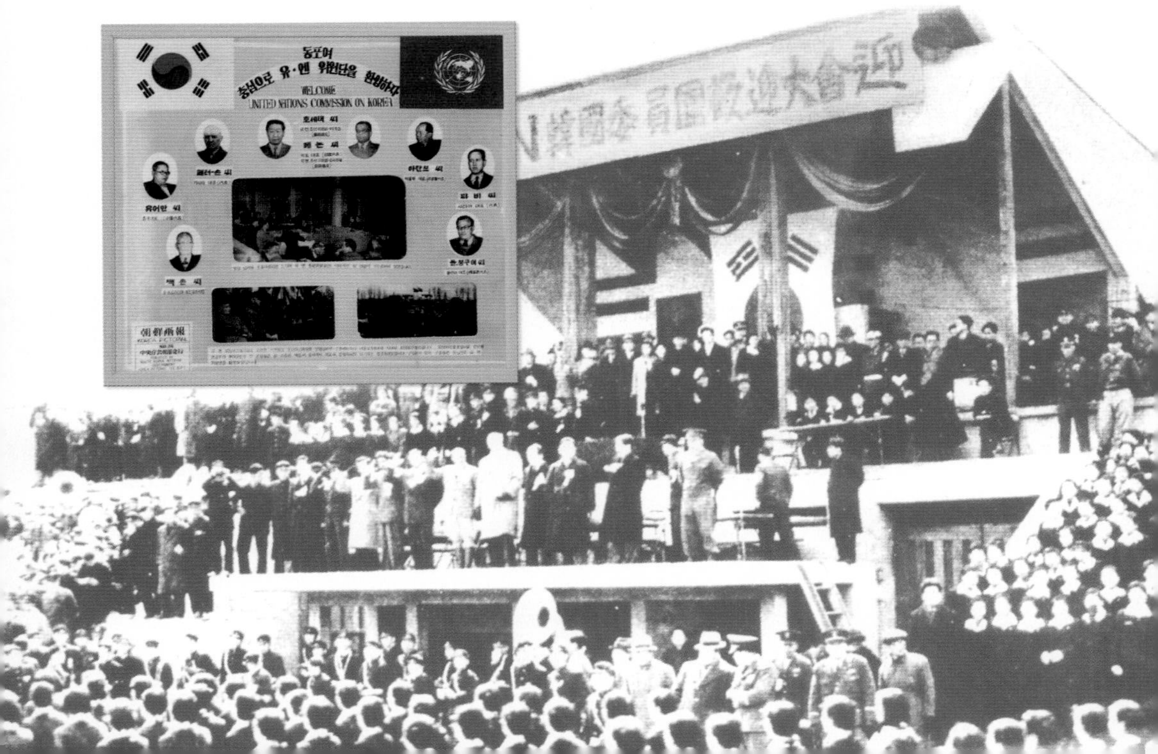

26일 유엔소총회에서 미국의 남한 총선거안이 통과되었다. 3월 1일 주한 미군 사령관 하지 중장은 5월 9일 총선거를 치르겠다고 발표했다(이후 5월 10일로 바뀜). 3월 12일 김구와 김규식, 홍명희 등은 "통일독립을 위해 여생을 바칠 것"을 맹세하는 '7거두성명'을 발표하여 국토를 분단시키는 남한만의 선거에는 참여하지 않을 것임을 명백히 했다.

김구와 김규식이 서신을 보낸 지 거의 40일이 다 된 3월 25일에서야 북은 평양방송을 통해 전조선정당사회단체대표자연석회의(약칭 연석회의)를 4월 14일에 평양에서 열자고 제안했다. 그리고 이와 별도로 북은 김일성·김두봉 명의로 김구·김규식에게 편지를 보내 본회의에 앞서 4월 초에 소범위의 지도자연석회의를 평양에서 열자고 제안했다.

이처럼 북이 남한 단독선거 일정이 이미 결정된 뒤에 남북지도자회의를 제의한 것은, 남한 단독선거를 방해하고 나아가 북한 정권 수립에 정통성을 부여하고자 하는 의도가 작용했다. 북은 이미 2월 8일에 조선인민군을 창설하고, 2월 11일부터는 1947년 12월에 작성된 임시헌법 초안을 전 인민 토의에 부치는 등 북한 정권 수립을 위한 수순을 밟고 있었다.

김구와 김규식은 북의 제안에 대해 "미리 다 준비한 잔치에 참례만 하라는 것이 아닌가" 하고 우려했다. 김구는 북에 파견한 연락원이 돌아와 남북지도자회의 일정 등이 변경되었음을 알리자 적극적으로 참여할 뜻을 밝혔으나, 이성의 정치인 김규식은 북에 이용당하지 않으면서도 통일운동을 전개할 수 있는 방안을 마련하기 위해 고심했다. 그리하여 그는 독재정권 배격, 총선거, 전쟁 방지 방안 마련 등 5개항을 북에 제시했다. 김구는 비장한 심정으로 연석회의가 개막한 4월 19일에 노구를 이끌고 서울을 떠났고, 5개항을 지지한다는 북의 방송이 나오자 김규식은 이틀 뒤인 21일에야 떠났다.

4월 19일 평양 모란봉극장에서 남북의 47개 단체 대표 545명이 참석한 가운데 연석회의가 열렸다. 4월 19일의 예비회담, 4월 19일 및 21~23일 4일간의 본회담으로 진행된 연석회의에서는 남의 단독선거를 파탄시키고 외국 군대를 즉시 철수시킨 후 조선 인민이 자기 손으로 정부를 수립하자는 「조선 정치 정세에 대한 결정서」를 채택했다. 김구와 김규식은 북의 프로그램에 따라 일방적으로 진행되는 연석회의에 비판적이었다. 김구는 한 번 나가 인사말만 했을 뿐이고, 김규식은 아예 참석하지 않았다.

김구와 김규식은 남북요인회담에서 통일에 대한 협상이 이루어지길 기대했다. 연석회의가 끝난 4월 26일부터 30일 사이에 김구와 김규식의 요청으로 김구·김규식·김일성·김두봉의 4김회담, 김규식과 김일성의 양김회담, 그리고 15인지도자협의회가 열렸다. 그리하여 4월 30일 전조선정당사회단체지도자협의회 명의로 공동성명서가 발표되었다. 공동성명서에는 ①외군의 즉시 철수, ②외군 철수 후 내전이 발생할 수 없다는 것을 확인, ③전조선정치회의 소집→임시정부 수립→총선으로 입법기관 탄생→헌법 제정과 통일정부 수립, ④남조선 단독선거 절대 반대 등의 4개 항이 담겨 있었다. 2항과 3항은 국토완정을 시작하고 북한 단독정부를 준비하고 있던 북한으로서는 동의하기 어려운 내용이

연석회의장으로 들어가는 북한 주석단의 모습

1947년 4월 전조선정당사회단체대표자연석회의에 참석하기 위해 북측 대표들이 회의장으로 입장하고 있다. 오른쪽부터 김일성, 박헌영, 김원봉, 김달현, 허헌, 김두봉.

었다. 4항에는 북의 단독선거도 반대한다는 의미가 내포되어 있었다.

지금까지 대부분의 개설서가 연석회의와 남북협상을 명확히 구별하지 못한 채 이 부분을 기술했다. 그런가 하면 북의 역사서에는 연석회의 중심으로 기술되어 있다. 그렇지만 북의 의도에 맞춰 열린 연석회의와 통일의 방안을 협상하기 위해 열린 남북협상은 성격이 전혀 다르다. 김구·김규식은 남북협상을 위해 노구를 이끌고 평양에 간 것이다. 남북협상은 전쟁 등 민족적 참화를 불러일으키고 경제를 불구로 만들어 외국에 예속시킬 수 있는 분단만은 어떻게 해서든지 막아야 한다는 민중의 간절한 소망에 따른 것이었다. 남북협상은 1945년 8월 15일에 해방이 되고 나서 남과 북의 지도자들이 처음으로 한자리에 모였다는 점에서도 깊이 되새겨볼 필요가 있다. 남북협상이 없었더라면 한국인은 분단을 막기 위해 해방 3년 동안 무슨 노력을 했다고 말할 수 있을까. 공동성명서에 담긴 내용은 당장에 실현되기는 어려웠으나 통일국가 수립 방안을 구체화했다는 데 의의가 있다.

조선의 장단에 맞춰 춤을 추겠다

"나는 항상 조선 문제는 조선 사람 스스로 해결해야 한다고 주장해왔다. 이번 회의(연석회의를 가리킴)에 실망했다. 이 만찬에 참석하는 것이 양심에 거리낀다. 나는 미국의 장단에 맞춰 춤을 추었지만, 지금부터는 조선의 장단에 맞춰 춤을 추겠다."

—『레베데프 비망록』 22, 《매일신문》 1995년 2월 23일자.

남북협상 공동성명서에 서명하는 김규식.

1948년 4월 25일 평양 김일성장군광장에서 열린 연석회의 경축 군중대회에 이어 가진 북조선인민위원회 김일성 위원장의 초대연에 참석한 김규식의 인사말이다. 이때의 인사말은 민족자주적인 입장에서 통일 문제를 해결하겠다는 김규식의 정치적 입장을 잘 보여주고 있다.

| 단선 반대와 김구 |

"38선을 베고 쓰러질지언정"

"통일하면 살고 분열하면 죽는 것은 고금의 철칙이니, 자기의 생명을 연장하기 위하여 남북의 분열을 연장시키는 것은 전 민족을 죽음의 굴로 몰아넣는 극악극흉의 위험일 것이다."
"마음속의 38선이 무너지고야 땅 위의 38선도 철폐될 수 있다."
"나는 통일된 조국을 건설하려다가 38선을 베고 쓰러질지언정 일신의 구차한 안일을 취하여 단독정부를 세우는 데는 협력하지 아니하겠다."

— 1948년 음력설인 2월 10일에 발표한 김구의 「삼천만 동포에게 울며 고함」에서.

구태여 김구의 말을 빌리지 않더라도 단선·단정을 반대하는 여론이 들끓었다. 다음은 1948년 3월 13일자 《독립신문》에 실린 단독선거에 대한 각 정당의 태도다.

정당 이름	단선에 대한 의견	태도
남조선노동당	민족 멸망의 길이다	거부
인민공화당	제국주의자의 괴뢰정부화	거부
근로인민당	외국의 식민지화 초래	거부
사회민주당	일국의 예속화 초래	거부
민중동맹	세계 평화 파괴의 우려	거부
독립노동당	국제연합의 파멸 초래 우려	거부
민주한독당	조선의 노예화 초래	거부
신진당	민족 총의에 위배	거부
한국독립당	유엔총회 결의에 모순된다	거부
청우당	38선의 영구화 초래	거부
보국당	동족상잔을 초래	거부
한국민주당	지극히 만족	솔선 참가

한국여론협회는 서울 충무로, 종로 통행인 1262명을 대상으로 5·10선거에 투표하기 위해 선거인 등록을 했느냐고 물었다. 다음은 그 결과다(《새한민보》 1948년 5월 상·중순호).

一, 선거인 등록 하였습니까?

☞ 하였소 934명 (74%)

☞ 안 하였소 328명 (26%)

二, (934명 중) 자발적으로 하였습니까? 강요당하였습니까?

☞ 자발적으로 하였소 84명 (9%)

☞ 강요당하였소 850명 (91%)

三, (850명 중) 누구에게 강요당하였습니까?

☞ 청년단체 또는 (주거지) 반장에게 강요당하였소 458명 (55%)

☞ 기타에 강요당하였소 153명 (18%)

☞ 알 수 없음 329명 (27%)

민중이 단선·단정을 두려워하고 김구·김규식의 남북협상을 성원한 것은 경제적인 이유도 있었지만, 다른 나라와 달리 단일민족으로 한 번도 분단을 경험해본 적이 없었던 것이 절대적으로 작용했고, 전쟁에 대한 위기의식도 컸다. 그 점을 4월 14일 발표된 문화인 108인의 「남북협상을 성원함」에서는 "(분단 이후 오는 사태는) 민족 상호의 혈투가 있을 뿐이니, 내쟁(內爭) 같은 국제 전쟁이요 외전(外戰) 같은 동족 전쟁"으로 묘사했다.

평생을 독립운동에 몸 바친 노(老)애국자들로서 조국이 분단되는 것을 좌시할 수는 없었다. 극우에 위협당하면서 북행길에 오른 김구·김규식은 북에 이용당하는 일이 없도록 만전을 기했다. 연석회의가 열린 4월 19일 서울을 떠난 김구는 연석회의에는 4월 22일에 한 번 가서 인사말을 했을 뿐인데, 그것도 남과 북의 단선·단정을 절대로 반대한다는 내용이었다. 김구보다 늦게 출발한 김규식은 아예 연석회의에 참석조차 하지 않았다. 김구·김규식은 북과 남북협상을 벌여 4월 30일 공동성명서를 발표했다.

김구는 5·10선거로 수립된 정부에 대해 한때 부정적이었다. 통일정부만이 동족상잔을 막고, 당당히 국제적 반열에 설 수 있다고 생각했기 때문이다. 이 시기 김구와 이승만의 틈은 메우기 힘들게 벌어져 있었다. 일흔 넘은 노인들이어서도 그랬지만, 김구는 대한민국 임정 법통과 우익 대단결을 위해 이승만에게 거듭 양보했는데도 배신을 당했다는 분노가 끓고 있었다. 그렇지만 12월 12일 유엔총회에 의해 정부가 승인되자 바로 유엔의 한국 정부 승인은 "영원히 기억할 만한 거대한 역사적 사실"이라고 밝혔다. 남북협상에 참여한 중도파 민족주의자들이 1950년 총선에 참여하기 위해 새로운 조직을 모색하던 1949년 6월 김구는 이 대통령의 충성파 안두희의 흉탄을 맞고 쓰러졌다.

김구에 대한 애끓는 애도의 물결은 통일운동에 걸었던 희망이자 이승만 단정 노선에 대한 두려움의 표현이었다. 조문객 124만 명, 장례식장 인파 50만 명, 대전에서는 그 지역 인구의 3분의 1인 4~5만 명이, 수원·청주·목포 등지에서도 수만 명이 조의를 표했다.

세게로련
조선노동조합전국평의회
全評代表
世界労聯大会派遣
評
全評揭示板
全評会館

106

새 세상 건설의 노력

20세기 마감을 몇 년 앞두고 영국 BBC 방송은 20세기 역사를 되돌아보는 큰 기획을 장기간에 걸쳐 방영하면서 20세기를 '인민의 시대'로 명명했다. 한국의 민중은 갑오농민전쟁이나 3·1운동에서처럼 역사의 전면에 나서기도 했지만, 역사의 주체로서 자신의 시대를 만들려는 능동적이고 적극적인 활동은 해방 이후에 본격적으로 나타났다. 수많은 사회·문화운동 단체가 출현해 새 세상을 꿈꾸었다. 특히 감옥에서 풀려난 활동가와 일본이나 만주 등 해외에서 거주하던 사람들의 귀국으로 인한 대규모 인구 이동은 사회 변화에 촉매제 역할을 했다.

해방 후 가장 강력한 대중조직을 결성하여 사회운동을 주도한 것은 전위적 활동가들이 많은 노동자 단체였다. 1945년 11월 5, 6일 남북의 40여 개 지방에서 노동자 대표 505명이 참가한 가운데 전평이 조직되었다. 전평은 산별 조직 원칙에 입각했으나, 부분적으로 기업체별 또는 직업별 조직을 두었다.

전평회관
해방 후 조공은 당 조직과 대중 단체의 결성에 주력하며 대규모 파업투쟁 등 여러 사회운동을 주도했다. 사진은 조공 산하 노동운동 단체인 조선노동조합전국평의회(전평) 회관의 모습.

미군정기 노동쟁의 참가자 수 및 결과
(1945. 8 ~ 1947. 3)

쟁의 건수	2,388건
참가 인원	586,786명
사망자 수	26명
피검자 수	7,886명
해고자 수	15,534명

* 자료 출처: 조선통신사, 『조선연감』 1948, 26쪽.

그리고 각 중요 산업 지대에는 지방평의회가 설치되었다. 전평은 파업을 할 경우 파급력이 큰 철도, 경전(京電, 서울전차회사), 발전소 등의 사업장 노동자 조직에 역점을 두었다.

전평은 조공의 혁명론을 수용했다. 하지만 공장 휴업, 원자재 부족, 실업자 홍수 등의 문제를 해결하기 위해 초기에는 미군정에 협조하면서 산업건설운동과 함께 공장관리운동을 벌였다. 그러나 1946년 7, 8월에 공산당의 신전술을 받아들이면서 미군정에 협조적이던 종전의 태도를 바꾸어 9월에 대규모 파업투쟁을 벌였다(9월총파업). 이후에도 1947년 3·22총파업, 남한 단독선거를 반대하기 위한 1948년 '2·7구국투쟁' 등 파업투쟁이 있었으나 9월총파업보다 한층 약화된 모습을 보여주었다.

우익은 전평에 대항하기 위해 실업자, 월남 청년들을 중심으로 1946년 3월 10일 대한독립촉성노동총연맹(약칭 대한노총)을 조직했다. 대한노총은 전평을 파괴하는 데 힘을 쏟았으며, 전평이 지하로 들어간 1947년 이후 조직이 강해졌다.

대한노총의 좌익 규탄 집회
반공 청년 단체를 모체로 1946년 3월 10일 결성된 대한노총은 좌익 노동 단체인 전평 파괴 활동에 주력하는 한편 우익 주도의 반탁·반공 운동에 앞장섰다.

유행어로 본 해방 직후의 사회상

유행어는 그 시대 사회의 생태를 날카롭게 반영한다. 해방과 함께 등장한 수많은 유행어는 해방 직후의 사회상을 잘 보여주고 있다.

가장 대표적인 것이 모리배다. 모리배는 해방 직후 민중이 경제적으로 고통을 겪는 가운데 부당한 경제행위로 불법 이익을 취해서 돈을 번 협잡꾼을 말한다. 이들 모리배는 각종 이권에 개입하여 사회문제가 되기도 했다.

이 밖에도 '하루 종일 정거장', '먹자판 재판소', '흐지부지 우편국', '텅텅 비었다 배급소', '깜깜절벽 전기회사', '종이쪽지 세무서', '가져오너라 면사무소', '고두럼 장작 때구 냉수 먹세'라는 말이 유행했다. 해가 질 때까지 차가 오지 않는 정거장, 돈만 요구하고 판결은 제대로 하지 않는 재판소, 전보 한 장 제대로 전해주지 못하는 우편국, 배급은 제대로 나오지도 않고 텅텅 비어 있는 배급소를 풍자한 말이다. 그리고 '깜깜절벽 전기회사'는 북한의 송전 중단으로 전기도 마음대로 쓰지 못하고 절전해야 하는 어려움을 빗댄 말이며, '종이쪽지 세무서'는 물자가 부족해 담배 배급도 제대로 타지 못한 농민들이 아이들의 헌 공책이나 신문지, 세무서에서 나온 각종 고지서나 영수증 종이를 말아서 잎담배를 피워야 했던 당시의 세태를 풍자한 말이다.

'가져오너라 면사무소'는 각종 세금은 물론 하곡·추곡 수매와 공출, 여러 차례의 부역 동원 등 무엇이든 닥치는 대로 농민에게 요구하는 면사무소를 풍자한 말이다. 그리고 '고두럼 장작 때구 냉수 먹세'는 한겨울 지붕 추녀 끝에 매달려 있는 고드름 장작으로 불을 지폈는지 몹시 찬 방에서 냉수를 벌컥벌컥 마신다는 뜻으로, 불을 땔 장작조차 구하기 어려운 농민의 빈곤한 살림 형편을 표현한 말이다. 이들 유행어에는 현실에의 체념과 부패한 세상에 대한 날카로운 풍자가 스며 있다.

모리배의 성장을 풍자한 만평.

남한은 소작농이 대다수였기 때문에 농민운동도 활발했다. 전농은 1945년 12월 8일부터 3일간 결성대회를 열었다. 북의 일부 지역에서도 대표가 왔다. 빈농을 중심으로 하되 부농도 반동이 아니면 가입할 수 있었지만 지주는 금지되었다. 초기 전농은 일제와 민족반역자의 토지를 몰수하여 빈농에게 분배할 것과 소작료 3·7제의 시행을 주장했다. 전농 가입자는 지방의 인민위원회나 청년·여성 단체에서도 활동했다.

전평과 마찬가지로 전농에 대한 조공의 영향력은 컸다. 북에서 토지개혁

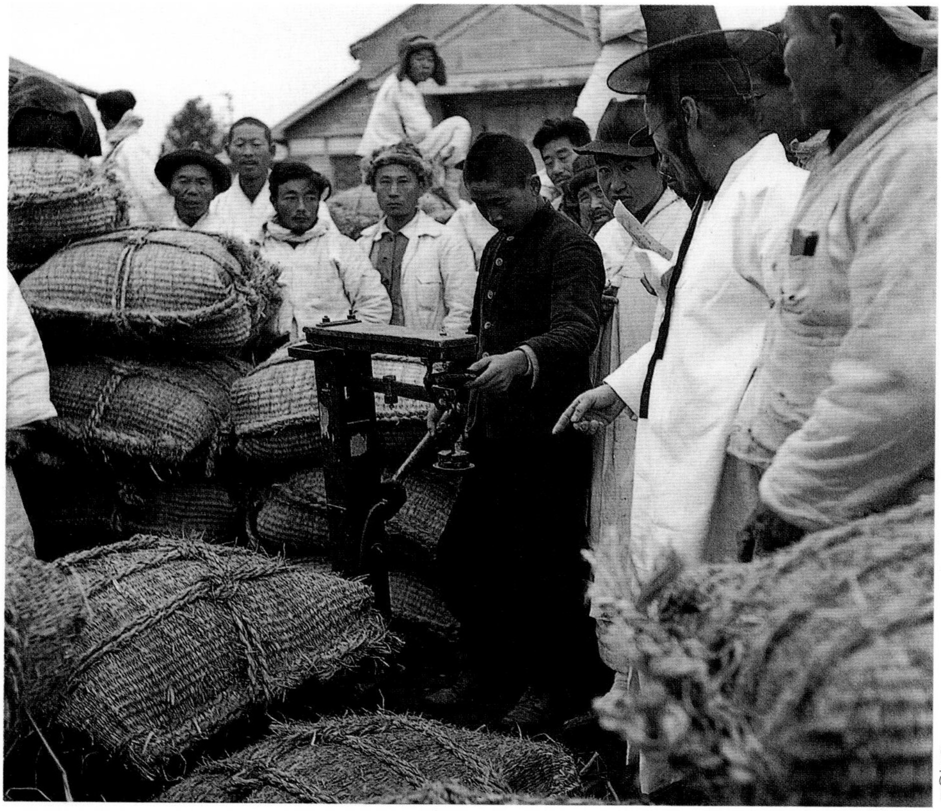
©이경모

미곡 '공출'

1945년 10월 미군정이 일제강점기의 식량 통제 제도를 폐지하고 쌀을 자유롭게 사고팔 수 있다고 공포하자, 쌀이 자취를 감추고 가격이 폭등했다. 미군정은 황급히 통제 정책으로 복귀했고, 시민들은 미군정이 고시하는 가격에 따라 정해진 양을 식량배급소에서 사야만 했다.

이 실시되자, 1946년 5월 전농은 무상몰수와 무상분배에 의한 소작제 폐지를 채택했다. 전농은 1946년 미군정의 하곡 수집 정책에 반대했는데, 10월항쟁이 일어나자 신한공사와 미곡 창고 등을 습격하고 미곡 수집 기록을 불태웠다. 10월항쟁 이후 전농은 미군정의 탄압으로 약화되어 지하로 들어갔다. 우익은 전농에 대항하기 위해 1947년 8월 31일 대한노총의 일부 세력을 중심으로 대한독립촉성농민총연맹(약칭 대한농총)을 출범시켰지만, 농촌에서 세력을 키우지 못했다. 2·7투쟁 이후 일부 전농 활동가들은 야산대(빨치산)가 되었다.

해방과 함께 여성운동도 활발했다. 해방 초기 여성운동 단체는 좌우가 연합하여 건국부녀동맹을 결성했으나 우익이 건준을 탈퇴하면서 자연스레 부녀운동 단체도 분열되었다. 우익 여성은 9월 9일 한국애국부인회를 조직하고, 좌익 여성은 12월 22일 조선부녀총동맹(약칭 부총)을 결성했다. 한국애국부인회는 독립촉성애국부인회로 명칭이 바뀌었다. 다른 운동과 마찬가지로 여성운동도 좌우의 정치투쟁에 종속되어 일어났다는 점이 특징이다. 우익 여성운동자 가운데는 남편이나 부친이 우익 명망가인 경우가 적지 않았다.

여성운동의 목표는 건국부녀동맹의 주장에서 크게 벗어나지 않았다. 이 단체는 여성의 자주적 경제생활권 확립, 남녀의 임금 차별 철폐, 공·사창제 및 인신매매 철폐, 임산부에 대한 사회적 보호시설 마련, 여성대중의 문맹·미신 타파 등을 행동 강령으로 내세웠다. 우익 여성 단체는 여성의 지위 향상을 강조하고 현모양처가 되자고 역설했다. 좌우 모든 단체가 주장한 공창제 폐지는 1948년 2월 미군정에 의해 이루어졌다.

미군정의 미곡 수집 정책에 적극 협조할 것을 촉구하는 포스터.

해방 정국에서 청년 단체는 돌격대나 수비대의 역할을 맡았다. 우익의 힘은 상당 부분 청년 단체의 투쟁 또는 테러에 기반을 두고 있었다는 것이 해방 정국의 특색이다.

조공 산하에는 8월 18일 조직된 조선공산주의청년동맹(약칭 공청)이 있었지만, 12월 11일 좌익 전체의 청년 조직인 조선청년총동맹(약칭 청총)을 발족시켰다. 그러나 노동자와 농민이 적고 느슨한 연맹체여서 1946년 4월 조선민주청년동맹(약칭 민청)으로 재조직되었고, 민청이 미군정에 의해 해산되자 바로 1947년 6월 조선민주애국청년총동맹(약칭 민애청)으로 이름을 바꿔 활동했다.

우익 청년 단체는 수가 많고 복잡했다. 이 중 대한민주청년동맹(1946년 4월)은 유진산이 위원장, 김두한이 감찰부장이었는데, 특히 김두한 별동대는 총파업이나 좌익 행사에 자주 출동해 테러를 가했다. 가장 무서운 테러 단체는

서북청년회

평안청년회, 대한혁신청년회, 함북청년회, 황해회청년부, 북선청년회, 양호단 등 이북 출신의 청년 단체가 통합되어 1946년 11월 30일 결성된 극우반공 성향의 청년 단체. 서청은 지방에 대원을 파견하여 테러 행위를 감행했는데, 특히 제주 4·3 항쟁에서의 무자비한 행동으로 악명을 떨쳤다. 사진은 한국을 방문한 맥아더 장군을 환영하는 서북청년회 회원들.

월남한 청년과 학생들로 구성된 서북청년회(약칭 서청, 1946년 11월)였다. 서청 등 우익 청년 단체는 물심양면으로 경찰과 우익 정치세력의 지원을 받았다. 한편 이범석을 단장으로 '국가지상, 민족지상'을 이념으로 내세우고 조직된 조선민족청년단(약칭 족청, 1946년 10월)은 유일하게 미군정의 재정 지원을 받았다. 족청은 후에 자유당 창당의 기반이 되었다.

해방 3년기에는 문화계도 단체 조직이 활발했다. 해방된 지 3일 만인 8월 18일 출범한 조선문학건설본부(약칭 문건)를 비롯한 미술·음악·연극·영화 등의 단체를 통합하여 조선문화건설중앙협의회가 결성되었다. 조선문화건설중앙협의회를 주도한 문건(위원장 이태준)은 진보적 민족문학 건설을 주창했다. 좌익 문학 단체는 문건과 조선프롤레타리아문학동맹이 합쳐져 1945년 12월 조선문학가동맹으로 통합되었다(위원장 홍명희). 우익 문인들은 복고주의 색채를 띤 전조선문필가협회(1946년 3월)와 순수문학을 내세우며 좌익에 대해 투쟁적이었던 조선청년문학가협회(1946년 4월)로 모였다.

문인들은 어떻게 글을 쓸 것인가를 둘러싸고 격렬한 논쟁을 벌였다. 같은 좌익계 문인인 임화와 안함광은 민족문학에 대해 논전을 벌였다. 김동리의 순수문학론을 중심으로 김동리와 김동규, 김동석 사이에 신랄한 비판과 비난이 오갔다.

전조선문필가협회 결성식
1946년 3월 13일 순수문학을 지향하는 문인들은 임화, 이태준이 주도하는 조선문학가동맹에 대항하고자 전조선문필가협회를 조직했다.

문학에서 일본 색깔을 탈피하는 문제도 제기되었다. 『탁류』(1937년), 『태평천하』(1938년)의 작가 채만식은 자신을 주인공으로 삼은 작품을 써 친일 행위를 반성했는데, 이처럼 자신의 친일 행위를 전면으로 다룬 작가는 채만식을 제외하면 드물었다. 조선문학가동맹에도 들어가 있었던 이병기·염상섭·채만식과 시인 정지용은 조국의 현실에 깊은 고민을 하면서 중도적 입장에서 민족국가 건설을 지향했다.

일본 색깔의 탈피는 미술계에서도 많은 논쟁을 불러일으켰다. 전통 회화뿐만 아니라 서양화에서도 이 문제는 심각했다. 음악에서는 김순남의 〈산유화〉 등이 호평을 받았다.

대중문화의 총아로 등장한 영화는 아무리 미군정 시기라지만 미국 영화가 휩쓸다시피 했다. 해방 3년간 한국 극영화는 15, 16편을 헤아렸는데, 미국 영화는 100편 내외로 주요 극장을 독점했다. 세계 무대에서 활약한 무용가 최승희 등 많은 문화예술인이 월북한 것도 이 시기의 한 단면을 보여준다.

최초의 반공영화 〈성벽을 뚫고〉

〈성벽을 뚫고〉는 국방부와 공보처의 자금 지원으로 제작된, 대중적으로 성공한 최초의 반공영화다. 이 영화는 1949년 말에 개봉되었음에도 불구하고 불과 1년 전에 있었던 여순사건을 배경으로 하고 있다는 점이 흥미롭다. 영화의 두 주인공은 대학 동창이자 처남 매부 간의 절친한 친구다. 그런데 처남은 육군 소위, 매부는 공산주의자가 되면서 갈라서게 된다. 마침내 이들은 여순사건을 계기로 서로의 가슴에 총부리를 겨누는 원수로 변하고, 매부는 처남의 손에 희생되고 만다. 이 영화는 반공의식을 고취하기 위해 한국전쟁 직전까지 전국을 순회하면서 상영되었다. 영화배우 황해의 데뷔작이기도 하고, 당대 최고의 가수 현인이 특별 출연하여 주목을 끌었다.

史+

잊힌 천재 작곡가 김순남

"잘 자거라 나의 아기야 / 산새도 잠든 이 깊은 겨울밤 / 눈보라 몰아쳐도 우리 아긴 빵긋 웃지."

해방 정국에서 활발한 창작활동을 하다가 1948년 여름에 월북한 김순남이 작곡한 자장가다. 그는 자장가를 네 번이나 작곡했다. 바쁜 창작활동과 정치활동으로 딸을 제대로 돌보지 못한 아버지로서의 안타까움과 죄책감으로 자장가를 네 차례나 작곡한 것이다.

1917년 서울에서 태어난 김순남은 해방과 함께 일제 잔재 청산과 진보적 민족음악 건설을 주장했다. 그는 해방 직후부터 민요나 기타 전통음악에 바탕을 둔 민중가요와 가곡을 많이 작곡했다. 김소월의 시에 곡을 붙인 〈산유화〉, 〈초혼〉, 〈진달래꽃〉 등과 해방의 기쁨을 노래한 〈건국행진곡〉, 〈해방의 노래〉, 그리고 민중항쟁을 형상화한 〈농민가〉, 〈인민항쟁가〉, 〈인민유격대의 노래〉 등을 작곡했다. 그의 작품들은 국내외에서 널리 불렸을 뿐만 아니라 뛰어난 작품성으로 주목을 받았다. 평론가 박용구는 〈산유화〉를 '국제적 수준의 작품'으로 평가했다. 그러나 그는 대구 10월항쟁을 노래한 〈인민항쟁가〉의 작곡가라는 이유로 체포령이 떨어지자 피신 생활을 하다가 가족을 남겨둔 채 월북했다.

월북 후 김순남은 평양음악학교 교수 겸 최고인민회의 대의원으로 활발히 활동했다. 1952년에는 꿈에도 그리던 러시아 유학을 떠났으나 박헌영 간첩사건에 연루되어 북한으로 소환된 뒤에 숙청되었다. 한때 그는 복권되어 다시 창작활동을 하기도 했으나 폐병으로 1983년에 숨을 거두었다.

김순남은 한국 현대음악의 한 획을 긋는 뛰어난 작곡가였다. 김순남을 아는 사람은 그를 민족 최고의 음악가로 평가한다. 세계적인 비디오 아티스트 백남준은 "작곡가는 많이 나오지 않는다. 한 나라에서 한 명이 나올까 말까 한다. 핀란드에서는 시벨리우스 한 명, 헝가리에서는 바르토크 한 명이 나왔다. 한국에서는 김순남이 나오려다 말고 죽었다"라고 그의 비극적인 삶을 표현했다. 월북했다는 단 하나의 이유로, 1989년 월북 예술인들에 대한 해금 조치가 있기 전까지 40년 동안 그의 이름은 잊혀 있었다.

1944년 12월 7일 작곡 발표회를 마친 후의 김순남 (맨 오른쪽).

2

분단정부 수립과 전쟁의 참화

강요배, 〈한라산 자락 백성〉, 1992년

1948 – 1959

전쟁은 미처 아물지 못한 분단의 상처에 또 한번 큰 고통을 안겨주었다.
권력자들은 전쟁의 참화 속에서도 자신의 탐욕을 접지 않았고,
남은 것은 폐허와 총부리를 겨누고 마주 선 남과 북의 형제들이었다.

1948	4월 3일	제주 4·3항쟁
	5월 10일	제헌국회의원 선거
	8월 15일	대한민국 정부 수립 공포
	9월 22일	반민족행위처벌법 공포
	10월 19일	여순사건
	12월 1일	국가보안법 공포
1949	6월 26일	백범 김구 피살
1950	6월 25일	한국전쟁 발발
1952	5월 26일	국회 통근버스 헌병대에 연행 (부산정치파동 시작)
	7월 4일	기립 표결로 발췌 개헌안 통과
1953	7월 27일	휴전협정 조인
1954	11월 29일	야당 퇴장 속에 위헌적인 사사오입 개헌 통과 선포
1956	5월 15일	정·부통령 선거(이승만, 신익희, 조봉암의 각축전)
1958	1월 1월	조봉암·진보당 사건
	12월 24일	국가보안법 개정안 (신국가보안법) 통과
1959	4월 30일	《경향신문》 폐간
	7월 31일	조봉암 사형

이승만

8월 15일, 오늘에 거행하는 이 식은 우리의 해방을 기념하는 동시에 우리 민국이 새로 탄생하는 것을 겸하여 경축하는 것입니다. 이날에 동양의 한 고대국인 대한민국 정부가 회복되어서 40여 년을 두고 바라며 꿈꾸며 투쟁하여온 결실이 실현되는 것입니다.

— 1948년 대한민국 정부 수립 기념축사 중에서

조봉암

처음 이 사건을 검찰에서 수사할 때 수사를 하지 말라고 내가 검사에게 말했다. 이 사건으로 피고인들이 무죄가 되어도 대한민국에 마이너스를 가져올 것이며 유죄가 되면 국민들이 놀랄 것이다. 평화통일이란 국민들의 의견이다. 검찰의 행동이야말로 이적행위가 될 것이다. 이 사건은 모두 정치적 음모니 더 할 말이 없다.

— 1958년 진보당 사건 1심 최후진술 중에서

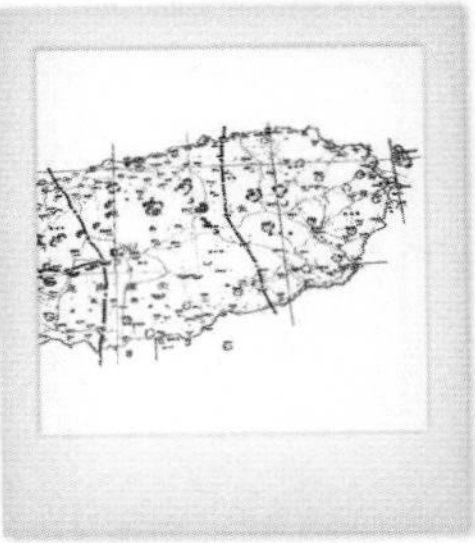

제주 4·3항쟁

1948년 제주섬에서는 이런 국제법이 요구하는, 문명사회의 기본 원칙이 무시되었다. 특히 법을 지켜야 할 국가 공권력이 법을 어기면서 민간인들을 살상하기도 했다. 정부는 이 불행한 사건을 기억하고 교훈으로 삼아 다시는 이러한 비극이 일어나지 않도록 노력을 해야 할 것이다. 특히 국가 공권력에 의해 피해를 입은 희생자와 그 유족을 위로하고 적절한 명예회복 조치를 취할 것을 기대한다.

— 「제주 4·3사건 진상조사보고서」 결론 중에서

김창숙

저 남한산 저 탑골공원을 보라 / 하늘을 찌르는 동상이 / 사람의 넋을 빼앗는구나 / 독재의 공과 덕이 / 지금은 이렇듯 높을지나 / 두고 보시오 / 상전(桑田)과 벽해(碧海) 일순간에 뒤집힐 것을

— 김구, 윤봉길 등 일곱 선열이 묻혀 있는 효창공원을 공병대가 파헤쳐 운동장을 만든다는 소식을 듣고 쓴 시 「효창공원에 통곡함」 중에서

大韓民國
祝
愛國
光州
婦人會
支部

201

민주주의 헌법의 탄생

1948년 2월 26일 유엔소총회 결의에 의해 치러진 5·10선거는 성별과 신앙을 묻지 않고 21세 이상의 성인에게 동등한 투표권이 주어진 남한 역사상 최초의 보통선거였다. 일부 정치학자들은 보통선거와 자유민주주의를 미국이 이식시켜주었다고 주장하지만, 그것은 일면적 사실일 뿐이다. 사회주의자들이 1920년대 말 이후 급진적인 정치체제를 주장하기도 했지만, 독립운동 세력은 3·1운동 이후 이미 보통선거에 의한 민주공화제를 주장했고, 해방 이후 좌우 정치세력도 한결같이 보통선거제를 주장했다. 다만 이승만과 한민당 등 보수세력은 유권자의 선거 연령을 높여 일종의 제한선거로 가고자 했으나 성공하지 못했다.

하지만 5·10선거는 남한만의 단독정부를 수립하기 위한 선거였다는 점에서 한국인의 지지를 받기가 어려웠다. 김구와 김규식을 비롯한 중도파 민족주의자들은 선거에 참여하는 것을 거부하고 남북협상을 추진했고, 좌익은

대한민국 정부 수립 축하 시가행진
전라남도 광주시 충장로3가를 지나가는 대한민국 정부 수립 축하 시가행진(1948년 8월 15일).

5·10총선거 홍보 포스터

5·10선거는 성별과 종교에 상관없이 21세 성인에게 모두 투표권이 주어진 최초의 보통선거였다. 남한만의 선거임에도 불구하고 '중앙정부수립'을 강조한 선전 문구가 눈에 띈다.

단선단정(단독선거 단독정부) 반대투쟁을 맹렬히 전개했다. 반면 이승만과 한민당 등 극우세력은 선거 참여의 폭을 넓히려고 하기는커녕 지방에서의 중도파 선거 참여를 '공산주의 주구', '분홍색 프락치' 등의 색깔을 씌워 격렬히 비난했다.

선거 결과, 예상을 깨고 미군정하에서 강권을 휘둘렀던 한민당이 참패했다. 민심이 투표로 연결된 것이었다. 한민당은 29명밖에 당선되지 않았지만 무소속 등을 끌어들여 60~70석이 되었고, 이승만 지지세력도 60~70석, 김구·김규식과 노선을 같이하는 무소속 의원도 60~70석 정도가 되었다. 무

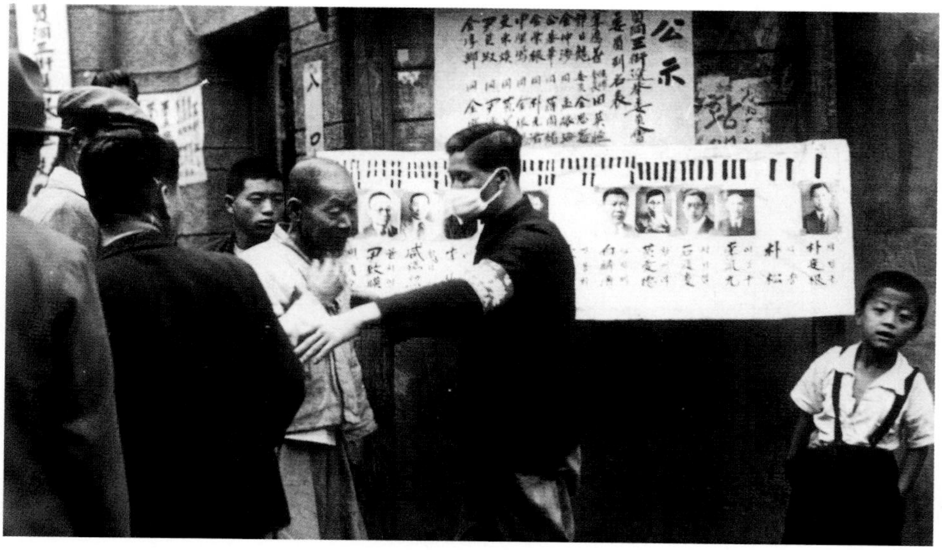

5·10선거 투표 광경

당시의 높은 문맹률을 반영하듯 선거 기호를 아라비아숫자가 아닌 막대기 숫자로 표시했다. 일본독감의 유행으로 마스크를 쓴 선거 관계자와 천진스럽게 앞을 바라보고 있는 소년의 표정이 인상적이다.

1948년 제헌국회의원 선거 정당 · 단체별 당선자 분포 (괄호 안은 득표율)

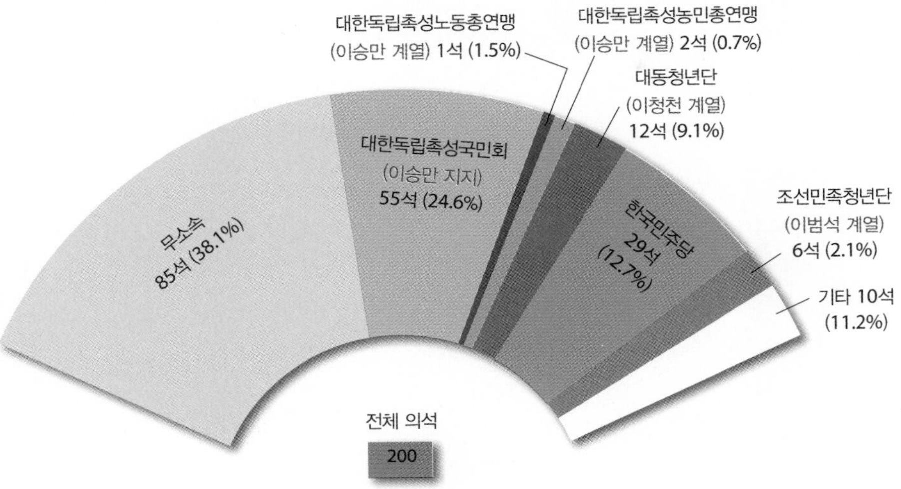

* 제주도 2개 선거구에서 선거 무효가 선언되었기 때문에 실제 당선자는 198명이다.
* 무소속 85명 가운데 한민당으로 출마하면 떨어질 것을 염려하여 무소속으로 출마한 한민당원을 비롯하여 우익 청년 단체나 정당과 연관을 가진 의원은 순수한 무소속 당선자로 보기 어렵다.
* 자료 출처 : 중앙선거관리위원회, 『대한민국선거사』 1, 617쪽.

소속 당선자 가운데에는 '소장파'로 불리는, 이승만과 한민당에 대해 비판적이고 개혁적인 인사들이 다수 포함되어 있었다. 이들은 민족 통일을 지향하며 1948년 12월부터 이듬해 6월까지 이승만 대통령에 대한 강력한 원내 비판세력으로 활동해 '소장파 전성시대'를 열었다.

5월 31일 소집된 제헌국회는 대한민국을 국호로 정하고, 대다수가 내각책임제를 선호했는데도 이승만의 주장으로 대통령중심제를 정치체제로 채택했다. 7월 17일 보통선거제에 기반을 둔 민주주의 헌법이 공포되었다. 주요 자원과 중요 산업의 국유, 국영 또는 공영을 규정하는 등 경제 부문에 사회주의적인 요소가 반영된 것이 특징이었다.

제헌국회는 7월 20일 대통령에 이승만, 부통령에 이시영을 선출했고, 24일 취임식을 가졌다. 이승만은 한민당을 견제하기 위해 이윤영을 국무총리로 지

초대 내각 각료 명단과 주요 경력

직책	이름(나이, 소속)	일제 시기 경력	이후 행적
대통령	이승만(73, 독촉국민회)	임시정부 초대 대통령	1, 2, 3대 대통령
부통령	이시영(80, 독촉국민회)	임시정부 재무총장	이승만 반대 부통령직 사퇴(1951년)
국무총리 (국방부 장관 겸임)	이범석(50, 민족청년단)	청산리전투, 광복군 참모장	이승만에게 숙청
내무부 장관	윤치영(51, 한민당)	친일 활동(임전대책협의회)	민주공화당 의장서리(1968년)
외무부 장관	장택상(55, 무소속)	영국 유학	국무총리로 발췌 개헌 주도(1952년)
재무부 장관	김도연(55, 한민당)	2 · 8독립선언, 조선어학회사건	신민당 위원장(1960년)
상공부 장관	임영신(47, 여자국민당)	친일 활동(임전보국단)	민주공화당 중앙위원(1963년)
문교부 장관	안호상(48, 무소속)	독일에서 철학 박사	대한청년단장(1951년)
법무부 장관	이인(52, 무소속)	변호사, 조선어학회사건	참의원(1960년)
사회부 장관	전진한(48, 독촉국민회)	신간회 동경지회 서무부장	대한노총, 한국사회당 대표(1960년)
농림부 장관	조봉암(50, 무소속)	조선공산당	진보당 사건으로 사형(1959년 7월)
교통부 장관	민희식(53, 무소속)	—	—
체신부 장관	윤석구(57, 무소속)	한약상, 예수교 장로	전쟁 중 피살
무임소 장관	이청천(60, 대동청년단)	광복군 총사령	민주국민당 최고위원(1949년)

명했으나 국회에서 거부되자 이범석을 지명해 승인을 받았다. 국무위원은 중도파나 한민당을 배제하고 이승만 측근 중심으로 구성되어 거국내각과는 거리가 멀었다. 8월 15일 대한민국 정부 수립이 공포되었다. 국군에 대한 작전통제권은 미군이 철수할 때까지 미군이 갖기로 했다.

북은 남한과 다른 방식으로 정부를 수립했다. 북은 1948년 4월 연석회의에 이어 6월 29일부터 7월 5일까지 남북제정당사회단체지도자협의회를 열어 남한의 선거를 부정했다. 북은 남한에서 '지하선거'로 뽑혔다는 대표자들에 의해 선출된 대의원 360명과 북에서 선출한 대의원 212명으로 최고인민회의를 구성하고, 9월 8일 헌법을 채택했으며, 9월 9일 김일성을 수상으로 한 내각을 구성했다. 국호는 조선민주주의인민공화국으로 정했고, 국기와 국가를 만들었다.

우리 헌법은 어떻게 만들어졌을까?

먼저 1919년 4월에 공포된 대한민국 임시헌장과 그해 9월에 공포된 임시헌법을 이어받았다는 점을 기억할 필요가 있다. 민주공화제와 주권재민, 보통선거제를 받아들인 것도 그렇지만, 삼권분립과 기본권 보장도 그러하다. 30명이 참여한 헌법기초위원회에서 국호에 대해 무력한 느낌을 주는 '한'보다 '고려'로 하자는 사람이 일곱 명이나 되는 등 반대 의견이 있었지만, 대한민국으로 결정된 것도 임시정부를 이어받아 수립된 정부이므로 국호도 같아야 한다는 의견이 다수였기 때문이다.

제4조 "대한민국의 영토는 한반도와 그 부속도서로 한다"가 토의 과정에서 다른 조문과 달리 별다른 이의가 없었던 것은 한반도에는 오로지 하나의 국가만이 있어야 한다는 민족적 당위가 의원들에게 자명한 진리로 새겨져 있어서였다. 북한이 서울을 지배하고 있지 않은데도 북한 헌법 103조에 "조선민주주의인민공화국의 수부(首府)는 서울이다"라고 한 것도 비슷한 논리에서 나왔다.

제헌국회에서 본회의 심의가 한 달도 걸리지 않았지만 신속히 좋은 헌법을 탄생시킨 것은 독립운동 시기나 해방 시기에 대체로 합의가 이루어져 있었기 때문이다. 그렇지만 국회의원 대다수의 의견과 어긋나게 만들어진 부분도 있다. 헌법기초위원회의 토의가 끝날 즈음 돌연히 이승만이 정부 형태를 대통령중심제로 변경하지 않으면 하야하여 국민운동을 전개하겠다고 한민당을 협박해

제헌국회 개원

5·10선거에 의해 선출된 의원들의 제1과제는 헌법 제정이었다. 따라서 초대 국회를 제헌국회라 부른다. 1948년 5월 31일 열린 제헌국회 개원식에서 최고령자인 이승만 박사가 사회자로 선출되어 의사 진행을 하고 있다.

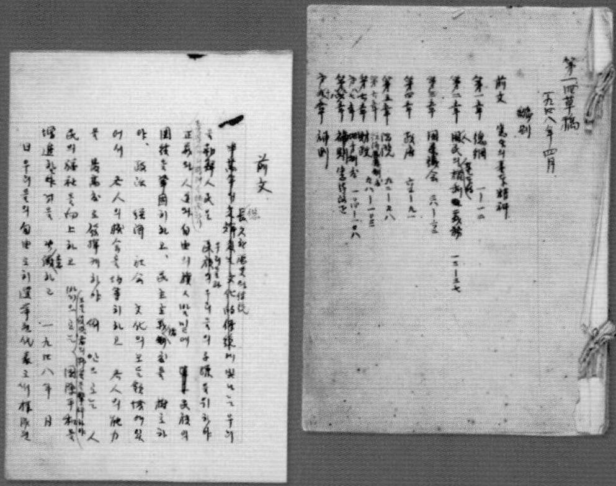

유진오가 작성한 제헌헌법 초안

헌법기초분과위원이었던 유진오가 작성한 헌법 초안으로 곳곳에 수정·삭제한 흔적이 그대로 남아 있다.

하룻밤 사이에 바뀌었다. 그렇지만 제헌헌법은 국무원을 의결기관으로 하고, 국무총리를 국회 승인을 얻어 임명케 하는 등 내각책임제적 요소도 강하다.

제헌헌법 최대의 특색은 평등과 공공복리를 매우 강조하고 있다는 점이다. 전문에서 각인의 기회를 균등히 하고 국민 생활의 균등한 향상을 기한다고 했고, 제5조에서 "정치, 경제, 사회, 문화의 모든 영역에 있어서 각인의 자유, 평등과 창의를 존중하고 보장하며 공공복리의 향상을 위하여 이를 보호하고 조정하는 의무를 진다"라고 했다. 그리하여 재산권 행사는 공공복리에 적합하도록 해야 하고(제15조 2항), 모든 국민은 균등하게 교육받을 권리가 있고(제16조 1항), 근로의 권리(제17조 1항), 사기업에서 근로자의 이익 분배 균점(均霑) 권리가 있으며(제18조 2항), 노령, 질병, 기타 근로 능력이 없는 자에 대한 국가의 보호를 규정했고(제19조), 국민의 자유와 권리 제한은 공공복리를 위한 경우에만 할 수 있게 했다(제28조 2항). 경제와 관련해서는 경제 질서는 사회정의와 균형 있는 경제 발전의 범위 내에서 경제적 자유 보장(제84조), 중요 자원의 국유(제85조), 농지를 농민에게 분배할 것(제86조), 중요 기업의 국영 또는 공영(제87조), 긴절한 필요가 있을 때 사기업의 국유 또는 공유 인정(제88조) 등을 규정했다. 이 중 제18조 2항은 이승만이 반대했으나 통과된 것으로 자유주의 국가에서는 유례를 찾기 힘들고, 제87조도 자본주의 국가에서 드문 규정이었다.

자유주의 경제체제와 현저히 다르게 제헌헌법이 사회주의 요소를 담고 있는 것에 대해 일부 헌법학자들은 바이마르헌법을 모방한 것으로 말하지만, 그것은 민족해방운동의 성격이나 해방 후의 혁명적 분위기를 알지 못한 데서 나온 주장이다. 독립운동은 평등과 자유, 특히 평등을 열렬히 주장해 보수성이 강한 한독당도 조소앙의 삼균주의를 강령으로 채택했다. 그리하여 대한민국 임시정부는 건국 강령에서 삼균주의를 골자로 하여 토지와 대생산기관을 국유화하고, 보통선거제를 실시하며, 고등교육까지 무료로 실시하고, 극빈층 생활과 문화 수준을 보장할 것을 다짐했다.

제헌헌법은 사상의 자유에 대해 규정이 없고, 언론·출판·집회·결사의 기본권에 대해 제한 규정을 두고 있다. 부칙 제101조에 친일파를 처단할 수 있게 했으나, 제100조에 현행 법령은 효력을 가진다 하여 일제 법령이 장기간 존속할 수 있게 했고, 제103조에 공무원은 계속 직무를 수행한다 하여 친일 관료들이 장기간 관료사회를 지배할 수 있게 했다.

좋은 헌법이 제정된 것은 국회에 중도적·진보적 민족주의자가 적지 않았고, 분단정부가 들어서는 과정이었으나 여전히 민족 혁명적 분위기가 강해 이승만 등 완고한 단정노선파의 발언권이 힘을 받지 못했기 때문이다.

정부 수립 후 대규모 유혈 사태가 잇달아 발생했다. 제주 4·3항쟁과 여순 사건은 이승만 정권이 부닥친 첫 번째 시련이었다는 점에서도 주목되지만, 군인과 경찰에 의해 엄청난 인명이 희생된 사건이었다.

4·3봉기는 5·10선거와 단독정부 수립에 반대하여 일어났는데, 1947년 3·1시위 이후 남로당과 제주도민이 당한 억압과 수탈 등에 대한 불만과 분노가 기본적으로 작용했다. 일제강점기부터 혁명운동의 전통이 강한 제주도는 해방 후 도민들의 적극적인 지지 속에 건준과 인민위원회가 활발히 활동했다. 특히 제주도 인민위원회는 다른 지역과 달리 미군정과 협조적이었다.

하지만 평화적인 3·1절 기념 시위에 경찰이 발포하여 여섯 명이 사망함으로써 평화의 섬에는 살벌한 공기가 감돌았다. 도민들은 이에 대한 항의로 3월 10일 관공서 관리들까지 가담한 관민 총파업을 일으켰다. 미군정은 육지 경찰과 서북청년회(약칭 서청) 회원을 파견하여 파업을 무자비하게 진압했다. 무차별 검거, 부녀자 겁탈, 재물 약탈과 횡포가 잇달아 일어나자, 제주도 남로당 지도부는 중앙당과 협의 없이 무력 항쟁을 결정했다. 1948년 4월 3일, 한라산에 봉화가 오르고 무장대가 경찰서와 서청 등을 습격하면서 본격적인 항쟁이 시작되었다. 그러나 외부와 고립된 제주도 지형을 고려할 때 그것은 무모한 결정이었다.

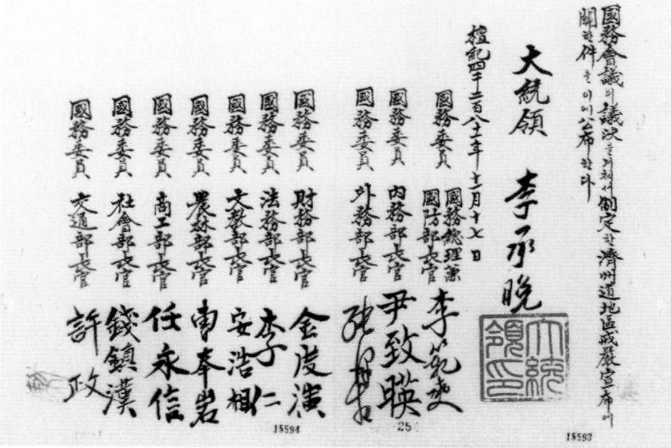
國務會議의 議決을 거쳐서 制定한 濟州道地區戒嚴宣布에 關한 件을 이에 公布한다

大統領 李承晚

檀紀四千二百八十一年十一月十七日

國務總理兼 國防部長官 李範奭
國務委員 內務部長官 尹致暎
國務委員 外務部長官 張澤相
國務委員 財務部長官 金度演
國務委員 法務部長官 李仁
國務委員 文敎部長官 安浩相
國務委員 農林部長官 曺奉岩
國務委員 商工部長官 任永信
國務委員 社會部長官 錢鎭漢
國務委員 交通部長官 許政

18594 25 18593

제주도 계엄 선포

이승만 대통령은 1948년 11월 17일 국무회의 의결을 거쳐 제주도 지역에 법적 구성 요건에 논란이 많은 계엄을 선포했다. 계엄이 선포된 기간 동안 도내 곳곳에서 대규모 집단 학살이 자행되었다.

4·3봉기로 양측에서 수십 명이 살해당했지만 9연대장 김익렬은 무장대 대장 김달삼과 4월 28일 회담을 갖고 사태를 평화적으로 해결하기로 합의했다. 그러나 미군정과 조병옥 경무부장 등이 강경 일변도의 진압 정책으로 나와 대결로 치달았다. 제주도에서는 세 개의 선거구 중 두 선거구에서 제대로 선거를 치르지 못했다.

제주도에서 대규모 유혈 사태가 발생한 것은 이승만 정부가 들어선 해 11월 중순부터 그다음 해 2월 사이였다. 2003년 10월 고건 국무총리를 위원장으로 한 제주4·3사건진상규명및희생자명예회복위원회에서 통과된 「제주 4·3사건 진상조사 보고서」에 따르면, 제주도에서 희생된 인원은 무려 2만 5000명에서 3만 명으로 추산되었는데, 이들 대다수가 그 기간에 학살당했다. 군경은 어린이, 부녀자, 노인 등이 다수 포함된 마을 주

제주 4·3사건 진상조사 보고서

2000년 벽두에 '제주4·3특별법'이 공포되었다. 뒤이어 2003년에 작성·발표된 정부 차원의 진상조사 보고서는 그동안 왜곡되어온 4·3사건을 바로 볼 수 있는 중요한 계기를 마련했다. 특별법은 4·3사건을 '3·1절 경찰발포사건으로 시작돼 1954년 9월 21일 한라산 입산 금지령이 풀릴 때까지 제주도에서 발생한 무장대와 토벌대 간의 무력 충돌과 토벌대의 진압 과정에 무고한 주민이 희생당한 사건'으로 공식 규정했다. 진상조사 보고서는 희생자의 80퍼센트 이상이 토벌대에 의해 학살되었으며, 전체 희생자의 3분의 1이 열 살도 안 된 어린이와 노인, 부녀자였음을 밝혀냈고, 이승만 대통령이 강경 진압을 지시했음을 입증하는 문헌과 증언을 확보하는 성과도 거두었다.

제주 4·3 사건 당시 붙잡힌 주민들의 모습.

민들을 도처에서 집단 학살했으며, 무장대에 의한 학살도 있었다. 이승만은 서청 회원들을 격려하는 등 초강경 진압으로 사태를 해결하려 했고, 한국군의 지휘권을 가진 미군 또한 학살을 방조하거나 묵인했다. 학살은 고립된 섬이어서 외부에 알려지지 않았기 때문에 더욱 참혹하게 일어났다.

여순사건은 여수 주둔 14연대 일부 병력이 제주도 진압군으로 출동 명령을 받은 10월 19일 지창수 상사 등이 반란을 일으키면서 시작되었다. 다음 날 오전 여수에 인민위원회가 세워지고, 삽시간에 순천 일대로 파급되었다. 국군은 순천 지방 탈환에 이어 24일 여수를 공격했으나 실패했다. 여수는 27일에 탈환했다.

여순사건에서도 학살이 일어났다. 좌익은 순천·여수 등지에서 경찰과 우익을 학살했는데, 군인과 경찰에 의한 희생이 훨씬 더 많았다. 특히 김종원 대위는 잔인한 학살로 악명이 높았다. 여순사건에서 김지회가 이끈 반란군은 지리산에 들어갔다. 이때부터 지리산은 빨치산의 무대가 되었다.

국군은 여순사건을 계기로 군 내부에 있는 남조선노동당(약칭 남로당) 프락치를 처단하는 대규모 숙청사업을 벌였다. 관동군 지배하의 만주군 장교로 항일세력을 '토벌'하던 박정희는 남로당 프락치로 활동하다가 육사 동기생 등 동료 프락치에 관한 정보를 군 정보 당국에 넘겨주어 살아났다.

여순사건을 계기로 이승만 정부는 국가보안법 제정을 서둘렀다. 미군정은 경찰을 동원해서 좌익을 탄압했지만, 이 시기에는 극단적인 반공주의가 그다지 먹혀들지 않았다. 일제강점기에 좌익은 항일 지하투쟁을 끊임없이 전개했고, 해방 후 좌익의 변혁 노선은 민중의 지지를 받았다. 그러나 제주 4·3항쟁과 여순사건에서 참혹한 대규모 학살을 직접 경험하거나 학살에 관한 소문을 들으면서 공포가 확산되었다. 국가보안법은 이러한 상황에서 만들어져 극우반공주의를 확산시키는 유력한 무기로 이용되었다.

국회 법사위원회는 여순사건이 거의 진압되어가던 10월 27일, 전문 5조로 된 국가보안법 초안을 작성하여 11월 9일 본회의에 제출했다. 소장파 국회의원들과 언론에서는 이 법이 일제의 치안유지법을 상기시키는 악법으로, 극우적 반공세력을 제외한 다른 정치세력이나 정적을 탄압하는 데 이용될 것이라는 이유로 반대했다.

이러한 주장은 여순사건의 전개 과정이나 이범석 국무총리, 윤치영 내무부 장관이 여순사건을 기회로 삼아 눈엣가시인 김구 세력 등 반대세력을 탄압한 것을 볼 때 설득력이 있다. 이 법은 11월 20일 통과되어 12월 1일 공포되었다.

한 연구자는 국가보안법 제정을 분단의 법제화로 평가했지만, 국가보안법은 반공민족만을 민족으로 간주하고, 북을 괴뢰집단(북괴)으로 인식하게 하여 민족과 국가, 민족주의 등에 대해 왜곡된 인식을 갖게 했다. 국가보안법은 획일화된 사고를 요구했을 뿐만 아니라 미국과 독재정권, 극단적인 반공정책

불타는 여수 시가지를 보고 있는 국군과 미 군사고문

제주항쟁을 진압하라는 명령을 받은 여수 14연대는 출동 명령을 거부하고 반란을 일으켰다. 이로 인해 전남 동부 지역이 한때 반란군의 손에 들어갔고 인민위원회가 세워졌다.

에 대한 비판을 봉쇄했고, 창의적 사고를 극도로 위축시켰으며, 사회와 문화를 국가에 종속시켰다. 이승만 정권과 박정희 정권은 국가보안법을 유력한 무기로 하여 독재권력을 휘둘렀다. 국가보안법에 의한 민중 압제는 전쟁이 발발하기도 전에 이미 심각한 양상을 보였다.

1948년 남과 북에 수립된 두 정부는 자신의 정부만이 합법적으로 정통성이 있고 다른 정부는 불법 정부로서 괴뢰도당 또는 괴뢰집단이라고 주장했다. 이러한 정통성 강조는 분단을 고착시키고 자신의 정치체제를 강화하는 역할을 했다. 이승만 정부는 "대한민국의 국토는 한반도와 그 부속도서"라고 쓰여 있는 헌법 조항과 1948년 12월 12일의 유엔 결의를 정통성의 주요 근거로 강조했다.

유엔총회는 12월 12일 대한민국 정부가 유엔한국임시위원단이 감시한 선거에 기초를 두어 수립된 유일한 정부임을 선언하고, 점령군은 조속히 철군할 것, 그리고 통일과 대의정치를 위해 유엔한국위원단을 설치할 것 등을 결의했다. 이승만 정부는 유엔의 대한민국 정부 승인을 확대 해석하여 대한민국 헌법에 의해 북한도 남한의 헌법에 따라 선거를 해야 한다는 억지주장을 하면서 북진통일을 소리 높이 외쳤다.

치안유지법을 계승한 국가보안법

1925년 일본에서 제정된 치안유지법은 조선총독부에서 일본의 천황제를 보호하고 조선의 독립운동을 탄압하기 위한 악법으로 이용되었다. 1925년 제정 당시 치안유지법은 일본 의회에서도 논란이 되었으나, 조선총독 사이토는 "만약 이 법이 일본 의회에서 통과되지 못하면 조선에서만이라도 특별히 제령(총독이 제정하는 법령)의 형식으로라도 시행해야 한다"라고 하여 조선에서의 적극적인 실행을 주장했다. 1925년에서 1938년까지 조선에서 치안유지법으로 검거된 사람만도 1만 7000명에 이른다. 이승만 정권은 좌익과 반대파를 탄압하기 위해 치안유지법의 악법 조항을 그대로 답습하여 국가보안법을 제정했다. 국가보안법은 제정 당시 검찰총장이 "가벼운 매로 대할 사안을 도끼로 대응하는 것 같아 너무 무겁다"라고 우려했을 정도로 태생적으로 문제가 많은 비민주적 악법이었다.

광복절인가, 건국절인가

수구냉전 세력은 이승만 동상을 광화문 같은 곳에 세워 건국의 아버지로 받들어 모시자는 캠페인을 벌이는가 하면, 광복절 대신 건국절을 기념해야 한다는 주장까지 하고 있다. 더 나아가 이승만 건국 정신과 4월혁명 정신이 같다는 이상한 논리도 펴고 있다.

먼저 '건국'보다 '정부 수립'이나 '분단정부 수립'이 더 적절하다는 점을 지적해둘 필요가 있다. 1948년 8월 15일 중앙청 광장에서 선포한 것은 대한민국 '정부 수립'이었다. 이승만 대통령도 이날 대한민국 정부가 수립되었음을 거듭 강조했다. 국제연합도 대한민국 정부가 수립된 것을 승인한다고 명시했다. 또 한국은 천 년 이상 국가를 영위했기 때문에 아메리카나 아프리카의 신생국가와는 전혀 다르다. 또 5·10선거는 역사상 최초의 보통선거이므로 기뻐해야 하는데도 '분단정부'가 세워지는 선거여서 투표자들의 마음이 한없이 무거웠다는 점을 상기해야 한다.

단정운동 세력의 '단독정부'와 이른바 건국을 혼동해서는 안 된다. 친일파가 대거 가담한 단정운동은 이미 해방 직후부터 통일민족국가를 건설하려는 노력을 방해하면서 자신들의 정치적 이해관계에 집착해, 조숙한 수구냉전 논리로 분단정부를 세우려고 했다. 그렇기 때문에 당시 한국인 대다수가 단정운동을 백안시했던 것이다. 5·10선거는 단정운동 세력과 상관없이 국제연합 결의에 따라 이루어졌다. 5·10선거에는 김구·김규식을 지지하는 중도세력도 참여해 제헌국회에서 이승만 정권과 싸우며 훌륭한 헌법을 만들었고, 반민법과 농민을 위한 농지개혁법을 제정했다.

특히 건국절 운운은 잘못된 주장이다. 원래 '광복'은 국권을 회복하거나 빼앗긴 나라를 되찾는다는 뜻이 있다. 따라서 역사상 처음으로 언론·출판·집회·결사 등 기본권을 누릴 수 있게 되고 정치적 자유를 획득했기 때문에 1945년 8·15가 대단히 뜻깊지만,

청계광장에서 '건국 60주년' 기념행사를 열고 있는 보수 단체 회원들.

광복절은 1948년 8월 15일 정부 수립 선포를 기념하는 명칭으로 아주 적절하다. 건국절 주장에는 독립운동가들이 온갖 어려움을 무릅쓰고 자유와 평등, 민주주의를 위해 독립운동을 전개해 광복을 맞은 것을 무시하거나 폄하하고, 친일파의 반민족적 행위를 정당화하려는 저의가 숨어 있다. 2008년에 광복회 등 독립운동 단체에서 건국절 주장은 친일파를 애국자로 만드는 망발이라고 지적한 것을 기억해둘 필요가 있다.

이승만 독재정치와 4월혁명 정신은 양립하기 어렵다. 이승만 대통령은 친일파 처리를 방해해 국가 기강과 민족정기, 사회 가치관을 바로 세울 수 없게 했다. 무엇보다도 이 대통령은 자유민주주의에 역행하는 독재를 했다. 장기 집권을 위해 부산정치파동을 일으켜 발췌개헌을 했으며, 사사오입 개헌까지 해 헌법을 유린했다. 또한 김구·조봉암·장면 등 정적을 끊임없이 탄압했고, 불법과 무법, 비리와 부정이 판치는 세상을 만들었다.

1960년 3·15선거뿐만 아니라 1950년대의 각종 선거가 부정으로 얼룩졌다. 친일파가 이러한 부정선거에 앞장섰다. 자유당 간부와 장·차관 등 고위 공직자는 친일파가 대다수였고, 3·15부정선거 당시에는 치안국장부터 시·도 경찰국장까지 친일파 일색이었다.

4월혁명 정신은 이승만 정권의 부정선거, 불법, 불의, 압제에 항거하여 민주주의를 확립하고 법치국가를 세우려는 것이었다. 따라서 이승만 독재정치와 영구 집권욕은 결코 4월혁명 정신과 양립할 수 없고, 대한민국이 지향하는 민주주의, 평화통일, 인권 존중과도 거리가 멀다.

202

김구, 암살당하다

제헌국회가 헌법 제정 다음으로 맡은 과업은 친일파 처단을 위한 법률 제정이었다. 일제가 패망하자 친일파 처단은 토지개혁과 함께 시급히 처리해야 할 민족적 과제로 등장했다. 친일파 처단은 민족의 대의와 국가 기강을 바로 세우기 위해서도 요구되었지만, 군국주의 파시즘을 청산하고 민주주의 사회를 이룩하기 위해서도 각별히 중요했다. 뿐만 아니라 친일파는 반통일분단 세력이었으며, 부정부패의 주범이었다. 그렇지만 미군 사령부는 친일파를 미군정의 파트너로 삼고 중용했다. 미군은 자신들을 비판하는 민족주의자를 싫어했고, 친일파가 일제에 충복 노릇을 했으면 자신들에게도 그럴 것이라고 확신했다.

제헌국회는 8월 16일 반민족행위처벌법(약칭 반민법)안을 국회에 상정하여 9월 1일 통과시켰다. 친일파들은 전단을 뿌리며 친일파 처단은 공산당이 주

경교장 앞뜰에서 통곡하는 시민들
김구의 피살 소식을 듣고 몰려온 시민들이 경교장 앞뜰에서 통곡하고 있다. 아래편에 총알이 뚫고 지나간 유리창이 보인다.

반민행위 피의자의 반민법 위반 조항별 현황

반민법 조항		해당 조항 대상자	건수
제2조		작위를 받은 제국의회 의원	4
제3조		애국자 살상자	27
제4조	1항	작위를 받은 자	36
	2항	중추원 참의	102
	3항	칙임관(도지사) 이상	32
	4항	밀정	29
	5항	친일 단체	26
	6항	군인·경찰	209
	7항	군수산업	20
	8항	도·부회 의원	63
	9항	관공리	50
	10항	국책 단체	89
	11항	종교·문화 단체	42
	12항	개인 친일	16
제5조		해방 후 공직자	20
제7조		반민법 방해자	21

* 반민특위에서 취급된 인원은 총 688명으로, 이 중 경력이 확인된 547명을 대상으로 함.
* 자료 출처: 이강수, 『반민특위연구』, 나남출판, 2003, 229쪽.

장하는 것이라고 국회를 협박했다. 정부는 반민법을 공포하지 않으면 국회가 다른 법을 통과시키지 않을 것 같아 보이자 할 수 없이 9월 22일 이를 공포했다. 그러자 악질 친일파들은 다음 날 반공구국궐기대회를 열었다. 정부는 이 대회를 적극 지원했다.

이승만 정부와 친일파의 끈질긴 방해와 압력에도 불구하고 10월 23일 국회의 승인을 받아 반민족행위자를 처벌할 반민족행위특별조사위원회(약칭 반민특위)가 구성되었다. 반민특위는 1949년 1월 8일부터 본격적인 활동을 개시하여 1차로 박흥식, 최남선, 이광수, 김연수 등 거물 친일파를 잡아들였다. 하지만 1월 하순 노덕술 등 현직에 있는 악질 친일 경찰을 체포하면서 반민특위는 중대한 위기에 직면했다. 이승만 대통령은 "경찰을 체포하여 경찰의 동요를 일으킴은 치안의 혼란을 조장하는 것"이라며 노골적으로 반민특위를 비난하고 나섰고, 반민법 개정을 주장했다.

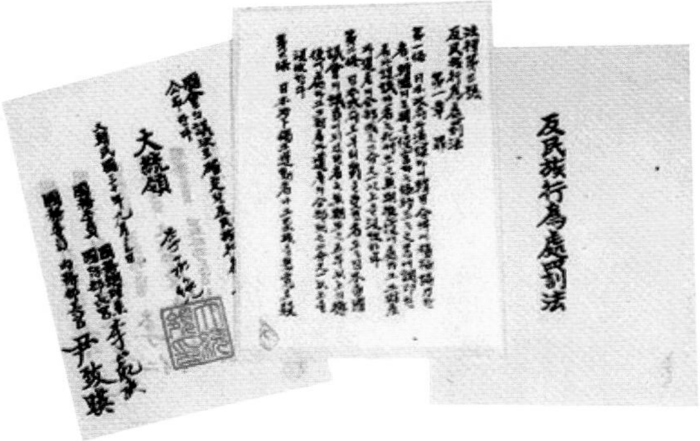

반민족행위처벌법

1948년 9월 22일 법률 제3호로 공포된 반민족행위처벌법은 총 3장 32조로 구성되어 있다. 남조선과도입법의원에서도 김규식 등의 주장으로 친일파처벌법이 제정되었으나 미군정이 공포를 기피해 실시되지 못했는데, 정부 수립 후 제헌국회에서 소장파가 중심이 되어 본 법안이 제정·시행되었다.

국회와 정부의 대결은 1949년 5월에 이문원 의원 등 소장파 의원 세 명이 구속되면서 한층 심해졌다. 국회는 세 의원의 석방동의안으로 맞섰다. 그러자 6월 초 친일파들은 민중대회를 열면서 국회를 습격했고, 나아가 6월 6일에는 중부경찰서장이 경찰을 이끌고 반민특위를 습격했다. 경찰이 일종의 쿠데타를 일으킨 것이다. 한 걸음 더 나아가 이 대통령은 외신 기자에게 자신이 습격을 지시했다고 밝혔다.

결국 간부 대다수가 친일파였던 경찰의 6·6반민특위습격사건으로 친일파 처단은 불가능해졌다. 이로써 그 이후 장기간에 걸쳐서 친일파가 정계나 관료, 군대, 경찰, 경제계, 학술문화계를 지배하는 사태가 왔다. 친일파에 맞서 사회정의를 확립하고 가치관을 바로 세워야 한다는 목소리는 계란으로 바위를 치는 격이 되고 말았다. 친일파들이 권력을 장악함으로써 친일파 이야기

©이경모

반민특위 투서함

1948년 국회를 통과한 반민법에 따라 설치된 반민특위는 반민족행위자를 검거하고 각지에 투서함을 설치하는 등 본격적인 활동을 벌였으나 이승만 정부의 방해로 좌절되고 말았다. 사진은 반민특위 전라남도 조사부에서 설치한 투서함에 투서하고 있는 시민들(1948년 10월).

를 꺼내는 것조차 두려운 사회가 된 것이다.

미군정은 친일파 처단을 가로막았을 뿐만 아니라 토지개혁도 상당 기간 기피했다. 그렇지만 5·10선거에서 거의 모든 국회의원 입후보자가 토지개혁을 공약하자 더 이상 피할 수 없는 형편이 되었다. 정부 수립을 전후하여 미국도 미약하게나마 토지개혁을 지지했고, 이승만도 공산주의자였던 조봉암을 농림부 장관에 기용하여 얼마간 의욕을 보여주었다.

국회에서는 토지를 받는 대가로 농민이 지불할 상환액과 지주에게 지급될 보상률 문제를 둘러싸고 지주의 이익을 대변한 민주국민당(약칭 민국당, 한민당의 후신)과 농민의 이해를 대변하는 소장파 사이에 격론이 벌어졌다. 많은 논란 끝에 1949년 4월 농민은 연평균 생산액의 125퍼센트를 5년에 걸쳐 농지값으로 상환하고, 지주의 보상률은 평년작의 150퍼센트로 하는 농지개혁법이 통과되었다. 하지만 정부가 25퍼센트 차액에 대한 재정 부담이 어렵다는 이유로 이 법안에 반대하자, 국회는 이 법안을 다시 가결·확정하여 정부에 돌려보냈다. 할 수 없이 정부는 6월 21일 농지개혁법을 공포했지만, 실시를 미루다가 소장파 의원들이 국회프락치사건으로 거세된 이후인 1950년 3월에야 상환액과 보상액을 똑같이 150퍼센트로 한 개정 법률안을 공포했다.

농지 분배는 대체로 전쟁이 나기 직전인 4~6월경에 실시되었다. 만일 이 대통령이 더 늦추다가 전쟁을 만나 인민군 점령하에서 인민위원회에 의해 최

잡혀가는 반민족행위자들
경성방직 사장으로 중추원 참의와 만주국 명예총영사 등을 지낸 김연수(앞에서 두 번째)와 3·1독립선언에 서명한 33인 대표의 한 사람으로 일제 말에 변절한 최린(앞에서 세 번째)의 모습이 보인다.

초로 토지개혁이 이루어졌더라면 어떻게 되었을까. 정말 눈앞이 아찔한 일이었다.

토지개혁과 전쟁, 인플레이션으로 산업화를 방해할 수 있는 지주계급이 소멸했고, 농민들은 자유롭게 활동할 수 있게 되었다. 토지개혁은 산업화의 기반을 닦았다. 토지개혁이 성공적으로 실시된 일본과 대만, 한국에서 순조롭게 산업화가 진행된 반면, 지주세력이 강대한 중남미나 필리핀에서 경제가 곤경을 맞은 것은 토지개혁이 산업화에서 얼마나 중요한 역할을 하는가를 단적으로 말해준다.

소련군의 철수에 이어(1948년 12월) 1949년 6월 군사고문단만 남긴 채 미군이 철수하자 남과 북에 중요한 변화가 일어났다. 북에서는 북조선노동당(약칭 북로당)과 남로당이 조선노동당으로 통합되고 조국통일민주주의전선을 조직했다. 또한 7월부터 빨치산을 남파했다. 통일 문제에 공세적으로 나온 것이다.

남에서는 이른바 6월공세라고 불리는, 좌익과 반대파에 대한 이승만 정권의 대대적인 탄압이 시작되었다. 6월에 국민보도연맹 결성 선포, 반민특위습격사건, 국회프락치사건, 김구 암살사건이 잇달아 일어났다.

국회프락치사건은 소장파 지도자들을 남로당 프락치로 재판에 회부한 사건을 가리킨다. 소장파 의원들은 반민법과 농지개혁법 제정에 주도적인 역할을 했다. 또한 도지사는 간접선거로, 시·읍·면장은 직접선거로 하는 지방자치법을 제정하고 그것을 즉각 실시할 것을 촉구했고, 국가보안법 제정에 반대했다. 더불어 평화통일을 지지했으며, 미군 철수를 주장했다.

궁지에 몰린 이승만 정권은 국회부의장 김약수 등이 미·소 양군이 철수하는 마당에 군사고문단을 남겨놓을 필요가 없다는

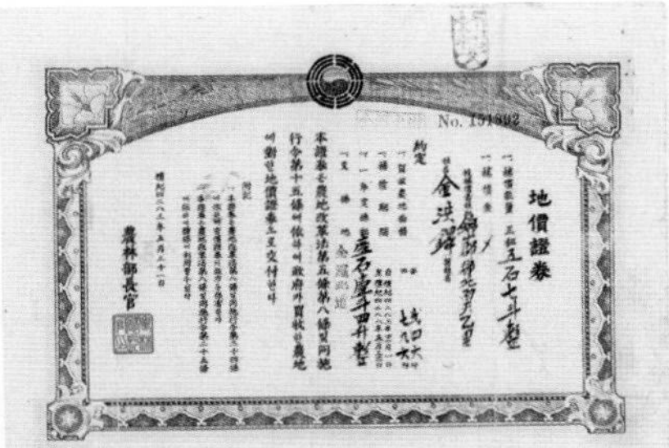

지가증권
농지개혁법에 따라 정부는 농민에게는 토지상환증서를 주고, 지주들에게는 보상 기간, 지급액, 지급 기일, 지급 장소 등 약정이 기재되어 있는 지가증권을 주었다. 그러나 전시 인플레이션으로 지가증권의 가치가 절반 이하로 떨어져 중소지주의 몰락을 앞당겼다.

국회프락치사건에 연루된 김약수

1949년 5월 이문원 등 세 명의 현역 의원이 구속되고, 6월 20일부터 김약수 등 소장파 의원들이 대거 구속되어 모두 15명의 국회의원이 국회프락치사건에 연루되어 구속되었다. 국회프락치사건으로 체포된 김약수 국회부의장이 공판정에서 눈을 감고 있다.

진언서를 6월 17일 유엔한국위원단에 보낸 것을 빌미로 소장파 맹장들을 체포했다. 5월에 이문원 등 세 명이 구속된 데 이어 6월 20일경부터 김약수와 노일환 등이 체포되어 모두 15명이 재판에 회부되었다. 노일환과 이문원은 남로당에 포섭되어 미군 철수 등 반국가적 행위를 했다는 이유로, 다른 의원들은 이들에게 동조했다는 이유로 체포되었다. 미국은 이 사건을 다분히 정치적 사건으로 보고 더 이상 체포하지 않도록 압력을 가했다. 활발히 활동하던 국회는 이 사건 이후 바싹 움츠러들었다. 의회주의는 중대한 도전에 직면했다.

6월 26일 낮 12시 36분, 남북협상 이후 통일의 상징으로 떠오른 김구가 포병 소위 안두희의 흉탄에 쓰러졌다. 이승만이 극우반공 독재로 민중을 억누를 때 묵직한 거구의 김구는 따뜻한 보호자처럼 느껴졌다. 그래서였을까, 김구의 지방 순회 때에는 수많은 민중이 그에게 존경심을 보냈다. 그리고 그의 장례식에는 50만 명이나 되는 한국 역사상 최대의 인파가 몰렸다.

전봉덕 헌병 부사령관은 사건 발생 1시간 24분 만에 이 사건을 안두희 단독범행으로 발표했다. 이 대통령은 즉각 이 사건을 한국독립당(약칭 한독당) 집안싸움으로 간주하는 담화를 발표했고, 적반하장 격으로 광복군 간부였던 한독당 조직부장 김학규 등이 구속되었다. 김학규는 엉뚱한

한독당 중앙집행위원회에서 발행한 안두희의 당원증

안두희는 아버지가 토지개혁으로 땅을 몰수당한 뒤에 월남하여 서북청년회 간부, 미군 방첩대인 CIC 요원으로 활동했던 것으로 알려져 있다. 안두희는 사건 현장에서 체포되었으나, 재판 이후 정부와 군의 비호 아래 특별 대우를 받으며 생활했다.

죄목으로 감옥 생활을 했다.

암살사건의 직접 배후는 신성모 국방부 장관으로 말해지고 있으나, 여러 가지로 분석해볼 때 이승만 대통령이 깊숙이 관여했을 것이라는 의심을 떨치기 어렵다. 이 대통령은 민중의 지지를 받고 있는 김구를 극우반공 통치를 강화하는 데 커다란 걸림돌로 생각했다. 또한 김구는 그의 최대 라이벌로 차기 대통령 선거 경쟁자일 수 있었다.

김구 암살사건에 관련된 인물들이 모두 친일파라는 사실도 유의할 필요가 있다. 안두희의 직속상관인 포병 사령관 장은산은 만주군관학교 후보생 출

김구 장례식

1949년 7월 5일 국민장으로 치러진 김구 장례식에는 역사상 유례가 드물게 50만 명이나 되는 인파가 운집했고, 각 도시에서도 수만 명이 모여 고인을 애도했다. 사진은 백범 선생의 운구가 소공동을 지나는 모습.

신이고, 헌병 부사령관 전봉덕은 일본 경찰 간부였으며, 육군 총참모장 채병덕은 일본군 중좌 출신이었다. 그리고 특수정보장교 김창룡은 일본 헌병 출신이고, 친일 정치 브로커 김지웅은 여운형과 장덕수의 암살에도 관여한 것으로 알려진 의문의 인물이었다.

미국도 김구의 죽음을 환영했다. 미국은 반탁투쟁 이래 김구를 몹시 못마땅하게 생각했다. 김구의 통일운동은 미국의 한반도 분단 유지 정책에 장애물이었다. 따라서 미국도 김구 암살 계획에 관여했을 가능성은 배제할 수 없으며, 적어도 김구 암살 계획을 알고 있었음에 틀림없다.

법률에 의해서가 아니라 사상검사 중심으로 임의로 만들어 1949년 6월 5일 결성을 선포한 국민보도연맹은 전쟁이 일어나면서 현대사 최대의 비극을 초래했다. 국민보도연맹은 해방 후 좌익활동을 한 사람들이 가입 대상이었는데, 지방에서는 할당제로 강제 가입시키기도 했다. 남로당원이나 좌익 활동가들은 이미 지하로 잠적했기 때문에 보도연맹에 가입한 사람들은 좌익활동을 그만둔 사람이 대부분이었다. 정지용·염상섭·김기림·황순원·이병기·백철 등 유명한 문인들도 이때 가입했는데, 약 30만 명이 맹원이었다고 한다.

10월에는 남로당 등 좌익계 정당·사회단체를 불법화하고, 11월에는 자수자 전향 기간을 설정하여 대대적인 전향 공작을 전개했다. 정부 발표에 따르면, 이 기간 동안 전국적으로 약 4만 명이 자수했다. 전향 기간이 끝난 12월 1일부터는 대대적인 검거를 시작해, 감옥은 좌익수들로 넘쳐났다.

1950년 5월 30일 치러진 국회의원 선거는 5·10선거에 불참했던 중도파 민족주의자들이 대거 출마하여 비상한 관심을 모았다. 이들은 서울과 부산 등지에서 큰 바람을 일으켰다. 이승만 대통령은 전국 주요 도시를 순회하면서 중도파 입후보자에게 투표하지 말도록 역설했고, 이승만 정권은 그들을 간첩 사건과 연루시키거나 투옥하는 등 온갖 방법을 동원하여 탄압했다. 그럼에도 불구하고 서울에서 조소앙이 조병옥을 누르고 전국 최다 득표로 당선되었고, 부산에서는 장건상이 압도적인 표차로 옥중 당선의 영광을 안았다. 안

1950년 제2대 국회의원 선거 정당 · 단체별 당선자 분포 (괄호 안은 득표율)

* 기타에는 민족자주연맹, 대한부인회, 중앙불교위원회, 여자국민당이 각 1석씩 차지함.
* 자료 출처: 중앙선거관리위원회, 『대한민국선거사』 1, 627쪽.

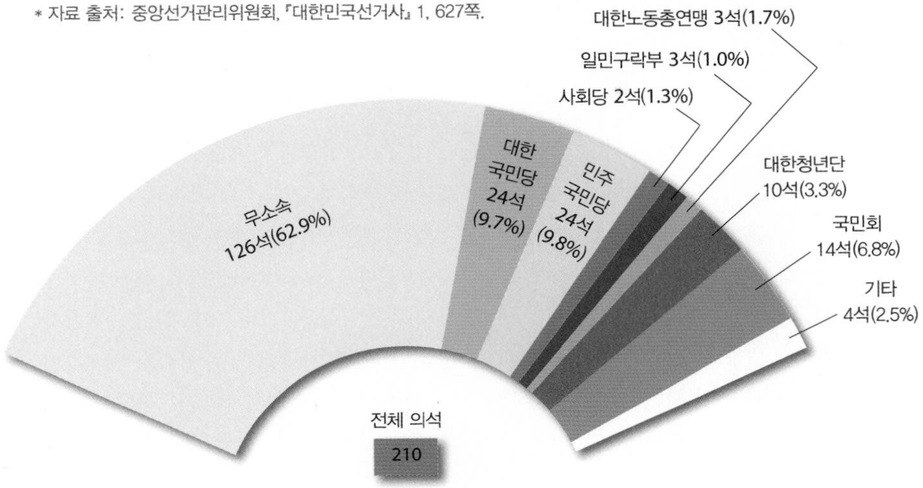

재홍, 윤기섭, 원세훈, 조봉암 등 5·10선거에 불참했거나 이승만에게 비판적인 중도파 민족주의자들도 다수 당선되었다. 반면 민국당과 이승만을 지지한 대한국민당은 가을바람에 낙엽처럼 우수수 떨어졌고, 무소속이 126명이나 당선되었다.

5·30선거는 이승만 대통령에게는 시련을, 민주주의를 소망하는 사람들에게는 밝은 희망을 안겨주었다. 또한 이승만에게 비판적이었던 중도파 민족주의자들이 다수 당선됨으로써 이승만 독주를 견제하고 극우반공 정치만이 아닌 다원적 정치를 실현할 수 있을 것이라는 기대감을 주었다. 그렇지만 곧이어 일어난 한국전쟁은 이러한 희망을 송두리째 빼앗아버렸다. 김규식, 조소앙, 안재홍, 윤기섭, 원세훈 등 중도파 민족주의자들이 다수 납북되었다.

그렇다고 하더라도 제2대 국회의원들은 살벌한 전시하에서 이승만 정권의 횡포와 인권유린을 막기 위해 노력했다. 국회부의장 조봉암은 제3세력으로 다크호스처럼 부상하여 이승만의 권력과 극우반공 통치를 위협했다.

| 유권자 의식을 보여준 5·30선거 |

통일세력과 분단세력의 대결

1950년 5월 30일 치러진 국회의원 선거는 선거 역사상 특별한 위치를 차지한다. 이승만 정권이 정부 수립 이태 동안 극단적으로 반공정책을 밀어붙였는데도 유권자들이 반공투사 대신 독립운동가에게 표를 던진 것이다. 또 당선자의 대다수를 차지하는 무소속 의원들은 전쟁이 발발하자 이 대통령의 가혹한 엄벌주의에 맞서 싸웠다.

5·30선거는 최초의 보혁(보수세력과 혁신세력) 대결이라고도 하지만, 독립운동에 몸 바친 중도파를 성원하는 바람이 서울·부산 등지에서 거세게 분 최초의 '바람' 선거이기도 했다. 그렇지만 이 바람은 정책 대결보다는 인물 대결의 양상을 띠었다. 중도파가 남북협상에서 돌아온 뒤 단정세력, 친일파로부터 '역적', '좌익 동조자'로 몰렸던 터여서, 중상모략에 피해를 입을까 봐 입조심을 했기 때문이다.

김규식이 이끌던 민족자주연맹에서는 5대 목표로 민족통일 민족화평 등을 내세우며 "무엇보다도 최선을 다하여 평화적으로 통일을 한다"라고 강조해 이승만의 북진통일 주장과 뚜렷이 선을 그었다. 조소앙과 안재홍은 먼저 민주세력을 강화한 뒤 통일로 나아간다는 점진책을 내놓았다. 어느 쪽 후보자든 주로 삐라(전단)나 포스터를 선거운동에 활용했다.

5·30선거는 5·10선거와 비슷하게 선거사상 드물게 깨끗한 편이었다. 빈민 구제라는 명목으로 쌀이나 비누가 나돌았지만, 대개의 경우 선거에서 약방에 감초처럼 등장하는 막걸리를 장터에서 제공하는 것이 고작이었다.

유엔위원단의 감시도 있었지만, 아직 자유당 같은 이승만 사당이 없었고, 부정선거 노

5·30 제2대 국회의원 선거 개표 광경

5·10선거에 불참한 중도파들이 대거 참여하여 큰 관심을 모았던 5·30선거는 개표 결과 무소속이 과반수를 넘는 126석을 차지했고, 중도파가 다수 당선되었으며, 한민당을 계승한 민국당과 이승만 지지세력인 국민당이 참패했다. 사진은 개표가 한창 진행 중인 서울 종로구 개표소 모습.

하우도 쌓이지 않아 경찰의 횡포 등 관권 개입은 1952년 이후의 선거와 비교하면 제한적이었다. 이승만은 승려 출신의 백성욱을 내무장관에 기용하여 한민당의 후신인 민국당의 경찰 인맥을 잘라냈다. 제헌국회에서 내각책임제 개헌을 추진했거나 지지한 후보들은 심한 탄압을 받아 민국당의 서상일을 비롯해서 거의 다 낙선했다.

이 대통령의 창끝은 통일세력인 중도파 후보들에게 집중되었다.

이시영 부통령은 중도파가 마음을 바꾸어 출마한 것을 반기었으나, 이승만은 시종 경계를 늦추지 않다가, 서울과 부산 등지에서 중도파 바람이 불자 노골적으로 간섭했다. 그는 청주·대구 등지에서 중도파를 당선시키지 말라고 호소했고, 5월 25일 부산에서는 중도파가 당선되면 선거인이 협의하여 소환하도록 해야 할 것이라고 언명해 2년 뒤 부산정치파동의 악몽을 연상케 하는 발언을 했다. 이 무렵 부산에서 경찰의 방해와 극우의 협박에 시달리던 장건상, 김칠성, 윤우현, 임갑수 등이 구속되었다.

5월 19일 이 대통령은 중도파와 내통하고 있던 남로당 프락치들이 대거 검거되었다고 밝혔다. 5월 25일 서울지검은 성시백 간첩사건을 발표하면서 이들 간첩이 조소앙 등 서울권의 '협상파' 입후보자들을 포섭하려 했다고 설명했다. 이들과 관련된 대대적인 보도는 그 뒤에도 있었다. 흥미로운 것은 간첩들이 중도파 후보들을 포섭한 것이 아니라 포섭하려고 했다는 점이다. 또 조소앙 등이 취조를 받고 있다고 보도했는데, 사실 취조에 응하지도 않았다. 어쨌든 이러한 보도로 유권자들은 중도파가 간첩과 내통한 것으로 착각할 수 있었다.

성북구로 출마한 조소앙의 상대자는 미군정에서 경찰을 좌지우지했던 조병옥이었다. 조소앙 측은 선거운동원이 83명이나 성북경찰서에 구금되는 등 테러를 막을 방법이 없어 노인들이 기호표를 돌리고 선전문을 나누어주었다. 그런데 선거 전날인 5월 29일 늦게 "조소앙이 공산당의 정치자금을 받아 쓴 것이 탄로나 월북했다"는 삐라와 벽보가 나돌았다. 조소앙은 30일 새벽 지프차에 확성기를 달고 지역구를 돌아다니며 자신이 건재함을 알렸다. 비슷한 현상은 안재홍이 출마한 평택에서도 발생했다. 성동 갑구에서는 김붕준이 사퇴했다는 소문이 유포되었다.

하지만 분단세력의 악랄한 탄압과 테러, 중상모략과 갖가지 공작에도 불구하고, 독립운동가가 대거 당선되었다. 부산에서 장건상은 전국 4위 득표로, 김칠성과 함께 옥중 당선되었다. 5·30선거는 집권자의 부정선거나 극우반공 체제만 아니면 유권자가 올바른 선택을 할 수 있다는 모범을 보여주었고, 정치의식이 결코 낮은 수준이 아니라는 것을 확실히 입증했다.

1948년부터 1962년까지 사용한 목재 투표함(왼쪽)과 1948년부터 1980년까지 기표 용구로 쓰인 탄피(오른쪽).

203

민족의 비극 한국전쟁

1950년 6월 25일 일요일 새벽, 조선인민군은 선전포고나 사전 예고 없이 전쟁을 일으켰다. 같은 날 12시에 포천, 다음 날 오후 1시에는 의정부를 점령한 데 이어 불과 3일 만인 28일에 서울을 점령했다.

북은 전쟁을 일으키기에 앞서 소련, 중국과 긴밀히 상의했다. 러시아 자료에 따르면, 북에서 소련 측에 대남 공격의 필요성을 말한 것은 빨치산 활동이 활발했던 1949년 8월경이었다. 소련공산당 중앙위원회는 9월에 북의 공격은 적절치 않다고 지적했다. 소련의 스탈린이 전쟁에 찬성한 것은 1950년 4월이었다. 이에 따라 5월 중순 중국의 마오쩌둥도 동의했다. 소련의 지원 아래 5월 하순부터 전쟁 준비가 급속히 진행되었다.

북이 우세한 공격력을 가진 것은 명백했지만, 초기에 국군이 참패한 것은 이승만 대통령과 신성모 국방부 장관 등의 책임이 컸다. 두 사람은 1949년에

흥남에서 피란을 가는 사람들

흥남에서 피란을 가는 사람들이 부두를 메우고 있다. 피란길에서 주운 미군 철모를 쓴 사람도 보인다. 이들은 항구에 정박하고 있는 화물선 빅토리아호에 승선할 차례를 기다리는 사람들이다. 사진을 촬영한 데이비드 더글러스 던컨은 모든 사람의 얼굴에 빨리 빠져나가고 싶다는 표정이 역력했다고 썼다.

軍警을信賴하라

憲兵司令官 市警察局長 布告文發佈

布告文

北韓傀儡軍은 今朝를 期하여 三八地帶를 侵犯蠻行中이니 市民各位는 不必要한 外出을 삼가하는 同時에 軍警을 絶對信賴하여 動搖치 말고 當局의 指示를 嚴守하라

檀紀四二八三年六月二十五日

憲兵司令官

서울特別市警察局長

서울시경 국장의 포고문

1950년 6월 25일 헌병 사령관과 서울시경 국장은 군경을 절대 신뢰하여 동요하지 말라는 포고문을 발포했다. 그러나 이승만 대통령은 27일 새벽 몰래 서울을 떠났고, 다음 날 서울은 인민군에게 함락되었다.

인공기를 달고 달리는 전차

인민군이 서울을 점령한 후 시내 곳곳에 인공기와 북한을 지지하는 구호가 나붙었다. 사진은 인공기와 김일성을 지지하는 구호를 붙이고 달리는 전차 모습이다.

북진통일을 주장했고, 5·30선거 기간에 북의 침공 가능성을 말했으면서도 충분히 대비하지 않았다. 부정사건으로 물러났던 채병덕을 다시 육군 총참모장으로 기용하는 등 지휘체계가 문란했고, 부패로 사기가 떨어져 있었다. 전쟁 직전 지휘관들이 대폭 이동하고, 장병들이 대규모로 휴가를 가는 등 믿기 어려운 일이 벌어졌다.

이승만은 첫날부터 자신은 안전한 곳으로 피신해야 한다고 주장하다가 비상국무회의에서 수원 천도를 결정한 직후인 27일 새벽 2, 3시경 국무위원에게도, 국회에도, 군 지휘관에게도 알리지 않고 몰래 대전으로 피신하고는, 적을 물리치고 있으며 대통령도 서울을 지킬 것이라는 거짓 내용의 방송을 이날 밤늦게까지 여러 차례 내보냈다.

국무위원들을 비롯하여 고위 관리, 지주, 자본가, 군인과 경찰 등도 제 살길을 찾아 재빨리 남쪽으로 피신했다. 하지만 6월 28일 새벽 2시 30분에 한강 인도교를 폭파시키는 바람에 서울 시민들은 대부분 피란을 가지 못했다. 이 때문에 '도강파'와 '잔류파'라는 말이 나왔다. 미처 피란하지 못한 사람들(잔류파)은 북한 인민군에게 어쩔 수 없이 협조할 수밖에 없었는데, 서울 수복 후 도강파는 잔류파를 인민군에 협력한 '부역자'로 몰아세워 괴롭혔다.

대전에 있던 이승만은 또다시 겁이 나 7월 1일 새벽 혼자서 부산으로 피신했고, 7월 14일에는 미 극동군 사령관이자 유엔군 사령관인 맥아더에게 한국군 작전권을 양도한다고 통고했다. 1949년 6월 미군으로부터 지휘권을 인수받은 지 1년여 만의 일로, 국회의 동의 없이 처리되었다.

미국은 예상을 뒤엎고 전쟁에 즉각적이고 단호하게 대응했다. 6월 25일 군대 즉시 투입을 결정했고, 26일 소련 대표가 불참한 유엔 안전보장이사회에서는 북의 행위를 침략으로 규정했다. 27일 미 극동군 사령부는 수원에 전방지휘소를 설치했고, 다음 날부터 한강 북쪽을 폭격했다. 같은 날 순양함이 동해로 떠났다. 미군은 7월 초·중순에 제공권과 제해권을 장악했다.

그러나 지상전에서는 인민군이 파죽지세로 남진을 계속했다. 7월 20일에 대전과 전주를 점령했고, 25일에는 순천까지 진출했다. 인민군은 8월 중순경

유엔 안전보장이사회의 결의

1950년 6월 26일에 열린 유엔 안전보장이사회 상임회의에서 소련 대표가 불참한 가운데 남한에 대한 미국의 군사지원안에 대해 거수 표결하고 있다. 아래는 유엔 안전보장이사회 결의문.

마산 – 왜관 – 포항을 잇는 선까지 압박했지만 이때쯤에는 전력이 급속히 저하되고 있었다.

맥아더 사령관은 중국 측이 예상한 대로 9월 15일 인천상륙작전을 감행했다. 인민군은 워낙 열세였기 때문에 유엔군의 공격을 저지하지 못했다. 9월 28일 서울을 수복한 유엔군과 국군은 38선을 넘어 북진하고자 했다. 이즈음 중국은 유엔군이 북상한다면 중국의 안보가 지대한 위협을 받기 때문에 38선을 넘는 것을 결코 좌시하지 않겠다고 거듭 경고했다. 그러나 국군과 유엔군은 10월 초에 38선을 넘어 북진했다. 이미 떨어질 대로 떨어진 북한의 군사력 때문에 유엔군과 국군은 별다른 저항 없이 쾌속으로 진격했다. 10월 20일 평양을 장악하고, 24일 청천강을 넘었다. 국군과 유엔군은 압록강을 눈앞에 두었고, 동부전선에서도 혜산진에서 청진 지역까지 진출했다.

1·4후퇴 피란길
중국군의 개입으로 다시 피란길에 오른 행렬. 1951년 1·4후퇴는 6·25 발발 직후의 피란과 비할 바가 아니었다. 혹한 속에서 훨씬 먼 길을 떠나야 했기 때문이다. 오른쪽은 6·25전쟁 당시 피란민에게 교부한 피란민 증명서. 피란민을 보호하고 북한 첩자를 색출하기 위해 발급되었다.

이상하게도 맥아더는 중국의 경고를 계속 무시했다. 10월에 압록강을 건넌 중국군은 11월 하순에 전면적으로 공격에 나섰고, 미군은 패주를 거듭했다. 맥아더가 "완전히 새로운 전쟁에 직면하고 있다"라고 할 정도로 전세는 뒤바뀌었다. 이로써 한국전쟁은 자본주의 진영과 사회주의 진영이 맞붙은 세계 최초의 전쟁이 되었다.

중국군의 참전으로 미군은 역사상 최대의 패배를 맛보았고, 1951년 1월 4일 서울을 다시 중국군에게 내주었다(1·4후퇴). 이러한 상황에서 미국은 맥아더의 강력한 요청으로 원자폭탄의 사용을 포함한 화학무기의 사용을 심각하게 고려하기도 했다. 그러나 제3차 세계대전으로 확전될 것을 우려한 영국 등 여러 나라의 반대와 압력으로 이 계획은 실행되지 않았다. 확전론자인 맥아더는 해임되고 리지웨이가 그 자리를 대신했다.

전쟁을 어떻게 부를 것인가

전쟁의 명칭은 전쟁의 성격을 잘 보여준다. '6·25전쟁'이라는 용어에는 6월 25일에 전쟁이 일어났다는 점이 중시되고 있다. 이승만 정권과 박정희 정권은 '상기하자 6·25' 등의 표현으로 북에 대한 증오심과 적개심을 키웠다. 그런데 이 용어는 6월 25일 이전부터 있었던 38선 부근에서의 전투와 지리산 등지에서의 빨치산 활동을 잊기 쉽다. 뿐만 아니라 이 전쟁의 국제전으로서의 성격도 잘 드러나지 않는다. 반면 '한국(조선, Korea)전쟁'이라는 용어는 6월 25일 북이 침공했다는 중요한 사실이 잘 부각되지 않는 면이 있지만, 전쟁의 국제전적인 성격을 잘 보여준다. 한국전쟁은 20개국 이상이 한국 땅에서 싸운 특수한 국제전이자 제1, 2차 세계대전을 제외하면 발칸전쟁이나 베트남전쟁에 비할 만큼 규모가 큰 세계적 전쟁이었다. 물론 이 전쟁은 중국의 국공내전이나 미국의 남북전쟁과 같은 내전의 성격도 띠고 있다.

STARS AND STRIPES
PACIFIC
EXTRA!
KOREA AT WA
Northern Government Declares State of Hostilities;
60,000 Red Troops Attack Along 200-Mile Front;
Rhee Telephones Appeal for U.S. Help to T
Airliner Missing With 58 Aboard
U.S. To Hold Russia Responsible for War
Accord Periled By Aggression, Sebald Asserts
Smuggling Ring Broken by U.S.
9 from Ditched B-29 Picked Up in Pacific
SCAP Rejects Purge Protest

한국전쟁을 처음 보도한 일본 주둔 미군 기관지 《성조지》의 호외.

맥아더는 한국전쟁의 영웅인가?

"나는 만주의 숨통을 따라 30~50발의 원자폭탄을 줄줄이 던졌을 것이다. 그리고 50만에 달하는 중국 국부군을 압록강에 투입하고 우리의 뒤편인 동해에서 서해까지에는 60년 내지 120년 동안 효력이 유지되는 방사성 코발트를 뿌렸을 것이다."

만주 폭격과 관련하여 맥아더가 뒷날 그의 회고록에 기록한 내용이다. 참으로 아찔한 계획이 아닐 수 없다. 그럼에도 불구하고 맥아더는 인천상륙작전의 영웅으로, 한국에서 가장 사랑받는 이방인 장군으로 기억되고 있다.

1998년 인천 지역의 청소년들을 대상으로 실시한 여론조사에서 맥아더가 인천을 대표하는 역사 인물 1위로 뽑혔다고 한다. 양담배를 단속하던 1970년대에는 맥아더를 신으로 모신 무당이 맥아더에게 양담배를 바치다가 단속반에 걸렸다는 웃지 못할 해프닝도 있었다고 한다. 맥아더 숭배는 일반인들에게만 한정된 것이 아니었다. 4월혁명으로 이승만이 하야하고 난 뒤에 시위대 중 일부는 인천까지 가서 맥아더 동상에 헌화하기도 했다(한홍구, 『대한민국史』).

그런데 미국에서의 맥아더에 대한 평가는 한국과 다르다. 한때 '미국의 카이사르'로서 추앙받기도 했으나, 그에 대한 비판도 만만치 않다. 맥아더를 해임한 트루먼은 선글라스에 옥수수 파이프, 빳빳한 모자에 잘 다린 바지로 상징되는 맥아더의 옷차림을 두고 "70대의 오성장군이 열아홉 살 소위같이 하고 다닌다"라며 못마땅하게 생각했다고 한다. 맥아더 전기를 쓴 마이클 샬러 교수는, 맥아더는 인간적으로 독선적이며 이기적 기회주의자이자 자아도취적 소아병 환자였다고 혹평했다. 와인츠로브 교수도 맥아더는 "한국전 당시 대통령도 무시할 정도의 제왕주의적 태도와 국제 정세에 대한 빈약한 판단력 때문에 강제 전역되었다"라고 평가했다.

맥아더가 미국에서와 달리 오랫동안 한국 사회에서 숭배의 대상이 될 수 있었던 것은 그가 한국을 공산화의 위기에서 구해냈다는 반공주의적인 시각 때문이다. 한국전쟁에 대한 새로운 평가가 이루어지듯이 그에 대한 평가도 바뀌어야 한다.

인천상륙작전 중인 맥아더 장군(가운데).

중국군의 남진은 리지웨이 장군이 이끈 유엔군의 반격으로 평택 – 제천 선에서 저지되었다. 유엔군은 반격을 거듭해 서울을 재탈환하고 3월 하순에는 문산 – 임진강 선까지 진출했다. 이후 지금의 휴전선 일대에서 일진일퇴하는 소모전이 계속되었다.

지도로 보는 한국전쟁

초기에는 인민군의 일방적인 우세 속에서 진행되었지만 유엔군의 참전으로 전세가 역전되었다. 이내 중국군까지 개입하면서 일진일퇴의 양상을 띠게 된 전쟁은 휴전협상이 시작된 1951년 6월 무렵부터 교착상태에 빠졌다.

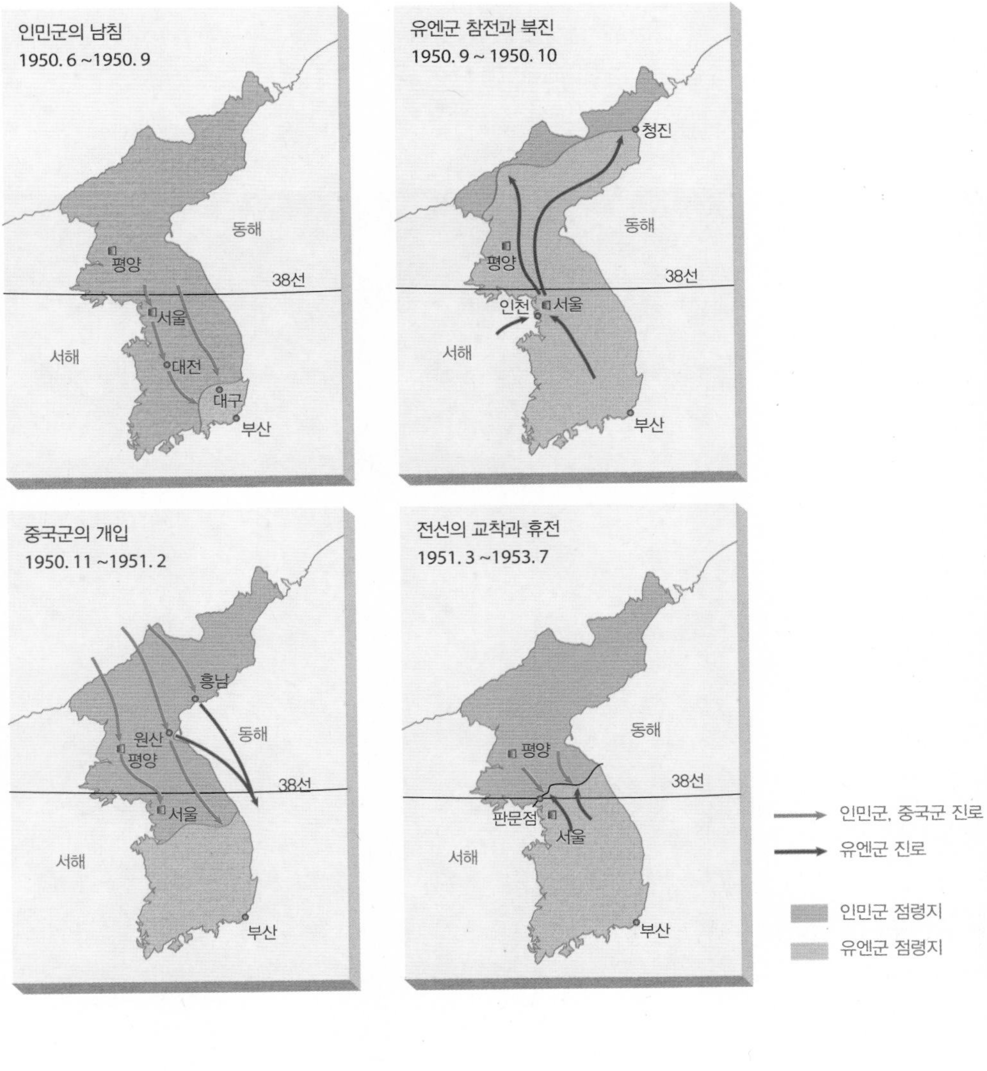

미국은 휴전을 하는 것이 합리적이라고 판단했다. 6월 23일 말리크 소련 대표가 유엔에서 휴전협상을 제안했다. 7월부터 휴전협상이 개시되었지만 협상은 지지부진했다. 전선이 휴전선 일대에서 교착상태에 빠졌는데도 불구하고 무려 2년간이나 끌어 엄청난 피해를 가져온 것은 이 전쟁이 이데올로기 전쟁이자 강대국의 자존심과 직결된 전쟁이었기 때문이다.

처음 휴전협상은 휴전선을 어디에 그을 것인가를 둘러싸고 4개월을 끌었다. 그것이 해결되자 포로 문제가 18개월이나 휴전을 지연시켰다. 중국군과 북측은 제네바협정에 따라 자동 송환을 주장했다. 그러나 미군 측은 인도주의를 내세워 자유의사에 따라 처리하자고 맞섰다. 한때 이 대통령의 반공포로 석방으로 협상은 위기를 맞는 듯했다. 결국 양측은 타협하여 1953년 7월 27일 휴전협정을 맺었다.

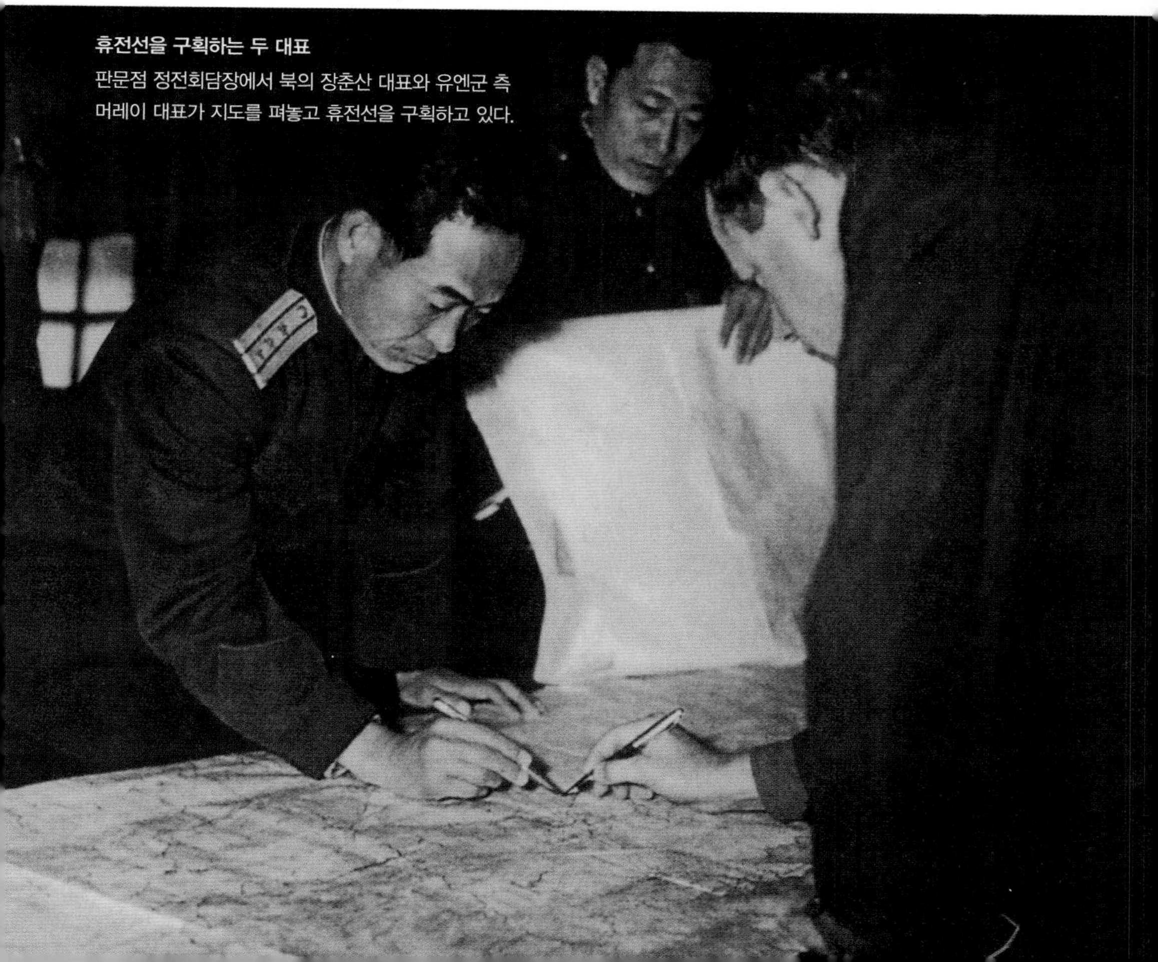

휴전선을 구획하는 두 대표

판문점 정전회담장에서 북의 장춘산 대표와 유엔군 측 머레이 대표가 지도를 펴놓고 휴전선을 구획하고 있다.

휴전협정 체결에는 미군 대표와 중국군 대표, 북측 대표가 서명했을 뿐 한국 대표는 서명하지 않았다. 휴전협정은 휴전에 합의했을 뿐이어서 평화를 정착시키기 위해서는 다른 노력이 필요했다. 그래서 휴전협정 60항은 전 외국군 철수와 한국 문제의 평화적 해결을 위해 협정 조인 후 3개월 내에 정치 회의를 열 것을 권고했다.

정치 회의는 계속 미루어지다가 1954년 제네바에서 남한과 유엔군 참전 15개국(남아프리카공화국 불참), 북한·중국·소련 등 모두 19개국이 참여한 가운데 열렸다. 정치 회의는 예상대로 설전장이 되었고, 어떤 합의도 보지 못한 채 6월 15일 폐막되었다.

그러나 미국에 끌려오다시피 한 한국 대표 변영태 외무부 장관이 이승만의 북진통일 주장과는 상충되는 14개 조항으로 된 평화적 통일방안을 제시해 국내의 평화통일론자들을 고무시켰다. 한편 1953년 10월 1일에는 한미상호방위조약이 체결되었다.

전쟁은 대규모 집단 학살을 수반했다. 전쟁 초기의 학살로는 형무소 재소자 학살과 보도연맹원 학살의 규모가 컸다. 가장 규모가 큰 집단 학살인 보도연맹원 대학살은 경찰과 군에 의해 7월 초 평택 부근에서 시작되어 인민군이 들어오지 못한 경상남도와 제주도에 이르기까지 전국에 걸쳐 자행되었다. 이 대학살로 최소한 5만 명 이상, 많으면 10만 명 이상이 희생되었을 것으로 추산된다. 보도연맹원과 형무소 재소자 집단 학살은 최고위층의 지시에 의해 이루어졌다. 학살은 빨치산 등 좌익에 의해서도 자행되었다.

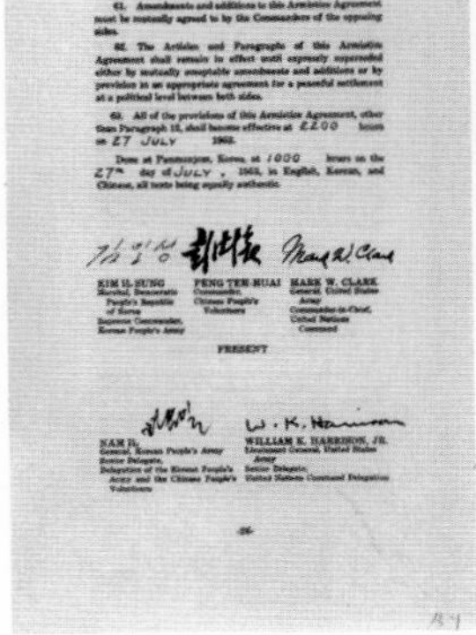
ARTICLE V

MISCELLANEOUS

61. Amendments and additions to this Armistice Agreement must be mutually agreed to by the Commanders of the opposing sides.

62. The Articles and Paragraphs of this Armistice Agreement shall remain in effect until expressly superseded either by mutually acceptable amendments and additions or by provision in an appropriate agreement for a peaceful settlement at a political level between both sides.

63. All of the provisions of this Armistice Agreement, other than Paragraph 12, shall become effective at 2200 hours on 27 JULY 1953.

Done at Panmunjom, Korea, at 1000 hours on the 27th day of JULY, 1953, in English, Korean, and Chinese, all texts being equally authentic.

KIM IL SUNG
Marshal, Democratic People's Republic of Korea
Supreme Commander, Korean People's Army

PENG TEH-HUAI
Commander, Chinese People's Volunteers

MARK W. CLARK
General, United States Army
Commander-in-Chief, United Nations Command

PRESENT

NAM IL
General, Korean People's Army
Senior Delegate, Delegation of the Korean People's Army and the Chinese People's Volunteers

WILLIAM K. HARRISON, JR.
Lieutenant General, United States Army
Senior Delegate, United Nations Command Delegation

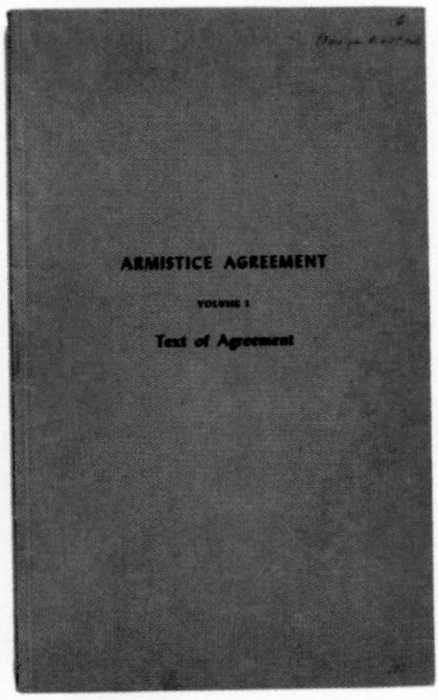

휴전협정문

1953년 7월 27일 유엔군 대표 해리슨 소장과 북의 대표 남일이 휴전협정에 서명함으로써 3년 1개월 간의 전쟁이 끝났다.

대전형무소 정치범 처형

2000년 1월 초 공개된 미국 문서 가운데 1950년 7월 대전형무소 제소자 1800명이 3일간 군경에 의해 학살되는 장면이 담긴 사진은 세상을 놀라게 했다. 이러한 학살은 대구형무소, 부산형무소, 마산형무소 등에서도 자행되었다.

국민보도연맹증

국민보도연맹은 1949년 좌익인사 교화 및 전향을 목적으로 조직된 단체로 그해 말에는 가입자 수가 30만 명에 달했다. 주로 사상적 낙인이 찍힌 사람들을 대상으로 했고, 거의 강제적이었으며, 지역별 할당제가 있어 사상범이 아닌 사람도 등록되는 경우가 많았다.

중국군이 남하할 때에도 큰 피해가 있었다. 중국군이 물밀듯이 내려오자 정부는 청장년들을 국민방위군으로 편성해 남쪽으로 이동시켰다. 그러나 보급품조차 제대로 지급되지 않은 가운데 혹한 속에 무리한 이동을 강요하여 집결지인 영남 지역으로 이동하는 과정에서 수많은 청장년이 추위와 굶주림으로 죽었다. 설상가상으로 국민방위군 사령부 간부들은 장병들에게 지급해야 할 군수물자와 군량미를 대대적으로 착복했다(국민방위군 사건).

1951년 2월을 전후해서는 빨치산 토벌을 맡은 11사단(사단장 최덕신)에 의해 전남 함평, 전북 고창, 경남 거창과 산청 등지의 주민이 집단 학살되었다. 특히 공비 토벌을 위해 주둔해 있던 국군이 무고한 양민들을 공비로 몰아서 열 살도 안 되는 어린아이 313명을 비롯하여 무려 719명을 무차별적으로 학살한 거창양민학살사건은 국회에서 진상 조사에 나서는 등 정치 문제로 비화했다.

손가락을 자를지언정 군대는 가기 싫다

전쟁이 젊은이들에게 안겨준 가장 큰 고통은 총을 들고 싸우러 나가야 한다는 것이었다. 전쟁 전에 10만 명을 넘어서지 않던 군인 숫자가 전쟁이 끝났을 때에는 60만 명 이상으로 늘어났으니 얼마나 많은 젊은이가 징집되었는지 짐작할 수 있다.

많은 젊은이가 병역 기피를 위해 수단과 방법을 가리지 않았다. 가장 쉬운 방법은 관청이나 기업체의 직원으로 등록하여 공식적으로 면제를 받거나, 관리에게 뇌물을 주거나, 호적을 위조하는 것이었다. 대학 입학도 징집을 피하는 중요한 수단이었다. 1950년대 중반 서울지구 대학생의 입대율은 불과 10퍼센트였다고 한다. 유학도 병역 기피의 중요한 수단이었다.

그러나 '빽' 없는 가난한 젊은이들에게는 그마저도 그림의 떡이었다. 그들이 선택할 수 있는 유일한 방법은 신체를 자해하는 것이었다. 1953년 1월 경남의 3개 군에서는 징집 면제자 가운데 불구자로 판명된 사람이 80명이나 되었는데, 이들 가운데 무려 50명이 오른손 손가락을 작두로 잘라서 징집을 면하려고 했다.

병역 기피자들에 대한 대우도 비참했다. 경기도 부천에는 기피자들을 붙잡아서 경기도 제1국군 지원자 합숙소를 설치했는데, 하루에 4홉이 나와야 할 식사가 1홉 2작만, 그것도 꽁보리밥에 새우젓 몇 점이 나오는 게 전부였다. 이들은 40평 콘크리트 바닥에 280명이나 무더기로 수용되었다. 이 때문에 네댓새 동안 약 40명의 중환자가 발생했다. 또한 수용소에 수용된 사람들의 행방을 가족들에게도 통지하지 않아 아들, 형제를 찾느라고 도처에서 아우성이었다.

한국전쟁기 병역 기피자 현황 (만 명)

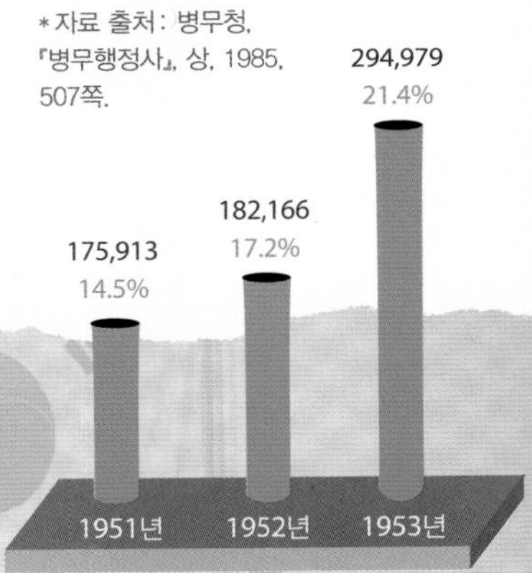

ⓒ이경모

학살로 인한 고통은 전쟁이 끝난 뒤에도 계속되었다. 군경에 의해 학살된 사람들과 월북자 가족들은 연좌제에 몰려 감시를 받고 시달렸다. 그들은 공직은 물론이고 일반 기업에 취직하는 데에도 큰 어려움을 겪어 1980년대까지 한 맺힌 삶을 살아야 했다.

전쟁은 학살 말고도 남과 북에 엄청난 인적·물적 피해를 주었다. 인민군이 진주한 남한 지역에는 인민위원회 등이 만들어졌기 때문에 인민군에 협력한 '부역자'가 대량으로 산출될 수밖에 없었다. 전쟁이 대패질하듯 순식간에 밀리고 밀고 해서 주민들의 고통이 몇 배로 컸다. 중국군이 공격할 때 유엔군은 북의 주민들을 남으로 피란하도록 했고, 정부는 중부 지방 주민들을 대규모로 피란 가게 했다. 이 때문에 남북 이산가족과 남남 이산가족이 많이 생겼는데, 남남 이산가족 중에는 고아가 많았다. 전쟁미망인과 상이군인도 거리를 헤맸다.

전쟁은 전쟁에 의한 통일은 있어서도 안 되고 있을 수도 없다는 것을 명백히 깨닫게 했다. 그런가 하면 남과 북에 극단적인 정치체제가 들어서게 하는 데 일조했다. 또한 학살, 부역자, 연좌제는 끔찍한 공포의 기억을 되살려 전쟁에서의 다른 고통과 함께 극우반공 이데올로기에 순응하는 사회를 만들어냈다. 전쟁은 주민들의 평준화를 초래하는 데 일역을 맡았다. 전쟁으로 인한 육군의 팽창은 거대 조직을 탄생시켰고, 이 조직은 권력을 탐냈다.

전쟁 부역자

포로의 목에 걸린 '6연대 두만강 중대 식사반장'이라고 쓴 명찰이 눈에 띈다. 전쟁 기간 동안 인민군에게 협력한 전쟁 부역자와 그들의 가족들은 전쟁이 끝난 뒤에도 연좌제의 사슬에 묶여 제대로 사회생활을 하기가 어려웠다.

©이경모

| 한국전쟁과 평화운동 |

살벌한 전쟁터의 평화 운동가, 최능진

"정치사상은 혈족인 민족을 초월해 있을 수 없다. 부(父)의 금일의 운명은 정치적 모략에서 비롯된 것인바, 너희는 조금도 누구에게 반감을 갖지 말고 또한 부(父)의 원수를 갚을 생각도 마라."

1951년 2월 11일 가족이 전혀 모른 채 경북 달성군에서 총살을 당한 최능진이 같은 날 자식들에게 남긴 글이다. 한국전쟁은 이데올로기 전쟁이기도 해서 동족상잔이 유난히 참혹했고 평화운동의 불모지였는데, 전쟁이 일어나자 최능진은 정전·평화 운동에 몸을 던졌다.

도대체 어떤 사람이기에 이승만 정권하에서 감히 평화운동을 벌였을까. 아웃사이더 같은 최능진의 독특한 정의의 투쟁은 오늘날 역사의 조명을 받을 만한 충분한 가치가 있다.

최능진은 1917년 도미하여 다음 해 흥사단에 가입한 뒤 스프링필드대학을 졸업하고 듀크대학에서 체육학 석사 학위를 받았다. 1929년 귀국한 그는 숭실전문학교 교수로 재직했고, 1937년 동우회 사건으로 구속되어 2년 동안 감옥에 있었다. 해방 후 평남건국준비위원회(위원장 조만식) 치안부장으로 활동하다가 9월경 월남해 경찰에 몸담았다.

1946년 10월항쟁이 일어나자 조미공동소요대책위원회가 구성되어 친일 경찰의 횡포를 집중적으로 논의했는데, 경무부 수사국장 최능진은 이 위원회에 옵서버로 나와 경찰의 잔인성과 불법, 부패, 정치적 편향성을 고발했다. 경무부장 조병옥은 그런 그를 파면했고, 이에 맞서 그는 조병옥과 수도경찰청장 장택상이 한민당의 책동에 따라 경찰행정을 좌지우지했으며, 요정 향락에 탐닉했고, 부정 경찰관의 도량을 조장했으므로, 조병옥 이하 부정 경찰관은 모두 퇴진해야 한다고 주장했다. 그는 이 무렵부터 반이승만의 선봉에 섰다.

5·10선거가 시작되자, 서북청년회는 문봉제 지휘 아래 이승만을 동대문 갑구에서 무투표 당선시키려고 최능진의 등록 서류를 날치기했다. 최능진이 온갖 방해 공작에도 불구하고 후보 등록을 마치고 선거운동에 들어가자, 그 기세가 대단하여 이승만이 위태로워진다고 여긴 수도경찰청장 장택상은 경찰을 지휘해 후보 등록 무효화 공작을 벌였다.

결국 최능진은 등록 마감일 이틀 전 등록 취소 통보를 받았다. 그러자 최능진은 딘 군정장관에게 항의해 등록 시간 연장 조치를 받아 다시 등록해 선거운동을 벌였다. 하지만 선거일 이틀 전인 5월 8일 최능진이 또다시 등록 취소 통보를 받아 이승만은 바라던 대로 '단독후보'가 되었다. 최능진은 제헌국회의 대통령 선거에 이승만 대항마로 서재필을 옹립했지만, 서재필이 끝내 고사했다.

최능진은 정부 수립 공포 한 달 반 만인 1948년 10월 1일 혁명의용군 사건 주모자로 구속되었다. 그런데 10월 19일 밤 여순사건이 일어나자 아직 진상을 알기 어려웠던 10월 21일에 이범석 국무총리가, 그리고 다음 날 김태선 수도경찰청장이, 26일에는 내무부에서 최능진 등이 숭배하는 정객을 수령으로 공산정부를 수립하기 위해 쿠데타를 일으키려 했는데 그 말단에서 여순사건을 야기했다고 발표했다. 이승만 정권 수뇌부가 아무런 근거 없이 혁명의용군 사건을 여순사건과 연결시킨 것은 최능진의 '범죄'를 그럴싸하게 포장하기 위한 점도 있었지만, '숭배하는 정객' 곧 김구를 겨냥한 것이기도 했다. 이 무렵부터 김구 암살 음모가 구체화되었다.

발표대로라면 어마어마한 사건이었는데도 최능진은 3년 6개월을 선고받았다. 그는 김구 암살 직후 단식투쟁을 했다고 2심에서 5년형으로 늘어나 상고 중 전쟁이 일어났다. 이승만 정권은 도피에만 급급했고, 서대문감옥소에 수감 중이던 최능진은 인민군에 의해 석방되었다.

감옥에서 나온 최능진은 중도파 국회의원 원세훈 등을 찾아가 인민군과 담판하여 민족을 구해야 한다고 역설하는 한편, 동족상잔의 참상을 막으려면 조속한 정전과 평화가 필요하다는 판단 아래 7월 15일에 '즉각정전, 평화호소대회'를 열고 김규식을 수석대표로 원세훈·안재홍·조소앙 등과 함께 유엔에 파견할 대표단을 구상했으나, 처음에 호의적이던 북측이 과도한 요구를 해 결렬되었다. 서울수복 후인 11월 최능진은 합동수사본부로 연행되어 1951년 1월 중앙고등군법회의에서 사형을 선고받았다.

진실은 여기서 멈추지 않았다. 정부 산하 진실·화해를위한과거사정리위원회는 2009년에 군법회의는 설치 근거가 없고, 법률에 의해 자격이 부여된 법관으로 구성되어 있지 않았으며, 판결도 사실관계가 오인되었다는 결론을 내리고, 사형이 위법한 공권력에 의해 이루어졌으므로, 국가는 유가족에게 사과할 것을 권고했다.

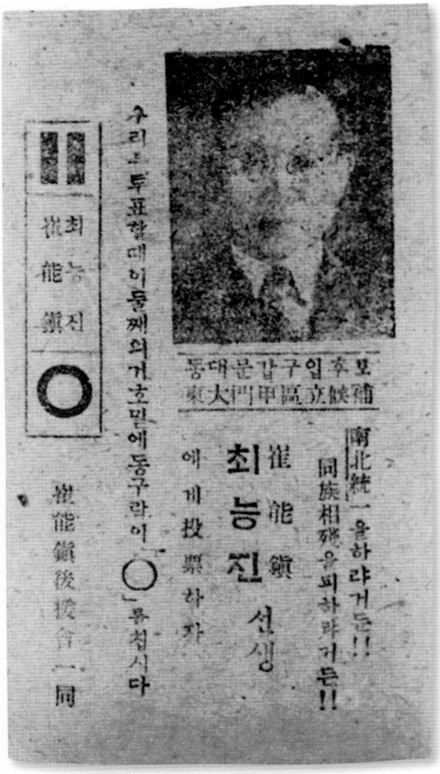

1948년 제헌국회 선거에서 이승만과 같은 동대문 갑 지역구에 출마한 최능진의 선거 포스터.

保健部
文敎部
STRY OF EDUCATION
六.二五滅共統一의날
六月二十五日
統一과自由를爲하여
싸워서이기자

204

전쟁의 와중에도 권력 쟁탈전이

휴전선 부근에서는 일진일퇴를 거듭하며 수많은 인명이 죽어가고 있는데, 더욱이 수년에 걸친 전쟁으로 인해 참담한 상황에 빠져 있는 민생 문제를 외면하고, 임시수도 부산에서는 '부산정치파동'이라고 불리는 권력 쟁탈전이 추악하게 벌어졌다.

영구 집권을 꿈꾸는 이승만은 다음 선거에서 다시 당선될 가능성이 지극히 낮았다. 제헌헌법에 따르면, 대통령과 부통령은 국회에서 뽑게 되어 있었지만, 국회의원 대다수는 이승만을 지지하지 않았고 민의가 반영될 수 있는 내각책임제 개헌을 원했다.

전쟁 초기 이승만의 거듭된 잘못은 국회 내에 반이승만 세력이 확대되는 중요한 계기가 되었다. 1950년 6월 27일 새벽, 서울 사수를 결의한 국회도 모르게 대통령이 혼자서 피신한 것은 국회의 심한 반발을 샀다. 국회는 부역자들에 대한 인권유린에도 제동을 걸어 사형(私刑)금지령 등을 통과시켰다. 국

부산의 임시정부 청사

현판, 구호 등이 빼곡이 붙은 전쟁 중의 부산 임시정부 청사 건물. 들라크루아의 〈민중을 이끄는 자유의 여신〉을 모방한 그림이 인상적이다(1952년 6월 24일).

자유당 창당

1951년 12월 이승만은 임시수도 부산에서 야당의 정치적 공세에 대응하고 자신의 정치적 기반을 마련하기 위해 자유당을 창당했다. 사진은 1956년 5·15정·부통령 선거를 맞아 이승만과 이기붕의 초상화가 나란히 걸린 자유당 중앙당부 건물.

버스째 강제 연행되는 국회의원들

이승만은 대통령 직선제를 강행하기 위해 1952년 5월 26일 임시 국회의사당인 경남도청 앞에서 출근하는 국회의원을 태운 통근버스를 통째로 헌병대로 연행하여 27시간 동안이나 감금했다.

회와 정부의 대결은 국민방위군 사건, 거창양민학살 사건으로 격화되었다. 이러한 사건에 항의하면서 이시영 부통령이 사임하자, 국회에서는 반이승만 성향이 강한 김성수를 제2대 부통령으로 선임했다(1951년 5월).

국회에서 재선될 가능성이 희박해지자, 이승만은 자신을 지지해줄 정당 결성을 서둘렀다. 그리하여 이범석의 조선민족청년단(약칭 족청)을 기반으로 세칭 원외자유당(후에 자유당으로 부름)이 조직되었다(1951년 12월). 같은 시기에 국회 다수파는 내각책임제 개헌을 추진하면서 세칭 원내자유당을 결성했다. 이승만 정부는 정·부통령 직선제를 골자로 한 개헌안을 제출했으나, 1952년 1월 18일 가 19표, 부 143표라는 엄청난 표차로 부결되었다.

직선제 개헌안이 부결되자, 아니나 다를까 이 대통령은 즉각 '관제 민의'를 동원했다. 명칭도 희한한 땃벌떼, 백골단, 민중자결단이 부산 거리마다 벽보를 붙이고 시위를 벌이며 국회를 협박했다. 또한 국회를 압박하고 이승만을 지지하는 민의를 동원하기 위해 이 핑계 저 핑계를 대면서 미루어왔던 시·읍·면 의회의원 선거와 도의회의원 선거를 1952년 4월과 5월에 걸쳐 실시했다. 지방의회의원의 '민의'를 동원하기 위해 그동안 미루어왔던 풀뿌리 민주주의 선거를 억압적 분위기 속에서 일방적으로 치르는 아이러니한 사태가 벌어진 것이다. 이러한 상황에서 4월에 국회의원 곽상훈 외 123명 연서로 내각책임제 개헌안이 제출되었고, 5월에 정부는 정·부통령 직선제와 양원제를 골자로 한 개헌안을 제출했다.

5월 24일 히틀러 추종자로 비난을 받기도 했던 이범석이 내무부 장관에 임명되고, 다음 날 부산 일원에 계엄이 선포되었다. 5월 26일 50명 내외의 국회의원을 태운 통근버스가 헌병대로 끌려가고 '국제공산당 사건'이라는 것을 급조하여 곽상훈 등 10명의 국회의원을 구속하면서 부산정치파동은 본격화되었다. 28일 국회는 계엄 해제를 결의했고, 29일 김성수 부통령은 이승만의 헌정 유린 사태에 항의하면서 부통령직을 사임했다. 6월 내내 많은 국회의원이 도피했고, 지방의회의원 시위 등 이승만 지지 관제 민의대가 국회를 포위했다. 이러한 상황에서 6월 21일 발췌 개헌안이 제출되었고, 7월 3일 국제공산당 음모사건으로 체포되었던 국회의원들이 투표 숫자를 채우기 위해 풀려났다.

7월 4일 헌법에 명시된 30일간의 공고 기간이 만료되기도 전에 국회에서는 '기립 표결'로 발췌 개헌안을 통과시켰다. 대통령과 부통령을 직선제로 선출

발췌 개헌안 통과

1952년 7월 4일 국회는 토론 없이 불법적인 기립 표결로 발췌 개헌안을 통과시켰다. 손을 든 국회의원들의 내키지 않아 하는 듯한 표정에서 당시의 강압적인 분위기를 짐작할 수 있다.

“내가 왜 국민 앞에 사과해”

전쟁이 발발했을 때 만 75세의 이승만은 독재자답지 않게 겁에 질린 노인네 모습 그대로였다. 6월 25일에 국민에 대해 어떠한 방송도 하지 않았고, 비상국무회의도 소집하지 않고 간담회 비슷한 국무회의에서 제각기 임무를 다하라고 당부했을 뿐이다. 이날 노(老)대통령은 공포에 질려 저녁 늦게 찾아온 무초 주한 미국 대사에게 자신이 공산주의자들에게 잡히는 것이 한국을 위해 좋은 일이 못 된다고 끈덕지게 주장했다. 무초는 우리가 그렇게 절망적인 지경에 이른 것은 아니라고 설득하며 그와 정부가 서울을 떠나면 군대도 없어진다고 말하고 서울을 옮기는 것을 반대했다. 다음 날도 전쟁과 관련해서 특별 조치를 취하지 않던 이 대통령은 심야에 비상국무회의를 열어 수원 천도를 결정한 국무위원들이나, 역시 심야 국회에서 수도 사수를 결의한 국회의원들에게도, 또 군 수뇌부에도 연락하지 않고 27일 새벽 2, 3시경 대기시켜놓은 열차를 타고 대구까지 내려갔다가 너무 멀리 왔다고 생각했는지 대전으로 되돌아갔다.

피란민을 둘러보기 위해 거제도에 도착한 이승만 대통령 내외(1951년 6월 8일).

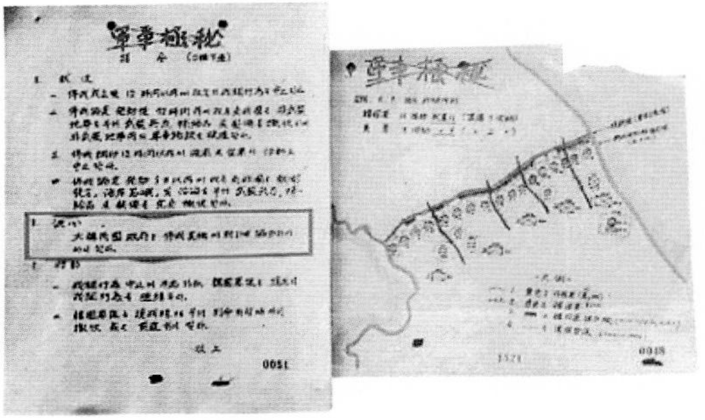

이승만의 극비문서

1953년 6월 현 전선에서 철수나 전진하지 말라는 이승만 대통령의 구두하달 지령을 재작성한 문서. 오른쪽 컬러로 작성된 지도는 1953년 6월 8일 현재 유엔군과 한국군의 전선 배치도다.

이승만의 '기행(奇行)'은 거기서 끝나지 않았다. 그날 밤 10시에서 12시 사이에, 적을 물리치고 있으니 동요하지 말라며 대통령도 서울을 떠나지 않고 국민과 함께 지키겠다는 방송을 대전에서 녹음해 여러 차례 내보냈다. 전쟁이 나면서 기다리고 기다리던 최초의 대통령 방송이었다. 전쟁 상황이 심각해지자 방송국 스스로 자정에 이 방송을 중단했다. 다음 날 새벽 2시 30분경 한강 인도교 폭파로 피란길도 막혔다. 억지로 '잔류파'가 된 서울 사람들이 얼마나 분개했을까. 그런데 이승만은 대전이 7월 20일에야 함락되었는데, 7월 1일 새벽 3시 대전을 떠나 목포를 거쳐 바닷길을 통해 부산에 갔다. 6대 독자여서 그토록 목숨을 아꼈을까.

대전에서 6월 28일 국무회의를 소집한 이 대통령은 첫 번째 중요 조치로 긴급명령 제1호인 비상사태하의 범죄 처벌에 관한 특별조치령을 6월 25일로 '소급'해 공포했다. 사소한 잘못도 10년 이상의 징역 또는 사형, 무기에 처하게 했고, 그것도 단심으로 처리하게 해 판결을 잘못 내리더라도 교정할 방법이 없었다. 증거 설명조차 생략할 수 있게 한 악법 중의 악법으로 부역자들은 대개 이 법에 의해 단죄를 받았다. 그와 함께 도처에서 군경에 의한 주민 집단 학살이 자행되었다. 유사 이래 최대 규모의 학살이었다. 이승만 엄벌주의의 무서운 결과였다.

국회는 전쟁이 발발한 이후 행위와 관련해 6월 30일 이 대통령에게 사과 발표를 할 것을 권유했으나, 이승만은 "내가 왜 국민 앞에 사과해"라고 역정을 내며 일축했다. 그해 9월 국회는 비인간적 인권유린에 제동을 걸기 위해 '부역행위특별처리법', '사형(私刑)금지법'을 통과시켰으나 이 대통령이 거부하자 다시 통과시켜 확정지었다. 국회는 이 대통령의 특별조치령에 대해서도 개정 법률안에 이어 폐지 법률안을 통과시켰으나 그때마다 이승만은 거부했다.

1951년에는 국민방위군 사건과 거창양민학살 사건으로 떠들썩했으나, 이승만은 외국에 알려지는 것만 못마땅하게 생각했다. 보다 못해 이시영 부통령이 항의 사임을 했다. 그런데 국회에서 자신과 사이가 나쁜 김성수를 부통령으로 선출하자 이승만은 바짝 긴장했다.

이승만의 권력욕은 그야말로 초인적이었다. 자유당이 급조되었고, 백골단과 땃벌떼가 국회를 협박하는가 하면, 국제공산당 사건 조작으로 국회의원이 대거 구속되었다. 50여 명의 국회의원이 이리 뛰고 저리 뛰며 피신했다. 임시수도 부산에 정치파동의 막이 오른 것이다.

하고, 국무총리 요청에 의해 국무위원을 임명·면직하며, 국회가 국무위원에 대해 불신임 결의를 할 수 있고, 양원제로 국회를 운영한다는 것이 주요 내용이었다. 영구 집권을 위해 의회민주주의를 난폭하게 유린하면서 큰 오점을 남기고 이루어진 헌정사상 첫 번째 개헌이었다. 40년 가까이 계속된 파행적인 독재정치의 서막이었다. 이후 대한민국 헌법은 모두 아홉 차례나 바뀌는 불운을 겪었다.

발췌 개헌안이 통과된 지 한 달 후인 8월 5일 정·부통령 선거가 실시되었다. 그러나 뜻밖에도 이승만은 대통령 후보에 나서지 않겠다고 선언했다. 그러자 기다렸다는 듯이 민중자결단, 지방의회의원 등이 시위에 나섰고, 350만 명이 이승만의 재출마를 탄원하는 관제 민의가 동원되었다. 사전 선거운동이었다. 아니나 다를까 이승만이 가장 먼저 후보 등록을 했다. 공산주의자로 활약하다가 해방 후 전향하여 제헌의회 국회의원에 당선되고 전쟁 발발 이후 제3세력을 대표했던 국회부의장 조봉암이 대통령 후보에 나서자, 이를 견제하기 위해 민국당은 재빨리 이시영에게 후보 등록을 하도록 했다.

후보 등록 마감일이 7월 26일이어서 선거운동을 할 수 있는 기간은 열흘밖에 안 되었다. 이 선거는 경찰이 노골적으로 개입한 첫 번째 선거로 기록되었다. 유권자들이 이름조차 들어본 적 없는 함태영이 자유당의 공천을 받은

자유당의 2인자 이기붕

이승만 대통령 내외와 함께한 이기붕 가족. 이기붕은 자식이 없던 이승만에게 자신의 장남인 이강석을 양자로 입적시켰다. 사진 왼쪽 첫 번째가 이강석, 오른쪽에서 세 번째가 이기붕, 그 오른쪽이 부인 박마리아.

이범석 후보를 무려 112만여 표 차이로 누르고 부통령에 당선된 것은 이승만의 의중이 작용한 것으로, 경찰이 이 선거에 얼마나 강력한 영향을 끼쳤는가를 잘 말해준다.

대통령은 예상대로 이승만이 당선되었다. 그러나 민국당의 방해 공작에도 불구하고 비록 근소한 차이지만 조봉암이 초대 부통령 이시영을 누르고 2위를 한 것은 특기할 만한 일이었다. 조봉암이 운명적으로 이승만의 라이벌로 등장한 것이다.

권력의 잔혹한 마술사 이승만은 부산정치파동에서 충성을 다 바친 자유당 부당수 이범석이 정적이 될지도 모른다고 생각해서 부통령 선거에서 낙선시키고, 1953년에는 이범석과 이범석을 따르는 족청계를 아예 자유당에서 숙청했다. 새로운 2인자로는 자신에게 절대 복종하는 이기붕을 앉혔다(1953년 11월).

이승만의 권력욕은 여기서 멈추지 않았다. 발췌 개헌에 따르면, 대통령은 1차에 한하여 중임할 수 있기 때문에 1956년에 임기가 만료되면 더 이상 대

제3대 민의원 후보자 선거 벽보
정치 1번지 서울 종로구 제3대 민의원 선거(1954년 5월 20일) 벽보. 종로구에서는 무소속으로 출마한 김두한이 민주당의 한근조를 누르고 당선되었다.

통령이 될 수 없었다. 이승만은 1954년 5·20총선에서 자유당 의원을 대거 당선시켜 영구 집권을 위한 개헌을 하고자 했다. 이승만은 1954년 3월부터 개헌을 위한 사전 공작을 시작했다.

1954년 4월 6일 이 대통령은 일제 때 악질 친일파도 일을 잘하면 애국자라는 담화를 발표해 자신에게 충성을 다 바칠 친일파를 중용할 뜻을 밝혔다. 그리고 "개헌 조건부로 입후보하게 하라"는 담화를 발표했다. 5·20총선에서 처음으로 정당공천제가 시행되었는데, 자유당 당원은 당총재(이승만)의 지시에 절대복종하고 당선되면 개헌을 절대적으로 지지한다는 서약서를 쓰고 공천을 받게 했다. 지방자치 선거처럼 정당정치를 이승만답게 악용한 것이다.

투표 결과 자유당이 압승을 거두었다. 당선된 이재학, 한희석, 장경근 등 친일파는 자유당 요직을 맡았다. 자유당은 무소속을 끌어들여 6월 중순에는 개헌 정족수를 확보했지만 당내 반대세력 때문에 개헌안을 상정하지 못했다. 7월 이 대통령은 대통령으로서는 처음으로 미국을 방문하여 북진통일을 역설하고 소련, 중국과의 일전도 불사해야 한다는 초강경 발언으로 미국을 놀라게 하며 반공지도자로서의 면모를 과시했다. 그렇지만 그러한 공포(空砲)도 국내 개헌 정국에는 별다른 효과가 없었다.

개헌 논의는 민국당 내 극우세력이 신익희 당수를 모함하기 위해 일으킨 뉴델리 밀회설이 터지면서 급물살을 탔다. 뉴델리 밀회설은 발표되자마자 완전한 루머라는 사실이 밝혀졌지만, 자유당은 이를 정치적으로 이용하기 위해 기민하게 움직였다. 남북협상, 중립화 통일 배격안 등 강경한 결의안이 잇달아 국회에서 결의되었다. 국회 밖에서는 지방의회의원 등의 관제 민의 부대들이 또다시 동원되었고, 반공혈전대 사령부 명의의 협박 전단이 나돌고 학생총궐기대회가 열렸다.

자유당은 험악한 공안정국을 조성하여 개헌안을 11월 20일 국회에 상정하여 27일 표결에 부쳤다. 그러나 가

뉴델리 밀회설

민국당 선전부장 함상훈이, 1954년 10월 27일 민국당 대표인 신익희가 1953년에 영국 여왕 엘리자베스 2세 대관식에 참석했다가 돌아오는 길에 인도 뉴델리에서 납북된 조소앙을 만나 통일 논의를 했다고 주장한 사건.

사사오입 개헌
개헌안 부결을 선포했던 최순주 국회부의장이 이틀 후 다시 등단하여 기상천외한 '사사오입'에 의해 개헌안이 가결되었다고 재선포하자, 민주당 이철승 의원이 단상으로 뛰어올라 최순주 부의장의 멱살을 잡고 따지고 있다.

표가 예상과 달리 개헌 정족수에서 한 표가 모자란 135표밖에 나오지 않아 부결이 선포되었다. 한 의원이 글을 몰라 무효로 처리되었다는 소문이 나돌았다.

두고두고 입에 오르내리게 될 사사오입 착상은 재미나게도 자유당보다 정부에서 먼저 나왔다. 갈홍기 공보처장은 28일 '수학적'으로 사사오입을 설명하고 "개헌안이 통과되었다는 것이 정부의 견해"라고 밝혔다. 29일 야당 의원이 모두 퇴장한 가운데 개헌안 부결 번복 가결 동의안이 통과되었다고 선포되었다. 명백히 헌법의 개헌안 통과 조항을 어긴 위헌 행위였다.

사사오입 개헌에 따르면, 초대 대통령에 한해 중임 제한이 철폐되고, 국무총리제와 국무원연대책임제를 폐지하여 대통령중심제를 강화하며, 국가 안위에 관한 중대 문제는 국민투표를 실시하게 되어 있었다. 사회주의적 또는 통제경제적 헌법 조항도 자유경제 체제로 바꾸었다.

이승만은 사사오입 개헌으로 영구 집권의 기반을 마련했다. 그러나 사사오입 개헌은 이승만을 반대하는 세력들이 결집하는 직접적인 계기가 되었다. 1950년대에는 이미 도시가 급속히 팽창하고 있었는데, 도시민 중 특히 서울 시민은 사사오입 개헌 같은 유치한 행동으로 장기 집권을 꿈꾸는 '사사오입당'을 더 이상 용서하지 않았다. 도시 사람들은 모이면 "야! 그거 사사오입해 버려"라며 이승만과 자유당을 비꼬았다.

| 개헌의 역사 |

수난의 헌법 변천사

"헌정 수난 가시밭길 21년 제헌 21주기. 그리 길지 않은 우리 헌정사는 수난의 연속으로 점철되었다. 악명 높은 발췌 개헌 파동이 그랬고 그보다 더한 사사오입 개헌 파동도 헌법 수난의 대표적 경우였다……."

—《동아일보》 1969년 7월 17일

해마다 7월 17일 제헌절만 되면 국경일로 그날을 기리고 경축하는 대신 '형극의 헌정사', '누더기 헌법', '불쌍하다 우리 헌법'으로 묘사되는 슬픈 날이 되었다. 그럴 수밖에 없는 것이 아홉 번의 개헌 중 세 차례만 정상적이었다. 그러다 보니 헌법이나 법률을 위배한 개헌이거나 헌법 제1조의 민주공화국과는 다른 내용을 가진 개헌이 되었다. 특히 세 차례의 개헌은 전혀 헌법 개정 절차에 의거하지 않은 파행적 개헌으로, 사실상 쿠데타 권력이 임의로 제정한 것을 국민투표로 추인받는 형식을 밟았다. 이승만이나 박정희, 전두환의 정신 상태는 법치주의나 의회정치와 거리가 멀었다.

국회 선거로는 대통령에 당선될 가능성이 없자 직선제 개헌을 추진한 이승만은 국회의 계엄령 해제 결의를 무시하는 등 헌정을 유린하는 행태를 보여주었다. 직선제와 내각제를 절충한 발췌 개헌안은 미국의 강력한 종용에 의한 것으로 알려졌다. 발췌 개헌은 '개헌안은 30일 이상 공고해야 한다'는 헌법 제98조 3항을 위배했다. 이승만이 끼워넣은 양원제는 이승만 정권하에서 한 번도 실시되지

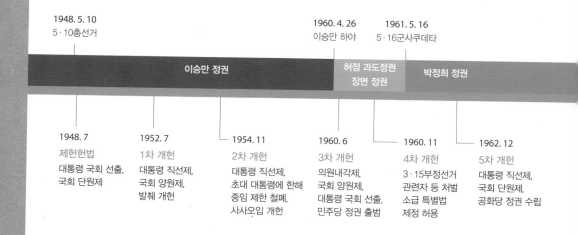

1948. 5. 10
5·10총선거

1960. 4. 26
이승만 하야

1961. 5. 16
5·16군사쿠데타

이승만 정권 | 허정 과도정권 장면 정권 | 박정희 정권

1948. 7
제헌헌법
대통령 국회 선출,
국회 단원제

1952. 7
1차 개헌
대통령 직선제,
국회 양원제,
발췌 개헌

1954. 11
2차 개헌
대통령 직선제,
초대 대통령에 한해
중임 제한 철폐,
사사오입 개헌

1960. 6
3차 개헌
의원내각제,
국회 양원제,
대통령 국회 선출,
민주당 정권 출범

1960. 11
4차 개헌
3·15부정선거
관련자 등 처벌
소급 특별법
제정 허용

1962. 12
5차 개헌
대통령 직선제,
국회 단원제,
공화당 정권 수립

않았으므로, 이것 또한 위헌이었다.

발췌 개헌은 이승만 뜻대로만 된 것이 아니어서 대통령은 1차에 한하여 중임할 수 있다는 조항을(제55조) 수정하지 못했다. 1954년 5·20선거는 '경찰선거', '곤봉선거'로 불릴 정도로 폭력이 난무했다. 자유당은 다수당이 되었고 무소속을 끌어들여 개헌선까지 확보했는데도 자유당 내 반발 때문에 반년을 허비한 것이다. 사사오입 개헌은 '헌법 개정의 의결은 재적 의원 3분의 2 이상의 찬성으로 한다'는 헌법 제98조 4항을 위배했다.

4월혁명으로 이루어진 1960년 내각책임제 개헌은 소수당인 민주당이 주도하고 다수당인 자유당이 끌려다녔다는 점에서 이색적이다. 여야 합의 개헌인 3차 개헌은 민주적인 원리를 살리려고 노력했다. 4차 개헌은 부정선거 원흉 등을 처벌할 수 있는 혁명입법을 제정하기 위해 이루어진 것으로, 역시 여야 합의 개헌이었다.

5·16쿠데타 정권에 의한 5차 개헌은 헌법 개정 권한이 없는 국가재건최고회의에 의해 이루어졌다. 박정희는 1967년에 '망국선거'로 불리는 6·8부정선거를 저질러 다수 의석을 확보한 뒤 1969년에 6차 개헌인 삼선 개헌을 강행했다. 삼선 개헌안은 국회 제3별관에서 의사봉이 없어 주전자 뚜껑을 두드려 통과시켰다. 변칙 처리라는 점도 문제였지만, 야당 국회의원들에게 표결을 통지하지 않았다는 점에서 불법이었다.

7차 개헌은 박정희가 임의로 지정한, 따라서 헌법 개정 권한이 없는 비상국무회의에 의해 이루어졌다. 유신헌법은 주권재민과 삼권분립에 위배되며 국민의 기본권을 제한했다. 전두환·신군부의 8차 개헌 또한 정상적인 헌법 개정 절차를 거치지 않았다.

6월항쟁에 의해 이루어진 9차 개헌은 여야 합의 개헌이었다. 개헌이 순조로웠던 것은 야당이 기본적으로 유신 쿠데타 이전의 헌법으로 되돌아가면 된다고 생각했기 때문이다. 이 헌법이 가장 오래 지속되었다.

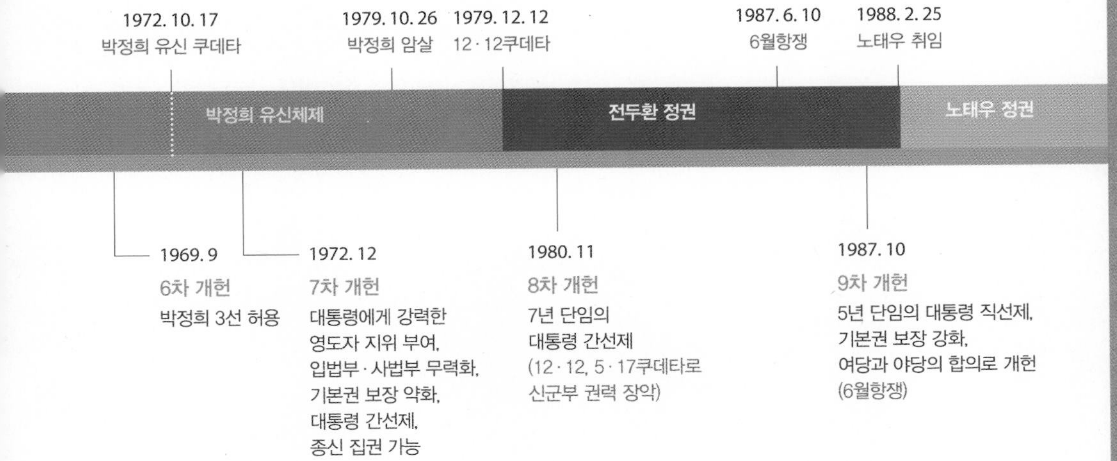

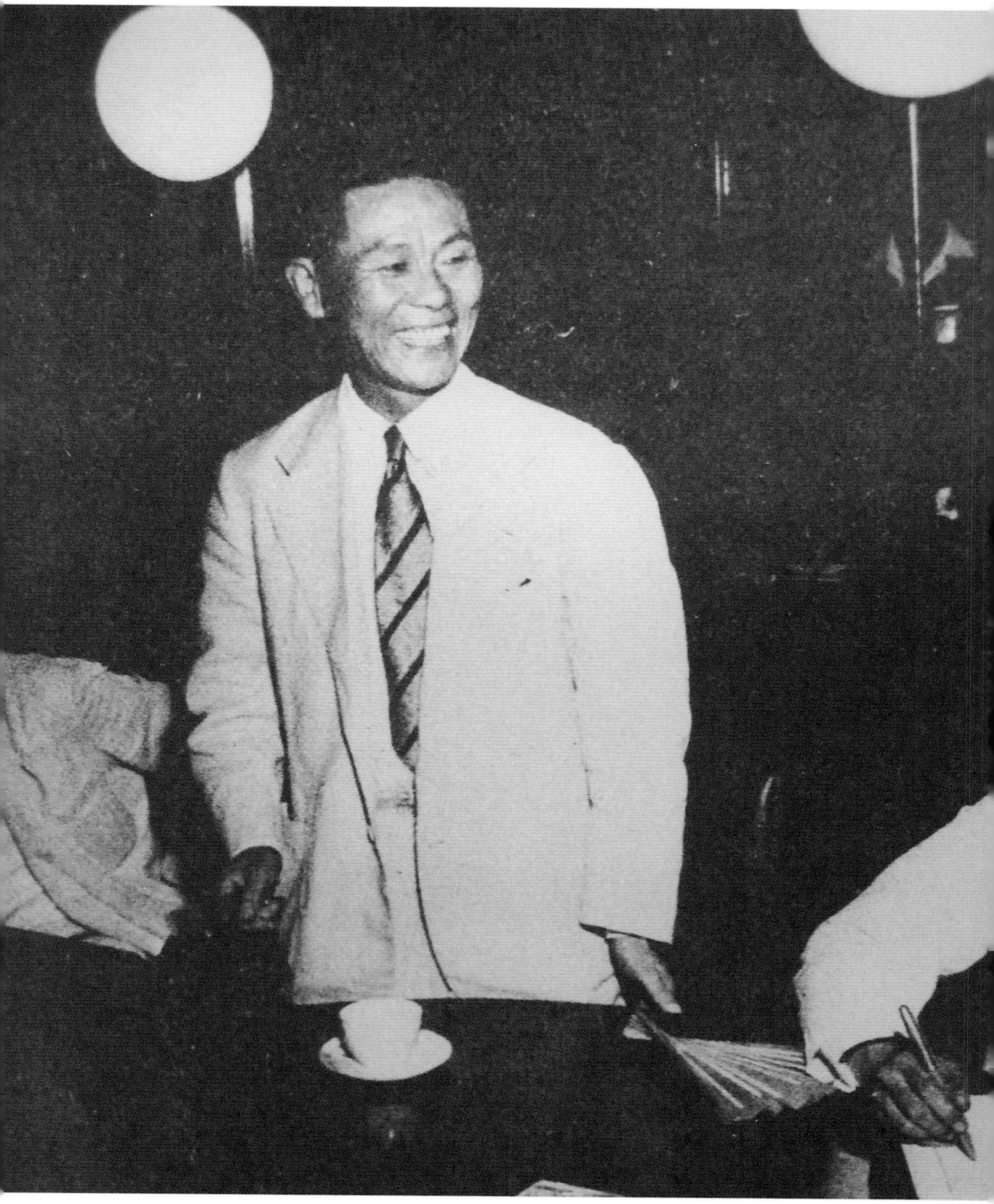

205

역풍의 정치가 조봉암

사사오입 개헌으로 이승만 독재의 영속화 가능성이 높아지자, 국회 내의 반이승만 의원들은 호헌동지회를 구성하여 거대 단일 야당 결성 작업에 나섰다. 그렇지만 호헌동지회는 조봉암의 영입을 둘러싸고 자유민주파와 민주대동파로 갈라졌다. 조봉암과 한민당·민국당은 오랫동안 개와 고양이 사이 같은 악연이 있었고, 정치 감각이 뛰어나고 대중의 지지를 받는 조봉암이 당권을 차지할지도 모른다는 우려 등이 작용해 조병옥 등이 한사코 반대한 것이다.

조봉암의 입당을 반대한 자유민주파는 1955년 9월 민주당을 결성했다(대표최고위원 신익희). 민주당은 내각책임제와 자유경제를 정책으로 제시했는데, 민국당계의 구파와 장면 중심의 신파로 갈라져 심한 분파 싸움을 벌였다. 민주당은 자유당과 마찬가지로 본질적으로 극우반공의 성향을 지니고 있었지

조봉암

5·10선거에 이어 5·30선거에서도 국회의원에 당선된 조봉암은 2, 3대 대통령 선거에서 대통령 후보로 출마하여 이승만의 강력한 라이벌로 부상했다. 사진은 초대 내각에서 농림부 장관으로 임명된 조봉암이 1948년 8월 첫 각료회의에서 발언하는 모습.

만, 사사오입 개헌 이후 도시민들은 이승만과 자유당이 미워 반사적으로 야당을 지지했다.

1955년 9월에는 전쟁 이후 처음으로 조봉암, 서상일, 장건상 등의 원로와 윤길중 등 신진이 한자리에 모여 혁신세력의 정당화를 모색했다(광릉회합). 그 해 12월 조봉암을 주축으로 하여 피해 대중의 자각과 단결을 호소하는 진보당추진위원회가 조직되었다. 진보당추진위원회는 민족자본의 육성과 함께 민주 우방과 제휴하여 민주세력이 승리할 수 있는 조국 통일의 실현을 기한다고 했던바, 북진통일론과는 차이가 있는 주장이었다.

1956년 5·15 정·부통령 선거는 1971년, 2002년의 대통령 선거처럼 격전의 연속이었고, 야당 후보가 돌풍을 일으켰다. 선거 바람이 거세게 분 것이다. 조봉암과 진보당은 참신한 공약을 제시했다. 이 선거에는 대통령 후보와

◀ **3개 정당 당사**

1950년대 대표적 정당이었던 자유당, 민주당, 진보당 당사 건물.

▼ **우의마의 소동**

대한노총 상층부 지시에 따라 우마차 조합원들은 우마차를 끌고 나와 소와 말도 이승만의 3선 출마를 바란다는 시위를 벌여 이른바 '우의마의'라는 신조어를 유행시켰다.

부통령 후보로 자유당에서 이승만과 이기붕이, 민주당에서 신익희와 장면이, 진보당추진위원회에서 조봉암과 박기출이 나왔다.

이승만은 자유당 후보로 지명을 받자마자 또다시 선거에 나서지 않겠다고 선언했다. 20일 가까이 우의마의(牛意馬意) 시위까지 동원된 대규모 시위와 연판장 제출 소동이 벌어졌다. 이승만식 사전 선거운동이 또다시 톡톡히 치러졌다.

이 선거에서는 대도시 중심으로 야당의 인기가 대단한 반면 자유당은 크게 미움을 받고 있다는 것이 여실히 드러났다. 민주당의 "못 살겠다 갈아보자"는 구호는 선풍적인 인기를 끌었다. 진보당의 평화통일론은 서민 대중의 가슴을 파고들었다.

1950년대는 분단된 지 얼마 되지 않아서 통일을 향한 열망이 대단히 높았다. 그러나 이승만의 살벌한 북진통일론에 눌려 다른 어떤 통일론도 제시되기가 거의 불가능했다. 이승만 정권은 휴전협정 체결이 임박한 1953년 3월 말부터 대규모로 대중을 동원하여 휴전협정을 반대하고 북진통일을 소리 높이 외치는 궐기대회와 시위를 끊임없이 벌였다. 1954년에는 뉴델리 밀회설이 터지면서 북진통일이 강조되었다. 1955년 8월부터 그해 연말까지는 적성국·중립국감시위원단 축출 운동이 대규모로 전개되었다.

동상이몽 민주당 신·구파

극우반공주의를 기본 이념으로 한 민주당은 이념 정당이나 정책 정당이라기보다는 보스 정당의 성격이 강했다. 민주당은 내각책임제를 제외하고는 자유당과 정책적인 차이점이 별로 없는 정당이라는 비판을 받았다. 신·구파의 갈등도 이념이나 정책 대결로 인한 노선투쟁이라기보다는 정권 장악을 위한 파벌투쟁의 성격이 강했다. 구파는 대체로 한민당·민국당 출신으로 영·호남의 지주와 부르주아 출신, 신파는 무소속과 원내자유당으로 있다가 민주당 창당 때 합류한 인물들로서 주로 흥사단과 평안도 출신, 관료 출신, 친미 유학파로 분류할 수 있다. 구파는 신익희·조병옥 등 비교적 명망가들이 많았으나, 신파는 뚜렷한 명망가 없이 장면의 리더십에 의존했다.

선거 구호로 본 5·15 대통령 선거

5·15 정·부통령 선거에서는 역대 선거사상 가장 재미있는 선거 구호전이 전개되어 선거 열기를 한껏 고조시켰다. 선거 구호전을 주도한 것은 민주당이었다. 민주당이 내세운 "못 살겠다 갈아보자"라는 구호는 자유당의 폭압과 가난에 찌든 대중들의 가슴속에 절박하게 와닿았다. 이에 당황한 자유당은 맞불작전을 벌였다. "갈아봤자 별수 없다", "갈아봤자 더 못 산다", "구관이 명관이다", "싱겁다 신익희 장난 마라 장면"을 도배질하듯 곳곳에 붙이고 민주당의 선거 벽보를 찢기도 했다. 그러나 그럴수록 민주당의 구호는 더 위력을 발휘했다. 반면 조봉암의 진보당에서는 "갈지 못하면 살 수 없다", "이것저것 다 보았다. 혁신밖에 살 길 없다"를 구호로 외쳤다. 각 당의 선거 구호는 정당별 이미지를 선명히 부각시키는 데 큰 역할을 했다. 전라남도에서는 '못 살겠다'의 신익희 씨, '평화통일'의 조봉암 씨, '구관이 명관'의 이승만 박사로 아예 특징화하기도 했다.

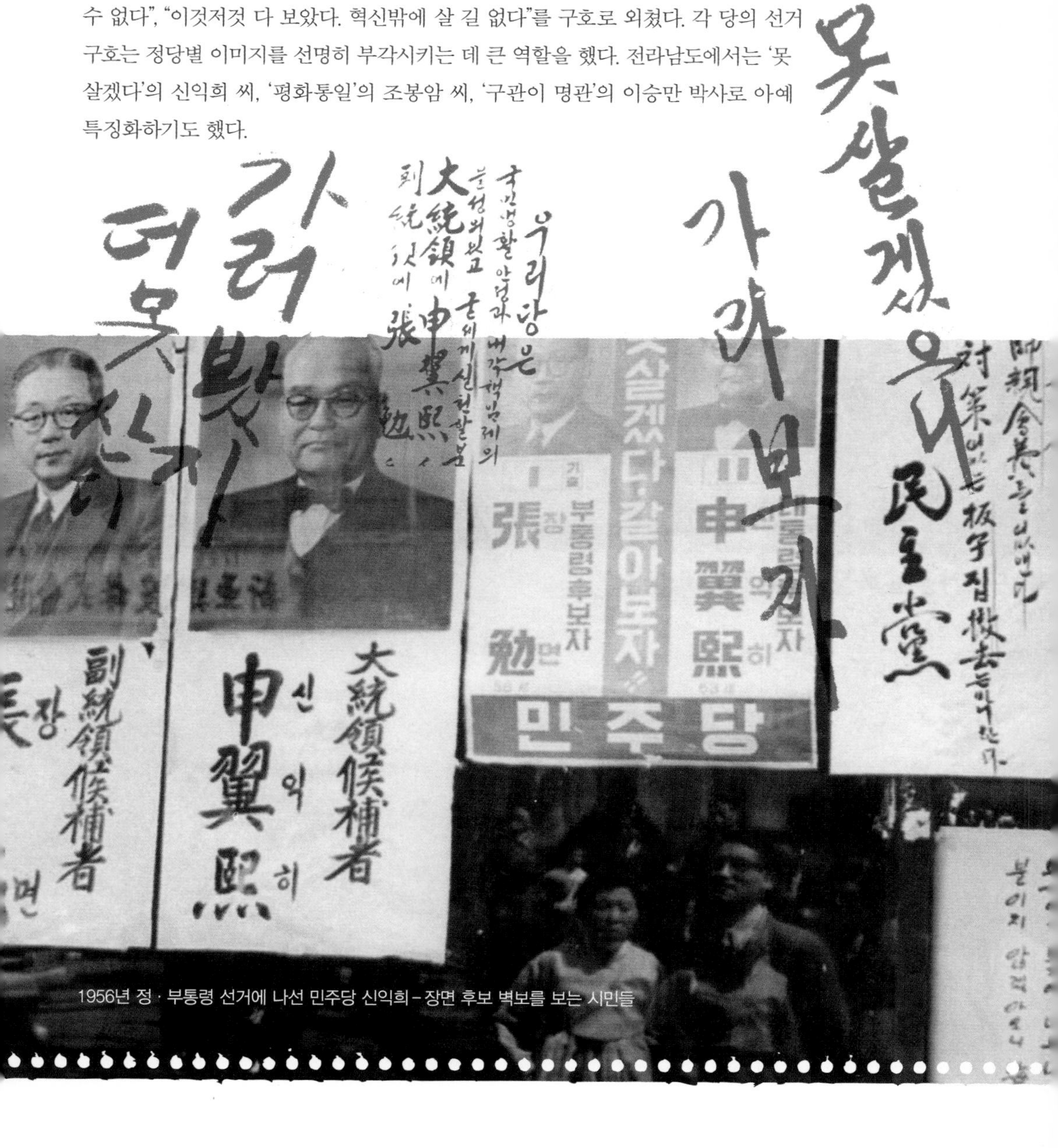

1956년 정·부통령 선거에 나선 민주당 신익희-장면 후보 벽보를 보는 시민들

전부터 조심스럽게 북진통일 운동을 비판했던 조봉암은 대통령 선거운동이 시작되자 비로소 평화통일을 주장했다. 조봉암은 북진통일의 허구성을 사정없이 폭로함으로써 극우반공 세력을 잔뜩 긴장시켰다. 선거가 중반전에 접어들자 조봉암의 주장은 더욱 대담해졌다. 조봉암은 '공약 10장'의 첫 번째로 남북한에 걸쳐 조국의 통일을 저지하고 동족상잔의 유혈극의 재발을 꾀하는 극좌, 극우의 불순세력을 억제하고 진보세력이 주도권을 장악하여 유엔 보장하에 평화통일을 성취하겠다고 약속했다.

야당에서 두 명의 대통령 후보가 나오자 각계에서 야당 단일 후보를 촉구했다. 신익희 후보가 선거 도중에 사망함으로써 야당 단일 후보는 자연스럽게 이루어지는 듯했다. 그러나 민주당은 조봉암보다 이승만을 선호했다. 그래서 조봉암에게 표가 가지 못하도록 신익희 추모표를 던지라는 전대미문의 희한한 투표를 권장했다. 박기출이 사퇴하여 야당 부통령 후보는 장면으로 단일화되었다.

선거 결과 이승만이 504만 표(전국 유효 투표의 55퍼센트)를 얻어 대통령에 당선되었다. 조봉암은 216만 표를 얻었다. 조봉암은 신익희 후보 사망 후 사실상 야당 단일 후보가 되자 분위기가 험악해져 선거운동을 제대로 하지 못하고 잠적했으며, 진보당은 투·개표소에 참관인을 들여보내지도 못했다. 그리하여 엄청난 투·개표 부정이 저질러졌다. 개표만 공정하게 치러졌어도 어

제2차 신익희-조봉암 회담

1956년 4월 27일 신익희 민주당 대통령 후보(오른쪽)와 조봉암 진보당 대통령 후보(왼쪽)가 5·15 정·부통령 선거 입후보 단일화 협상 후 악수를 하고 있다(맨 왼쪽은 박기출 진보당 부통령 후보). 신익희 후보가 선거 도중 사망함으로써 조봉암이 겉으로는 야당 단일 후보가 되었다.

1956년 5·15 정·부통령 선거 득표 상황 발표
시간대별 부통령 득표 상황 발표 모습. 13시 현재 민주당의 장면 후보가 자유당의 이기붕 후보를 크게 앞서고 있다.

떻게 되었을지 알 수 없는 선거였다. 이 때문에 투표 결과가 발표되자 조봉암은 "투표에 이기고 개표에 지고"라는 '명언'을 남겼다. 평화통일론과 피해 대중은 단결하라는 구호가 조봉암 개인의 인기와 결합되어 특히 영남과 호남에서 많은 표를 얻었다. 또한 서울의 경우 신익희 추모표가 이승만 표보다 더 많이 나왔다. 국민으로부터 절대적 추앙을 받고 있다는 자부심을 가지고 있던 이승만으로서는 큰 충격이 아닐 수 없었다. 그것 못지않게 충격적인 것은 민주당의 장면 후보가 자유당의 이기붕 후보를 20여만 표 차이로 누르고 부통령에 당선된 것이었다. 노인네와 늦가을 날씨는 언제 어떻게 될지 알 수 없는데, 여든이 넘은 이승만이 죽으면 이제 대통령은 장면이 승계하는 것이었다. 자유당은 초상집이었다.

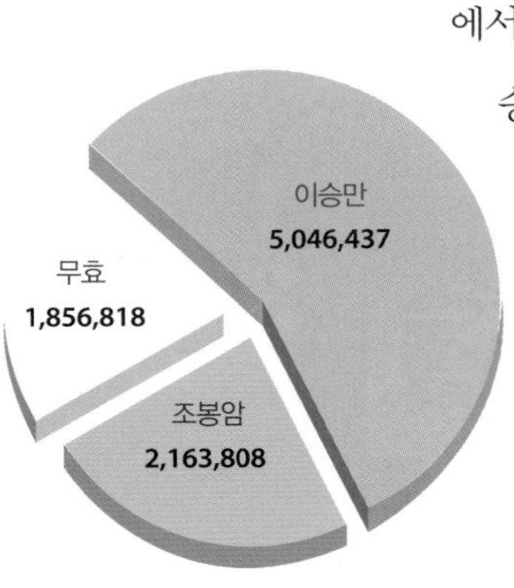

1956년 제3대 대통령 선거 결과

* 민주당 대통령 후보 신익희가 선거 직전 사망, 무효표 가운데 대다수는 신익희 추모표.

8월의 지방선거에서 자유당은 엄청난 부정선거로

압승을 했다. 그러나 서울시의회의원 선거에서는 민주당이 의석의 거의 전부를 차지했다.

9월에는 민주당 전당대회장에서 장면 부통령 저격 사건이 발생했다. 4월혁명 후 일제 시기 경찰서장이었던 이익흥 내무부 장관, 역시 친일파인 김종원 치안국장과 자유당 고위 간부들이 배후로 재판을 받아 중형이 선고되었다.

5·15 정·부통령 선거에서 선전한 조봉암은 여세를 몰아 11월에 진보당 결성식을 가졌다. 하지만 진보당의 앞길은 순탄하지 않았다. 서울·광주·전주·부산 등지에서의 지방당 결성은 괴한의 난입과 잔혹한 테러로 제대로 대회를 치르지 못했다. 그러나 자유당은 물론이고 민주당과 언론도 침묵을 지켰다. 그것은 진보당 사건에서도 마찬가지였다.

1958년 1월 간첩 혐의로 조봉암을 비롯한 진보당 관계자들이 체포되었다. 끊임없이 소문으로 떠돌던 진보당 사건이 국회의원 선거를 앞두고 터진 것이다. 신문은 연일 조봉암 등이 간첩과 접선한 것처럼 보도했다. 2월 25일 오재경 공보실장은 유엔의 결의에 위반되는 통일 방안을 주장했고, 진보당 간부들이 북의 간첩·밀사·파괴공작조들과 항상 접선했다는 것을 이유로 진보당 등록 취소를 발표했다. 그러나 북진통일론이 오히려 유엔 결의에 위반되는 주장이었고, 평화통일론은 유엔 결의에 합치되는 통일론이었다. 남한의 특수부대 HID에서 관리해온 이중간첩 양명산을 제외한다면 두 번째도 전혀 근거가 없었다.

7월 1심 재판에서 조봉암은 불법무기소지죄로 5년형을 선고받았고, 다른 진보당 간부들은 무죄를 선고받았다. 그러자 300명의 반공청년들이 법원에 난입한 초유의 법원 난입 사건이 발생했다. 하지만 2심에서 사형을 선고받은 조봉암은 3심에서도 평화통일 주장은 합법이지만 양명산과 접촉한 것은 유죄로 인정한다고 하여 역시 사형 판결을 받았다. 재심이 기각된 다음 날인 1959년 7월 31일 조봉암은 사형대의 이슬로 사라졌다. 냉전과 이승만 권력에 맞서 싸우던 역풍의 정치가의 최후였다. 조봉암은 2011년이 되어서야 대법원

재심 판결에서 무죄를 선고받았다.

조봉암 등 진보세력이 참여하지 못한 가운데 치러진 1958년 5·2총선은 극우적 성향의 보수 양당제를 출현시켰다. 경찰이 노골적으로 개입하고, 투·개표 부정이 대단히 심했는데도 불구하고, 민주당은 79명이나 당선되어 개헌 저지선을 확보했다. 특히 5·2총선에서는 서울의 16개 선거구 중 14개 지역에서 민주당 후보자가 당선된 것을 비롯하여 대도시 지역에서 민주당 표가 많이 나왔다. 한국 정치사에서 수십 년 동안 계속된 여촌야도현상은 이 선거에서 비롯되었다.

이승만과 자유당은, 진보당은 제거했으나 민주당이 반이승만·반자유당 성향의 주민들로부터 반사적으로 지지를 받자 1960년 정·부통령 선거를 앞두고 초조해하고 당황했다. 이승만 정권은 야당이 지지를 받는 것은 신문이 정부와 자유당을 사정없이 비판하는 기사를 쓰기 때문이라고 판단했다. 신문에 재갈을 물려야 했다.

국가보안법 개정은 처음에는 진보당의 평화통일론과 관련하여 구상되었지만, 1958년 11월에는 언론 조항을 삽입하는 것까지 집어넣기로 했다. 12월 19일 야당 의원들이 나간 사이에 법사위원회에서 국가보안법 개정안이 3분 만에 날치기 통과되었다. 24일 국회는 벼락치기로 채용한 300명의 무술경관을 동원해 농성 중인 야당 의원을 끌고 나가게 한 뒤 시·읍·면장 임명제를 골자로 한 지방자치법 개정안과 함께 국가보안법 개정안을 통과시켰다.

개정된 국가보안법에는 사실을 조작·왜곡하면 엄벌에 처한다는 언론 조항 외에도 기밀 범위를 확대하고 예비음모도 중형에 처하게 하는 등 독소 조항이 많았다.

정부의 날치기 통과에 맞서 야당과 재야인사들을 중심으로 신국가보안법 반대투쟁이 전개되었다(2·4보안법파동). 김창숙은 장면 부통령 이하 현직 국회의원과 자치단체의원 전원이 총사퇴하여 거국적인 투쟁을 벌이자고 호소했다. 하지만 야당은 미국의 눈치를 보면서 적당히 해결하려고 했다. 1959년 2

1958년 제4대 민의원 선거 정당 · 단체별 당선자 분포(괄호 안은 득표율)

* 자료 출처 : 중앙선거관리위원회, 『대한민국선거사』1, 1973, 650쪽.

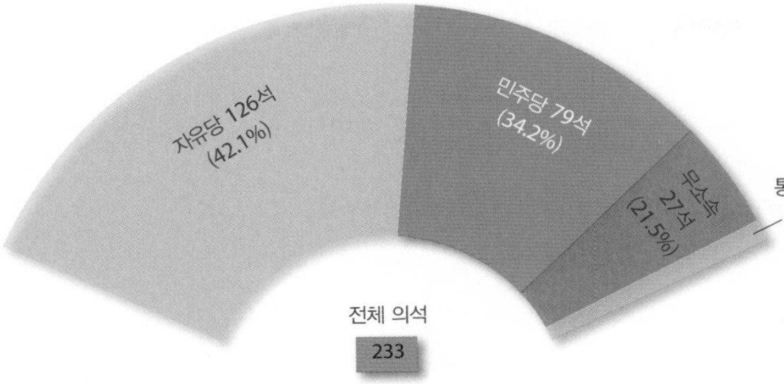

월부터 이승만 정부가 주도한 재일교포 북송 반대투쟁이 대대적으로 일어나자 민주당이 북송 반대투쟁을 지지하면서 신국가보안법 투쟁은 흐지부지되었다. 그해 2월에는 장면 부통령과 가까운 가톨릭계의 《경향신문》 필화사건이 발생하여 4월에 폐간 처분을 받았다.

이렇게 하고도 자유당은 여전히 불안했다. 그리하여 자유당은 내각책임제로의 개헌 또는 정·부통령이 동일 정당에 속해야 한다는 정·부통령 동일티켓제를 제안하여 영구 집권을 꾀했다. 그러나 전자는 이승만이 반대했고, 후자는 개헌 절차 등이 필요했기 때문에 포기하고 말았다.

하지만 선거에 무조건 압승해야 한다고 생각한 이승만 정부와 자유당은 상상을 초월하는 부정선거를 획책했다. 1959년에 장·차관과 선거를 주무하는 내무부 고급 관리 및 서울시와 각 도 경찰국장은 거의 대부분 이승만에 맹종적인 친일파로 바뀌었다.

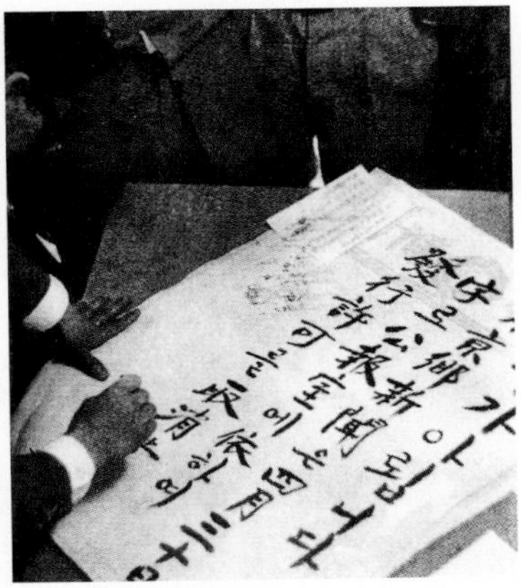

《경향신문》 폐간

이승만 정권은 야당지인 《경향신문》(민주당의 장면을 지지하는 가톨릭계 신문)을 미군정법령 88호를 적용하여 1959년 4월 30일자로 발행 허가를 취소했다. 사진은 폐간을 알리는 벽보를 쓰고 있는 모습. 《경향신문》은 4월혁명 직후 복간되었다.

국가보안법 개정 일지

1948년	12월 1일	공포
1949년	12월 19일	1차 개정. 좌익사범 단심제 추가
1950년	4월 21일	2차 개정. 단심제 폐지
1958년	12월 24일	3차 개정. 인심혹란죄(언론 조항), 헌법기관에 대한 명예훼손 추가
1960년	6월 10일	4차 개정. 인심혹란죄 등 폐지, 불고지죄 삽입
1961년	7월 3일	처벌 형량이 강화된 반공법 제정
1962년	9월 24일	5차 개정. 재범자 사형제 신설
1980년	12월 31일	6차 개정. 반공법 폐지하고 그 내용을 국가보안법에 흡수. 현 국가보안법의 근간
1990년	4월 2일	헌법재판소, 이적 표현물 관련 조항을 국가의 존립에 실질적 영향을 줄 수 있는 명백한 경우에만 적용해야 한다고 판결. 국가보안법 합헌 결정
1991년	5월 31일	7차 개정. 목적 요건과 국가 변란 개념 추가

국가보안법 날치기 통과

야당과 언론 탄압을 골자로 한 국가보안법 개정안은 야당의 강력한 저항에도 불구하고 1958년 12월 24일 국회경호권이 발동된 가운데 여당 의원들만으로 날치기 통과되었다. 보안법안을 둘러싼 여야의 갈등은 절정에 이르러 농성 중인 야당 의원들이 국회 무술경관들에 의해 강제로 끌려나와 모두 지하 휴게실과 식당에 감금당했다(❸). 오른쪽은 보안법 통과 저지를 위해 국회에서 농성 중인 야당 의원들(❶), 아래 왼쪽은 보안법 통과에 환호하는 여당 의원들(❷)의 모습.

❶

❷

❸

| 이승만 vs 조봉암 |

북진통일론과 평화통일론

이승만은 한국전쟁 이전부터 꾸준히 무력에 의해 통일을 하자는 북진통일론을 주장했다. 특히 한국전쟁 중에는 휴전을 반대하는 논리로 대대적인 북진통일 궐기 캠페인을 전개하기도 했다.

북진통일운동은 월남한 사람들의 통일 열망에 부응하는 측면이 있었다. 그러나 미군이 한국군에 대한 작전통제권을 쥐고 있고, 1953년 체결된 한미방위조약에서 무력을 통한 한국 문제의 해결을 금하고 있기 때문에 북진통일은 현실적으로 명백히 불가능했다. 하지만 북진통일론은 평화통일론 등 다른 통일론을 억압하는 위력이 있었고, 분단을 공고히 하는 데 기여했다. 이 점에서 북진통일운동은 통일을 막기 위한 반통일 운동이었다. 또한 대중을 동원한 각종 궐기대회나 시위는 영도자 중심의 비상 결속 체제를 유도하여 이승만 권력을 강화하고 극우반공 체제를 공고히 하는 기능을 하고 있었다. 북진통일운동은 이승만 정권이 붕괴될 때까지 계속되었지만, 1956년 5·15 정·부통령 선거와 그 이후에는 정치적 효력이 약해졌다.

조봉암의 평화통일론은 이승만의 북진통일론과 대비해볼 때 그 성격이 확연히 드러난다. 조봉암은 한국전쟁과 같은 참혹한 동족상잔의 전쟁, 주민 집단 학살을 낳은 전쟁을 다시는 되풀이해서는 안 된다고 역설하면서, 북진통일론은 유엔과 미국이 반대하기 때문에 전혀 현실성이 없다고 공박했다. 조봉암의 북진통일론 공격과 허구성 폭로는 북진통일운동을 통해 독재권력과 극우반공 체제를 철벽처럼 강화시키려고 했던 이승만과 극우세력을 긴장시켰다. 또한 조봉암은 미·소냉전을 헤치고 민족 자주적으로 통일을 이루어야 한다고 주장하여 냉전에 대항하는 역풍의 정치인이라는 평을 들었다. 결국 이승만 정권은 민주당의 지원을 받으며 조봉암의 평화통일론을 압살하기 위해 진보당 사건을 일으켰다.

북진통일 학생 시가행진(1953년).

3

새로운 사회의 출현

장욱진, 〈가족〉, 1954년

1945 – 1959

천막을 치고 흑판을 가져다 학교를 세웠다.
새로운 사회를 향한 열망, 그칠 줄 모르는 학구열은
이후 급속하게 진행된 경제 건설과 사회 변화의 원동력이 되었다.

1951	3월	27일	문교부 6·3·3·4 신학제 실시
1952	3월	12일	조선방직 파업 사건
	5월	7일	거제도 포로수용소 폭동
	5월	24일	마이어협정 체결
1953	2월	15일	제1차 화폐개혁(화폐 단위가 圓에서 圜으로 바뀜)
	3월	8일	노동조합법, 노동쟁의조정법, 근로기준법 공포
	10월	3일	간통쌍벌죄 공포
1954	5월		소설 『자유부인』 파동
1955	5월		박인수의 여성 간음 사건
1957	5월	5일	어린이헌장 제정 선포
1959	1월	22일	반공청년단 결성
	9월	17일	삼남 지방에 태풍 사라호 엄습(사망 924명)
	10월	26일	전국노동조합협의회 결성
1960	1월	1일	새 민법으로 여성 지위 강화

국대안 파동

국립종합대학교를 설립하는 것은 각 학교의 기존 건물과 설비를 최대한도로 활용하고 유능한 교수의 상호 교류와 교수의 연구 시간을 많이 갖게 하며, 국가의 재정 절약과 다른 학교의 장점을 누구나 받을 수 있도록 하는 데 있습니다.

— 1946년 7월 13일 문교부장 유억겸이 발표한 「국대안」 중에서

박인수 사건

"70여 명의 여성 중 단 한 명만 처녀였습니다."

— 박인수 법정 진술 중

"법은 정숙한 여인의 건전하고 순결한 정조만을 보호할 수 있다."

— 재판부 1심 판결문 중에서

檢事는即刻
法은貞淑한女性

자유부인 논쟁

『자유부인』에 대한 나의 근본적인 작의는 봉건주의 사회에서 자유민주주의 사회로 넘어가는 과도기의 가정적인 혼란상과 사회적인 부패를 소설로 그려봄으로써, 참된 민주주의란 어떤 것이어야 한다는 것을 보여주고자 했다.

— 정비석 『자유부인』을 단행본으로 엮으면서 중에서

허은

친일파 세상에서 소학교 졸업 후 진학을 포기했던 외동딸 혜정이, 오래비 항증이와 함께 대구보육원에 보내서 중학교 졸업시킨 일이며, 막내 범증이는 사범병설 중학에서 납부금 못 내서 졸업 못하고 1년 농사짓게 한 일 등을 생각할수록 무언가 억울한 생각이 든다. (…) 부모가 되어 남겨준 것 하나 없는데도, 남 앞에 비굴함 없이 당당하게 살아가는 우리 아이들 보며 그래도 선대(先代)의 긍지가 그들 핏속에 자존심으로 살아 있구나 싶다.

— 대한민국 임시정부 국무령 이상룡의 손자며느리 허은의 『아직도 내 귀엔 서간도 바람소리가』 중에서

301

한글세대의 대거 등장

중국이나 일본보다도 신분 차별이 심했던 한국 사회는 전쟁이 끝난 뒤에 놀라울 정도로 평준화되었다.

우선 일제는 여러모로 전통 사회, 특히 신분 차별을 해체시키는 데 큰 공헌을 했다. 일제는 한국인 황족, 고위 친일파에게 작위를 주고 지방 유림을 대우해주기도 했다. 하지만 대부분의 한국인은 정치권력에서 완전히 배제되었고, 경제권도 약했다. 이 때문에 경제적으로 상층이면서 벼슬을 해야 양반 행세를 할 수 있었던 전통적 지배층의 권위가 자연스럽게 축소될 수밖에 없었다.

두 번째로 해방이라는 거대한 사회적 변화의 경험이다. 해방 이후 변혁적 노동자·농민 운동, 청년운동, 여성운동이 활발하게 일어났고, 평등사상이 급속히 전파되었다. 해외에 나갔던 사람들이 대규모로 귀환한 것도 사회 변혁을 가속화하는 데 크게 기여했다. 이러한 분위기에서 지주는 바짝 움츠러들

피란지의 국민학교 어린이들

해방 후 한글세대의 대거 등장은 이후 경제 발전의 원동력이 되었다. 1950년대에는 전쟁의 피해로 대단히 어려운 상황이었음에도 불구하고 교육열은 수그러지지 않았다. 사진은 전시수도 부산에 설치된 임시 학교의 어린이들. 전쟁 중이지만 아이들의 모습이 해맑다(1951년 9월 5일).

었다. 이에 더해 농지개혁과 전쟁은 중소 지주를 몰락시켰다.

마지막으로 전쟁의 영향이다. 인민군 점령지에 인민위원회 등 각종 조직이 만들어졌고, 토지개혁이 실시되었다. '쌍놈' 소리 듣던 머슴이나 소작인들이 큰소리치는 세상이 되었다. 농촌 청년들의 군 입대나 외지에서의 피란살이 등 전쟁 중 이동도 사회적 평준화를 촉진했다.

평준화는 사회적 권위가 부재하고 문화 수준도 낮은 상황에서 급속히 이루어졌기 때문에 저질 평준화라고 볼 수 있는 점이 많았다. 하지만 그것은 부와 지위를 획득하기 위해 모든 사람을 똑같이 뛰게 했다. 이 때문에 치열한 경쟁 사회가 도래했지만, 누구나 부와 지위를 기대할 수 있게 된 상황에서 그것에 도달하는 가장 확실한 길은 교육으로 인식되었다.

인구 증가도 치열한 경쟁을 유발했고, 교육열을 무섭게 팽창시켰다. 전쟁이 끝나고 사회가 어느 정도 안정되자 베이비붐이 일어나 출산율이 크게 증가했다. 교육열과 경쟁의식, 기대의식의 상승은 이농 현상을 촉발하여 도시로의 인구 유입이 커졌다. 산업화 없는 도시화 현상이 일어난 것인데, 도시화 현상

해방 후 국민학교(초등학교) 학생 수의 변화

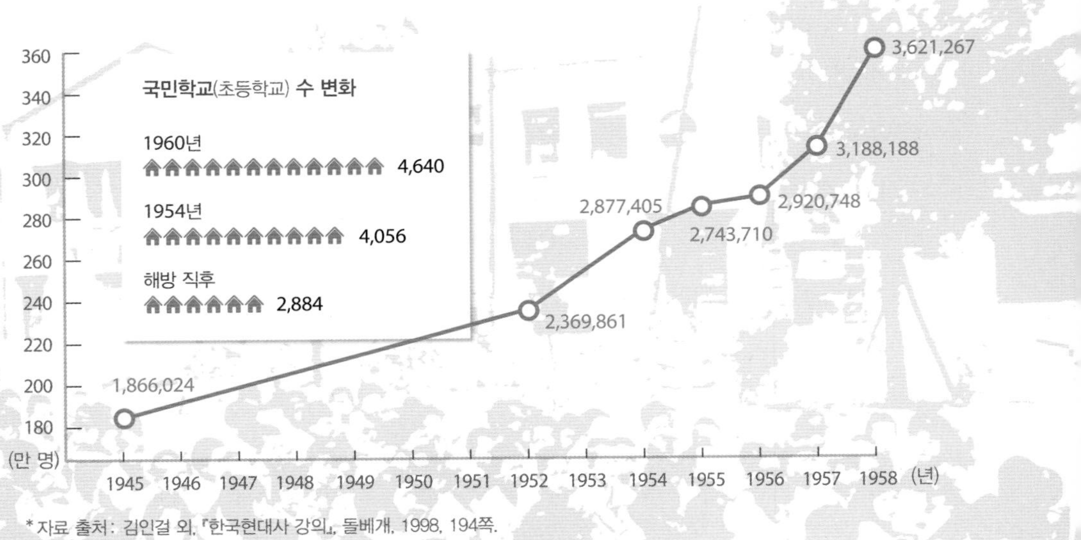

* 자료 출처: 김인걸 외, 『한국현대사 강의』, 돌베개, 1998, 194쪽.

©이경모

한 지붕 두 학교

교문 양쪽 기둥에 '광주계림공립국민학교', '광주충장공립국민학교' 팻말이 걸려 있다. 해방 직후의 급속한 학생 증가와 이를 미처 수용할 수 없었던 학교 부족 현상을 알 수 있다.

은 또한 과도한 교육열을 부추겼다.

해방 후 교육 기회의 확대로 교육인구는 놀라울 정도로 크게 늘어났다. 국민학교(지금의 초등학교) 학생 수가 1945년에서 1958년 사이에 두 배로 증가했고, 취학률은 1954년도에 81.5퍼센트, 1958년에 94.6퍼센트에 이르렀다. 중·고등학생 수도 비약적으로 증가했으며, 고등학교에서는 인문계의 비중이 커졌다. 해방 후 전문학교가 대학으로 승격되면서 대학도 많이 늘어났다.

교육의 양적 팽창과 함께 시급한 문제는 일본이 강요했던 일본어 교과서를 폐지하고 한글로 된 교과서를 만들어내는 일이었다. 한자를 거의 사용하지 않고 한글 위주로 교과서를 만들고, 일본어로 쓰인 교과서와 달리 가로쓰기

최초 국정 국어 교과서

1948년 정부 수립 후 문교부가 최초로 발행한 초등학교 1학년 1학기 국어 교과서. 현재 중장년층에 익숙한 철수, 영희, 바둑이가 나오는 최초의 교과서다.

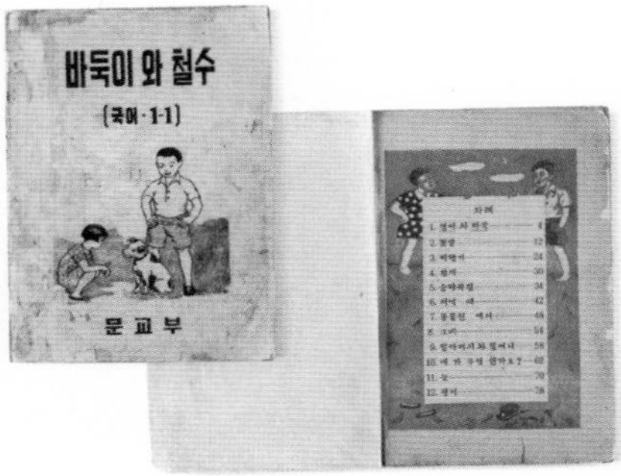

를 한 것은 혁명적 변화였다.

학교 문은 열렸지만 적지 않은 학교가 미군정이 지정한 날에 문을 열 수 없었다. 무엇보다도 일본인 교사들이 물러났기 때문에 교원이 크게 부족했다. 부족한 교원을 보충하기 위해 교원양성소를 개설했고, 국어의 재교육을 위해 조선어학회에서는 중등교사들을 상대로 한글강습회를 열었다.

교육 기회의 확대로 문맹률도 크게 떨어졌다. 일제강점기 77퍼센트(1930년)에 이르렀던 문맹률은 1960년에 이르러 27.9퍼센트(13세 이상 인구 기준)로 낮아졌다.

미군정기 교육과 관련하여 가장 큰 사건은 국립서울종합대학안(약칭 국대안)을 둘러싸고 일어났다. 1946년 7월 미군정은 일제 식민지 유물인 기존의 고등교육기관을 전면 폐지하고 하나의 종합대학으로 통합하여 국가 재정의 낭비를 해결한다는 취지하에 국립종합대학교설립안을 발표했다. 관련 전문대생과 대학생들이 즉시 동맹 휴학을 하는 등 1947년 2월까지 국대안 반대 운동이 격렬하게 전개되었다(국대안 파동). 이로 인해 전체 교수와 강사 가운

선생님, 어디 계세요

해방 직후 일본인 교사들이 물러나면서 교원이 크게 부족했다. '선생님'을 외치는 남녀 학생들의 애절한 모습이 교사 부족에 허덕이는 당시의 교육 현실을 잘 보여준다. 교사 부족을 풍자한 《서울타임스》의 1945년 10월 7일자 만평(오른쪽)과 미군정 시기의 교사 모집 포스터(왼쪽).

데 4분의 3이 학교를 떠났고, 과반수가 넘는 학생들이 제적되었다.

서울대종합대학안은 이후 다른 대학의 '모범'이 되어 서유럽이나 미국에서는 찾아보기 어려운 기이한 종합대학이 여기저기에 생겨나게 되었다. 예컨대 MIT 공대같이 특성과 전문성을 살린 대학이 존재하기 어렵게 되었다. 심지어 사범대나 미대, 음대, 체육대와 같이 성격이 다른 분야가 문리대나 법대 등과 함께 한 종합대 안에 공존하게 되었다.

한국인의 교육 열기는 전쟁 중에도 계속되었다. 전시수도 부산에는 서울에서 피란 온 각급 학교가 임시 학교를 개설하여 천막이나 벽돌만 둘러친 가교사에서 수업을 하는 눈물겨운 광경이 곳곳에서 벌어졌다.

1950년대에는 전쟁의 피해로 한국 경제가 대단히 어려운 상황이었음에도 불구하고, 해방 이후 불붙기 시작한 교육열은 조금도 수그러들지 않았다. 학생 수는 계속 늘어났다. 이 때문에 전쟁이 끝난 이후에도 교실이 부족한 현상은 심했으며, 교육시설은 아주 부실했다. 특히 국민학교가 그랬는데, 교육열이 높고 도시로 이주하는 사람들이 늘어나면서 대도시의 경우 한 교실에 70,

---

주사위 놀이로 한글을 배우자

해방 후 한글 배우기 운동이 전 국민 운동으로 전개되면서 쉽고 빠르게 한글을 깨우치기 위한 여러 가지 아이디어가 등장했다.

그중 주사위 놀이는 주사위를 던진 사람이 해당되는 글자를 정확하게 큰 소리로 읽지 못하면 이길 수 없게 만든 놀이다. 이 놀이판에는 "이 오락을 일 가정이 실행한다면 일가정 모든 남녀가 부지중에 무식을 면할 것이요, 사회적으로 유행이 된다면 전 조선 문맹은 자연적 퇴치할지니, 어떤 오락물이 문명의 오락물인고, 뜻있는 자들은 가만히 생각해볼 지어다"라는 문구가 적혀 있어 놀이의 성격을 잘 말해준다.

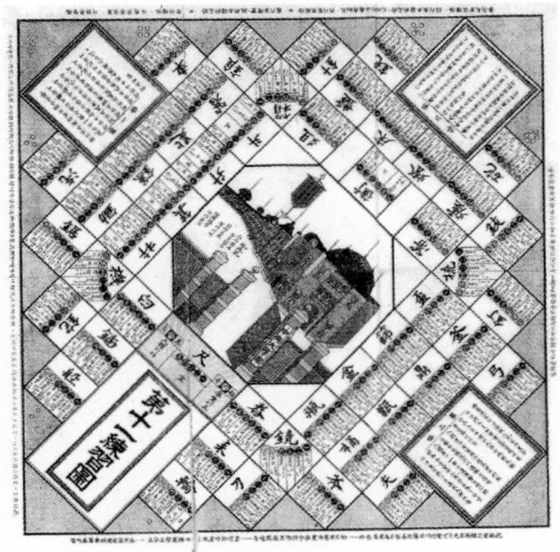

한글 배우기에 사용된 주사위 놀이판

80명은 보통이고 100명이 넘는 경우도 있었으며, 2부제·3부제 수업을 하는 경우도 적지 않았다.

교육열의 과잉은 국민학교조차 세칭 일류 학교를 탄생시켰고, 이로 인해 학생들은 어릴 적부터 수험지옥에 빠지기도 했다. 과외도 점차 늘어났다. 대도시에서 빽 있고 돈 있는 '사모님'의 치맛바람이 거셌고, 특권층을 배경에 둔 일류 중·고등학교 교장은 위세가 대단했다.

그러나 초·중등 교육을 받은 한글세대가 대규모로 탄생했다는 것은 사회 변화에 큰 역동성을 부여했다. 한글세대 노동자, 사무원, 산업예비군의 등장은 외자의 도입과 함께 1960년대 후반부터 한국 경제가 비약적으로 발전하는 데 기본 동력이 되었다. 경제 발전의 원동력이 전쟁의 폐허 위에 마련된 것이다.

1950년대에는 출세를 보장받을 수 있는 해외 유학, 특히 미국 유학이 늘어났다. 이들은 대부분 특권층 자녀들로서 소수였다. 미국 유학생들은 교육학 등 학술·문화 분야에 큰 영향력을 행사했고, 미국 서적도 많이 번역했다. 뿐만 아니라 군인과 관료, 경찰들도 미국에 가서 단기 연수라도 받고 와야 큰소

대학 입학시험 광경
해방 직후 교육열이 폭발하면서 1945년에서 1960년까지 대학생 수는 무려 13배 이상 증가했다. 사진은 한 대학교의 입학시험 광경. 운동장에서 시험을 보는 장면이 이채롭다(1954년).

리를 칠 수 있었다.

이승만 정권기 교육을 이해하는 데 빼놓을 수 없는 것이 학도호국단과 반공 교육이다. 파시스트적 국가관을 가진 것으로 알려진 초대 문교부 장관 안호상은 1949년 1월부터 4월에 걸쳐 각 학교 단위와 시·군·도별 단위로 학도호국단을 조직했다. 교장을 단장으로 하고 학생이 학도부장이나 대대장을 맡는 군대식 편제로 구성된 학도호국단은 멸공의식의 앙양을 주요 목표로 내걸고, '이북총진군'을 위해 군사훈련을 받았다. 학도호국단은 출범한 지 얼마 안 되어 좌익교사 색출 작업에 나섰다. 그리고 창설 직후부터 "우리를 보호할 무기를 달라", "북에 자유선거로 통일을" 등을 외치며 시위를 벌였다.

학교에서는 반공웅변대회, 반공포스터·표어전시회, 반공글짓기대회, 반공토론회, 시국강연회 등 반공 행사가 끊임없이 반복되었고, 특히 반공주간에는 그러한 활동이 집중적으로 실시되었다. 또한 국군 장병에 대한 위문품과 위문편지 보내기가 대대적으로 전개되었다. 조회시간에는 큰 소리로 "우리는 대한민국의 아들딸 죽음으로써 나라를 지키자", "우리는 강철같이 단결하여 공산침략자를 쳐부수자", "우리는 백두산 영봉에 태극기 날리고 남북통일을 완수하자"로 되어 있는 '우리의 맹세'를 합창했다.

학생들은 1950년대 내내 반공방일 운동의 선두에 나섰다. 중·고등학생들을 비롯하여 대학생들까지 이승만 정권을 지지하는 각종 궐기대회와 반공집회에 수시로 동원되었다.

반공독본

1954년 출간된 초등학교 교육용 반공독본 교과서. 반공 교육은 도덕과 같은 교과서 내용을 통해서뿐만 아니라 표어·포스터그리기대회, 반공웅변대회,각종 궐기대회 등을 통해서 학생들에게 끊임없이 주입되었다.

| 국대안 파동 |

국립대학 설립을 반대합니다?

"국립종합대학교를 설립하는 것은 각 학교의 기존 건물과 설비를 최대한도로 활용하고 유능한 교수의 상호 교류와 교수의 연구 시간을 많이 갖게 하며, 국가의 재정 절약과 다른 학교의 장점을 누구나 받을 수 있도록 하는 데 목적이 있습니다."

— 1946년 7월 13일 미군정 문교부 기자실

해방 첫해 연말의 반탁투쟁 회오리바람 이후 사회는 좌와 우로 나뉘었다. 길거리에서도 저 사람이 좌익이다 싶으면 우익은 외면했고, 중도파는 좌우 모두로부터 싸늘한 시선을 견뎌야 했다.

지식인이나 학생들은 진보 성향이 많았고, 젊은이일수록 급진적이었다. 경성제국대학 후신인 경성대학 학생들은 특히 급진적이었다. 『조선소설사』로 명성을 날렸고, 일제 말 연안으로 탈출해 독립동맹에서 활동한 천태산인 김태준을 조교들이 모의투표로 경성대학 총장으로 선출할 정도였다. 반면 미군정 교육 담당자는 반공 성향이 강했고, 문교부 한국인 관리나 관련 위원회 위원들은 주로 한민당이나 기독교 관련자였다.

1946년 7월 3일 문교부장 유억겸은 경성대학과 관립인 경성법학전문학교, 경성의학전문학교, 경성공업전문학교, 경성광산전문학교, 경성경제전문학교, 수원고등농림학교, 경성고등상업학교, 경성사범학교, 경성여자사범학교와 사립인 경성치과전문학교를 한데 묶어 국립대학을 만들겠다는 국대안을 발표했다.

국대안은 즉각 반발에 부딪쳤다. 미국인 문교부장, 한국인 문교부장 등 6인의 이사회가 모두 관료여서(3인은 미국인) 중앙집권적·관료적으로 운영될 것이 뻔했다. 또 교수들은 국립대에서 이사회와 총장에 의해 재임용을 받도록 되어 있었다. 미군정에서 국립대라는 말 자체가 맞지 않았지만, 시설과 자원을 최대한 활용한다는 것도, 경성대는 동숭동, 법학전문학교는 청량리, 경성사범학교는 을지로5가, 경제전문학교는 종암동, 공업전문

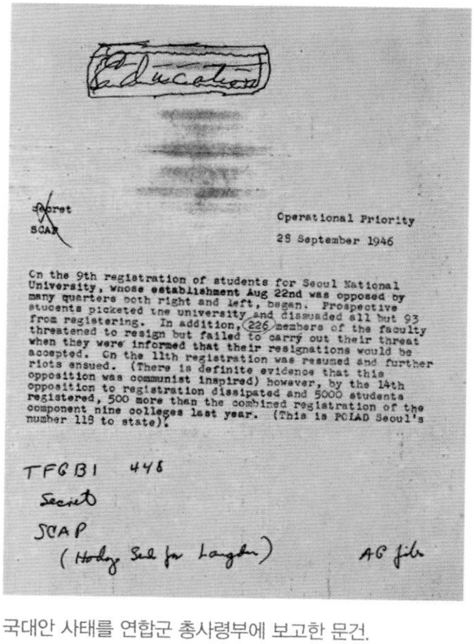
Education

Secret
SCAP

Operational Priority
28 September 1946

On the 9th registration of students for Seoul National University, whose establishment Aug 22nd was opposed by many quarters both right and left, began. Prospective students picketed the university and dissuaded all but 93 from registering. In addition, 226 members of the faculty threatened to resign but failed to carry out their threat when they were informed that their resignations would be accepted. On the 11th registration was resumed and further riots ensued. (There is definite evidence that this opposition was communist inspired) however, by the 14th opposition to registration dissipated and 5000 students registered, 500 more than the combined registration of the component nine colleges last year. (This is POLAD Seoul's number 118 to state).

TFGBI 448
Secret
SCAP

국대안 사태를 연합군 총사령부에 보고한 문건.

학교는 공릉동, 의학전문학교는 소격동, 고등농림학교는 수원 등지에 떨어져 있어서 문제가 있었다.

이미 7월부터 전문학교와 경성대 교수들이 종합대 근무를 거부해 국대안 실시 직후의 국립대 교수 429명 중 311명이 사임했다. 곧이어 191명이 새로 채용되었으나 다시 205명이 사임해 100여 명만 남았다. 이 때문에 상대, 사대, 농대는 교수가 거의 없었다. 학생들은 상당수가 등록을 거부했고, 상대·법대·문리대 학생들이 맹휴(동맹휴학)에 들어갔다.

국립종합대를 반대하는 측은 고등교육기관 축소, 각 학교 고유성 말살, 자치권과 학문의 자유 봉쇄와 함께 미국인 관선 이사 문제를 제기했다. 미군정 실시 후 교육 책임자는 포병 대위 라카드, 초대 경성대 총장은 해군 대위 크로프트, 초대 국립 서울대 총장은 해군 대위 엔스테드로 바뀌었다. 학생들은 학내 친일파 청산과 해임 교수의 복직도 주장했다. 경성대를 종합대로 확대·발전시키고, 각 전문학교는 대학으로 승격시켜 독자적으로 발전시켜야 한다는 대안도 제시되었다.

1947년 2월 개학과 더불어 사대·약대·예술대까지 맹휴에 들어가 대부분의 단과대가 맹휴에 돌입했고, 여러 중학교가 '동정 맹휴'에 들어갔다. 이 시기에는 좌우 학생들의 대립이 더욱 첨예화되었다. 서울대뿐만 아니라 성균관대, 동국대 등 여러 대학에서 갈등이 노출되었다.

3월 이후 국립대 반대투쟁은 기력을 잃고 점차 약화되었다. 당국은 여러 차례 등록을 연기했다. 9월에 대부분이 복적되었지만, 수백 명이 불허되었다. 총장과 이사진은 한국인으로 바뀌었다.

국대안 파동은 큰 상처를 남겼다. 예체능계까지 포함된 종합대 설립을 다른 종합대가 뒤따라간 것도 문제지만, 일제의 조선인 고등교육 제한으로 교수 인력이 가뜩이나 부족한 터에 국대안 파동으로 많은 교수가 사임하는 바람에 장기간 교수 인력이 부족했다.

302

폐허 위에 경제 건설이

전쟁이 남긴 상처는 너무나 컸다. 산업시설의 파괴도 막대했지만, 전쟁과 관련해 긴급 지출된 비용으로 악성 인플레이션이 발생했고, 그로 인한 물가 폭등은 서민 생활을 한층 더 어렵게 했다. 기업의 의지는 저하되었고, 불로소득을 노리는 투기와 환물 풍조가 낭비벽과 함께 확대되었다. 이런 상황에서 산업 복구 사업이 힘겹게 진행되었다.

1950년대 농촌은 절대 빈곤에 시달렸다. 하루 세 끼 식사조차 힘든 절량(絶糧)농가에 대한 보도가 끊이지 않았다. 1950년대 중반에는 농민의 절반가량이 절량농가였다. 식량이 모자라는 농민들은 풀뿌리와 나무껍질로 허기진 배를 채웠다.

1950년대에 농민이 만성적으로 생활고에 시달린 요인 중 하나는 정부가 전쟁이 나자 손쉽게 비용을 마련하기 위해 농민들을 대상으로 현물로 임시토지수득세를 거두었기 때문이다. 이 대통령은 전쟁이 끝났는데도 정권 말기까

철근을 세우는 노동자들
전쟁 직후 악화된 한국 경제는 1956년경부터 경제 건설기로 접어들면서 서서히 회복되기 시작했다 (1958년).

임시토지수득세

전쟁으로 인해 국민경제가 불안정한 상태에서 양곡의 수급 조절을 목적으로 내세워 토지 수익에 대한 모든 조세를 현물로 납부하게 한 농지세. 그러나 수득세는 전시 인플레이션으로 인한 경제적 부담을 농민에게 떠넘겨 전후 농촌 사회를 피폐하게 한 주된 제도적 장치였다.

지 계속 수득세를 거두었다.

농민은 물가를 낮추기 위한 저곡가 정책에 의해서도 희생을 강요당했다. PL480호에 의한 미국 잉여농산물의 대량 도입도 농촌을 멍들게 했다. 특히 1958~1959년에는 국내 수요를 넘는 엄청난 양의 잉여농산물이 들어와서 농산물 가격을 폭락시켰다. 농민들은 생산 의욕을 잃고 고향을 등지지 않을 수 없었다.

농민들은 태반이 잠재적 실업자로 분류되었는데, 도시에서도 실업자가 넘쳐흘렀다. 1956~1957년경에 경제가 호전되었으나 1958년경부터 불황이 다시 찾아오면서 실업자 문제는 심각한 사회문제로 등장했다. 또한 실업자 분류 방법에도 문제가 많아 '공치는' 날이 많은 지게꾼과 달구지꾼은 자유노동자로, 신문팔이와 소년 구두닦이는 직업소년으로 분류되었다. 농촌에서 한 입이라도 줄이기 위해 도시로 몰려온 소녀와 처녀 식모들도 많았다.

경제 상태가 나빴기 때문에 미국 원조는 우선 당장의 곤경을 해결하는 데 기여했다. 미국은 1945년에서 1961년까지 약 31억 달러를 원조했다. 1950년대 전반기까지는 식료품 등의 소비재 중심의 구호 원조였고, 전쟁 후에는 군사원조적 성격이 강했다. 1953년에서 1961년까지 17억 달러가 제공된 ICA(국

전쟁으로 폐허가 된 산업 시설

폭격으로 벽체만 남은 영등포 공장 지역. 영등포는 해방 후 최대의 공업 지대였다.

1945~1961년 미국의 기관별 한국 원조 현황

* 자료 출처: 한국은행, 『경제통계연보』, 1961, 193쪽.
단위: 1,000달러

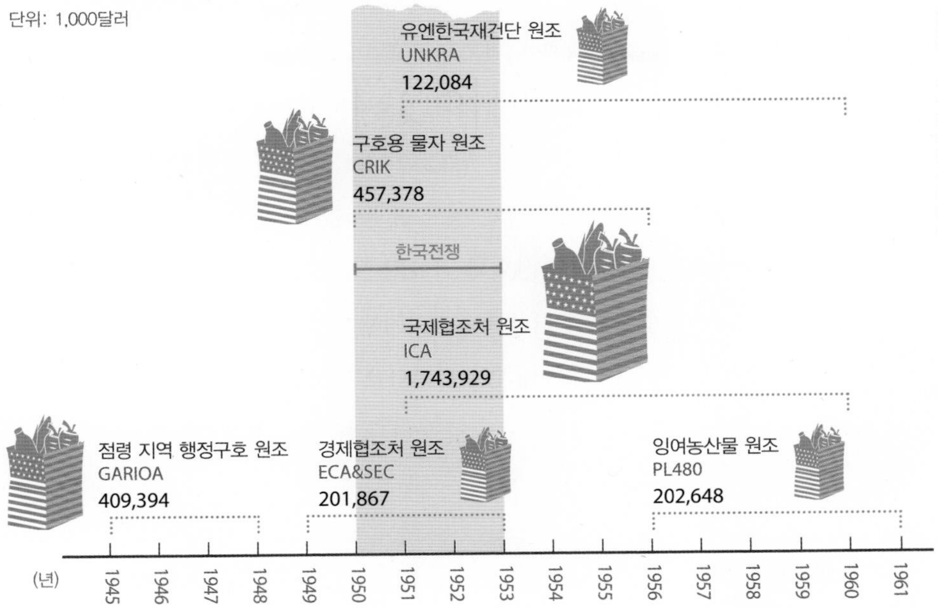

제협조처 원조) 대충자금은 팽창한 군사비 지출로 인한 한국 정부의 재정 파탄을 막으려는 준(準)군사적 방위 원조였다. 1956년에서 1961년까지 제공된 미 잉여농산물 원조인 PL480호 원조 판매대금도 주로 군사비로 사용되었다.

전쟁 후 정부 재정은 미국의 원조에 크게 의존했다. 1956년에서 1961년까지는 원조 비중이 국민총생산의 13~14퍼센트였고, 재정 규모에 대한 비중은 50퍼센트를 넘나들어 조세 규모와 비슷했다. 미국은 원조를 지렛대로 한국의 경제정책에 깊숙이 관여했다. 1952년 4월 한국과 유엔군 사이에 맺은 마이어협정에 의해 설치된 한미합동경제위원회는 미국의 대한 원조 업무를 통할하는 역할을 맡았고, 실제로 한국 경제 운영의 최고 의사결정 기구처럼 활동했다.

마이어협정

정식 명칭은 '대한민국과 통합사령부 간의 경제 조정에 관한 협정'으로, 미국 측 대표인 마이어의 이름을 따서 마이어협정이라고 부른다. 주한 미군에 대한 한국의 경제적 지원을 규정한 이 협정이 체결됨으로써 한국에서의 미군의 특권이 더욱 커졌다.

미국의 원조는 관료 독점자본을 형성했고, 대기업과 중소기업, 공업과 농업 간의 연계를 파괴했다. 그와 함께 소비재 위주로 공업을 재편했고, 상업과 서비스업의 팽창을 초래했다. 원조는 신흥 재벌을 탄생시킨 주역이었다. 원면(原棉)·원맥(原麥)·원당(原糖) 등의 원조물자는 배당을 받는 것 자체가 큰 이권이었는데, 대기업에 거의 독점적으로 배정되었다. 공정 환율과 암거래 환율의 차이가 커서 달러를 불하받는 것도 큰 특혜였다.

1950년대에 들어오면서 상업과 금융업 등의 자본 비중이 줄고 광공업 자본의 비중이 현저히 커지면서 전반기에는 중소기업이 활기를 띠었다. 그런데 그 이후 경제가 대기업 중심으로 편성된 데는 미국의 원조 못지않게 귀속기업체(일본인 기업체)의 불하가 큰 몫을 했다.

구호물자 배급

미군이 준 구호품 새 옷으로 갈아입은 아이들이 미군이 내미는 초콜릿을 받아 들고 있다. 전쟁을 전후하여 부족한 의류와 식료품은 국제적십자사나 국제연합 구호 단체, 미군이 보내준 구호물자에 크게 의존했다.

대기업체나 큰 공장은 대부분 귀속기업체였다. 귀속기업체는 1950년대에 대개 기업가나 세력가에게 불하되었는데, 불하를 받은 가격이 실제 가격보다 낮았으며, 연고자도 조작되는 경우가 많았다. 또 인플레이션이 심한 당시의 상황을 고려하면 대기업체일수록 상환 기간이 길어 그만큼 이익이었다. 재벌은 액면가격보다 싸게 구입할 수 있는 지가증권(정부가 농지 대금으로 지주에게 준 증권)이나 은행 융자를 받아 매각 대금을 지불했기 때문에 이중 삼중의 특혜를 받아 비대해졌다.

정부는 원조물자와 달러 배정, 귀속기업체 등 국영기업체를 관장하고 있었고, 귀속기업체를 불하했으며, 은행 융자에도 관여했다. 뿐만 아니라 사업체 인·허가를 통해 막강한 권한을 휘둘렀다. 1950년대 중·후반기 이래 약화되긴 했지만, 도시민에 대한 식량 배급권이나 농촌에 대한 비료와 생필품 공급 등으로 도시민과 농어민에게 영향력을 행사했다.

정부가 경제에 막강한 권한을 행사하자 이는 정경유착으로 이어졌다. 1950년대 자본을 매판자본, 관료 매판자본, 관료 독점자본 등으로 부르는 것은 정경유착과 관련이 크다.

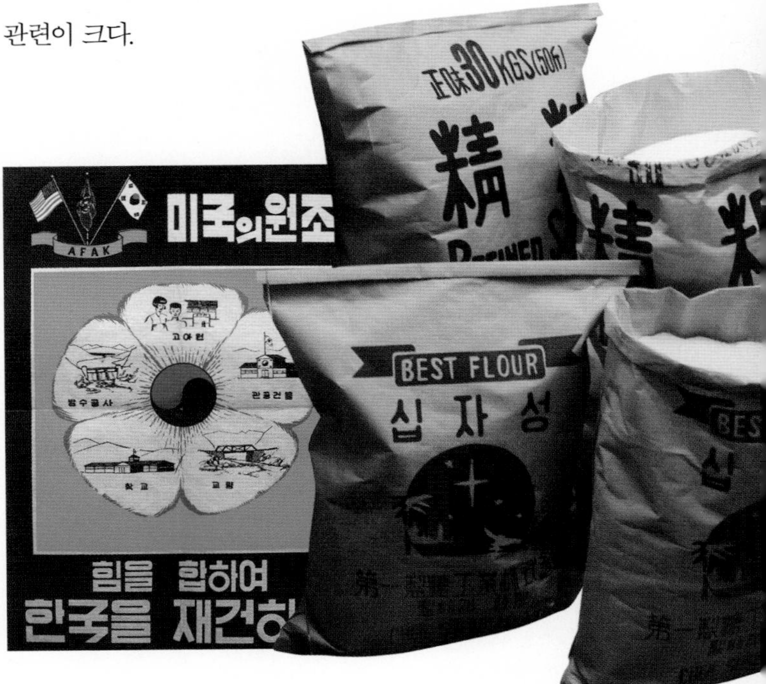

미국의 잉여농산물 도입
1955년 체결된 농산물무역촉진원조법에 따라 미국의 잉여농산물이 무상으로 도입되었다. 미국은 만성화된 자국의 농업 공황으로 누적된 농산물 과잉 재고를 원조라는 명목으로 처리했다. 사진은 미국의 원조를 홍보하는 포스터와 구호품.

정경유착은 정치자금과 떼려야 뗄 수 없는 관계를 갖게 마련이다. 제1차 중석불사건은 1952년의 부산 정치파동, 8·5 정·부통령 선거자금과 연계되어 발생했다. 1956년의 정·부통령 선거, 1958년의 민의원 선거, 1960년의 정·부통령 선거에도 원면(原棉)사건 등의 정치자금이 들어갔다.

제1차 중석불사건

1952년 6월 정부가 중석을 외국에 팔아 벌어들인 달러를 민간 기업체에 불하하여 밀가루와 비료를 수입하게 하고, 이것을 농민에게 비싼 값으로 팔아 피해를 입힌 사건. 이 사건에는 상당수의 국회의원들이 관련되어 국회가 진상 조사에 나섰으나 흐지부지되고 말았다.

원면사건

국군의 월동용 이불과 방한복을 만들려고 미국에서 무상으로 들여온 원조물자인 원면을 자유당과 국방부가 짜고 유령회사에 매각하여 수억 환의 부당 이득을 취한 사건. 자유당이 정치자금을 마련하기 위해 저지른 부정 행위로 국방부 장관이 사퇴하면서 사건은 종결되었다.

정경유착으로 재벌이나 대기업체 사장은 부정축재자 또는 특권세력이라는 부정적 인상을 강하게 받았다. 이 때문에 1960년 4월혁명 후 부정축재자 처벌이 부정선거 원흉 처단 못지않게 강력히 요구되었다.

한국 경제는 관에 지나치게 의존하는 관치경제 성격이 컸는데, 미국은 한국 정부에 대해 관으로부터 자유로운 사기업 중심의 경제 운용, 곧 자유경제를 강조했다. 미국은 1950년대에 들어오면서 귀속기업체와 정부 관리 물자의 불하를 촉구했다.

한국 경제는 외부 의존적 성격이 컸을 뿐만 아니라 산업구조도 후진성을 벗어나지 못했다. 1948년 정부가 수립되던 해부터 1, 3차 산업의 비중이 높았는데, 전쟁 이후에도 그러한 현상은 변하지 않았다. 특히 2차 산업은 10년 동

귀속기업체

서울시 용산구 청파동에 위치한 귀속기업체인 태화고무공업사에서 작업 중인 남성 노동자.

1948~1958년 산업 구조의 추이

* 자료 출처: 1948~1952년은 한국은행, 《조사월보》, 1953~1958년은 한국은행, 『한국의 국민소득』, 1973.

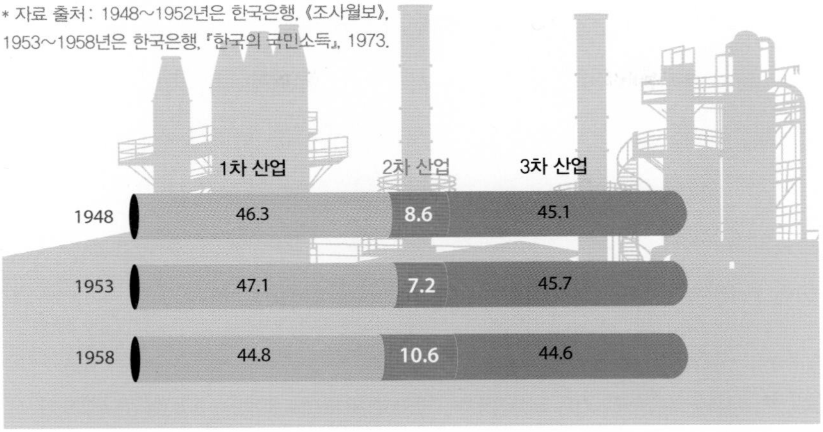

안 거의 10퍼센트 선에 머무를 정도로 발전이 없고 3차 산업의 비중이 유난히 높았다는 것은 경제의 파행성을 단적으로 말해준다.

그렇지만 희망적인 요소도 있었다. 전쟁 직후 악화된 한국 경제는 1950년대 중반을 넘어서면서 서서히 회복되기 시작했다. 해방 직후의 혼란과 한국전쟁으로 천정부지로 뛰었던 인플레이션 현상이 1956년경에 어느 정도 수습되었고, 주택을 제외한 대부분의 시설이 부흥 궤도에 올랐다. 이즈음 생산량도 전쟁 전을 약간 상회하여 1956~1957년경부터는 경제 건설기로 접어들었다. 연평균 성장률도 다른 후진국에 비해 양호한 편이었다. 1958년부터 원조 감소로 불황이 닥쳤으나 다시 꾸준한 성장률을 기록했다. 그러다 4월혁명이 일어난 1960년에 2.1퍼센트로 떨어졌다.

1958년 미국의 원조 감소 이후 소비재공업 비중이 낮아지고 생산재공업 비중이 눈에 띄게 높아진 것도 달라진 모습이었다. 미국의 원조에 기반을 두고 고도성장을 하던 식료품공업과 섬유공업의 비중이 줄어들고 화학공업과 기계공업이 꾸준한 성장세를 보였다.

분명히 1950년대 말 1960년대 초는 경제가 전환기를 맞고 있었다. 1950년대 말에 과잉 시설로 어려움을 겪고 있던 면방직 업체들은 해외 시장을 개척하는 데 정부가 뒷받침해줄 것을 요구했다. 섬유와 신발 등의 경공업 제품이 수출에서 활로를 찾고자 한 것이 이 시기였다. 원조 중심의 경제는 비정상적인 고정환율을 고집하는 등 수출에 소극적이었는데, 급속히 줄어드는 무상 원조 대신 차관에 기대하여 경제를 발전시킬 수밖에 없을 경우에는 수출에 의한 외화 획득을 필수적으로 요구한다.

부흥부

산업 경제의 부흥에 관한 종합적 계획과 그 실시의 관리와 조정에 관한 업무를 주된 임무로 1955년 2월에 설립된 정부 부서. 1961년 5월 5·16쿠데타 직후 폐지되고 건설부가 신설되었다.

1950년대 후반에 이르러 조봉암과 진보당이 강하게 주장한 경제개발 계획의 중요성에 대한 인식이 확산되고, 경제개발 계획을 세울 수 있는 여건이 마련된 것도 중요한 변화였다. 1958년 4월 부흥부 내에 장기 경제개발 계획 작성을 맡을 산업개발위원회가 설치되었다. 경제에 밝은 테크노크라트(기술관료)로 구성된 이 위원회는 1960년을 제1차 연도로 하는 경제개발 3개년 계획안을 만들어 1959년 봄에 국무회의에 제출했다. 하지만 부패한 이승만 정권이 권력의 유지에만 집착해 심의가 지체되다가 1960년 4월 15일에야 채택되었다. 4·19 이후 장면 민주당 정부의 경제개발 5개년 계획안도 이러한 바탕이 있었기 때문에 어렵지 않게 마련될 수 있었다.

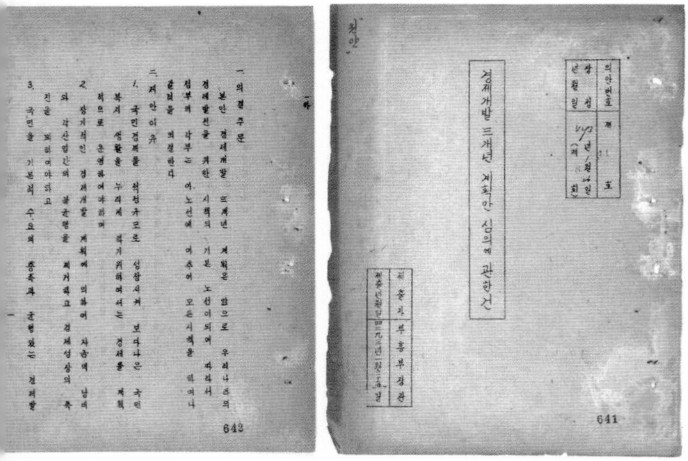

경제개발 3개년 계획안

부흥부 안에 설치된 산업개발위원회가 작성한 경제개발 계획안. 자립 경제 건설을 위해 생산력 증대, 무역수지 개선, 고용기회 증대, 민간자본 축적 촉진, 생산구조 근대화가 필요하다고 제시하였다.

| 미국 원조의 속셈 |

원조는 공짜가 아니다

미군이 남한에 진주한 1945년부터 1961년까지 미국은 여러 가지 형태의 원조를 한국 정부에 제공했다. 원조는 대략 다음의 여섯 가지로 나뉜다. 미군정기와 남한 정부 수립 직후에는 소비재 중심의 GARIOA(점령지역 행정구호 원조)와 한국 정부의 경제 안정을 돕기 위한 ECA&SEC(경제협조처 원조)가 제공되었다. 한국전쟁 중에는 전재민 구호를 위한 CRIK(구호용 물자 원조)와 UNKRA(유엔한국재건단 원조)가 제공되었다. 전쟁 중 또는 전쟁이 끝난 뒤에는 미국의 상호안전보장법에 따라 제공된 ICA(국제협조처 원조)와 잉여농산물 원조인 PL480 원조가 주로 제공되었다. 미국이 제공한 원조 총액 가운데 가장 높은 비중을 차지하는 ICA 원조는 대소 방위체제 구축을 목적으로 제공한 준(準)군사적 성격의 원조였다.

원조는 차관과 달리 형식상 '공짜'로 제공되지만 미국이 제공한 원조는 결코 공짜가 아니었다. 원조의 본질은 대충자금의 사용을 통해 잘 드러난다. 미국의 원조물자를 팔고 받은 돈을 대충자금이라고 하는데, 대충자금은 한국은행에 예치되었다가 한미합동경제위원회의 통제를 받아 정부 재정으로 활용되었다. 이 중 가장 많은 부분은 국방비로 충당되었다. 이처럼 미국은 대충자금의 사용을 통해 한국의 정치와 경제를 통제했다. 또 PL480 원조로 면화와 밀 농사가 사라지다시피 했고 다른 농업도 쇠퇴해 1960년대부터 미국에서 대량으로 농산물을 수입하게 되었다.

원조물자, 자금 처리 흐름도

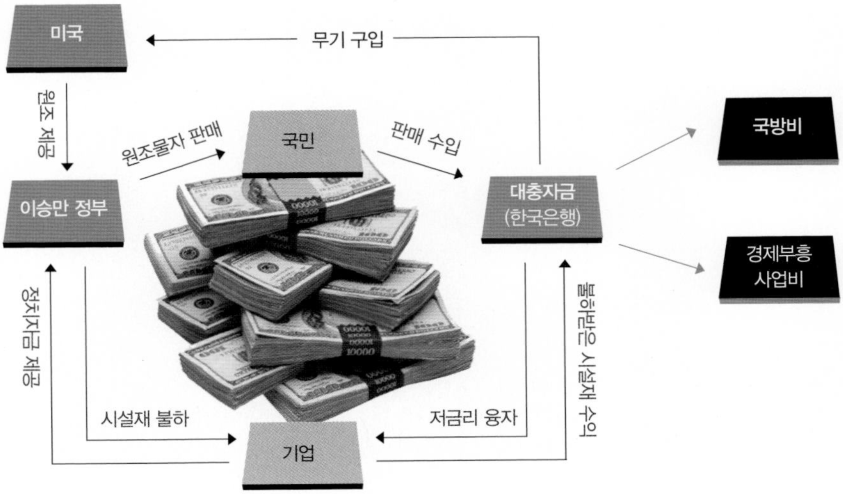

© 임응식

303

변화하는 여성

한국은 전통적으로 여성이 심한 차별 대우를 받고(남존여비), 성(性)에 대해 대단히 보수적이었다. 해방과 전쟁을 계기로 사회적 평준화가 촉진되면서 많은 변화가 있었지만, 이러한 보수성은 상당 기간 뿌리 깊게 남아 있었다. 전쟁은 여성에게 너무나 가혹한 시련을 안겨주었다.

전쟁은 전쟁미망인을 비롯한 여성 가장을 대량으로 탄생시켰다. 군경 사망자(제2국민병, 국민방위군 포함), 빨치산·의용군 사망자, 대규모 피학살자, 그 밖에 전쟁으로 인하여 남편이 사망하면서 수십만 명의 미망인이 탄생했다. 월북하거나 납북되어 실질적으로 미망인이나 다름없는 경우, 부역자로 남편이 감옥에 갇힌 경우, 남편이 전쟁 중에 부상을 입어서 경제활동을 할 수 없는 경우도 많았다.

군인이나 경찰 미망인은 약간 달랐지만, 전쟁미망인에 대한 정부의 대책은 거의 없었다. 1955년의 경우 부녀 보호시설이 62군데 있어서 겨우 6831명을

초여름날, 서울 미도파백화점 앞 여성들

해방과 전쟁을 계기로 사회적 평준화가 촉진되면서 전통적인 남존여비 사회에서 남녀평등의 사회로 발전해갔다. 사진은 서양식 옷과 양산, 구두로 멋을 낸 여성들의 모습(1956년).

수용한 것으로 통계에 나와 있는데, 이런 상황은 그 뒤에도 별로 나아지지 않았다.

전쟁은 가정과 사회에서 여성의 역할을 확대시키는 계기가 되었다. 전쟁미망인이나 남편의 부상으로 미망인과 다름없는 상황에 놓인 여성들은 가족의 생계를 위해 고된 생활전선에 뛰어들어야 했다. 1957년 서울 거주자 조사에 따르면, 남편이 있는 가정부인 중 경제활동자는 9.6퍼센트였는데, 미망인 중 경제활동자는 88.8퍼센트나 되었다.

전쟁의 비극은 산골일수록 심했는데, 많은 농촌 거주 미망인이나 준(準)미망인이 농사일을 도맡고, 시부모를 공양하며, 자녀나 시동생 학비를 벌어야 했다. 여자 행상들은 농촌에도 많았지만, 도시에도 많았다. 여성들이 몇 푼이라도 벌 수 있는 가장 손쉬운 방법은 행상이었다. 상설 시장에도 여성 상인들이 아주 많았다. 동대문시장 등 서울의 주요 시장에서는 콩나물이나 미역 장

전쟁미망인 정착지 입주

정부는 전쟁미망인의 구호를 목적으로 모자원을 설립하여 양재·미용·이발·수예·재봉 등의 기술을 가르쳐 그들이 자립할 수 있는 기반을 만들어주고자 했다. 하지만 정부의 무성의와 관리 소홀로 별 성과를 거두지 못했다. 사진은 대방동 미망인 정착지에 입주한 미망인들(1957년).

사에서 양담배, 양과자, 달러, 양말, 양단 장사에 이르기까지 대부분의 장사는 묘령의 여성이나 허우대 좋은 중년 부인이 차지했다.

한편 5인 이상 기업체의 여성 노동자 비중은 1949년의 24.7퍼센트(5만 1291명)에서 1954년에 32.4퍼센트로 증가했다(6만 482명). 그렇지만 여성은 남자의 절반을 약간 넘는 임금밖에 받지 못했다.

소년·소녀 가장도 적지 않았다. 1957년의 경우 14세에서 19세까지의 미성년자 중 110만여 명이 농사일이나 회사 급사, 광산 등에서 일하는 것으로 집계되었다. 이 중 소녀가 46만 8800명으로 거의 절반에 육박했다. 1958년에 특수 직업 여성으로 분류된 식모도 통계에는 6만 3731명으로 나와 있지만, 실제는 이보다 훨씬 많았을 것이다.

1950년대에는 '매춘' 여성이 급증하면서 사회문제로 등장했다. 매춘 여성이 되는 데는 여러 가지 이유가 있지만, 생활고가 압도적으로 많았다. 정확한

▼ **1950년대 여성들의 직업**
배우지 못한 가난한 여성들은 행상을 나가거나 손쉽게 구할 수 있는 일자리인 식모·유모·댄서·여공 등을 할 수 있었다. 특히 식모는 주인집의 온갖 학대와 과로에 시달리며 몹시 천대를 받았다.

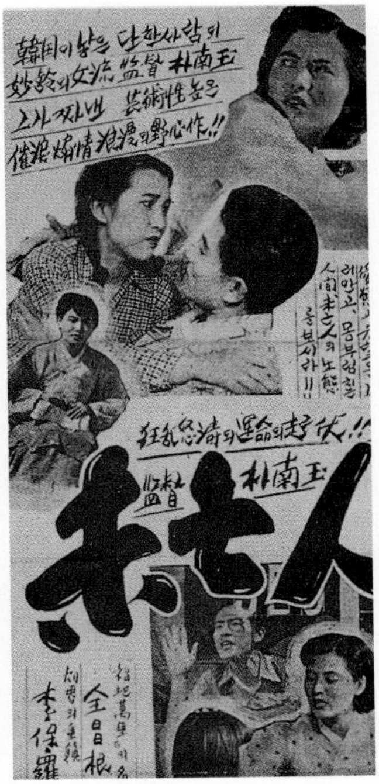

▶ **영화 〈미망인〉 포스터**
전쟁미망인의 성적 유혹과 갈등 과정을 다룬 영화 〈미망인〉의 포스터. 윤락 여성의 8.2퍼센트가 전쟁미망인이라는 조사 보고가 있을 정도로 전쟁미망인의 '성적 타락'은 사회적으로 큰 문제가 되었다. 하지만 정부는 미망인들의 사회적 처지를 개선하기보다는 이들을 '위험한 여성'으로 규정하고 성적 욕망을 통제하고자 했다.

에레나가 된 순희

그날 밤 극장 앞에서 그 역전 캬바레에서 / 보았다는 그 소문이 들리는 순희 / …… / 다홍치마 순희가 / 이름조차 에레나로 달라진 순희 순희 / 오늘 밤도 파티에서 춤을 추더라.

이 노래는 1959년 가수 안다성이 부른 〈에레나가 된 순희〉라는 유행가다. 파티에서 춤을 추는 에레나는 다름 아닌 '양공주'이며, 이와 대비되는 석유불 등잔 밑에서 밤을 새우며 실패를 감던 '순희'는 '양공주'의 출신이 순진한 농촌 처녀였음을 말해준다. 이 노래는 전쟁 직후 미군이 있는 기지촌에 매춘 여성이 늘어나는 당시의 상황을 잘 말해주고 있다.

가난하고 비참한 생활이 싫어서 '양공주'가 된 이들에 대한 사회적 차별은 가혹했다. 어린아이들까지 침을 뱉고 돌을 던졌으며, 심지어 같은 매춘 여성 사이에서도 철저하게 따돌림을 당했다. 특히 이들과 미국 군인(흑인) 사이에 낳은 혼혈아는 사회문제가 되었으며, 심각한 인종차별로 인해 외국으로 입양시키지 않을 수 없었다.

1955년 매춘 여성 통계

* 자료 출처 : 《한국일보》 1956년 4월 29일자.

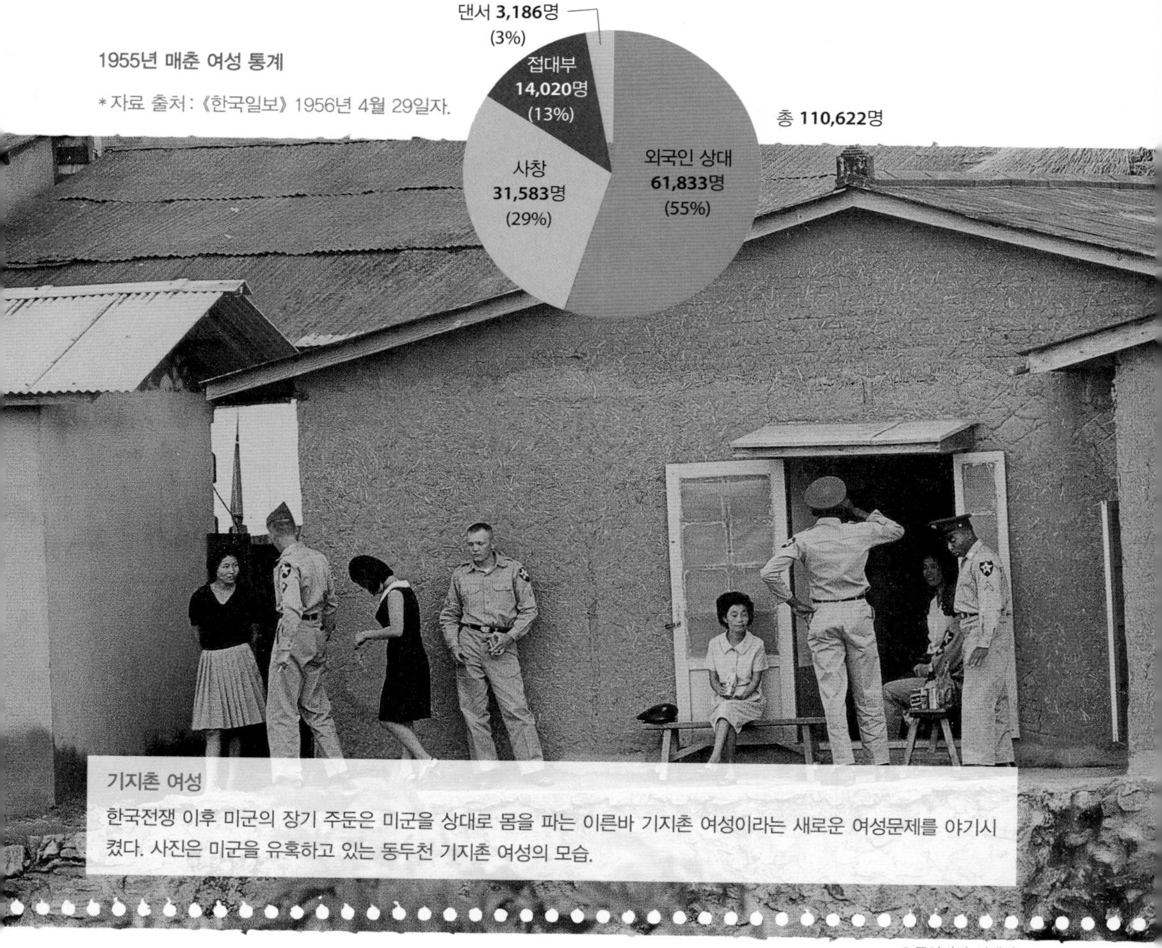

기지촌 여성

한국전쟁 이후 미군의 장기 주둔은 미군을 상대로 몸을 파는 이른바 기지촌 여성이라는 새로운 여성문제를 야기시켰다. 사진은 미군을 유혹하고 있는 동두천 기지촌 여성의 모습.

© 구아바라 시세이

숫자를 파악하기도 어려웠는데, 《한국일보》에서 보도한 1955년의 한 통계에 따르면, 외국인 상대 매춘 여성이 가장 많았다.

경제·사회 활동에 비해 여성의 법적 지위는 높지 않았으나 서서히 향상되어갔다. 해방 후 일제강점기의 민법을 차용해서 쓰다가 새로 만들었다는 것은 의미가 있었다. 1950년대 후반에 국회를 중심으로 오랫동안 논의를 거듭하다가 제정되어 1960년 1월 1일부터 시행된 새 민법은 이혼과 재산권에서 여성의 지위를 강화했다. 약혼과 결혼의 규정도 새로 마련되었다.

그렇지만 새 민법이 시행된 이후에도 대개 결혼은 결혼식을 하면 성립되는 줄 알았지 혼인신고를 해야 법률상 부부가 된다는 사실을 모르는 사람이 많았다. 이 때문에 혼인신고 없이 그냥 사는 사실혼 관계의 여성들은 혼인신고를 하지 못했다는 이유로 피해를 보는 경우가 많았다. 이로 인해 처가 첩이 되고 첩이 처로 뒤바뀌기도 했다.

1950년대 여성의 지위가 얼마나 열악했는가는 축첩이 광범위하게 성행한 사실을 통해서도 짐작할 수 있다. 1950년대의 일간신문에는 처와 첩 사이의 갈등으로 발생한 각종 사건이 거의 매일같이 보도되었다. 축첩으로 인한 갈등은 남편과 처첩 등 당사자들만이 아니라 가족 전체의 갈등으로 확대되었

혼인신고 캠페인

혼인신고를 하지 않아 피해를 보는 여성들이 늘어나자 정부에서 혼인신고를 적극 권장하는 캠페인을 벌이기도 했다. 왼쪽은 혼인신고의 중요성을 강조하는 캠페인 표어, 오른쪽은 혼인신고를 하지 않아 본처가 첩의 신세가 되었다는 내용을 풍자한 만화.

으며, 이로 인해 가정이 파괴되기도 했다. 특히 육군 준장 이종국과 그의 첩이 전처의 딸을 뒷방에 가두고 굶겨 영양실조로 사망케 한 '하늘집 유아 학대 사건'은 사회적으로 큰 물의를 일으켰다. 이 사건으로 비난 여론이 거세지자 군에서 대대적인 축첩 군인 색출 및 강제 전역 조치가 취해졌다. 이처럼 1950년대에 축첩이 성행할 수 있었던 것은, 아들을 낳아 대를 이어야 한다는 전통적인 요인도 작용했지만, 그보다 전쟁미망인 등 생계가 막연해진 여성들이나 갑자기 미망인이 되어 성적 욕구를 해결할 필요가 있는 젊은 여성들이 첩이 되는 경우가 많았기 때문이다.

더구나 쌍벌죄가 있기 전까지는 간통으로 고발되어도 남자는 처벌받지 않았고, 축첩에 대한 죄의식도 없었다. 이 때문에 쌍벌죄가 제정되는 데는 많은 논란이 따랐다. 쌍벌죄 제정 과정에서 일부 국회의원이나 남성은 간통죄는 실효성이 없으므로 철폐하자는 주장을 내놓았다. 그러나 간통죄를 없애면 남성이 마음대로 축첩도 하고 외도도 할 것이므로 간통죄가 있어야 하고, 간통죄에서 여자만 처벌하는 것은 헌법 위반이라는 논리가 승리하여 간통쌍벌죄가 만들어져 1953년 10월 3일 공포되었다.

이 법이 시행된 이후 축첩제도가 논란이 되었는데, 1957년에는 이 법의 실시 이전부터 계속된 축첩 행위에는 간통죄가 성립되지 않는다는 판결이 나왔다.

남편의 축첩이나 외도로 고통받은 여성들은 간통죄 재판정에 몰려갔다. 1954년에 한 여성이 제기한 간통죄 사건 공판정에는 젊은 여성들로 가득 찼고, 미처 입장하지 못한 여성들은 창문 위에 매달리면서까지 재판을 지켜봤다. 이러한 열기는 본처를 독살한 첩의 재판정에서도 마찬가지였다. 1959년 전 부흥부 차관 부인 간통죄 사건에는 개정 때마다 여성들이 재판정을 가득 메웠고, 항의 소동을 벌이기도 했다. 부인이 무죄를 선고받자 법정은 여성들의 만세 소리로 떠나갈 듯했다.

1950년대에는 부분적인 현상이라고 하더라도 과거와는 다른 성도덕이 등장했다. 미군의 대량 주둔, 댄스의 유행, 사회 변동, 여성의 사회적 활동 증가가 새로운 성 풍속도를 낳은 것이다. 댄스는 1950~1960년대에 '일탈의 자유'를 주었다. 여기저기 무허가 강습소가 생겨났고, 관공리가 몰래 댄스홀에 갔으며, 장바구니를 든 여인들도 춤출 차례를 기다렸다.

그러한 과정에서 화제가 된 것이 소설 『자유부인』 논쟁이었다. 정비석이 쓴 이 소설은 1954년 정초에 《서울신문》에 연재되면서 곧 인기를 끌었다. 대학 교수 부인 오 여사가 뭇 남성과 다방이나 그릴, 댄스홀 등을 다니고, 나이 어린 대학생에게 '양춤'을 배우면서 주고받는 말들이 흥미와 충격을 동시에 주었다. 그런가 하면 사직 당국에서는 남한 현실을 어둡게 묘사한 것은 이북의 공작금을 받았기 때문이 아니냐고 작가를 취조했다. 점입가경으로 여성 단체에서는 이 소설이 전 여성을 모독하는 작품이라고 공격했다. 이러한 논쟁을 통해서 성의 자유는 조금씩 확대되었다.

1955년에 있었던 박인수 사건은 성문란의 대명사처럼 사회의 지탄을 받았다. 이화여대생 등 70여 명의 여인을 간음한 혐의로 20대의 박인수가 구속된 이 사건은 선망의 대상이었던 여대생의 품격에 타격을 가했다. 법정에서 박인수가 70여 명의 여인들 중 미용사 한 사람만 처녀였다고 말한 것은 더 큰

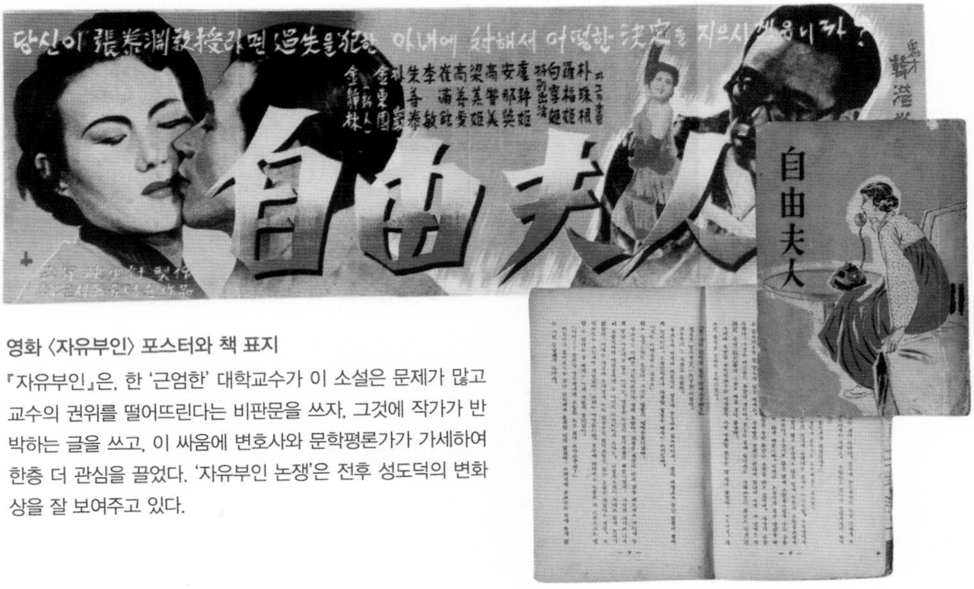

영화 〈자유부인〉 포스터와 책 표지

『자유부인』은, 한 '근엄한' 대학교수가 이 소설은 문제가 많고 교수의 권위를 떨어뜨린다는 비판문을 쓰자, 그것에 작가가 반박하는 글을 쓰고, 이 싸움에 변호사와 문학평론가가 가세하여 한층 더 관심을 끌었다. '자유부인 논쟁'은 전후 성도덕의 변화상을 잘 보여주고 있다.

「朴仁秀」一年六個月求刑

混亂避해突然開廷

被告、處女는單하나였다고陳述

무기연기되었던『朴仁秀사건』제二회공판은돌연히 작九일상오열한시반 서울지법대법정에서 개정되어 보충심리와검찰측논고 변호인측변론을마치고 결심(結審)하였다 이날공판은 방청객들의 혼란을 피하기위하여 돌연히 개정된것인데 호출한 증인 宋仁淑(가명=모여대생)朴漢順(가명=모여대생)양명은 여전히 행방을감춘채 출두하지않아 부득히 담당판사는 朴피고에대한 중심리만을끝마치고

◇사진…공판정에서 진술하는 朴피고

박인수 사건 공판 광경

공무원 사칭과 혼인빙자간음 혐의로 기소된 박인수는 1심에서 "법은 정숙한 여인의 건전하고 순결한 정조만을 보호할 수 있다"는 재판부의 판결에 따라 공무원 사칭만 유죄로 인정받고 간음 부분은 무죄를 선고받아 화제가 되었다. 이 판결문에는 '정조'를 중심으로 여성을 바라보는 남성 중심의 성의식이 고스란히 담겨 있다.

충격을 주었다. 판사가 "법은 정숙한 여인의 건전하고 순결한 정조만을 보호할 수 있다"라고 밝히며 무죄를 선고한 것도 두고두고 입에 오르내렸다.

1950년대에는 나일론이 보급되면서 여성 복장에 혁명이 일어났다. 주방과 온돌 혁명도 일어났다. 종전되기 얼마 전부터 구공탄이 보급되기 시작했는데, 주부들에게 그렇게 편리할 수가 없었다.

구공탄은 산림녹화 문제도 해결했다. 깊은 산골일수록 총성이 끊이지 않았고 빨치산 토벌군이 아름드리나무들을 불태워 전쟁이 끝났을 때에는 온통 민둥산이었다. 이승만 대통령은 나무를 베면 엄벌에 처하겠다는 협박조 담화를 발표했다. 농민들이 1950~1960년대에 경찰한테 쥐 죽은 듯이 쥐여지낸 것은 무얼 했다 하면 빨갱이나 나무꾼으로 몰렸기 때문이다. 그런데 연탄이 대도시를 비롯하여 1970년대 초에는 농촌에까지 보급되면서 어느새 푸른 산이 되어 있었다.

새로운 유행, 새로운 패션

해방은 입을거리에도 큰 변화를 가져왔다. 미국에서 유입되는 구호물자와 밀수품이 범람하면서 양복을 입는 사람들이 늘어났다. 특히 한국전쟁은 여성들의 일상복이 한복에서 양장으로 전환하는 중요한 계기가 되었다. 1950년대 비로드(벨벳)는 그야말로 유행의 총아였다. 밀수품이 많았지만, 여성들은 일제 비로드 치마에 일제 양단 저고리를 걸치는 것이 최대의 소망이었다.

이 시기 의류 혁명을 주도한 것은 나일론이었다. 거미줄처럼 가볍고 철사처럼 질긴 나일론은 국내에서 생산되지 않아 보급되는 데 어려움도 있었다. 밀수로 들어온 나일론은 여성의 치마저고리 감으로 큰 사랑을 받았지만, 1954년에 수입 허가 문제를 둘러싸고 부처 간에 논쟁이 붙었다. 상공부에서는 최첨단의 생활필수품이니 무늬 없는 단색은 허가하겠다고 했으나, 사회부 부녀국에서는 사치품으로 분류될 수 있다면서 이의를 제기했다. 논란 끝에 수입이 허가되자 1954년 여름에는 '서울 거리를 휩쓰는 나일론 선풍'이라는 보도가 나올 정도로 대단한 인기를 끌었다. 나일론 양말은 특히 인기였다. 밤마다 어머니들이 양말 깁는 일을 하지 않아도 되었다. 나일론이 얼마나 선풍적인 인기를 끌었는지 참외에도 '나일론 참외'라는 말이 붙을 정도로 여기저기에서 마구 사용되었다.

이 시기에는 남성 패션에도 큰 변화가 일어났다. 양복이 귀하던 시대에 남성 패션을 주도한 것은 마카오 신사복이었다. 당시 양복 옷감은 대부분 홍콩이나 마카오에서 밀수해온 것이었는데, 마카오에서 들여온 옷감으로 옷을 해 입은 사람들을 일컬어 '마카오 신사'라고 했다. 널찍한 차양의 중절모자, 더블 단추의 상의, 넓은 바지통에 지팡이를 팔에 걸고 다니던 마카오 신사는 첨단 패션을 표현하는 멋쟁이라는 이미지로 통했다.

비로드 치마, 양단 저고리로 곱게 차려입은 여인들과 마카오 신사복 차림의 남성.

求
職

304

노동자는 굶주리고, 노조 간부는 마카오 양복 걸치고

한국 사회는 예나 지금이나 학연·지연 등의 정실이 중요한 역할을 하는 정실 사회다. 특히 1950년대는 서민들이 '빽'이 없으면 하나도 되는 일이 없다 보니 죽을 때도 '빽' 하고 죽었다고 말할 정도로 '빽'이 지배한 사회였다. 관직에 들어가기 위해서도, 기업체에 취직하기 위해서도, 탈세를 하기 위해서도 빽이 필요했다.

젊은이들은 군대에 가지 않으려고 온갖 노력을 다했다. 부모는 소를 팔아 대학에 보내 징집을 연기시켰고, 국회의원한테 빽을 써서 징집을 면제받았다. 그래서 1950년대에는 대학을 상아탑이 아닌 '우골탑'이라고 불렀다. 공무원 공채도 있으나마나 했다. 친일파들이 공직의 대부분을 차지했고, 그것도 태반은 연줄로 들어갔다.

한국은 남존여비 못지않게 관료들의 기세가 높은 관존민비 사회였다. 대민봉사를 여기저기 써놓았지만, 관료들은 지배계급으로 군림하여 어느 곳에서

구직 중인 남성

1953년 서울 명동, 한 남자가 구직이란 글자를 옷에 붙이고 서 있다. 뒤에 양복을 입고 악수를 나누는 신사들과 뚜렷이 대비된다.

살아가는것이奇蹟

物價는七萬倍給은二萬

雪糖價格에

살아가는 것이 기적

서민의 생활난을 보도한 1949년 7월 29일자 《조선중앙일보》 기사, 1936년과 비교해 물가 7만 배, 임금 2만 배가 상승해 살아가는 것이 기적이라고 꼬집고 있다.

나 오만했고, 서민들은 관리들을 두려워했다. 관존민비 풍토는 지서 주임도 '영감'으로 불릴 정도로 영감 홍수 사태를 가져왔다. 고관이 초도순시를 할 때는 수백 수천의 주민들이 길거리에 도열했고, 북을 두드리고 나팔을 불면서 환영했다.

소수 특권층이나 부유층을 제외하면 도시에는 빈민들이 가득했다. 빈민들은 우선 당장 먹고 자는 것이 큰 걱정이었다. 서울의 산비탈마다 허름한 무허가 건물들이 무질서하게 들어서서 판자촌 또는 달동네로 불렸다. 달동네의 원조 격은 해방촌이었다. 남산 남쪽에는 풍자적이게도 해방이 되면서 해방촌이 생겼다. 갈 곳 없는 독립운동가들도 판잣집이 줄을 이은 이곳에 얹혀살았다.

관존민비 세상이어서 노동하는 사람들은 인간 대접을 받지 못했다. 빈민들은 대개 날품을 팔아 목숨을 이어갔다. 직장이 있는 노동자라고 생활이 나을 것도 없었다. 대부분의 기업체는 하루 평균 10시

해방촌과 '삼팔따라지'

해방촌은 해방 이후 정부가 해외 귀환 동포들과 월남 동포들을 구제하기 위해 지금의 남산 기슭과 용산동2가 일대의 국유림 42정보를 빌려주어 정착지로 삼게 한 데서 비롯되었다. 해방촌에 정착한 월남 동포를 '삼팔따라지'라고 불렀다. 원래 따라지란 도박에서 한 끗을 뜻하는 말인데, 38선을 넘어온 사람들을 '한 끗짜리'의 하찮은 인생이라는 뜻에서 그렇게 불렀다. 해방촌에 정착한 월남민들은 남대문시장 등에 진출하여 억척스럽게 돈을 벌어 성공한 경우가 많았다. 1950년대 해방촌은 빈곤의 대명사로서 신문 기사나 영화의 배경으로 자주 등장했다. 이범선의 단편소설 『오발탄』이 대표적이다.

포탄 탄피를 이용해 만든 등잔(1950년대).

간 이상씩 일을 시켰다. 섬유 공장과 제약 공장 노동자들은 대개가 나이 어린 소녀였는데, 하루 평균 12시간 이상씩 교대로 일을 했다. 자동차 운수업 노동자들은 하루에 18시간이나 혹사를 당했다.

노동자의 삶은 고달팠지만, 노조 간부들은 그렇지 않았다. 한 신문은 노동자들의 처참한 생활상과 달리 노조 간부들은 마카오 신사복을 입고 다방에 드나들거나 고급 요정에서 태평세월을 노래하고 있다고 비판했다. 노동자 이름을 팔며 노동운동한다는 노동귀족들을 꼬집은 것인데, 이 기사가 나가자 대한노동조합총연합회(약칭 대한노총)는 전기 송전을 거부하고 신문 수송을 하지 않겠다고 위협했다. 다른 한 신문도 대한노총대의원대회에 참석한 500

판자촌

비닐천막 등으로 지붕을 덮고 빼곡히 밀집한 도동 일대의 판자촌(1957년).

여 명의 대의원 대부분이 마카오 신사 차림을 한 것이 눈에 띈다고 보도했다.

대한노총은 미군정기에 탄생할 때부터 힘깨나 쓰는 청년 단체 출신들이 많아 노동운동 단체라고 보기가 어려웠다. 1950년대에도 계속 '깡패 같은 노동브로커'가 대한노총에 들어왔다. 이 시기 한 노동운동가는 대한노총은 이승만 독재정권의 축소판으로, 간부들은 착취·부패·아부·무식 등을 속성으로 한 노동브로커이고, 권력과 자유당 배경을 가진 노동쟁의 파괴자라고 요약했다. 대한노총은 노자협조주의를 내걸었는데, 노동자들을 위해서 한 일이 드물었다.

1950년대에도 노동 관련 법규는 있었으나 제 기능을 하지 못했다. 노동조합법(1953년 1월 27일), 노동쟁의조정법(1953년 1월 30일), 근로기준법(1953년 4월 15일)이 국회에서 통과되었으나 제대로 시행되지 않았다. 최저임금제나 노동보험제는 1950년대 이후에도 실현되지 않았고, 근로기준법은 세칙이 없어 1년이 지난 후에도 잠자고 있었다. 근로감독관도 제대로 배치되지 않았다. 1959년에도 근로기준법에 규정된 취업 규칙을 준용하지 않고 대부분 구두계약으로 고용되었다.

단체협약도 제대로 맺지 않았다. 1949년에는 683개 노동조합 중 단 두 개,

조선방직 파업사건

1952년 전쟁 중인 부산에서는 노동자 6000명이 일하는 한국 최대 규모의 방직 공장인 조선방직 공장에서 쟁의가 발생했다. 이 대통령과 연고가 있는 강일매 사장은 새로 취임한 후 자신의 지지세력을 부식(扶植)시키기 위해 기존의 노동자들과 노동조합 간부들을 무단 해고했다. 강일매 사장이 노동자들의 사임 요구를 묵살하고 경찰이 강경 진압을 감행하자, 노동자들은 1952년 3월 12일 파업에 돌입했다. 그러나 이승만 정권은 파업을 강제로 진압하고 파업에 적극 가담한 노동자 수백 명을 해고했다. 대한노총은 초기에는 조선방직 노동자들의 파업을 지지했으나 이승만이 강경 방침으로 돌아서자마자 노동자들에게 파업을 중지할 것을 요구했다. 조선방직 쟁의는 이승만 정권이 노동입법을 서두르는 직접적인 계기가 되었고, 대한노총을 비롯한 노동조합이 권력과 자본의 어용 조직으로 전락하는 계기로도 작용했다.

1954년에는 396개 조합(조합원 14만 2175명) 중 39개 조합이 단체협약을 체결했다. 1957년에도 49개, 1958년에도 68개 조합만이 단체협약을 맺었다.

대한노총 초기에는 간부 중에 혁신파도 존재했지만, 1952년 조선방직 파업이 좌절된 이후에는 이승만의 수족이나 다름없었다. 대한노총은 자유당 기간 조직으로 불리기도 했지만, 이승만 권력에 복무하여 노동을 통제하고 권력의 필요에 의해 동원되는 하부 조직이었을 뿐이다.

대한노총은 각종 선거 때마다 다양한 방법으로 이승만과 자유당 지지운동을 펼쳤다. 부산정치파동 때는 국회의원 소환 시위 등 민의 시위를 벌여 국회를 위협하고 국회 해산을 요구했다. 1952년 8월 정·부통령 선거에서는 이승만 후보를 위해 10여만 매의 선전문을 살포하는 등 맹렬히 선거운동을 이

초라한 대한노총 노동절 기념식

대한노총 주도의 노동절 기념식에 참여한 여성 노동자들. '보장하라 최저임금을!'이라고 적힌 플래카드가 눈에 띈다(1955년 5월 1일).

어갔다. 또한 1956년 정·부통령 선거에서는 이승만이 대통령 불출마를 선언하자 우마차조합에서 우마차 800대를 출동시켜 소와 말도 대통령 출마를 바란다는 기상천외한 우의마의 소동을 벌였다. 1956년 5월 1일 노동절 행사는 자유당 정·부통령 후보 당선궐기대회로 바뀌었다. 이 대통령의 '분부'에 따라 노동절은 1959년부터 5월 1일에서 대한노총 창립일인 3월 10일로 바뀌어 수십 년간 계속되었다.

1950년대 말에는 새로운 노동운동이 일어났다. 1959년 10월 대한생사노동조합 등 14개 노조 대표로 결성된 전국노동조합협의회(약칭 전노협)는 대한노총의 대항세력으로 자리 잡았다(중앙위원회 의장 김말룡). 전노협은 조국의 민주화와 반공통일에 이바지하고 노자(勞資)평등의 균등 사회 건설을 위해 노력하겠다고 밝혔다.

서울운동장에서 열린 노동자의 날 기념행사

원래 노동절(메이데이)은 5월 1일이었으나 이승만은 메이데이가 공산당의 선전도구로 이용되고 있다고 하여 대한노총 창립일인 3월 10일을 노동자의 날로 제정했다 (1959년 3월 10일).

1950년대에 빼놓을 수 없는 존재가 깡패다. 깡패들은 구역을 정해 상인과 서비스 업소를 괴롭혔을 뿐만 아니라 정치권과 밀접한 관계를 가졌다. 자유당은 그런 깡패를 정치에 이용했다. 서울 시내 주먹들 위에 군림했던 이정재는 자유당 감찰부 차장이었고 국회의원도 되고자 했다.

깡패들은 자유당 서울시당위원장 선거(1954년), 사사오입 개헌안 통과(1954년) 등에 개입했고, 야당의 집회를 방해하는 데 앞장섰다. 진보당 지부 결성을 파괴하기 위한 폭력 사태는 민주당과 언론이 외면했지만, 민주당 등 보수 야권의 장충단공원 집회를 방해한 사건은 대대적으로 보도되었다(1957년).

이승만과 이기붕을 정·부통령으로 당선시키기 위해 1959년 1월 조직된 반공청년단은 종로구단 단장 임화수, 종로구단 동부특별단 단장 유지광 등 주먹들이 요직을 차지했다. 임화수는 한술 더 떠 1959년 3월 반공예술인단을 만들었다. 배우와 대중음악가들을 끌어들여 만든 이 단체는 〈독립협회와 청년 이승만〉이라는 영화를 제작하여 전국 방방곡곡에 돌렸다. 사전 선거운동이었다.

경무대를 방문한 반공예술인단
1959년 3월 19일 경무대를 방문한 반공예술인단 단원들이 이승만 대통령 내외에게 큰절을 올리고 있다. 임화수는 반공예술인단을 동원하여 이승만과 이기붕 정·부통령 출마 환영 예술인대회를 여는 등 이승만의 선거운동에 앞장섰다.

| 정치깡패의 등장 |

주먹들의 전성시대

해방 직후 좌우 대결은 폭력과 테러의 시대를 낳았는데, 전쟁이 나면서 사회 가치관은 더욱 혼란에 빠졌고, 남을 짓밟고 올라서는 등 수단 방법을 가리지 않는 세상이 되었다. 살기가 몹시 팍팍했고, 실업자가 넘쳐났다. 정의나 정직, 양심은 설자리가 없어 보였다. 우익 청년 단체 간부들을 보스로 삼아 여기저기서 깡패 조직이 생겨난 것은 자연스러운 일이었다.

서울에서는 1930년대 네온사인이 반짝일 무렵부터 종로2가 뒷골목에 있었던 극장 우미관 일대에서 장안의 주먹들이 힘자랑을 했다. 일제 말에서 해방 직후 요정과 술집, 바가 많은 우미관파 보스는 '주먹계의 전설' 김두한이었다. 그는 우미관에서 박치기의 명수인 구(舊)마적을 때려눕혔고, 대검을 잘 쓰는 신마적도 묵사발을 만들어 아무도 자신의 구역을 넘보지 못하게 했다. 그렇지만 1954년 종로에서 국회의원이 된 후 어엿한 정치인으로 활약했다.

깡패들은 구역을 지키며 '관리'했지만, 크게 보면 청계천을 사이에 두고 종로파와 명동파로 양분되었다. 명동파에는 이화룡의 명동파와 정팔의 중앙극장파가 중심이었다. 동대문시장파와 종로2가파, 동양극장파, 광화문파가 연합한 종로파는 이정재가 최고 보스였다. 명동파는 이북 사람들이 명동의 적산가옥에 살면서 형성된 주먹 조직이었고, 종로파는 대부분이 남도 사람들이어서 두 파의 싸움을 남북전이라고도 불렀다. 세력이 비슷한 두 파는 카바레 황금마차를 사이에 두고 힘겨루기를 하는 등 당시 인기 좋던 서부영

'주먹계의 전설' 김두한.

'도코다이'였던 시라소니.

화를 흉내 내듯 무수히 패싸움을 벌였다.

주먹계 최대의 잔혹사는 시라소니(본명 이성순) 린치였다. 압록강변 만주 상해에서 칼(비수) 던지기, 면상 박치기로 수많은 신화가 따라다녔던 시라소니는 칼로 몸뚱이를 쳐도 대가리를 물고 늘어진다는 독사처럼 싸운다는 독종들의 세계에서 독보적인 존재였다. 그는 두세 차례 우미관을 찾아 김두한과 맞붙으려 했지만, 그때마다 김두한이 솜씨 좋게 피했다. '도코다이'였던 시라소니는 부산 피란 시절 깡패들에게 짓밟히려던 이정재를 구해줘 그 이후 종종 용돈을 얻어 썼다. 그러나 요구가 많아지자 1953년 8월 중간 보스 10여 명이 이정재 사무실에 온 시라소니에게 린치를 가했다. 손도끼와 쇠파이프, 몽둥이들이 춤을 추었다. 천하의 시라소니라지만 갇힌 사무실에서 불의에 습격을 당하다 보니 날고 뛰는 데 한계가 있었다.

주먹계 최대 관심사는 김두한과 이정재의 대결이었다. 일제 말 반도의용정신대에서 못 배운 김두한이 대장일 때 그는 휘문고보를 나왔다고 총무를 봤다. 해방 후 우익 청년 단체에서도 김두한이 까마득히 높았는데, 이제는 금배지까지 단 것이다. 김두한은 날아오

깡패들의 야당 집회 방해

1957년 5월 25일 장충단공원에서 열린 야당의 민주주권옹호투쟁위원회 집회를 방해하고 있는 정치깡패들. 앞쪽에 중절모를 쓴 사람들이 동원된 정치깡패들이다.

暴力輩에 짓밟힌 奬忠壇講演

30餘名이 組織

悠悠히 사라지

高喊지르며 投

揮發油뿌리고

本社主催 全國女子庭球大會盛況

數萬觀衆妙技에 陶醉

폭력배에 짓밟힌 장충단 시국강연회 보도 기사(《동아일보》1957년 5월 27일자).

르듯 치는 발길질이 일품이었다. 솥뚜껑만 한 오른손으로 한 대 때리면 대개가 '그냥 잠들었다'. 뚝심 센 이정재는 씨름장사답게 번쩍 들어 메어꽂는 것이 장기였다. 유지광에 따르면, 이정재의 '결투 신청'은 두 번 있었으나 서로 째려보다 동작 직전에 멈추었다.

깡패 하면 이정재가 떠오를 만큼 이정재는 주먹계를 대표했다. '이정재 왕국'은 순전히 이승만 정권 제2인자인 이기붕이라는 막강한 동아줄이 있었기 때문에 가능했다.

이 시기 주먹계는 정치계와 구분이 잘 안 되었다. 우익 청년 단체 간부들이 일찍부터 국회에 진출했고, 김두한도 금배지를 달았다. 김성주와 함께 서북청년회 간부였던 시라소니는 1952년 8·5 정·부통령 선거에서 조봉암 대통령 후보의 경호원이었는데, 1956년 5·15 정·부통령 선거에서는 장면 부통령 후보의 경호원이 되었다. 1953년부터 이기붕과 밀접해진 이정재는 임화수와 유지광을 데리고 계속 세를 확장했고, 화랑동지회라는 거대 정치깡패 조직을 만들었다. 같은 이천 출신으로 위세가 대단했던 곽영주 경무대 경무관도 '이정재 사단'을 적극 비호했다.

이정재는 이기붕을 지극정성으로 섬기는 한편 이천 선거구도 전심전력을 다해 지켰다. 합동 환갑잔치도 베풀었고, 학생들에게 노트와 연필을 무더기로 보냈으며, 개울마다 다리를 놓았다. 그런데 1958년 총선에서 자유당이 서울에서 워낙 인기가 나빠 떨어질 것 같자 이기붕이 이천 선거구를 내놓으라고 강요했다. 곽영주까지 내려보내 협박하자 할 수 없이 물러섰다. 더 나아가 이기붕은 이정재 자리에 임화수를 앉혔다.

임화수가 거느린 반공청년단 깡패들이 1960년 4월 18일 시위를 하고 돌아가던 고려대 학생들을 습격한 사건은 깡패들의 몰락을 촉진했다. 4월 23일에 임화수와 유지광이, 이기붕 일가가 집단 자살한 28일에 이정재가 구속되었다. 1960년 10월 8일 6대 사건 판결(10·8판결)에서 이정재가 8개월을 선고받는 등 두목급 깡패들이 경형을 받았지만, 그들은 이미 끈 떨어진 뒤웅박 신세였다. 4월혁명으로 이승만 정권과 함께 주먹들 세상도 끝났다.

5·16쿠데타가 일어나자 이정재도, 시라소니도, 임화수도 일제 검거에 걸렸다. 운명의 장난이랄까. 시라소니와 이정재는 같은 감방에 갇혔고, 폐인이 되어 죽을 고생을 한 시라소니는 모든 것을 용서했다. 5월 21일 시민들이 지켜보는 가운데 시내에서 중세 시대에나 있을 법한 '조리 돌리기'를 당한 이정재는 (293쪽 참조) 인권유린 행위라고 분개했지만, 쿠데타 권력이 자신을 더 큰 희생양으로 삼으려 한다는 것은 꿈에도 생각지 못했다. 기소장과 판결문에 적시된 혐의는 몇 건의 폭력과 갈취가 전부였는데도 '혁명재판소'는 이정재에게 사형을 선고했다. 1961년 10월 19일에 이정재가, 12월 21일에는 곽영주와 임화수가 형장의 이슬로 사라졌다. 부정선거 원흉이나 4·19 발포 책임자들은 뒷배경이 있었지만, 끈 떨어진 세 사람은 무력한 존재였다.

유지광(오른쪽)과
임화수(왼쪽).

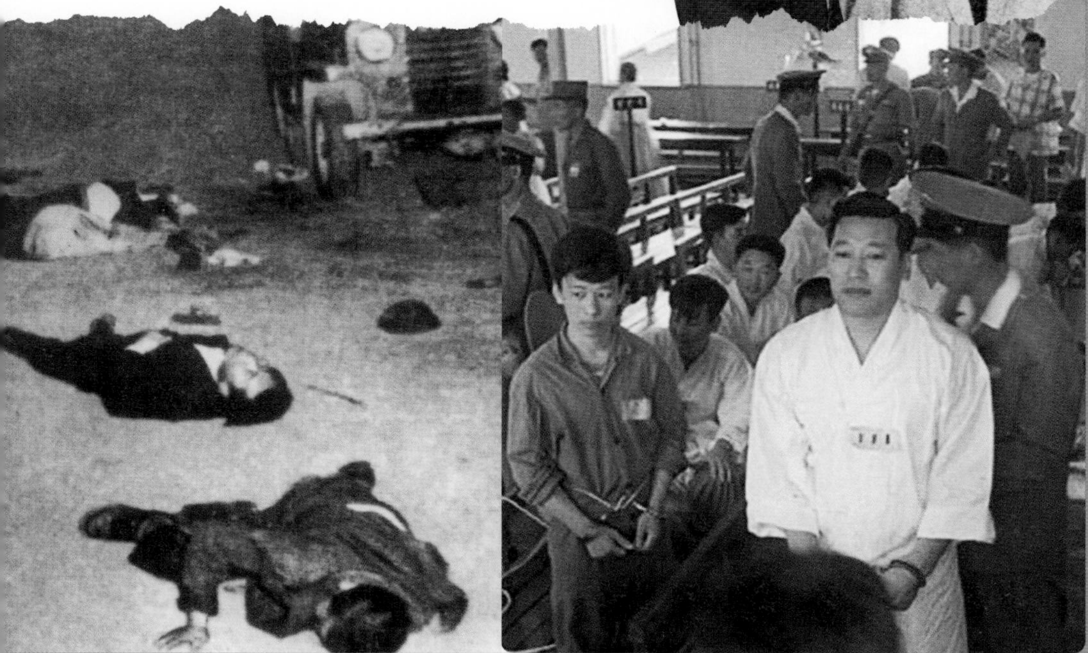

4·18시위 후 정치깡패들에게 습격당해
쓰러져 있는 고대생들(아래 왼쪽)과
재판 중인 이정재(아래 오른쪽).

史+

독립운동 하면 3대가 망한다는데…

1950년대에도 어김없이 3·1절과 광복절이 찾아왔다. 3·1절 기념식에는 도지사나 시장, 군수가 독립선언서를 낭독하고 경찰국장이나 서장, 지방 단체 대표자가 3·1절 기념사를 읽게 마련인데, 그들 중에는 일제 충견들이 많았다. 광복절 기념식이라고 다를 것이 없었다. 해방의 감격과 영광은 친일파 몫이었고, 독립운동가는 비비고 들어갈 틈이 없었다.

관·군·경찰은 물론이고, 정계건 재계건 문화계건 친일파가 주름잡았다. 일제 통치하에서는 꿈도 꾸기 어려웠던 고위직에 올라 있다는 점이 다르다면 달랐다. 그러니 민족정기를 살린다고 이들과 맞서 싸우기란 계란으로 바위 치기와 다름없었다.

탑골공원에서 열린 3·1절 기념식(1954년).

친일파는 이승만 정권 말기로 갈수록 더욱 세도가 당당했다. 1960년 3·15부정선거 때 장관 11명 중 6명이 일제 군수였고, 2명이 일제 금융기관에 다녔으며, 내무부 장관 최인규는 친일파 거두 한상룡의 보험회사에 다녔다. 경찰을 보면 치안국장, 서울시경국장과 도경국장 등 13명의 경찰 고위 간부 중 한 명을 빼고는 모두 친일파였다.

곤궁함이 숙명처럼 따라다니던 독립운동가에게 1950년대는 참으로 견디기 어려운 세월이었다. 통분함을 이기지 못하다가 일제 때처럼 요시찰인으로 감시받기 일쑤였고, 감옥에 가는 것도 드물지 않았다.

대한민국 임시정부 국무위원이었던 유림은 해방 후 귀국하여 1961년 사거할 때까지 일본군 장교였던 외아들 유원식을 한 번도 만나주지 않았다. 유림은 전쟁이 나자 3개월 동안 재판 없이 옥살이를 했다. 이승만이 서울을 먼저 살짝 빠져나와 시민들을 희생시켰으니 사과해야 한다고 말했던 것이다.

님 웨일스의 『아리랑』에 나오는 승려 출신 김성숙은 대한민국 임시정부 국무위원을 지냈다. 그는 1957년 근로인민당 재건사건으로 역시 임시정부 국무위원이었던 장건상과 함께 구속되어 무죄 선고를 받을 때까지 6개월간 옥고를 치렀다. 김성숙과 장건상은 5·16쿠데타가 나자 또다시 감옥에 들어갔다. 이승만 정권은 '반정부 분자'로 몰아세웠는데, 박정희 군부정권은 한층 더 고약하게 '특수범죄 처벌에 관한 특별법'을 소급하여 만들어 장건상과 김성숙이 4월혁명 후 통일운동을 한 것을 특수 반국가 행위로 규정하고 '혁명재판'을 받게 한 것이다.

김성숙은 1969년에 눈감을 때까지 병고에 시달리며 셋방을 전전했다. 세상을 뜨기 3년 전에야 동지 구익균의 집 마당 구석에 11평의 집을 갖게 되었다고 한다. 앞문 위 현판에 쓰여 있는 피우정(避雨亭)이란 말처럼 비나 피하도록 동지와 후배들이 마련해준 것이다. 그는 1982년 건국공로훈장 독립장을 받았다.

독립운동가와 그 가족은 평생 궁핍 속에 살았다. 대한민국 임시정부 초대 국무령 이상룡의 손자며느리 허은은 시집이나 친정이나 모두 독립운동에 헌신했다. 이상룡은 건국공로훈장 독립장을, 시아버지는 애국장을, 남편은 독립장을 받았다. 친정아버지는 의병장 허위의 5촌 조카이고, 만주 빨치산 대장 허형식은 허은의 당숙이며, 시인 이육사는 허은의 고종사촌이다.

이렇게 시집이건 친정이건 독립운동을 했는데, 6·25전쟁이 끝났는데도 생활이 한없이 어려웠다. 문중에서 보리쌀을 조금 대주어 일주일에 보리쌀 두 되로 식구들이 견디기도 했다. 자식들이 휴전 직후 초등학교에 복학했으나 연필 하나 사줄 수 없었다. 학교 사환을 하면서 야간 고등학교를 마치는 식

독립운동가 이상룡의 손자며느리 허은 여사.

이었다. 막내의 중학교 납부금 낼 돈이 없어 졸업을 못 시키고 1년간 농사일을 하게 했다. 아들 여섯, 딸 하나 중 막내만 4년제 대학을 마쳤다.

수십 년간 머나먼 이국에 있다가 돌아왔기 때문에 정착하기가 쉽지 않았다. 허은의 남편은 고성 이씨 종손이었고, 시집과 친정 모두 영남의 명문가였지만 독립운동 시절 못지않게 굶주리고 고생했다. 그러니 뿌리 뽑힌 사람처럼 고향에 남은 것도 없고 의지할 친척도 없는 독립운동가 가족들이 빈손으로 어린아이를 데리고 서울역에 내렸을 때 어떠한 심정이었을까.

독립운동가와 그 가족들은 곤궁함보다도 자식을 가르치지 못한 것이 못내 한이었다. 친일파와 그 후손들은 일제 때도 해방 후도 특권층으로 잘 배우고 외국 유학도 가 출세하는데, 이들은 일제 때건 해방 후건 교육받는 것을 생각하기 어려웠고, 그때나 이때나 광야의 잡초처럼 험한 세상을 살았다.

무랑.
루쥬

305

전쟁 속에 꽃핀 휴머니즘

1950년대는 분단과 전쟁으로 인한 고통의 상흔으로 가득 차 있었다. 전쟁은 문학을 낳고, 문학은 휴머니즘을 낳았다. 전쟁이 누구를 위한 것인지, 이데올로기란 무엇인지, 전쟁과 그 이후 각박한 사회에서 어떻게 살아야 하는 것인지를 묻지 않을 수 없었다. 전쟁과 연관되어 있지만 참담한 생활 속에서 비정상적 존재로 보이는 인간들의 절망적인 모습도 그려졌다. 자조와 비탄, 허무주의가 패배의식과 뒤엉켜 사람들은 극한적 상념에 빠지기도 했다.

『만세전』과 『삼대』에서 동시대의 정신과 현실을 리얼하게 묘사한 염상섭은 해방 후 격렬한 좌우익 갈등을 비판적으로 보면서 중도 노선으로 분단을 막아보려고 노력했다. 전쟁 기간 신문에 연재된 『취우』는 전쟁 중에도 사리사욕에 눈이 먼 매판 부르주아를 그려냄으로써 극우들의 전쟁 경험을 냉철하게 바라보고자 했다. 전쟁 상인 또는 브로커들은 유엔군을 따라 38선을 넘어가

1950년대의 극장 간판과 영화관 좌석표
다양한 대중문화가 등장하기 전, 영화는 삶에 지친 대중들에게 휴식을 제공해 주는 안식처 역할을 했다. 건물 공사 현장에 내걸린 외국영화 〈무랑 루쥬〉 간판과 1950년대에 뒤늦게 등장한 지정 좌석표(오른쪽).

서 약탈과 횡포를 일삼으며 돈벌이에 급급했다.

황순원은 북한이 일으킨 전쟁에 대한 고발, 전쟁의 비극과 휴머니즘, 전쟁 상흔의 치유 문제 등을 치열하게 다루었다. 특히 『카인의 후예』(1954년)는 해방 직후 북한의 토지개혁으로 인한 지주와 소작인의 갈등 관계를 다룸으로써 이데올로기가 어떻게 인간의 의식과 삶을 바꿔놓는가를 고발했다.

남과 북을 비판한다는 점에서 선우휘는 염상섭과 일견 일치되는 것 같지만, 두 사람은 관점이 달랐다. 『테러리스트』(1956년)에는 '삼팔따라지'들이 해방 이후 단정 수립 과정에서 이용당하고 버림받는 과정이 잘 묘사되어 있다. 일제의 군국주의 파시즘에, 해방 후에는 공산주의에 대항한 지식인이 주인공인 『불꽃』(1957년)은 적극적인 행동성을 부각시켰다.

『학마을 사람들』(1957년)에서 강원도 두메 마을이 전쟁을 전후하여 어떻게 이념적 갈등을 겪게 되는가를 묘사한 이범선은 『오발탄』(1959년)을 통해 사회 비판 의식을 보여주었다. 달동네의 원조 해방촌에 사는 주인공 송철호는 '전차값도 안 되는 월급'을 받는 무능한 인물이다. 누이 명숙은 숙명처럼 '양갈보'의 길을 간다. 삼팔선이 도대체 무엇인지를 이해할 수 없는 어머니는 정신이상을 일으켜 매일 "가자!"고 외친다. 아내가 아이를 낳다 죽을 때 누이의 화대로 앓던 이를 뽑은 철호는 아내의 빈소로 가다가 아무 구실도 못하고 갈 곳도 알 수 없는 자신이 조물주가 잘못 만든 오발탄이라고 생각한다. 전후의 부조리가 펼쳐지지만, 절망과 고통 속에서도 진실을 지키려는 태도가 돋보인다.

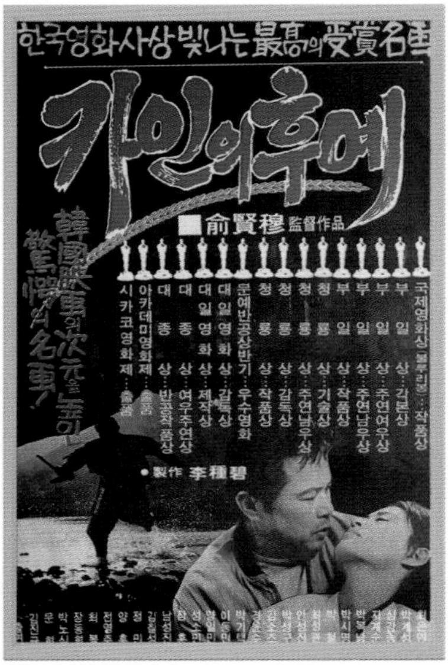

영화 〈카인의 후예〉 포스터

황순원의 소설을 1968년 유현목 감독이 영화화한 작품으로, 그해 대종상 반공작품상과 문예반공 상반기 우수영화상을 수상할 정도로 반공영화의 수작으로 꼽히고 있다.

1950년대에는 문화라고 할 만한 것이 드물

자유문학상 시상식

1953년 제정된 자유문학상은 그해에 발표된 작품 중에서 인간의 자유사상을 고취시키는 주제를 다룬 2, 3편의 작품을 선발하여 시상했다. 1959년 제7회 시상을 끝으로 폐지되었다

었는데, 그나마 영화와 대중가요가 고달픈 대중들의 마음을 위로해주었다. 주요 극장은 서부영화를 비롯한 미국 영화가 판을 쳤으나, 면세 조치로 1950년대 중반 이후 국산 영화가 점차 인기를 얻어갔다. 기술과 제작 여건이 열악한 가운데 이규환 감독의 〈춘향전〉(1955년)이 대중적으로 크게 성공하면서 영화 성장의 기반을 마련했다. 또한 이병일 감독의 〈시집가는 날〉(1956년)은 아시아영화제에서 최우수 희극상을 수상했다. 1950년대 전반기를 휩쓴 반공극이나 문예물, 통속극 할 것 없이 대개가 그 소재는 분단이나 전쟁과 연결되어 있었다.

소설 『자유부인』만큼 화제가 되지는 않았지만, 영화 〈자유부인〉(1956년)도 키스신이 논란이 되어 전후 가치관 변화의 한 단면을 잘 보여주었다.

영화 최초의 키스신은 이미 〈운명의 손〉(1954년)에서 선보였는데, 〈자유부인〉에 교수 부인

영화 〈자유부인〉의 한 장면

1950년대 대표작인 영화 〈자유부인〉은 키스신과 포옹 장면 때문에 검열에 걸렸다. 결국 문제의 장면은 삭제되었다.

과 대학생의 키스신과 포옹 장면이 몇 군데 있다고 하여 상영 예정 전날까지 허가가 나지 않았다. 일반 여론은 키스신을 허용해야 한다는 것이었으나, 국회 문교분과 의원들과 일부 가정부인이 맹렬히 반대했다. 결국 문제가 된 일부 장면을 잘라내고 개봉할 수 있었다. 이 영화는 당시 유행하던 전후파(戰後派, 아프레게르)적 애정 편력과 가정 윤리로 많은 관객을 끌어모았다.

이 시기의 대표작으로는 이강천 감독의 〈피아골〉(1955년)을 들 수 있다. 이 작품은 지리산을 무대로 하여 당시로서는 드물게 빨치산의 사상투쟁과 이탈 과정을 사실적으로 그렸는데, 반공의식에 문제가 있다는 이유로 검열에 걸렸다. 이 영화에서 빨치산이 "위대한 우리 영도자 김일성 장군"이라고 말한 것이 "우리의 김일성 장군"으로 바뀌었다.

영화 〈피아골〉의 한 장면

1955년 이강천 감독이 연출한 〈피아골〉은 지리산에서 활동하던 빨치산의 삶과 활동을 리얼리즘적 시각으로 묘사한 1950년대의 대표작이다.

대중가요는 분단의 아픔과 전쟁의 비참함 등 동시대의 민족적 비극을 노래함으로써 대중들의 가슴을 파고들었다. 전쟁의 비극은 트로트를 부활시켰다. 〈단장의 미아리고개〉, 〈굳세어라 금순아〉, 〈이별의 부산정거장〉 등이 거친 인생의 파도에 휩쓸려 피란 가거나 고통스럽게 살았던 사람들의 가슴을 울렸다.

전후 미국 문화의 유입은 대중가요에도 크게 영향을 끼쳤다. 카우보이 영화가 인기를 끌었듯이 〈아메리카 차이나타운〉, 〈아리조나 카우보이〉, 〈샌프란시스코〉 등 주로 미국에 관한 것이었지만, 이국 풍경을 동경하는 노래도 많았다. 또한 주한 미8군 캠프촌에서 노래하는 미국 팝의 영향을 받은 새로운 스타일의 가수들도 등장했다. 그런 분위기와 연결되어 〈기타부기〉 등 환락을 추구하는 퇴폐적 노래가 대학생들 사이에서도 즐겨 불렸다.

1950년대 최고의 베스트셀러

『얄개전』 표지

해방 후 본격적인 베스트셀러가 등장한 것은 1950년대였다. 이 시기의 대표적인 베스트셀러로는 『자유부인』, 『얄개전』, 『영어구문론』을 들 수 있다. 전후 전통적인 가치관이 무너지는 사회 풍조를 묘사한 『자유부인』은 당시로서는 드물게 14만 부가 판매되어 10만 부 판매를 돌파한 최초의 책이 되었다. 개구쟁이 학생들의 학원 생활을 다룬 조흔파의 소설 『얄개전』 시리즈도 당시로서는 생소한 '명랑소설'이라는 새로운 장르를 개척하며 청소년들 사이에서 인기를 끌었다. 『영어구문론』은 해방 후 미군의 진주로 이 땅에 불어닥친 영어 배우기 열풍이라는 사회 분위기를 잘 반영하고 있다. 이 책은 그림으로 복잡한 영어 문법을 배울 수 있다는 '구문도해'라는 방식의 광고 효과가 적중하여, 1960년대 말까지 통산 80만 부가 팔려나간 초장기 스테디셀러가 되었다.

'흥겨운 절망' 기타부기

"인생이란 무엇인지 청춘은 즐거워 / 피었다가 시들으면 다시 못 올 내 청춘 / 마시고 또 마시고 취하고 또 취해서 / 이 밤이 새기 전에 춤을 춥시다 / 부기우기 부기우기 부기우기 부기우기 / 기타부기."

— 〈기타부기〉, 1957년, 윤일로 노래

"노세 노세 젊어서 놀아 늙어지면 못 노나니 / 화무는 십일홍이요 달도 차면 기우나니 / 얼씨구 절씨구 차차차 지화자 좋구나 차차차 / 화란춘성 만화방창 아니 노지는 못하리라 차차차 차차차."

— 〈노랫가락 차차차〉, 1954년, 황정자 노래

사람들을 울리고 웃긴 대중가요

1950년대 대중가요는 분단의 아픔과 전쟁의 비참함을 달래주기도 하고, 전쟁 폐허에서 느끼는 자조적이고 퇴폐적인 분위기를 만들기도 했다. 사진은 〈기타부기〉, 〈처녀뱃사공〉 음반.

〈기타부기〉나 〈노랫가락 차차차〉는 1950, 1960년대 주로 나이 많은 분들이 술자리에서 얼큰하게 취했을 때 불렀지만, 젊은 대학생들도 봄철 야외에 놀러 가 막걸리를 마시며 부르기도 한 노래다. 한 번 살다가는 인생인데 실컷 즐기고 놀자는 이들 노래는 듣기에 따라서는 근심 걱정 없이 흥겹게 놀자는 것처럼 들리기도 한다. 하지만 이들 노래가 불려진 1950년대 한국 사회의 시대적 배경을 생각하면 결코 유쾌한 노래만은 아니다.

1950년대의 젊은 세대는 기성세대에게서 좌절과 폐허만을 물려받았다. 그들은 어린 시절 동족상잔의 한국전쟁을 겪어야 했고, 전쟁 이후에는 친일파가 기승을 부리는 제1공화국의 부패를 겪으면서 이전에는 전혀 경험하지 못한 놀라운 미국 문화의 세례를 무차별적으로 받아야만 했다. 그리하여 열심히 일하고 노력하면 잘 살 수 있고 그것이 가치 있는 삶이라는 소박한 사회윤리가 여지없이 무너져내리는 것을 느껴야 했다. 당시 어느 외국인은 이를 꼬집어 "한국 학생들에게 미국으로 갈 수 있는 기회만 준다면 한국 학교의 교실에는 한 명도 남지 않게 될 것이며, 그렇게 되는 것이 당연한 일"이라고 말했다.

젊은 세대를 절망으로 몰고 간 또 하나의 원인은 엄청난 실업률이다. 대학 졸업자 네 명 중 한 명은 실업자였다. 이 때문에 혹자는 대학을 '실업자 양성소'라고 비웃기도 했다. 이러한 상황에서 젊은이들이 미래에 대한 좌표나 전망을 가지는 것은 쉬운 일이 아니었다. 4월혁명은 이러한 시대적 한계와 분위기를 깨고 일어났지만, 자조적이고 퇴폐적인 분위기는 5·16 군부쿠데타 이후까지 상당 기간 계속되었다.

해방 전부터 매혹적인 음성으로 최고의 가수로 꼽힌 남인수(왼쪽), 미8군 캠프촌에서 노래하는 김시스터즈(오른쪽)의 모습.

市民들이여 기뻐
學徒
학도들이여 기뻐

4

민주주의를 향한 열망

이응노, 〈군상〉, 1986년

1960 – 1961

마침내 시민들이 독재정권을 끌어내렸다.
기득권과 압제를 온몸으로 밀어내고, 살아 있는 시민정신을 보여준
4월혁명은 한국 민주주의의 영원한 젊음이다.

1960	2월	28일	부정선거 항의 대구 학생 시위
	3월	15일	제4대 정·부통령 선거, 3·15마산의거
	4월	11일	김주열 군 시체 발견으로 2차 마산항쟁
	4월	19일	대규모 시위·발포('피의 화요일')
	4월	25일	대학교수단 시위
	4월	26일	이승만 하야('승리의 화요일')
	4월	28일	허정 과도정부 출범
	6월	15일	내각책임제 개헌안 국회 통과
	7월	29일	제5대 민의원 선거와 초대 참의원 선거
	8월	23일	장면 정부 출범(제2공화국)
	12월	12일	12일부터 4차에 걸쳐 지방자치 선거(12, 19, 26, 29일)
1961	2월	8일	한미경제협정 체결
	2월	25일	민족자주통일협의회 결성
	3월	22일	2대악법 반대투쟁
	4월	15일	공무원임용령 공포
	5월	5일	민족통일전국학생연맹 결성 준비대회에서 판문점 남북학생회담 제안

진영숙

시간이 없는 관계로 어머님을 뵙지 못하고 떠납니다. (…) 어머님, 데모에 나간 저를 책하지 마시옵소서. (…) 저는 아직 철없는 줄 압니다. 그러나 국가와 민족을 위하는 길이 어떻다는 것을 알고 있습니다. 저는 생명을 바쳐 싸우려고 합니다. (…) 어머님, 부디 몸 건강히 계세요.

— 한성여중 2학년이었던 진영숙이 4·19 당시 시위를 떠나기 전 홀어머니에게 남긴 마지막 편지 중에서

허정

부정선거의 처리는 부정선거를 강요한 사람과 강요당한 사람을 엄격히 구별해야 할 것이다. 처벌의 대상은 부정을 강요한 고위 책임자와 국민에게 잔학행위를 한 사람에게만 국한될 것이다. 현 과도정부는 전 국민의 불만이 폭발함으로써 조성된 압력 밑에 물러나간 전단(專斷)정권을 후계함에 있어서 강압과 폭력으로 제정된 법률들을 폐기하고 또 불법적인 일체행위를 봉쇄하는 혁명적 정치개혁을 비혁명적 방법으로 단행하려 하는 것이다.

— 1960년 5월 3일 발표한 「과도정부의 5대 시책」 중에서

장면

다음으로 민족의 당면한 과제가 산업의 현대화와 국민소득의 가속적 증가에 있음을 재확인하고, 정부의 시책 목표로서 경제 제일주의를 지향하고 있습니다. (…) 하루속히 국민경제의 비약적 성장을 가져올 수 있는 인화점(引火點)에 도달할 것을 기도(企圖)함이 새로운 공화 정체(政体)하의 당면한 최대 과제임을 다시금 강조하는 바이며(…)

— 1960년 10월 1일 「제2공화국 경축사」 중에서

민족통일연맹

기성세대는 남북 분단의 비극을 야기케 한 도의적 책임을 통감하고 민족 통일에 대한 새 세대의 정당한 발언을 묵살 내지 억압할 자격이 없음을 시인하라. (…) 정부는 조국 통일 문제에 대하여 현실에 입각한 적극 외교로 전환하라. 장 국무총리는 이러한 외교의 일환으로 한국 통일 문제만을 협의하기 위하여 미국과 소련을 특별 방문하고 미·소 지도자와 회담하라.

— 1960년 11월 1일 서울대학교 민족통일연맹 발기인대회 「대정부 및 사회 건의문」 중에서

©김천길 전 AP 통신 기자

401

'피의 화요일'에서 '승리의 화요일'로

1960년 정·부통령 선거가 이전보다 훨씬 지독한 부정선거가 될 징후는 일찍부터 나타났다. 1950년대를 통틀어 선거에 비상한 관심을 갖고 깊숙이 개입해 관권에 의한 민의 동원 등 온갖 부정 행위를 서슴지 않았던 이승만 대통령은 1960년 선거를 85세의 노인답지 않게 훨씬 더 적극적으로 이끌었다. 1959년 3월 '최후에 써먹을 총알'이라는 얘기를 듣던 43세의 최인규를 선거를 진두지휘하는 내무부 장관에 임명한 데 이어, 그에게 6월 자유당 전당대회에서 정·부통령 후보를 지명하도록 했다. 이렇게 빨리 정·부통령 후보를 지명하게 한 것은 행정부와 자유당이 완벽하게 승리하도록 일찍부터 총력전을 펴라는 지시에 다름 아니었다. 할 수 없이 민주당도 서둘러 11월 대통령 후보에 조병옥, 부통령 후보에 장면을 지명했다. 이승만 대통령은 더 나아가 그동안 5월에 치렀던 선거를 야당과 여론의 강렬한 반대에도 불구하고 3월로 앞당기도록 했다. 정·부통령 취임식은 8월 15일이어서 그야말로 너무나도 빠른 조

철거되는 이승만 동상

이승만 독재가 무너지면서 남산 위에 높이 솟아 있던 이승만의 동상도 끌어내려졌다.

기 정·부통령 선거였다.

이승만 정권은 최인규 내무부 장관의 지휘 아래 1959년 11월경부터 치밀하게 부정선거를 준비했다. 최인규는 지방자치단체장을 불러놓고 "세계 역사상 대통령 선거에서 소송이 제기된 일이 있느냐? 법은 나중이니 우선 당선시켜 놓고 봐야 한다. 콩밥을 먹어도 내가 먹고 징역을 가도 내가 간다"라고 독려하면서 공무원 부정선거 개입을 직접 지시했다. 민주당의 폭로(1960년 3월 3일)처럼 자유당은 4할 사전 투표, 3인조 투표, 유권자 명부 조작, 완장부대를 동원한 위협, 야당 참관인 축출, 투표함 바꿔치기, 개표 수 조작 등 온갖 기상천외한 부정선거 방법을 다 동원했다.

조봉암은 사형을 당했고, 민주당 대통령 후보 조병옥도 신병 치료차 미국

▲ 3인조·5인조 투표 행렬

1960년 3월 15일에 실시된 제4대 정·부통령 선거는 경찰과 공무원을 동원한 역사상 유례없는 부정선거였다. 사진은 3인, 5인씩 짝을 지어 투표장으로 가는 여성 유권자들.

▶ 자유당의 정·부통령 선거 벽보

대통령에 이승만, 부통령에 이기붕을 추대했음을 알리는 자유당의 선거 벽보. 자유당의 선거 구호 "트집마라 건설이다"도 보인다.

으로 출국했다가 사망했다(1960년 2월 15일). 3월 조기 선거를 강행했기 때문에 민주당은 대통령 후보를 낼 수 없어 이승만은 단독 후보가 되었다. 부통령 선거도 1956년과 달리 경찰과 공무원들이 살벌한 분위기를 조성했기 때문에 민주당이 폭로한 것처럼 심한 부정선거를 치르지 않더라도 이기붕 당선은 어려운 일이 아니었다. 그런데도 상상을 초월한 부정선거로 끝내 몰락의 길을 간 것은 이승만의 자존심과 추종자들의 권력욕 때문이었다. 이승만은 압도적으로 당선되어 1956년 선거에서 상처받은 자존심을 위안받고, 국민에게 지지를 받는다는 것을 국내외에 과시하고 싶어했으며, 정적인 장면이 다시 부통령이 되는 것을 절대로 용납하려고 하지 않았다. 이승만 추종자들은 85세의 이승만이 언제 죽을지 모르는 상태여서, 아무리 병들었다고 하더라도 이기붕을 확실하게 당선시키는 길만이 자신들의 권력을 영속시키는 유일한 방안이라고 판단했다. 이승만의 병적인 영구 집권 의지와 자기기만적인 자존심, 장면에 대한 강한 반감, 친일파가 대부분인 추종자들의 권력욕이 이승만과 추종자들의 몰락을 재촉한 것이다.

학생들의 분노는 1960년 2월 28일 대구에서부터 폭발했다. 일요일인 28일 민주당 유세에 가지 못하도록 학생들을 강제 등교시키자, 맨 먼저 경북고 학생들이 "학원을 정치도구화하지 마라" 등의 구호를 외치며 시위에 나섰다. 대

불에 탄 투표함을 들여다보는 아이들
상상을 초월한 부정선거로 인해 유권자 수보다 자유당 후보의 득표수가 많아지자 자유당은 투표함을 통째로 불태워버렸다.

구고, 경북사대부고 학생들도 시위를 벌였다. 1956년 5월 신익희의 유해가 서울 도착함과 동시에 벌어진 시위를 제외하면 정부 수립 이후 최초의 공공연한 반정부 데모였다. 한국에서 1990년대까지 전 세계에서 유례를 찾아보기 어려울 정도로 30여 년간 계속된 학생운동은 이렇게 시작되었다.

최초의 유혈 시위는 선거 당일인 3월 15일 마산에서 발생했다. 민주당 마산시당 간부들은 자유당의 '4할 사전 투표' 등에 항의하여 선거 무효를 선언하고 부정선거를 폭로하며 시위를 벌였다. 이 소식을 들은 시민 수천 명이 저녁 7시 30분경부터 개표장 부근에서 2차 시위를 벌였다. 이때 정전이 되면서 경찰 발포가 시작되었다. 이날 8명이 사망했고, 80여 명이 부상당했으며, 200여 명이 연행되었다. 3·15부정선거에서 대통령은 이승만이 88.7퍼센트의 득표로 당선되고 부통령은 이기붕이 79퍼센트의 득표로 당선되었다고 발표되었다. 그리고 1958년 민의원 선거 당시 이기붕이 낙선될까 봐 출마도 못한 서울 지역에서는 이기붕이 509,693표, 장면이 378,399표를 득표했다고 발표되었다(1956년 선거에서는 이기붕이 95,454표, 장면이 451,037표였다).

3·15 마산 발포는 중대 문제가 되었다. 결국 3월 22일 최인규가 해임되고 법무부 장관 홍진기가 내무부 장관에 취임했다. 3월 16일 이후에도 서울과 부산 등지에서 고교생들이 시위를 했다. 4월 6일에는 민주당 간부들이 시위를 벌였다.

4·19시위의 직접적인 도화선은 2차 마산항쟁이었다. 4월 11일 아침, 3·15 시위 때 눈에 최루탄을 맞고 사망한 김주열의 시체가 마산 앞바다에서 참혹한 모습으로 떠오르자 마산 시민들의 분노가 폭발했다. 마산 시민 2만여 명은 "이승만 정권 물러가라" 등의 구호를 외치며 마산 경찰서와 시청에 난입했고 파출소를 습격했다. 이날 밤 경찰 발포로 두 명이 또 사망했다. 12일에는 마산 시내의 남녀 고등학생들이 거리로 쏟아져나왔고, 13일에는 여고생들을 선두로 불교대학인 해인대학 학생들까지 시위에 참여했다. 마산은 3일간 시위로 행정이 마비되다시피 했다.

이승만 대통령은 2차 마산항쟁을 빨갱이가 조종한 것으로 몰고 갔다. 4월 13일 이 대통령은 "이 난동에는 뒤에 공산당이 있다는 혐의도 있어서 지금 조사 중"이라는 특별 담화를 발표했고, 15일에도 공산당 선전에 속아서 '마산 폭동'이 일어났다는 특별 담화를 발표했다. 이 대통령이 단어 하나하나에 세심한 신경을 쓰며 특별 담화를 두 번이나 낸 것은 2차 마산항쟁이 전국적 항쟁으로 진전되는 것을 어떻게 해서든지 막기 위해서였다.

2차 마산항쟁이 반이승만 정서를 확산해 전국이 술렁이는 상황에서 4·18 고려대생 시위가 일어났다. 서울에서 일어난 최초의 대학생 시위였다. 고려대 학생들은 이날 시위를 마치고 태평로 국회의사당 앞에서 학교로 돌아오다가 오후 7시 20분경 청계천4가 부근에서 반공청년단에 속해 있는 깡패들에게 습격을 당했다. 십여 명의 학생이 쇠망치 등으로 얻어맞고 쓰러진 사진이 다음 날 조간신문에 대문짝만 하게 게재되자 많은 학생과 시민들이 분노했다.

4월 19일 화요일 아침, 서울대학교 문리대 학생들이 교문을 나서자 뒤이어

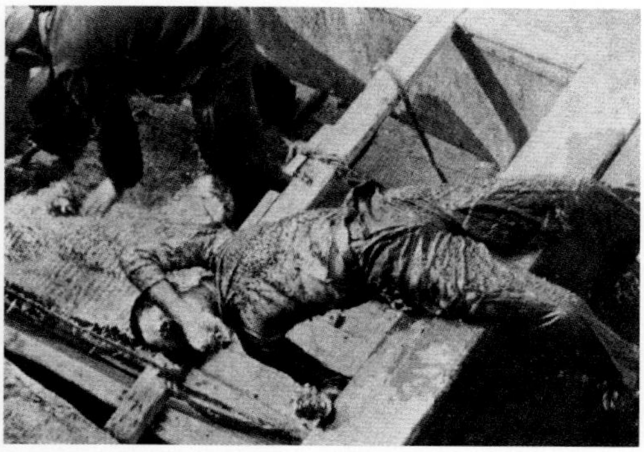

▲ 마산 앞바다에 떠오른 김주열의 시체
4월 11일 최루탄 파편이 눈에 박힌 채 마산 중앙부두에 떠오른 김주열의 참혹한 모습.

◀ 2차 마산항쟁
김주열의 죽음에 분노하는 마산 시민들. 분노한 어머니들이 플래카드를 들고 앞장선 것이 눈길을 끈다. 2차 마산항쟁은 4·19시위의 직접적인 도화선이 되었다.

물대포로 시위를 진압하는 경찰
학생을 중심으로 시작하여 일반 시민 · 불우 아동까지 참여한 반정부 시위에 경찰은 강경 진압으로 일관했다(1960년 4월 19일).

©AP/Ivary

법대생 등 여러 단과대학 학생들이 합세했고, 곧이어 서울 시내 대부분의 대학생들이 합류했다. 동성고, 대광고 학생들도 이날 일찍부터 시위를 벌였다. 오후 1시경 귀가 조치에도 불구하고 많은 고교생과 중학생 일부도 데모에 합류해 10만 명 이상이 세종로와 태평로 일대를 메웠다.

서울대생들이 국회의사당 앞을 선점하자 경무대 쪽으로 방향을 돌린 동국대 등 대학생들과 동성고 등 고교생들이 경무대 입구 3차 저지선 앞에서 대치하고 있을 때 경찰이 발포를 하기 시작했다. 오후 1시 40분경이었다. '피의 화요일'이 시작된 것이다. 그때부터 밤까지 서울 곳곳에서 유혈 사태가 벌어졌다. 오후 2시 40분경 정부는 1시로 '소급'해 계엄을 선포했다(계엄사령관 송요찬 육군 참모총장). 3시에 내린 계엄을 1시에 발동했다고 한 것은 총격 사망 문제에 대처하기 위한 기만책이었다. 서울신문사와 반공회관에 불길이 치솟았고, 곳곳에서 파출소가 파괴되었다.

'피의 화요일'은 지방도 예외가 아니었다. 부산과 광주에서 격렬한 시위가 벌어졌다. 부산에서 13명, 광주에서 9명이 희생되었다. 서울·부산·광주와 함께 대전·대구·전주·청주·인천에 계엄이 선포되었다. 4월 19일 시위로 123명이 그날 당일에 사망했다.

4·19시위는 미국의 태도를 변화시켰다. 미국은 1, 2차 마산항쟁에 유감의 뜻을 표명했을 뿐 선거 부정 문제는 중요시하지 않았다. 그런데 4월 19일 주한 미국 대사 매카나기는 경무대를 방문해 정당한 불만의 해결을 희망한다고 밝혔고, 허터 미 국무부 장관은 주미 한국 대사에게 항의각서를 보냈다.

4월 21일 국무위원이 일괄 사표를 냈다. 4월 23일 장면이 부통령 사임서를 제출했다. 같은 날 이기붕은 부통령 당선 사퇴를 고려하겠다고 발표했다. 다음 날 이승만은 자유당 총재직을 사퇴하겠다고 발표했다.

'피의 화요일'을 '승리의 화요일'로 전환시킨 데에는 대학교수단 데모가 촉매가 되었다. 4월 25일 서울대학교 교수회관에 각 대학 교수 258명이 모여 시국선언문을 채택하고 오후 5시 50분경 "학생의 피에 보답하라"는 플래카드를 앞세우고 시위에 나섰다. 시국선언문에서 대학교수단은 학생들의 시위는 정의감과 민족정기의 발로라고 명시하고 대통령과 국회의원, 대법관 등이 책임을 지고 물러날 것을 요구했다. 대학교수단이 종로4가를 거쳐 종로2가에 왔을 때 시위 군중은 1만 명 정도로 불어났다.

교수단 데모가 끝난 뒤에도 시민과 학생의 시위는 계속되었다. 이들은 오후 7시 30분 통금 사이렌 소리에도 불구하고 철야 데모에 들어갔다. 계엄군의 공포 소리가 요란한 가운데 시위는 자정까지 계속되었고, 소수는 철야를 했다. 이날도 사상자가 발생했다. 오후 9시에는 수석국무위원인 외무부 장관에 허정, 내무부 장관에 이호, 법무부 장관에 권승렬을 임명했다.

다음 날 날이 밝자 시위 군중은 더욱 늘어났다. 아침 5시 통금 해제 시간부터 시민과 학생들이 모여들기 시작해 7시경에는 3만여 명이 모여 이승만의 하야를 요구했다. 이승만 하야는 4·19시위에서도 나왔지만 그다지 강한 주장이 아니었는데, 25일 시위부터 목소리가 커졌다. 1만여 군중은 계엄군의 탱크를 앞세우고 광화문 일대에서 시위했다. 군인들은 시위 저지에 소극적이었다. 9시경 이기붕의 집이 파괴되고, 9시 45분경 파고다공원에 있는 이승만 동

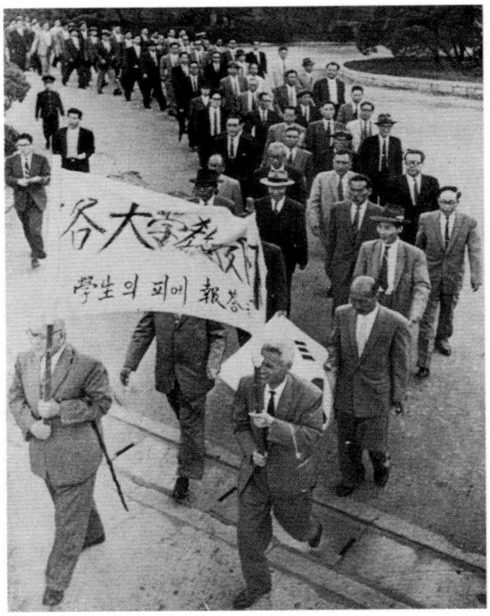

4·25 대학 교수들의 데모

'피의 화요일'을 '승리의 화요일'로 전환시킨 데에는 대학교수단 데모가 촉매가 되었다. 사진은 "학생의 피에 보답하라"는 플래카드를 앞세우고 시위에 나선 대학교수단의 모습.

상이 끌어내려졌다. 드디어 이승만 시대가 종언을 고했음이 명백해졌다. 10시 경 시위 군중은 10만여 명으로 불어났다. 초등학교 학생도 데모에 가담했다.

10시 20분경 이승만은 "국민이 원한다면 물러나겠다"고 밝혔다. 마침내 이승만이 무릎을 꿇은 것이다. 이 소식이 군 스피커를 통해 방송되자 시위대는 일제히 만세를 부르며 민권의 승리를 외쳤다. '피의 화요일'이 있은 지 일주일 만에 '승리의 화요일'이 온 것이다. 10시 30분경 매카나기 미국 대사가 경무대를 방문했다.

이날 부산·대구·목포·포항에서도 시위가 벌어졌다. 이날도 계엄군의 발포로 여러 명이 목숨을 잃었다. 이날까지 꽃다운 청춘을 민주제전에 바친 사람은 모두 185명이었고(1960년 7월 19일까지 사망한 사람 포함), 부상자는 6000여 명으로 집계되었다.

후퇴하는 경찰들
상수도관을 굴리며 경무대로 육박하는 시위대를 피해 경찰들이 총을 든 채 도망치고 있다.

'승리의 화요일' 오후 2시 국회는 이 대통령 즉시 하야, 정·부통령 선거 다시 할 것, 내각책임제 개헌 등을 만장일치로 결의했다. 다음 날 오후 3시 국회에 제출된 이 대통령 사임서가 즉시 수리되었고, 헌법 규정에 따라 수석국무위원인 허정이 대통령 권한대행을 맡았다.

이승만의 사임과 동시에 이승만 정권은 붕괴했다. 이기붕 일가족은 이승만이 이화장으로 이사한 28일 경무대 구내에서 자살했다. 뒤이어 자유당 고위 간부와 대다수의 장관이 구속되었다.

환호하는 시민들

1960년 4월 26일 이승만의 하야 성명 발표 소식을 듣고 계엄군의 탱크 위에 올라 민주주의의 승리에 환호하는 시민들.

'승리의 화요일'이 오기까지는 언론의 역할이 적지 않았다. 군의 중립도 4·19 성공의 요인으로 지적할 수 있다. 이승만 정권을 지지했던 미국은 4·19가 나자 비로소 이승만 정권에 압력을 행사했다. 1, 2차 마산항쟁과 4·19, 4·26 시위를 비롯한 3, 4월 항쟁은 대부분 학생이 주도했고, 실업자와 구두닦이 등 불만층이 참여했다.

순수한 정의감으로 시위에 참가한 중·고교생들은 처음에는 기성세대뿐만 아니라 대학생에 대해서도 불신을 표명했다. 대학생들은 4월 18일부터 시위에 적극 참여했다. 중·고교생들과 대학생들의 시위가 비조직적이고 지속성이 약하며 의식이 뚜렷하지 못했던 것은 학생이라는 신분적 제약과 함께 4월혁명을 발전·승화시키는 데 제약이 되었다. 학생 혁명으로 뜻밖에 정권을 장악하게 된 민주당 간부들은 4월 6일 잠깐 시위를 한 것을 제외하면 대체로 시위를 방관했고 두려워하기까지 했다. 상황이 이러했기 때문에 4월혁명의 계승은 쉬운 일이 아니었다.

4월혁명은 4월 26일로 끝난 것이 아니었다. 혁명은 26일 이후부터 더 구체화되어야 했는데, 주체가 뚜렷하지 않았다. 그렇다고 하더라도 "껍데기는 가라 / 4월도 알맹이만 남고 / 껍데기는 가라"는 신동엽의 시구처럼, 4월혁명은 학생과 지식인에게 수구냉전의식에 찌든 기득권층을 거부하고 살아 있는 정신으로 이 사회를 쇄신하고 변화시키려는 동력이 되었다. 1950년대의 암흑을 헤치고 4월혁명 정신은 영원한 젊음으로 다가왔다.

4월혁명은 제2의 해방으로, 그 안에는 새 시대를 향한 갈망이 담겨 있었다. 민주화운동이 자유와 민주주의의 쟁취뿐 아니라, 경제·사회·문화 전반에 대대적인 변화를 촉진한다는 것을 보여주었다. 그와 함께 냉전체제에 갇혀 있던 분단 문제를 다시 불러내어 통일운동이 전개되었다. 새로운 미래를 향한 갈망은 한국전쟁 전후에 벌어진 민간인 집단 학살, 김구 살해, 조봉암 처형 등 갖가지 의혹 사건을 파헤쳐 과거사를 청산하고, 3·15부정선거 관련자, 반민주행위자, 부정축재자를 단죄하는 '혁명입법'을 요구했다.

| 4월혁명의 주인공들 |

"썩어빠진 어제와 결별하자"

4월혁명 희생자의 직업 분포를 보면 놀라운 사실을 발견할 수 있다. 전체 희생자 186명 중 하층 노동자가 61명으로 가장 많은 것이다. 여기서 말하는 하층 노동자는 대부분이 슈샤인 보이라고 불렸던 구두닦이와 신문팔이, 껌팔이 등을 가리킨다. 말이 하층 노동자지 사회 밑바닥에서 근근이 입에 풀칠을 한 불우 소년들이었다.

4월 19일과 25, 26일 구두닦이들은 중앙청에서건, 경무대 앞 효자동 거리에서건, 종로에서건 도처에서 눈에 띄었다. 이들은 돌멩이를 던지거나 파출소를 부수고 트럭이나 소방차를 타고 "이승만 물러가라", "경찰을 잡아 죽여라" 등의 구호를 외쳤다. 어느 누구보다도 물불 가리지 않고 뛰어들어 희생이 컸지만, 사회적으로 발언권이 없어 4월혁명에서 지워진 존재가 되었다.

이승만 정권에게 버림받은 농촌은 피폐가 극에 달했지만, 농민은 4월혁명에 나서지 않았다. 농민운동은 이승만 정권이 붕괴된 이후에도 일어나지 않았다. 불과 10년 전에 마을마다 집단 학살을 목격한 농민들은 빨갱이로 몰린다는 것이 얼마나 무서운 일인가를 피부로 느끼고 있었다.

4월혁명은 학생 혁명이었다. 특히 2월 28일부터 4월 18일 전까지는 중·고등학생들이 시위를 벌였고, 4월 19일부터는 초등학생들도 나섰다. 희생자를 보아도 대학생은 22명인데, 고교생이 36명, 초·중생도 19명이나 된다. 당시 초·중·고 학생들이 어떠한 마음가짐으로 데모에 참여했는가는 다음의 글에서 엿볼 수 있다.

4월혁명 희생자 직업 분포

* 자료 출처: 한국역사연구회 현대사연구반, 『한국현대사』 3, 풀빛, 213쪽.

한성여중 2학년 학생으로 홀어머니 슬하에서 자란 진영숙은 4월 19일 "저 고함 소리 지금도 들립니다. 지금 저의 마음은 바쁩니다. 저의 모든 학우들은 죽음을 각오하고 나간 것입니다. 저는 생명을 바쳐 싸우려고 합니다. 데모하다 죽어도 원이 없습니다"라고 쓴 글을 이불 밑에 집어넣고 집을 뛰쳐나갔다. 진영숙은 머리에 총탄을 맞고 쓰러졌다.

수송국민학교 4학년 강명희는 "……잊을 수 없는 4월 19일 / 학교에서 파하는 길에 / 총알은 날아오고 / 피는 길을 덮는데 / 외로이 남은 책가방 / 무겁기도 하더군요 // 나는 알아요 우리는 알아요 / 엄마 아빠 아무 말 안 해도 / 오빠와 언니들이 / 왜 피를 흘렸는지……"라는 시를 4월 23일 한 언론사에 맡겼다.

4월 18일 이전 고등학생들이 순수한 정의감과 뜨거운 열정을 가지고 불의와 폭정에 항거하는 데 비해 대학생들은 너무나 현실주의적이고 무기력하다는 질타를 받았다. "언니 오빠들은 나빠요. 왜 가만히 있어요"라는 항의도 받았다. 그러나 4월 18일부터 대학생

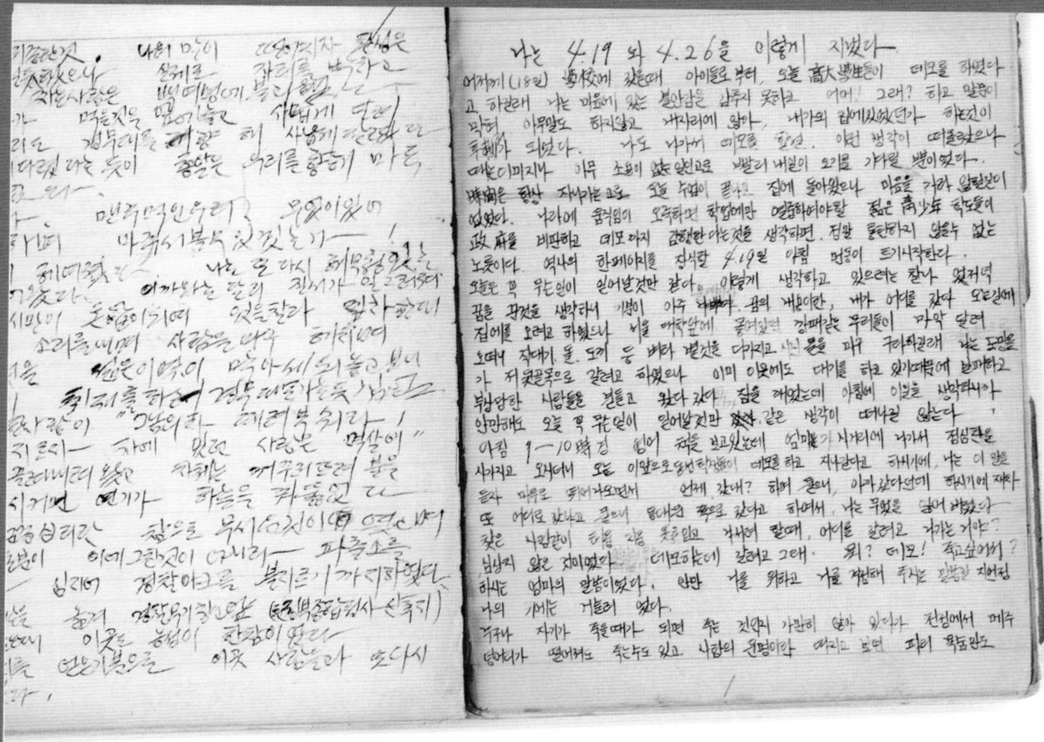
나는 4.19 와 4.26을 이렇게 지냈다

4월혁명 당시 일기 혁명의 순간이 생생하게 기록되어 있다.

들은 성난 사자로 변해 4월혁명의 주역이 되었다.

1950년대 내내 대학 교수들은 이승만 정권의 학정(虐政)과 비리, 부패, 부정선거를 외면하고 체념 속에 산다는 비난을 받았다. 그렇지만 4월 19일 '피의 화요일'을 목도하고는 더 이상 가만히 있을 수 없었다. 4월 25일 대학 교수들은 "학생의 피에 보답하라"는 플래카드를 들고 "이승만은 즉시 물러나라"고 외쳤다. 대학 교수에 대한 인상이 삽시간에 바뀌는 순간이었다.

이승만 백색(파쇼)독재의 반공·냉전 이데올로기에 짓눌린 암담하고 암울한 세상에서 위축될 대로 위축되었던 지식인들은 4월혁명으로 새 세계를 만나 새로이 태어났다. 이 점에서 4월혁명은 지식인 혁명이었다.

4월혁명 이후 노동운동은 교원노동조합 운동이 가장 활기를 띠었다. 당시 초·중·고 교사들은 최대의 지식인 집단이었으나, 1950년대 내내 계속된 북진통일·반공방일 운동이나 숱한 부정선거에 동원되어 항상 양심의 가책에 시달렸다. 이 때문에 이승만 퇴진 후 이틀이 지난 4월 28일 교원노조 발기인회가 서둘러 소집되었다.

4월혁명에는 감수성 강한 시인들이 특히 열정적으로 참여했다. 그것은 4월혁명과 관련해서 소설보다 시가 월등히 많은 것을 통해서도 짐작할 수 있다. 청록파 시인 박두진은 3월 15일 1차 마산의거가 일어나자 4·19 이전이어서 이승만 정권의 서슬이 퍼런데도 불구하고, "무슨 일이 꼭 일어날 것만 같다가 일어난 것이 마산사건이었다. 그러한 불안한 예감과 피비린내를 풍기는 살벌하고 무거운 공포와 암흑의 분위기 속에……"로 시작되는 예언적인 글 「우리는 우중(愚衆)의 나라인가」를 집필했다. 대학 교수였던 그는 4월혁명 시를 많이 썼고, 친일 교수와 재단 비리에 맞서 맹렬히 싸웠다.

4월 19일 시위 소식을 들은 김수영은 무작정 뛰어나가 오후 내내 시위대 뒤를 따라다녔다. 그는 잡초처럼 버림받고 짓밟혔던 민중이 일어서는 것을 보았다. 이 무렵 김수영은 매일 술을 마시고 노래를 부르다 다음 날 아침 시를 썼는데, 4월 26일 아침에는 흥분과 환희로 온몸이 떨려 어쩔 줄 몰랐다. 시상(詩想)이 쉬지 않고 떠올라 도저히 가만있을 수 없었다. 이날 오전 "우선 그놈의 사진을 떼어서 밑씻개로 하자 / 그 지긋지긋한 놈의 사진을 떼어서 / 조용히 개굴창에 넣고 / 썩어진 어제와 결별하자 / 그놈의 동상이 선 곳에는 / 민주주의의 첫 기둥을 세우고 / 쓰러진 성스러운 학생들의 웅장한 / 기념탑을 세우자 / 아아 어서어서 썩어빠진 어제와 결별하자"로 시작되는 「우선 그놈의 사진을 떼어서 밑씻개로 하자」를 썼다. 김수영은 그해 6월 15일 훗날 널리 애송되는 「푸른 하늘을」을 썼다.

푸른 하늘을 제압하는
노고지리가 자유로웠다고
부러워하던
어느 시인의 말은 수정되어야 한다

자유를 위해서
비상하여본 일이 있는
사람이면 알지
노고지리가
무엇을 보고
노래하는가를
어째서 자유에는
피의 냄새가 섞여 있는가를
혁명은
왜 고독한 것인가를

혁명은
왜 고독해야 하는 것인가를

– 김수영, 「푸른 하늘을」

김수영

아이젠하워 미국 대통령의 방한

4월혁명의 열기가 채 가라앉기도 전인 1960년 6월 19일에 한국을 방문한 아이젠하워 미국 대통령은 한국 역사상 최대의 환영을 받았다. 1952년에 이어 두 번째로 한국을 방문한 그는 현직 미국 대통령으로서 한국을 방문한 첫 번째 주인공이었다.

402

허정 과도정부와 내각책임제 개헌

이승만의 하야로 과도정부 수반이 된 허정은 4월 28일 가장 먼저 매카나기 미국 대사를 만나고 나서 내각 명단을 발표했다. 미국이 자신을 지지한다는 것을 보여주기 위해서였다. 다음 날 매카나기 대사는 과도정부를 지지한다고 밝혔다.

허정은 4월 28일 각부 장관 명단을 발표한 데 이어 5월 2일 나머지 장관 명단을 발표함으로써 조각을 완료했다. 이승만 추종자이지만 자유당과는 거리를 두고 있었던 허정은 각료 인선을 혼자서 했다. 임명된 각료들 중에는 허정과 친분관계에 있거나 동창이 많았으며, 정치와는 별 관계가 없는 사람들도 적지 않았다. 그렇지만 반공·보수적이라는 점에서는 일치했다. 허정 과도내각이 4월혁명을 계승하고 완수하기에는 근본적인 한계가 있었던 것이다.

각료 명단을 발표한 4월 28일 허정은 성명서를 통해 내각책임제 실현, 3·15부정선거 책임 추궁, 경찰 중립화 등을 주요 정책 과제로 제시했다. 그리고 과도정부 임무는 3개월 이내에 끝내기를 희망한다고 밝혔다.

허정 수반의 정책은 5월 3일 발표에 잘 요약되어 있다. 이날 발표된 시정방침 5개 항 중 첫 번째로 제시된, 더 견실하고 확고한 반공정책을 추진하겠다는 것은 이승만의 반공정책을 계승하겠다는 주장에 다름 아니었다. 중요한 것은 두 번째였다. 허정은 두 번째에서 부정선거 처벌은 부정을 강요한 고위 책임자와 국민에게 잔혹 행위를 한 자에 국한한다고 하여 최대한 그 범위를 축소할 것임을 시사했다. 그보다 더 주목받은 것은 불법적인 일체 행위를 봉쇄하는 혁명적 정치 개혁을 비혁명적 방법으로 단행하겠다는 대목이었다. '비혁명적 방법'을 명시하지 않았지만, 그것은 이승만과 자유당 정권의 불법 행위나 비행을 현행 체제 안에서 해결하겠다는 의미로 받아들여졌다. 그 경우 부정선거 원흉 처단이나 이승만과 자유당 정권의 불법 행위는 사실상 '적당히' 넘어갈 수가 있어서 혁명적 정치 개혁은 실종되게 마련이었다. 이승만과 자유당 권력에 대한 수술을 미봉책으로 넘어가겠다는 표현이었다.

시정방침 세 번째는 오열(五列)을 방지하고 치안 유지를 위해 노력하겠다는 것이었다. 네 번째는 한미관계에 성실히 임하겠다는 것이었다. 다섯 번째에서 비공산권과의 관계를 시급히 조정하겠다고 한 것은 이승만 정권의 경직성에서 벗어난 진일보한 정책이었다. 다섯 번째 항목의 끝부분에서는 특히 한일관계 정상화가 가장 중요한 외교관계의 현안이라고 지목했다. 이로써 이승만의 비정상적인 대일정책은 북진통일론과 비슷하게 역사의 한 페이지로 사라

과도정부의 수반 허정은 누구인가

허정은 청년 시절 미국에서 이승만의 구미위원부를 도왔으며 정부 수립 후에는 교통부 장관, 국무총리서리, 서울시장 등의 요직을 역임했다. 그는 친미적 성향이 강했고, '보기 드문 정직, 성실한 온건우파 정치인'으로 평가받기도 했다. 그러나 "이승만의 표면상의 심복은 이기붕, 이면상의 심복은 허정"이라고 불릴 정도로 이승만의 추종자였다. 허정은 자신이 입각한 것은 "이 박사를 대통령의 자리에 그대로 머물게 하고 거국 내각을 조직해서 민심을 수습"하는 것이라고 피력했다. 허정은 과도정부 수반이 된 이후 부정선거 관련자, 반민주행위자, 부정축재자 처리에 소극적이었다. 그렇지만 총선거에 대해 관리내각으로서 공정하게 하려고 했고, 정권에 미련을 두지 않고 깨끗이 물러났다는 점은 평가할 만하다. 그는 평화적인 정권 교체를 이루어냈다.

지게 되었고, 오랫동안 미국이 구상했던 한·미·일 안보체제가 구체화될 수 있게 되었다.

허정 과도내각이 4월혁명 직후인데도 변화에 소극적이라는 것은 곧 증명되었다. 장관에 뒤이어 발표된 각부 차관 및 차관급, 지방장관, 경찰국장, 정부 산하 관서장에는 아부충성파가 상당히 발탁·영전되었다. 이 때문에 이승만 정권 제1급 책임자가 형사범으로 구속되자 그 공간을 제2급 독재·부패 책임자를 영전시켜 메웠다는 비아냥 소리를 들었다. 조용순 대법원장과 일부 대법관 사표도 반려되었다.

가장 철저히 숙청되어야 할 경찰과 검찰도 대체로 현상 유지를 시켰다. 5월 3일 단행한 경찰 인사에서 발포 명령자를 기용하는 등의 처사로 여론의 반대에 부딪치자 다음 날 이호 내무부 장관은 발령을 취소했다. 하지만 나중에 상당수가 재임용되었다. 당시 한 신문은 20여 명의 경무관과 이사관 중 약 7할이, 160여 명의 총경 중 약 4할이, 500명의 경감 중 약 3할이 아직도 일제 강점기 경찰 출신이라고 보도했다.

허정 정권은 부정선거 관련자 처벌에 처음부터 소극적이었다. 국민의 원성이 컸던 부정축재자 문제도 탈세 문제로 범위를 좁혔다가 8월 12일 부정축재

3·15부정선거 관련자 처벌
장면 정권은 3·15부정선거 사범들을 처벌하기 위한 특별재판을 열었으나 엄격하게 처벌하지 않았다. 사진은 1961년 3월 6일 열린 최인규 전 내무부 장관(맨 오른쪽) 등 3·15부정선거 주동자들에 대한 특별재판 장면.

처리 실패를 자인하고 신정부에 이관하겠다고 발표했다.

국회에서는 개헌과 악법 개정이 이루어졌다. 4월 26일 이승만이 물러났을 때 자유당 간부들이 함께 물러나고 즉시 총선을 실시해야 한다는 여론도 있었다. 자유당 국회가 어떻게 개헌과 같은 중대한 개혁을 할 수 있느냐, 새 술은 새 부대에 담아야 한다는 주장이었다. 문제는 민주당이었다. 민주당은 3, 4월 항쟁에 소극적이었고 진보세력이 등장하는 것을 두려워했다. 그래서 민주당은 다수당인 자유당이 약점투성이라는 점을 이용하여 자유당 덜미를

내각책임제 개헌안 통과

4월혁명 이후 개헌 논의가 활발해지면서 내각책임제 개헌안이 큰 지지를 받았다. 1960년 6월 15일 재적의원 211명 가운데 찬성 208표를 얻어 통과되었다. 왼쪽은 내각책임제 개헌안 공청회(1960년 5월 3일). 오른쪽은 내각책임제 개헌안 표결 장면. 아래쪽은 내각책임제 개헌 통과 소식을 듣고 기뻐하는 시민들의 모습.

잡고 개혁을 하려고 했다.

1960년 6월 15일 국회는 압도적인 지지로 내각책임제 개헌안을 통과시켰다. 국회는 민의원과 참의원의 상·하 양원제였다. 행정부인 국무원은 민의원 해산권이 있었고, 민의원은 국무원 불신임권을 보유했다. 이전 헌법과 가장 큰 차이는 대통령의 권한을 크게 줄이고, 국무총리가 국무위원을 임명하는 등 국가의 실질적인 지도자로서 정무를 이끌어가게 되어 있는 점이었다. 대통령은 국무총리 지명권, 계엄 선포 거부권, 정부의 정당소추에 대한 동의권 등이 있을 뿐이었다. 그런데 국군통수권이 대통령에게도 있을 수 있다는 주장을 할 수 있어 나중에 논쟁이 되었다.

이승만 정부 때는 정부가 진보당의 경우처럼 정당을 해산시킬 수 있었는데, 새 헌법에는 정당 조항이 신설되어 국가의 보호를 받도록 했다. 이제는 민주적 질서에 위배되는 경우에 한해 정부가 대통령의 승인을 얻어 소추하고 헌법재판소 판결로 해산을 결정할 수 있게 되었다. 법원이 이승만의 횡포에 시달렸기 때문에 법관선임제도 민주적으로 바꾸었다. 대법원장과 대법관은 선거인단을 구성해서 선출하게 되었고, 일반 법관은 대법관 회의의 결의에 따라 대법원장이 임명하게 되었다. 과거에는 헌법재판소가 상설적으로 존재하지 않았는데, 새 헌법에 의해 상설기관이 되었다.

국민 기본권도 향상되었다. 이전 헌법의 자유권에 대한 유보 조항을 삭제하고, 언론·출판·집회·결사의 사전 허가나 검열제도 철폐했다. 국가보안법도 개정되었다. 말썽 많았던 언론 조항 등은 삭제되었다. 그러나 불고지죄가 신설되고 예비음모 조항 등이 그대로 남아 있어 악용될 소지가 많았다. 6월 24일 통과된 신문·정당 등의 등록에 관한 법률은 언론 매체에 대한 정부의 폐간과 정간, 허가제를 없애고 간단한 수속으로 등록을 할 수 있게 했다.

史+

| 정치인의 억울한 죽음과 집단 학살 사건 |

의혹사건의 진실 밝히기

이승만 대통령이 실각한 지 3일 후인 1960년 4월 29일 한 시민이 "백범 김구 선생을 살해한 안두희를 체포하라"는 피켓을 들고 시위를 벌였다. 이승만 최대의 의혹사건에 대해 진실 밝히기가 수면 위에 떠오른 순간이었다. 같은 날 강원도 양구에서 안두희의 집이 학생들에 의해 파괴되었다. 한국전쟁이 발발하자 형무소에서 풀려나 군에 복귀한 안두희는 군에서 특별 보호를 받다가 영관급으로 예편한 뒤, 원용덕 헌병 총사령관 밑에서 문관이 되었고, 그 뒤 양구에서 군납 공장을 차려 풍족하게 살다가 '뜻밖에도' 4월혁명을 맞은 것이다.

이승만이 권좌에서 물러나자 김구 추모사업이 진행되는 한편 암살 진상 규명 운동이 벌어졌다. 6월 26일 김구 서거 11주년을 맞아 김창숙은 추도식장에서 "선생을 저격 살해한 안두희를 죽여라! 그리고 그 배후 조종자인 이승만을 규탄하자"라며 슬피 울었다. 안두희는 이승만이 실각하자 곧장 은신하며 도피 행각을 벌였으나, 1961년 4월 17일 고(故)김구선생살해사건진상규명투쟁위원회(위원장 김창숙) 간사 김용희에게 붙잡혔다. 하지만 당국은 현행법상 안두희 구속은 불가능하다는 입장이었다. 그해 4월 28일 효창공원에서 백범암살사건배후자규탄대회에 참석한 3000여 명의 시민들은 국회의사당까지 행진하며 가두시위를 벌였다.

5·16군부쿠데타로 안두희는 안정을 되찾았으나, 테러의 위협에 시달렸다. 6월항쟁 이후 민주화가 진전되면서 안두희는 수차례 테러('응징')를 당하며 진실을 고백하라는 요구를 받았으나, 이승만과의 관계를 끝내 밝히지 않았다. 그는 1996년 한 시민의 몽둥이에 맞아 기구한 생을 마감했다. 안두희의 일생은 한국 현대사의 한 단면을 그대로 보여주었다.

서북청년회 부회장이었고, 1952년 조봉암 대통령 후보 선거사무차장이었던 김성주가 1953년 헌병 총사령부에 끌려가 1954년 고문으로 사망한 것도 여러 가지 의혹을 샀다. 당시 헌병 총사령관은 원용덕으로 그는 육군 특무대장 김창룡(1956년 암살당함)과 함께 각별히 이승만의 총애를 받던 자였다. 김성주 살해사건으로 불린 이 사건은 4월혁명 이후 수사가 진행되어, 이승만 측근으로 서북청년회 부회장이었던 문봉제는 일반법원에서 징역 3년을(1961년 3월 19일), 전 헌병 총사령관 원용덕은 육군 중앙고등군법회의에서 징역 15년을 선고받았다(1961년 9월 30일).

한편 1956년 9월 28일 이승만의 정적 장면 부통령이 저격당한 사건은 하수인 3명이 사형선고를 받고 끝나는 것처럼 보였다. 그러나 4월혁명 직후인 1960년 5월 의혹사건으로 조사를 받던 김종원이 장면 부통령 저격 사건의 진짜 배후는 임흥순이며 증거까지 가지고 있다고 '실언'함으로써 전면 재수사가 이루어졌다. 그 결과 자유당 간부 임흥순이 이기붕 지시로 음모를 꾸며 당시 내무장관 이익흥에게 지시를 내렸고, 이익흥은 치안국장 김종원에게, 김종원은 특정(特情)과장 장영복과 중앙사찰분실장 박사일에게, 이들은 다시 서울시경 사찰과장 오충환에게 지시를 내려 하수인이 장면 부통령을 저격한 것으로 드러났다. 1961년 7월 13일 대법원은 1심에서 사형 판결을 받은 임흥순·이익흥에게 무기징역을, 김종원에게 15년을, 장영복·박사일·오충환에게 10년을 선고했다.

1960년 5월 24일 구국사회당 대표 고정훈이 조봉암 사형 사건 내막을 폭로했다. 이승만의 지령으로 특무대와 대북공작기관 대원이 이 사건을 조작했으며, 이승만은 일찍이 김창룡에게도 그러한 지시를 내렸다는 내용이었다. 고정훈은 육군본부 정보국 차장,《조선일보》 논설위원을 지냈기 때문에, 그의 폭로는 주목을 받았으나 물증을 제시하지 못했다. 조봉암 사형 사건은 2007년 진실·화해를위한과거사정리위원회에 의해 상당 부분 진실이 밝혀졌다. 2011년 대법원은 이 사건 재심에서 전원 합의로 조봉암에 대해 무죄를 선고했다.

위의 사례는 대형 사건에 속하지만, 이 밖

장면 부통령 저격 사건

장면 부통령 저격 사건의 의혹은 전 치안국장 김종원의 '실언'으로 전면 재수사가 이루어지면서 그 내막이 드러났다. 사진은 검찰 출두에서 장면 부통령 저격 사건의 배후가 임흥순 민의원이라고 증언하는 김종원(왼쪽)과 장면 부통령 저격 사건으로 구속된 최훈(오른쪽 흰 수의) 피고가 내무장관실 앞에서 현장검증을 하고 있는 모습(오른쪽).

에도 크고 작은 의혹 사건들이 꼬리를 물고 터졌다. 민족사 최대의 비극인 한국전쟁 전후의 집단 학살 사건도 더 이상 은폐할 수 없게 되었다. 거창양민학살 사건 당시 신원면 면장이었던 박 모가 1960년 5월 11일 타살되어 불태워진 끔찍한 사건이 발생하면서 각지에서 일어난 학살 사건이 잇달아 보도되었다. 연일 신문에 유골들이 흐트러져 나뒹구는 사진이 실렸다. 그때까지 생사를 몰랐거나 어디에서 죽었는지 몰랐던 유족들이 모여들었다. 그것도 그럴 것이, 예컨대 최소한 5만 명 이상, 어쩌면 10만 명 이상을 최고위층 지시에 따라 군경이 전국 거의 모든 지역에서 집단 학살한 보도연맹 사건만 하더라도, 당국은 언제 어디서 학살했는지 전혀 알려주지 않았고, 심지어 피학살자 명단조차 작성하지 않았던 것이다. 사건이 좌시할 수 없을 만큼 확대되자 자유당 의원이 다수인 국회에서 양민학살사건진상조사특별위원회를 만들어 활동에 들어갔으나(5월 23~6월 21일), 얼렁뚱땅 끝내고 말았다.

희생자 유족들은 피학살자 접수소와 유족 신고소를 설치했고, 진상 규명과 현직 경찰을 포함한 학살 책임자 처벌, 학살 장소와 생사 여부 확인, 희생자 호적 정리, 유족에 대한 감시 해제 및 국가의 보호와 배상, 유골 발굴과 위령비 건립 등을 요구했다. 또 유골을 발굴하여 합동 장례를 치르거나 합동 묘소를 만들었고, 경찰서로 몰려가 데모를 하기도 했다.

공주 금강변 학살지로 끌려가는 피학살자들.

각지에서 유족회도 만들어졌다. 경북의 경우 처음부터 도 단위의 유족회 결성에 들어가 6월 15일 경북지구피학살자유족회와 합동위령제준비위원회 결성대회가 열렸다. 경남의 경우 5월에 금창(김해·창원)지구장의위원회, 6월에 밀양피학살자조사대책위원회·마산시피학살자유족회가 결성된 데 이어 8월에 충무유족회·창원피학살자유족회·동래피학살자합동장의위원회 등이 만들어졌고, 8월 28일 경남피학살자유족회 결성대회를 가졌다. 전국피학살자유족회는 10월 20일 서울의 전 자유당 중앙당사에서 결성대회를 가졌다. 제주도의 경우 1960년 5월 4·3사건진상규명동지회가 발족한 데 이어 6월 4일 모슬포를 중심으로 피학살자유족회가 조직되었다.

전국유족회는 경남·북지방 유족회 중심으로 만들어졌다. 유족회가 제주도를 제외하면 주로 경상도에서 조직된 것은 이 지역이 전쟁 기간에 인민군이 들어오지 않았거나 잠깐만 있었던 것이 기본 요인이었다 또 5·16군부쿠데타가 일어나기 전까지 경상도는 조봉암 표가 많이 나오는 등 야당성이 강했다.

5·16군부쿠데타가 일어나자 유족회 관련자들은 용공·이적 행위 동조자로 몰려 된서리를 맞았다.

거창양민학살 사건 진상 규명 시위.

국토 개발 사업의 사방공사 광경

경제 건설의 기반을 마련하기 위해 장면 정부는
1961년 3월부터 국토 개발 사업을 의욕적으로 추진했다. 이 사업은 군사쿠데타로
좌절되었으나 기본 취지와 인적 자원은 군사정권에 계승되었다.
사진은 국토 개발 사업의 일환으로 추진된 사방공사에 동원된 여성들 (1961년 3월 15일).

403

경제 제일주의를 내세운 장면 정권

내각책임제 정치를 구현할 총선일은 7월 29일로 정해졌다. 민의원과 참의원 동시선거였다. 7·29총선에서는 이승만 정권과 민주당의 야합으로 탄압받았던 혁신계가 관심을 끌었다. 총선을 한 달 앞두고 20명 정도가 민의원에 당선될 것이라는 보도가 나돌았으나 선거일이 가까워지면서 혁신계는 표를 얻지 못할 것이라는 전망이 우세해졌다. 명망가들을 중심으로 사회대중당이 결성되었으나 혁신 진영의 분열로 여러 혁신정당이 입후보자를 냈다. 또한 혁신정당은 탄압으로 인해 자금이나 조직도 없었고, 유권자들은 여전히 레드콤플렉스를 벗어나지 못하고 있었다.

7·29총선은 한국전쟁 이후 처음으로 자유로운 분위기에서 치러졌고 혁신계의 선거 참여로 관심을 모았으나, 정책 대결은 기대 밖이었다. 사회정책에서 민주당이 혁신계와 비슷한 정책을 제시해 김을 빼버렸다. 다만 사회대중당이 그때까지의 모든 정치 흑막을 밝히고 부정선거범 처벌과 부정축재자 재산 회수를 주장한 것 정도가 민주당 정책과 대비되었다.

투표 결과 예상대로 민주당이 압승하고 혁신정당은 참패했다. 민주당은 민의원 233석 중 175석, 참의원 58석 중 31석 등 206석을 얻었으나, 혁신 계열은 세 개 정당을 합하여 민·참의원 8석을 얻는 데 그쳤다. 민주당은 자금과 조직에서 월등히 우세했을 뿐만 아니라 자유당 정권 때 탄압을 받아 동정표가 많았다. 부정선거에 책임이 있는 자유당 관계자들이 상당수 당선된 것은, 참의원 선거 방식에도 문제점이 있었지만, 농민들의 의식이 그다지 변하지 않은 것이 주요 요인이었다.

총선이 끝나자 내각책임제하에서 행정 책임자인 국무총리 선출에 관심이 쏠렸다. 선거 과정에서 한 치의 양보 없이 경쟁했던 민주당 신·구파는 대통령과 국무총리 선출 문제를 두고도 맹렬히 다투었다. 투표 결과 대통령은 구파의 윤보선이, 국무총리는 신파의 장면이 선출되었다.

장면 내각은 8월 23일 출범했다. 그러나 신·구파의 집안싸움으로 인해 출

7·29총선 개표 상황
텔레비전이나 라디오가 흔치 않던 시절, 선거 개표 상황이 신문사 게시판을 통해 실황 중계되고 있다.

발부터 순조롭지 않았다. 구파는 총선이 끝난 직후부터 분당을 하겠다며 신파와의 결별을 선언했다. 장면은 구파와의 갈등으로 신파 중심으로 내각을 구성했다. 구파는 분당을 하여 신민당을 결성했다(1960년 10월 18일). 신민당은 장면 정권을 격렬히 공격했다. 장면 정권은 그다음 해인 1961년 봄에 가서야 어느 정도 권력이 안정되었다.

1960년 12월 장면 내각은 역사상 처음으로 네 차례에 걸쳐 면의원과 면장을 비롯하여 서울특별시장과 도지사를 뽑는 지방자치 선거를 실시했다. 겨울이고 선거가 많아서인지 투표율은 저조했다. 그런데 지방자치가 시작될 무렵 5·16군부쿠데타가 일어나 그 이후 30년 동안 지방자치 선거가 없어짐으

1960년 제5대 국회의원 선거 정당·단체별 당선자 분포

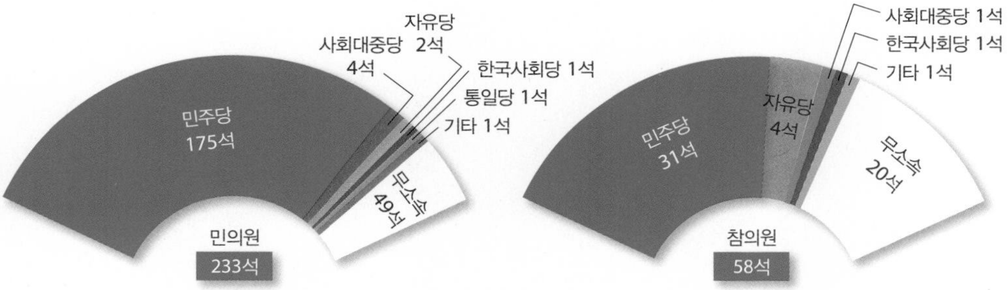

* 무소속 당선자 중 상당수는 자유당 관계자임.

단명에 그친 양원제 국회·내각 책임제

양원제는 발췌 개헌에 이미 포함되어 있었으나 이승만 정권은 한 번도 참의원 선거를 실시하지 않았다. 상원에 해당하는 참의원은 임기 6년으로 서울과 각 도에서 대선거구제로 선출했는데, 3년마다 2분의 1씩 다시 뽑도록 했고, 인원은 민의원 수의 4분의 1 이내로 했다. 하원은 전과 같이 임기 4년의 민의원으로서 소선거구제로 선출했다. 행정수반인 국무총리는 민의원에서 선출하고, 상징적인 국가수반인 대통령은 민·참의원 합동회의에서 선출하도록 했다. 한국 역사상 양원제가 실제로 구성되어 운영된 것은 민주당 정권기뿐인데, 5·16쿠데타로 불과 10개월의 단명에 그치고 말았다.

로써 풀뿌리 민주주의는 결정적인 위기를 맞았다.

장면 국무총리는 취임 첫인사로 경제 제일주의를 내세웠다. 1961년 신년사에서도 무엇보다도 우선하여 경제 제일주의를 역설했다. 장면 내각의 경제 브레인 김영선은 4월혁명 직후 민주당은 경제 지상의 정당이라고 단언한 바 있었다. 일제강점기 민중 생활의 핍박, 해방 후와 전쟁기의 경제적 곤경에 진저리가 나게 고생한 한국인들은 1950년대 후반부터 경제 자립, 경제 발전을 강력히 희구했다. 민주당 정부는 이 점을 잘 알고 있었다.

장면 정부는 인프라 조성 사업으로 전력을 중시했고, 중소기업 육성에 힘을 기울였다. 그리하여 1961년 전력 개발을 위해 전년의 다섯 배나 되는 286억 환을 예산에 배정했고, 중소기업 부문에 전년의 배가 넘는 역시 286억 환을 배정했다. 특히 장면 정부는 경지 정리, 관개 및 배수, 산림녹화, 도로·교량 건설, 댐 건설 등의 국토 개발 사업을 의욕적으로 추진했다. 1961년 3월부터 시작된 이 사업에는 특히 사무직 1614명, 기술직 452명을 대졸자 가운데

윤보선과 장면의 대결

윤보선과 장면은 민주당의 구파와 신파를 대표하는 인물이다. 한민당을 이어받은 구파 지도자 윤보선은 일제강점기에 영국 유학을 다녀온 보수적인 인물로서 이승만 정권하에서 서울 시장, 상공부 장관 등을 지냈고, 이승만에 이어 두 번째 대통령이 됨으로써 무척 운 좋은 사람이라는 인상을 주었다. 그러나 그는 투쟁적이고 고집이 센 사람이라는 것이 먼저 장면 국무총리와의 갈등관계에서, 그다음에는 박정희와의 길고 긴 대결에서 드러났다. 신파 지도자 장면은 독실한 가톨릭 신자로서 이승만 정권하에서 첫 주미 대사와 제2대 국무총리를 지냈으며, 1956년에는 자유당의 이기붕을 누르고 부통령에 당선되었다. 그는 가톨릭과 흥사단, 관료 출신의 정치인, 신흥 자본가들에게 지지를 받았다. 이처럼 서로 다른 뿌리를 가진 두 사람은 협력관계를 유지하지 못했고, 윤보선은 장면 정권의 정책에 간섭을 해 민주당 정권의 지도력을 약화시켰다.

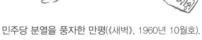

민주당 분열을 풍자한 만평(《새벽》, 1960년 10월호).

선발하여 임용했는데, 이는 정부 수립 이후 최대 규모로 이뤄진 공채였다. 그 전까지 공무원은 대개 친일파이거나 알음알음 연줄로 들어온 사람들이었다. 공무원 공채제도는 민주당 정권에서 터가 닦이기 시작하여 1960년대 후반에 이르면 확고히 자리를 잡게 된다.

민주당 정부는 경제개발을 계획성 있게 추진하기 위해 1961년 4월 말쯤 경제개발 5개년 계획안을 완성했다. 5·16군부쿠데타 정권이 1961년 7월 3일 발표한 5개년종합경제계획안은 이것을 베낀 것이었다. 장면 정부는 5개년 경제개발 계획을 위해 미국의 원조에 기대는 한편 국군을 대폭 감축하여 재원을 마련하고자 했다. 국군 감축은 미국의 반대로 실패로 돌아갔다. 경제계획을 추진할 테크노크라트도 아직은 부족했으나 1961년 4월 공무원임용령 등을 공포하여 관료제를 쇄신하고자 했다. 그 밖에도 중소기업협동조합법 등을 제정하여 중소기업 발전의 제도적 기반을 구축하고자 했다. 무역도 1961년에 들어와 증가했다. 그러나 정권이 세 번이나 바뀌고 선거가 여러 번 시행

국토 개발 사업 착수 기념식
민주당 정부는 경제 제일주의를 내세우고 경제개발을 추진했다. 사진은 1961년 3월 1일 국토 개발 사업 착수 기념식에 참석한 윤보선 대통령(맨 왼쪽)과 장면 국무총리(왼쪽에서 두번째).

되는 등 어려움이 가중되면서 1960년 성장률은 2.1퍼센트에 머물렀다.

장면 정부는 4월혁명을 완수하는 문제에 소극적이었다. 이승만·자유당 정권 청산의 문제, 즉 부정선거 원흉의 처리 문제, 반민주 활동자의 처벌 문제, 부정축재자 문제 등 어느 것 하나 속 시원히 해결하지 못했다.

민주당 간부들은 자유당 간부처럼 극우반공적이라는 점에서 별 차이가 없었고, 친일파도 똑같이 많았다. 이승만·자유당 정권의 숙청은 극우반공 세력의 핵심을 숙청하는 일이었다. 그것은 또한 검찰과 경찰, 사법부를 개혁하는 일이기도 했다. 무엇보다도 부정선거 원흉을 처단하려면 4월혁명의 정신에 따른 입법, 즉 혁명입법이 필요했다. 김병로 등 뜻 있는 인사들은 속히 혁명입법을 제정할 것을 요구했지만, 장면 정부는 귀를 기울이지 않았다. 그러다가 10·8판결에 직면했다.

각계의 혁명입법 요구

1960년 10월 8일 서울지방법원이 3·15부정선거 주범들에게 가벼운 형이나 무죄를 선고하자, 이에 격분한 4월혁명 부상자들이 목발을 짚고 국회 본회의 의장석을 점거한 후 '혁명입법'의 조속한 제정을 요구하는 시위를 벌이고 있다.

10월 8일 서울지방법원은 부정선거 사범으로 사형이 구형되었던 아홉 명 중 한 명에게만 사형을 선고하고, 전 경무대 경호실 책임자 곽영주에게는 징역 3년, 전 내무부 장관 홍진기에게는 징역 9개월을 선고하는 등 대부분의 피고인들에게 경형 또는 무죄를 선고했다. 이 판결로 여론이 악화되자, 국회는 부랴부랴 혁명입법을 서둘러 10월 11일 헌법을 개정하고 민족반역자처벌 및 부정축재처벌특별법안의 기초를 조속히 완료할 것을 결의했다. 이날 4월혁명 부상자들이 민의원 본회의장에 난입한 사건으로 사회 여론은 더욱 끓어올랐다.

개헌은 신속히 이루어져 11월 29일 정부에 이송되어 공포되었다. 반민주행위자공민권제한법안, 부정선거관련자처벌법안, 특별재판소 및 특별검찰부조직법안이 11월 30일 민의원에서 통과되었다. 자유당 관계자들이 많은 참의원에서는 지지부진하다가 먼저 특별재판소·특별검찰부조직법안이 통과되었고, 연말이 다 되어서야 부정선거관련자처벌법안이, 그리고 반민주행위자공민권제한법안이 대폭 완화되어 통과되었다.

특별검찰부(약칭 특검)는 1961년 1월 중순에 가서야 활동에 들어갔다. 하지만 정부의 비협조와 특검 자체의 의욕 저조로 일이 제대로 진행되지 않았다. 2월 28일 공소 시효가 끝났을 때 특검은 250여 건을 입건했는데, 이 중 신체구속이 40여 건, 구속 기소가 30여 건, 불기소 석방이 10여 건이었고, 기소중지는 무려 180여 건이나 되었다. 하나 마나 한 재판이었다. 4월에 발포 책임자 한 명과 부정선거 원흉으로 전 내무부 장관 최인규가 사형을 선고받았을 뿐 나머지 피고인에게는 15년 이하의 징역형이 선고되었다. 곧이어 5·16쿠데타로 인해 대부분은 미결로 끝났다. 1949년에 있었던 반민족행위자 처단 이후 처음 실시된 역사 바로세우기였는데, 반민법 파동과 비슷하게 흐지부지되고 말았다.

4월혁명 후 부정선거 원흉의 처벌 못지않게 요구된 것이 부정축재자 처벌이었다. 장면 정부의 여론조사에 따르더라도 3·15부정선거범을 '엄벌'하라는 요구는 33.1퍼센트였는데, 부정축재자를 엄벌하라는 요구는 37.3퍼센트나 되었다. 재벌이나 기업인, 공무원, 장성, 학원 모리배들은 대개가 관권과 결탁해 부정하게 재산을 축적한 자들이므로, 이들의 부정행위를 처벌하고 재산을 환수해야 사회정의가 바로 세워지고 경제도 바로잡을 수 있다고 생각했기 때문이다.

부정축재자 처벌은 부정선거 원흉 처벌보다 한층 어려웠다. 전국경제인연합회의 전신인 한국경제협의회 및 대한상공회의소 등에서는 부정축재자 처벌은 공산화의 길을 닦아준다는 색깔론으로 공격했다. 1961년 4월 참의원에서는 간신히 민의원을 통과한 법을 대폭 수정했다. 정부가 공포한 이 법은 "3·15부정선거를 위하여 자진 3000만 환 이상을 제공한 자"를 처벌하게 되어 있었는데, 자진해서 제공했다고 할 사람은 없을 테니까 있으나 마나 한 법이었다. 이 법은 그나마 시행조차 되지 못한 채 쿠데타를 맞았다.

장면 정권이 과거 청산에 적극적이었던 부문은 경찰 숙정이었다. 이승만 정권은 경찰통치라고 말할 정도로, 경찰은 이승만과 자유당 정권의 하수인으로서 부정선거에 앞장섰다. 특히 극우반공 체제를 지키는 데 선봉이었던 대공 사찰요원은 3·15부정선거에서 '수훈'을 세웠다. 장면 정부는 집권 3개월 안에 경찰 4500명을 숙정했고, 경찰관의 80퍼센트를 다른 지위로 옮기거나 다른 지방으로 보냈다.

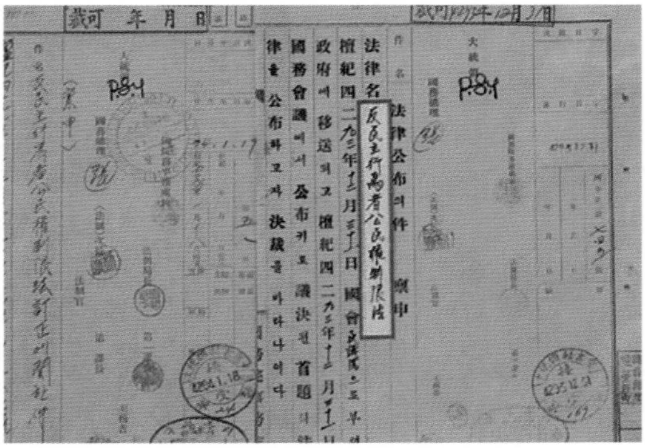

반민주행위자공민권제한법 공포

4월혁명 후 반민주행위자들의 선거권·피선거권·공직취임권 등의 권리를 일정 기간 동안 정지시키기 위한 반민주행위자공민권제한법이 공포되었으나 5·16군사쿠데타로 실현되지 못했다.

4월혁명기는 혼란기였나

불과 9개월의 짧은 기간으로 단명한 장면과 민주당 정권은 많은 비판을 받았다. 특히 박정희 정권은 쿠데타를 합리화시키기 위해 18년 동안 집요하게 장면 정권을 비난했다. 장면 정부는 우선 너무나 많은 일을 처리하도록 떠맡지 않을 수 없었다. 이승만 정권 12년간의 비리와 흑막, 의혹 사건이 많았고, 이승만 정권 때 잘못된 것을 시위 등을 통해 시정을 요구하는 일이 많았다.

언론은 장면 정권이 일할 수 있는 시간도 주지 않고 쉬지 않고 공격했다. 심지어 장면계로 알려진 《경향신문》과 어용지인 《서울신문》이나 KBS 방송까지도 장면 정권을 비판했다. 자연히 장면 정부의 잘못이 크게 부각될 수밖에 없었다. 또한 신·구파 싸움뿐만 아니라 경찰을 숙정하고 자유당계 관료를 제거한 것도 장면 정부의 집행력을 떨어뜨리는 데 일조했다.

1960년 4월 26일 이승만 정권이 붕괴한 이후 수많은 시위가 있었던 것은 사실이다. 이승만 정권 때 잘못되었던 것, 억울했던 것과 관련된 분노와 불만, 항의가 한꺼번에 분출한 것이다. 4월혁명기에 이와 같은 '혼란'은 반드시 거칠 수밖에 없었고, 그러한 과정을 통해 건강한 민주사회가 형성되기 마련이었다. 7월 이후 데모는 많이 줄었고, 1961년에 들어서는 격감되었다. 군부의 쿠데타 음모 세력은 4·19혁명 1주년에 시위대에 도발해 쿠데타를 일으키려고 했지만 실패했다. 그날 학생들은 차분히 침묵시위를 벌였을 뿐이다.

이처럼 시위가 줄었고, 장면 정권의 정책 집행력이 서서히 커졌지만, 극우반공 세력이나 기득권 세력이 크게 불안해했던 것은 사실이다. 이들은 이승만 독재정권의 온실에서 법을 무시하면서 편안한 생활을 구가하다가 4월혁명 앞에서 크게 위축되었다. 이들에게는 자유와 민주주의, 인권과 과거 청산, 법치주의 등 모든 현상이 불안했다. 특히 통일운동, 그중에서도 남과 북이 만나서 이야기하자는 협상론이 불안했다. 권력을 넘보던 일부 군부쿠데타 주동자들은 이러한 불안을 이용했고, 극우반공 세력을 대변하여 극우반공 체제를 재정비·강화하고자 했다. 그들은 진보적이고 민족주의적인 혁신세력을 좌경용공 세력으로 몰았고, 무능한 장면 정부하에서 혼란이 극심해졌다고 계속해서 선전했다.

4월혁명 1주년 기념 침묵시위.

외국산 자랑은
수치인줄 모르는가
커-피 한잔에 피한잔
커-피소비량 360억

404

가자 북으로, 오라 남으로

4월혁명은 통일운동의 문을 활짝 열어놓았다.

1950년대는 분단된 지 얼마 안 되고, 전쟁이 끝난 게 엊그제 같아서 통일을 바라는 마음이 간절했다. 더구나 이승만 정권은 민중을 억누르기만 하고 삶은 퍽이나 고달파서 통일에 대한 기대감이 한층 컸다. 그렇지만 이승만 정권하에서는 긴장을 극도로 고조시키고 전시체제를 방불케 하는 북진통일을 외치는 것 외에 다른 말을 꺼낼 수가 없었다. 북진통일을 반대하고 평화통일을 주창한 조봉암이 처형된 것은 당시의 상황을 잘 말해준다. 4월혁명으로 극우반공 체제가 약화되고 자유가 쟁취되자 통일에 대한 논의가 가능해졌고, 점차 통일운동도 활발해졌다.

7·29총선까지만 해도 레드콤플렉스가 작용해 통일에 대한 논의는 그다지 활발하지 않았다. 이 무렵 미국의 김용중이나 일본의 김삼규가 주장하던 중

신생활운동
학원으로 돌아온 학생들은 학도호국단을 해체하고 학원 민주화운동에 힘을 쏟는 한편 경제적인 자립을 위해 일체의 사치를 배격하는 신생활운동을 범국민운동으로 벌였다. 사진은 '커피 한 잔에 피 한 잔', '정치만 혁명이냐 생활도 혁명이다' 등이 적힌 피켓을 들고 거리를 행진하는 학생들.

중립화 통일론을 주장한 김삼규
해방 직후 언론인으로 활동하다가 이승만 정권의 탄압으로 일본으로 망명한 김삼규는 이승만의 북진통일론에 맞서 중립화 통일론을 제창했다. 한반도를 둘러싼 미·소·중·일의 4강대국과 남북이 참가하는 6자회담을 요지로 한 그의 통일론은 4월혁명기의 통일운동에 영향을 끼쳤다.

립화 통일론이 잡지 등에 소개되면서 차츰 통일운동에 불을 지폈다. 학생들이 외제 사치품을 배격하며 양담배를 피우지도 커피를 마시지도 말자는 신생활운동을 벌일 때, 또 다른 학생들은 시국토론회를 열어 통일 문제를 제기했다.

1960년 11월 초에는 서울대학교 문리대와 법대 등에서 통일 문제가 논의되었는데, 특히 11월 1일 문리대 교정에서 있었던 서울대학교 민족통일연맹(약칭 민통련) 발기모임은 기성세대들에게 충격을 주었다. 이 발기모임에서 채택한 대정부 및 사회 건의문에 담긴, 기성세대는 남북 분단의 책임을 지고 통일에 대한 젊은이의 발언을 억압하지 말고, 정부는 적극 외교로 전환해 그 일환으로 장 총리가 미국과 소련을 방문하라는 등의 요구는 냉전의식을 몹시 자극했다. 다음 날 장 총리는 오스트리아식 중립화 통일안에 대해 경고했고, 내무부 장관은 국가보안법의 보강을 시사했다. 이날 '야간국회'에서는 대한민국 헌법 절차에 의해 남북 자유선거를 실시할 것을 결의해 이승만의 북진통일운동 시대로 되돌아간 느낌을 주었다. 한편 8월 14일 북은 남북 간의 경제·문화를 통일적으로 조절하는 느슨한 형태의 연방제를 제의해 남에 영향을 주었다.

중립화 통일론과 남북협상론

통일 방안	주요 주장	주요 정당·단체
중립화 통일론	국제회의를 통한 국제적 보장 하의 영세중립화. 민자통의 통일론을 무원칙한 통일론으로 비판.	통일사회당 중립화조국통일총연맹
남북협상론	외세의 간섭을 배격하고 남북협상에 의한 민족 자주적 입장의 평화통일 주장.	사회당 민족자주통일협의회

통일운동과 혁신계의 정치세력화는 상호 상승작용을 일으켰다. 통일운동은 1960년 10월 이후 혁신계가 몇 개의 정당으로 새로 정비되는 등 혁신계와 청년·학생들의 움직임이 활발해지면서 활기를 띠었고, 혁신계는 통일운동이 활기를 띠면서 힘을 얻어갔다. 1961년 1월에는 통일운동의 주도 단체로 민족자주통일협의회(약칭 민자통)를 조직하는 작업이 구체화되어 통일선언서가 발표되었고, 2월 25일에는 결성대회를 가졌다. 민자통에는 사회당과 혁신당의 일부, 사회대중당 등 여러 혁신정당과 사회단체가 참여했으며, 청년 단체가 적극적인 역할을 맡았다(위원장 김창숙). 민자통은 통일의 3대 원칙으로 자주·평화·민주를 표방했다.

진보적 통일운동은 민족해방론과 결합했다. 1960년 11월 1일 민통련 발기모임에서도 자주성 확립을 역설했지만, 청년·학생, 혁신계는 1961년 2월 8일 한미경제협정이 체결되자 반미자주화 운동을 벌였다. 서울대 민통련이 중심이 되어 조직한 전국학생투쟁위원회는 외세가 매족적·반민족적 일부 분자와 결탁하여 조국을 분할했다고 지적하고, 한미경제협정에 미국의 한국경제감독권 강화 조항 등이 들어간 것은 예속적·식민지적 불평등 협정이기 때문에 결연히 반대한다고 천명했다.

역사에는 수많은 역설적인 일이 있지만, 2대악법 반대투쟁이 혁신계의 대중적 역량을 키우는 데 일조한 것도 그러한 현상이었다. 학생들과 혁신계의 통일운동이 활발해지고 그것이 반공주의와 냉전 이데올로기를 위협하자, 장면 정부는 1961년 3월에 들어와 반공법과 데모규제법을 제정하여 이에 대처하려고 했다. 그러나 반공법과 데모규제법을 제정하려는 움직임은 혁신계의 2대악법 반대투쟁을 불러왔다.

통일사회당 등 혁신계에서는 반민주악법공동투쟁위원회를 조직하여 두 법안에 대한 반대투쟁을 벌였

한미경제협정

장면 정부와 미국 사이에 체결된 경제조약으로서 미국 경제고문의 요청이 있을 경우 경제상의 자료나 기록을 제공하고, 미국 회사원·교육자·기술자에게 외교관적 지위를 부여하며, 세법을 비롯한 한국의 법률 구속을 받지 않는다는 것이 주요 내용이다. 이 협정 체결로 반미 감정이 확산되었고, 미국과 민주당 정권에 대한 불신감이 높아졌다.

2대악법 반대 집회

장면 정부가 점점 고조되고 있는 통일운동을 탄압하기 위해 반공법과 데모규제법 제정을 서두르자 혁신계와 학생들을 중심으로 2대악법 반대투쟁이 일어났다. '밥 달라 우는 백성 악법으로 살릴소냐'라고 씌어진 플래카드가 눈에 띈다.

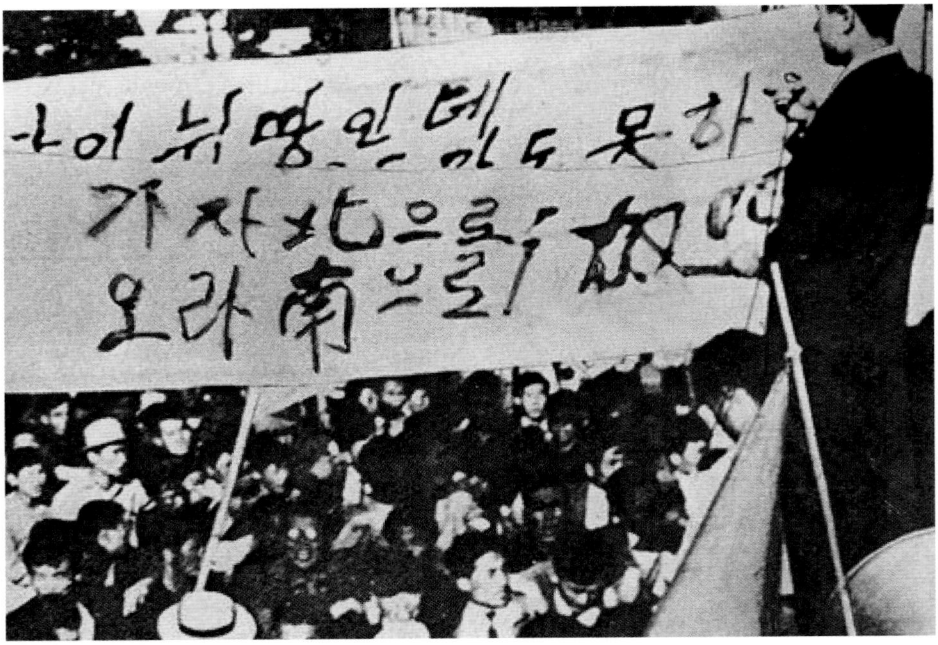

남북학생회담 요구 시위

'가자 북으로 오라 남으로', '이 땅이 뉘 땅인데 오도 가도 못 하느냐' 등의 구호가 적힌 플래카드를 들고 남북학생회담 개최를 요구하고 있다.

다. 대구에서 열린 2대악법 반대궐기대회에도 많은 군중이 모였고, 이어서 열린 3월 22일의 서울 집회도 규모가 컸다. 통일사회당 등은 4월 초에도 각지에서 집회를 가졌다. 무기력하게 보였던 혁신계가 통일운동과 2대악법 반대투쟁을 벌이면서 대중의 호응을 얻어 무시하지 못할 정치세력으로 성장했다.

4·19 1주년을 맞으면서 갖가지 유언비어가 떠돌았다. 3, 4월에 장면 정부가 무너질 것이라는 3, 4월 위기설도 퍼져갔다. 3, 4월 위기설은 쿠데타 세력이 열심히 퍼뜨렸다. 학생들은 쿠데타설이나 쿠데타 음모 세력의 데모 사주 소문을 듣고 있었기 때문에 한층 신중하게 처신했다. 그래서 4·19 1주년 기념일인 4월 19일에는 침묵시위밖에 없었다. 3, 4월 위기설은 무사히 고비를 넘겼다.

비록 과격한 데모는 없었지만, 학생들은 4·19 1주년을 맞아 극우반공 이데올로기에 대항하는 주장을 폈고, 통일론도 더욱 구체화시켰다. 서울대학교 학생회는 '4·19 제2선언문'에서 "지금 이 땅의 역사 사실을 전진적으로 변혁시키기 위하여서는 반봉건·반외압 세력, 반매판자본 위에 세워지는 민족 혁명을 이룩하는 길뿐"이라고 하여 '3반혁명'을 주장했다.

같은 날 서울대 민통련 기념식이 끝나고 열린 침묵시위에서는 "이 땅이 뉘 땅인데 오도 가도 못 하느냐", "남북 학생 판문점에서 만나자" 등의 플래카드가 보였다. 이러한 구호는 쿠데타가 나기까지 반복되었다. 또한 1960년 말까지는 중립화 통일론이 중심이었는데, 민자통 결성을 전후해서는 남북협상론이 고개를 들기 시작해 영향력을 발휘했다. 뿐만 아니라 남을 경제적으로 발전시키기 위해서는 북의 지원을 받아야 한다는 주장도 나왔다. 북에서 이남에 전기를 보내고 남은 이북에 쌀을 보내자는 "이남 전기 이북 쌀" 같은 구호가 주목을 받았다. 어느 것이나 장면 정부나 반공세력으로서는 놀랄 만한 주장이었다.

장면 정부와 반공세력은 유엔총회 결의에도 충격을 받았다. 1960년을 전후해서 아시아와 아프리카 신생국가들이 유엔에 가입하는 사례가 늘어나자 유엔 주재 미국 대사 스티븐스는 그전의 결의안을 수정하여 조건부로 북을 초청한다는 안을 삽입하여 통과시키지 않을 수 없었다(1961년 4월 12일). 북은 예상대로 유엔의 조건부 초청을 거부했지만, 유엔의 새 결의에 놀란 장면 국무총리는 용공적인 통일이라면 차라리 현재와 같은 분단 상태를 택하겠다고 공언했다.

1961년 5월 3일 서울대 민통련은 결의문을 통해 남북학생회담과 학생기자 교류, 남북학술토론회, 남북학생친선체육대회를 가질 것을 제의했다. 이틀 후인 5월 5일 전국 19개 대학 학생들이 참여한 민족통일전국학생연맹 결성준비대회에서는 5월 3일의 서울대학교 민통련 제의를 적극 지지하고, 남북학생회담 장소는 판문점으로 하자고 제안했다. 그리고 정부는 학생회담에 모든 편의를 제공하라고 요구했다.

학생들의 급진적 통일운동은 민자통의 호응을 얻었다. 5월 13일 민자통이 주최한 남북학생회담 환영 및 통일촉진 궐기대회에서는 남북의 정당과 사회단체도 정치 협상 태세를 갖출 것을 촉구했다. 장면 정부는 강력히 대응하기로 했다. 일부 민통련 간부들은 너무 나갔다고 생각해서 대응책을 서둘렀으나 이미 때는 늦었다. 오래전부터 모의해왔던 쿠데타가 사흘 후에 발생했고, 이로 인해 통일운동은 산산조각이 났다.

분단세력의 극우반공 체제와 통일운동은 공존하기 어려웠다. 4월혁명으로 극우반공 체제에 균열이 생기자 통일운동이 전개되었고, 통일운동은 2대악법 반대운동과 함께 혁신세력을 강화시키는 데 기여했다. 그렇지만 대중들은 레드콤플렉스에서 벗어나지 못했고, 급진적인 통일운동은 극우반공 세력을 불안하게 했다.

| 혁신세력의 계보 | 다양한 정치세력의 탄생

혁신세력은 통일된 정치 이념이나 조직을 가진 정치세력이 아니라 분단과 해방 이후의 정치 과정에서 형성된 다양한 정치세력의 집합체다. 이들은 자유주의적인 보수 정치인부터 김구의 정치 노선을 지지했던 임정·한국독립당 계열, 남북협상을 지지한 김규식의 민족자주연맹 계열, 여운형의 근로인민당 계열, 조봉암의 진보당 계열, 무정부주의 운동가 등 다양하다. 하지만 이들은 대체로 이승만 독재정권에 반대하고 기존의 분단체제에 비판적이었다는 공통점을 찾을 수 있다.

해방 직후에서 4월혁명기까지의 혁신세력 계보도

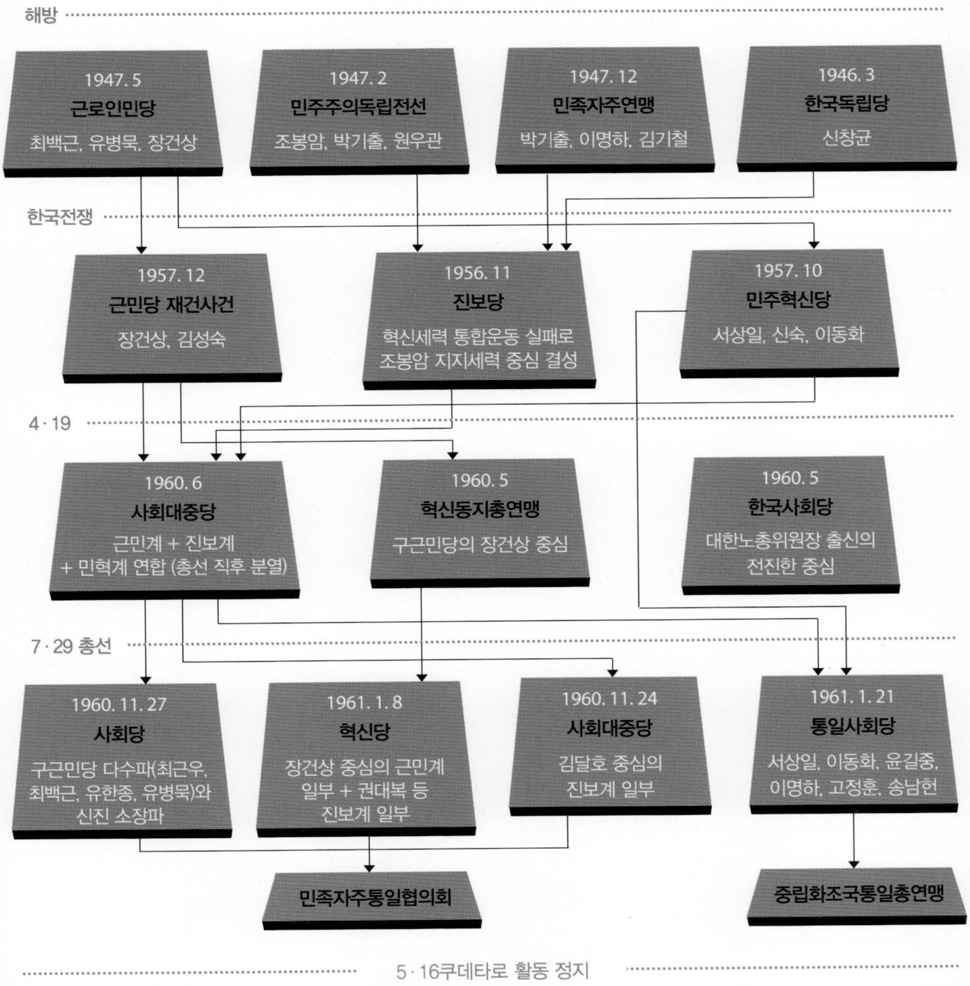

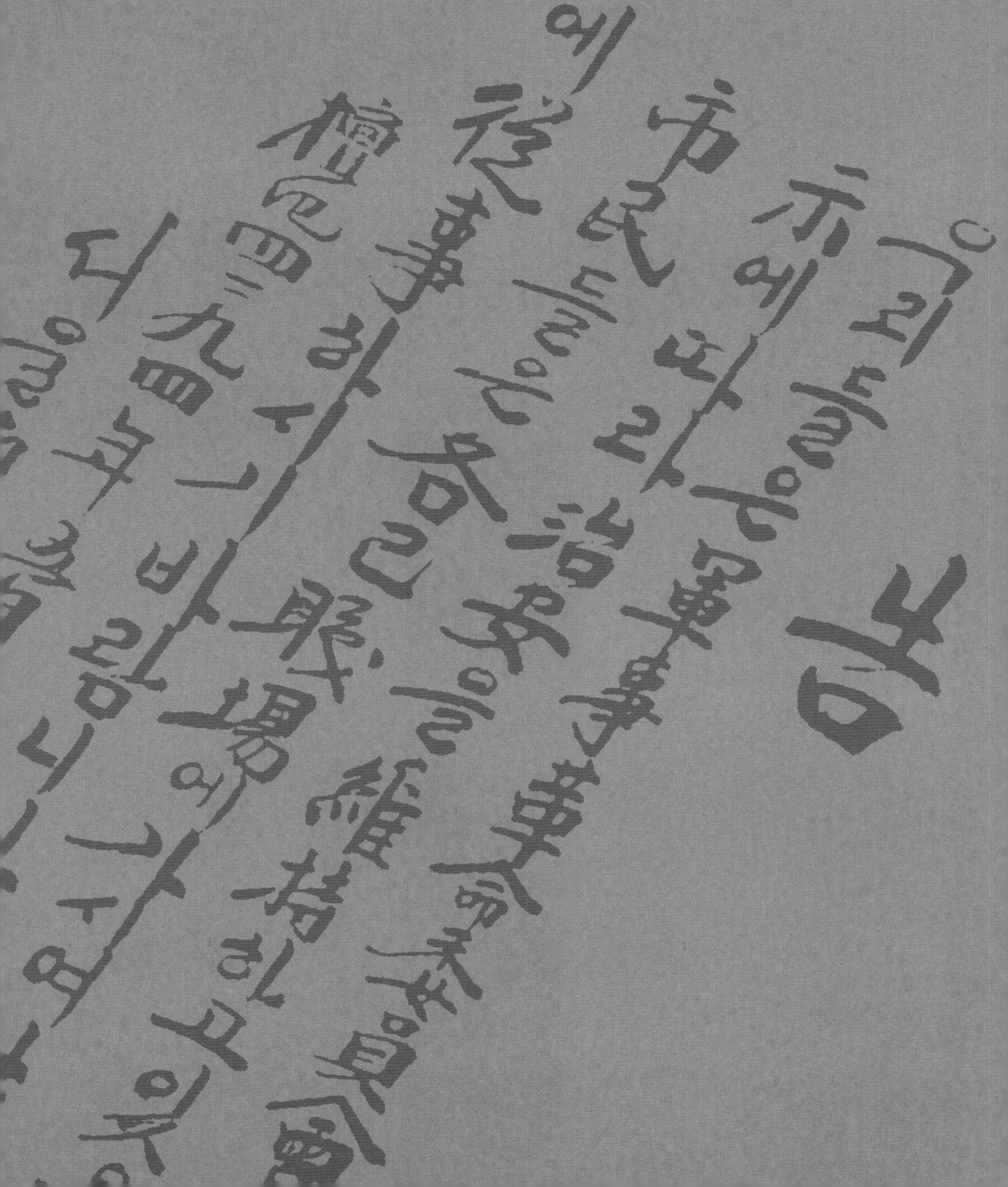

5

'근대화'와 정보·철권 정치 18년

임옥상, 〈당산나무 III〉, 1991년

1961 – 1979

한 무리의 군인들이 총과 탱크를 앞세우고 수도 서울의 한복판을 점령해버렸다.
자유와 민주주의보다는 근대화와 반공이라는 구호로 무장한 이들의 반란은
경제성장과 함께 길고 추운 '겨울 공화국' 시대를 열었다.

1961	5월 16일	군부쿠데타
1963	12월 17일	박정희 제5대 대통령 취임(제3공화국 출범)
1964	6월 3일	한일회담 반대 학생 시위
	9월 22일	한국군사원조단 140명 베트남 도착, 베트남 파병 시작
1965	6월 22일	한일협정 조인
1967	6월 8일	국회의원 선거(6·8부정선거)
	7월 8일	동백림 간첩단 사건 1차 발표
1968	1월 21일	북의 특수부대 청와대 기습
	1월 23일	북의 미국 정보함 푸에블로호 나포
1969	9월 14일	삼선 개헌안 날치기 통과
1972	7월 4일	남북공동성명 발표
	10월 17일	박정희 유신 쿠데타
1973	8월 8일	중앙정보부 일본 도쿄에서 김대중 납치
1974	1월 8일	긴급조치 1호 선포
	4월 3일	긴급조치 4호 선포(민청학련 사건)
1975	4월 9일	이른바 인혁당재건위원회 사건 관련자 8명 처형(法殺)
	5월 13일	긴급조치 9호 선포
1976	8월 18일	판문점 도끼 사건
1979	10월 16일	부마항쟁
	10월 26일	박정희 대통령 피살

5·16 주체들의 약속

여섯째, (군인) 이와 같은 우리의 과업이 성취되면 참신하고도 양심적인 정치인들에게 언제든지 정권을 이양하고 우리들 본연의 임무에 복귀할 준비를 갖춘다.
(민간) 이와 같은 우리의 과업을 조속히 성취하고 새로운 민주공화국의 굳건한 토대를 이룩하기 위하여 우리는 몸과 마음을 바쳐 최선의 노력을 경주한다.

— 1961년 5월 「5·16군사혁명공약」 중에서

김대중

그동안 전국 방방곡곡을 돌아다녀 보니 전 국민들이 이번에는 정권 교체를 기어이 이룩하자는 열망이었다. 오늘 백만이 넘는 이 대군중의 함성은 이제 정권 교체는 결정이 났다는 것을 말해준다. 이번에 정권 교체를 못하면 영구 집권의 총통제가 실시되어 선거도 없을 것이라는 확고한 증거를 가지고 있다.

— 1971년 4월 18일 서울 장충단공원 대통령 선거 유세 중에서

조국통일 3원칙

1. 쌍방은 다음과 같은 조국통일 원칙들에 합의를 보았다. 첫째, 통일은 외세에 의존하거나 외세의 간섭을 받음이 없이 자주적으로 해결하여야 한다. 둘째, 통일은 서로 상대방을 반대하는 무력행사에 의거하지 않고 평화적 방법으로 실현하여야 한다. 셋째, 사상과 이념, 제도의 차이를 초월하여 우선 하나의 민족으로서 민족적 대단결을 도모하여야 한다.

— 1972년 7월 4일 발표한 「7·4남북공동성명」 중에서

김재규

박정희 대통령은 이승만 대통령과는 다르다. 그는 끝까지 권력을 유지하려 했을 것이다. 그 과정에서 많은 수의 생명이 희생될 것임이 명약관화(明若觀火)하였다. 나는 부마사태의 본질과, 그것의 전국에로의 확산될 조짐을 박 대통령에게 보고했으나, 박 대통령은 국민의 항거가 거세지면 스스로 저항하는 국민에 대해 발포 명령을 하겠다고 하였다.

— 1980년 2심 최후진술 중에서

501
군인들의 세상

1961년 5월 16일 0시 15분경, 박정희 소장 일행이 지휘소로 정한 서울 제6관구 사령부에 도착하면서 쿠데타는 시작되었다. 얼마 후 해병대가 김포가도에서 헤드라이트를 켜고 서울로 들어왔다. 제6군단 포병대 및 공수특전단도 출동했다. 해병 제2중대는 한강대교(지금의 노량진과 용산 사이의 다리)에서 헌병 제7중대와 맞닥뜨려 교전 끝에 저지선을 뚫었다. 새벽 3시 40분경 제6군단 포병대가 삼각지 육군본부에 진입했고, 4시 넘어 해병대와 공수단이 시내에 진입했다. 반란군 병력은 자료에 따라 차이가 있지만 3600명쯤 되었다.

시내에 들어온 공수단 1개 소대는 방송국으로 달렸고, 해병대는 치안국과 시청으로, 해병 1개 수색소대는 중앙전신국으로 달려갔다. 5시경 중앙방송국에서 쿠데타 제1성이 나왔다. 이날 정오 "혁명정권인 군사혁명위원회는 공공 안녕질서를 유지하기 위하여 서기 1961년 5월 16일 9시 현재로 대한민국 전역에 걸쳐 비상계엄을 선포한다"라는 군사혁명위원회 의장 육군 중장 장도

서울로 들어오는 쿠데타군
1961년 5월 16일 새벽, 쿠데타군이 탱크를 앞세우고 남대문을 지나 서울 시내로 진주하고 있다.

5·16혁명공약

첫째, 반공을 국시의 제일의로 삼고 지금까지 형식적으로 구호에만 그친 반공 태세를 재정비·강화할 것입니다.

둘째, 유엔헌장을 준수하고 국제협약을 충실히 이행할 것이며 미국을 위시한 자유 우방과의 유대를 더욱 공고히 할 것입니다.

셋째, 이 나라 사회의 모든 부패와 구악을 일소하고 퇴폐한 국민 도의와 민족정기를 다시 바로잡기 위하여 청신한 기풍을 진작할 것입니다.

넷째, 절망과 기아선상에서 허덕이는 민생고를 시급히 해결하고 국가 자주경제 재건에 총력을 경주할 것입니다.

다섯째, 민족적 숙원인 국토 통일을 위하여 공산주의와 대결할 수 있는 실력의 배양에 전력을 집중할 것입니다.

여섯째, 이와 같은 우리의 과업이 성취되면 참신하고도 양심적인 정치인들에게 언제든지 정권을 이양하고 우리들 본연의 임무에 복귀할 준비를 갖추겠습니다.

한국군사혁명편찬위원회, 『한국군사혁명사』 제1집 하권, 7~8쪽에 수록되어 있는 1961년 5월 16일 군사혁명위원회 의장 육군 중장 장도영 명의의 군사혁명위원회 성명 발표. 후에 각각의 끝부분에 있는 '할 것입니다'를 전부 '한다'로 바꾸고, 여섯째에 "(민간) 이와 같은 우리의 과업을 조속히 성취하고 새로운 민주공화국의 굳건한 토대를 이룩하기 위하여 우리는 몸과 마음을 바쳐 최선의 노력을 경주한다"를 추가해 '혁명공약'으로 낭독하게 했다.

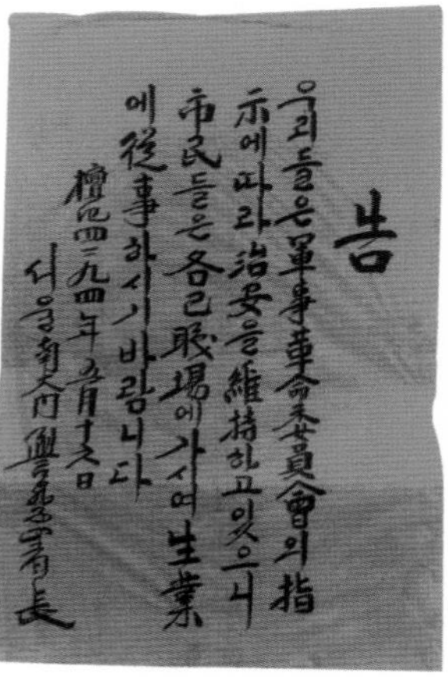

告

우리들은 軍事革命委員會의 指示에 따라 治安을 維持하고 있으니 市民들은 各己 職場에 가시여 生業에 從事하시기 바랍니다

檀紀四二九四年 五月十六日

서울南大門警察署長

남대문 경찰서장이 발표한 5·16고지문.

시청 앞의 박정희 소장

쿠데타 성공 직후 시청 앞 광장에서 육사 생도들의 쿠데타 지지 데모를 지켜보고 있는 박정희 소장(왼쪽). 그 뒤가 박종규 소령, 오른쪽이 차지철 대위.

영 명의의 비상계엄이 선포되었다.

소수의 병력으로 쿠데타가 성공한 데에는 우연한 요소나 운이 따랐다. 쿠데타를 진압하는 데 가장 중요한 지위에 있었던 장면 총리는 미국을 지나치게 믿어서인지 국방부 장관에 군을 잘 모르는 민간인을 임명했다. 결정적 실수는 매그루더 유엔군 사령관 추천으로 이기붕의 양아들이라고 비난을 받았던 장도영을 육군 참모총장에 앉힌 것이었다. 쿠데타 정보를 들은 장면은 두 번이나 장도영에게 확인했지만 장도영은 걱정 말라는 말만 했다. 장도영은 양다리를 걸쳤다. 쿠데타가 일어나자 장 총리는 사태를 수습하지 않고 수녀원으로 도피하여 나타나지 않았다. 또한 장면과 사이가 나쁜 윤보선 대통령이 쿠데타가 일어나자 "올 것이 왔다"라고 하면서 진압을 회피한 것도 성공의 중요 요인이었다.

쿠데타 성공의 관건은 군사작전권을 장악하고 있는 미8군 사령관과 미국 정부의 향배에 달려 있었다. 매그루더 장군과 그린 주한 미국 대리대사는 쿠데타 진압의 필요성을 인정했으나 적극적이었다고는 보기 어렵다. 특히 미국 케네디 정부는 쿠데타를 진압하려는 의사가 없었다.

5월 18일 군사혁명위원회는 군사혁명위원 30명과 고문 두 명의 명단을 발표했다. 군사혁명위원회 의장은 장도영이 맡았고, 혁명위원은 박정희와 연합참모본부총장, 해·공군 참모총장, 해병대 사령관과 장성 및 영관급으로 구성되었다. 군사혁명위원회는 5월 19일 명칭을 국가재건최고회의(약칭 최고회의)로 바꾸고 20일 내각 명단을 발표했다. 장도영이 내각 수반과 국방부 장관을 겸임한 것을 비롯해 내각은 모두 군인으로 임명되었다. 뿐만 아니라 서울특별시장, 각 도지사, 시장, 군수, 읍장, 면장 등 중요 직책이나 장 자리는 거의 전부 다 군인이 차지했다. 고려 무신란 이후 처음으로 군인 세상이 왔다. 박정희는 44세였지만, 장도영 38세, 김종필 35세, 차지철 27세 등 쿠데타 주역은 대부분 30대였다. 30대 군인들의 세상이었다.

22일 최고회의는 모든 정당·사회단체를 23일을 기해 해체한다고 발표했

국가재건최고회의

쿠데타 주도 세력을 중심으로 구성되어 1963년 12월 제3공화국이 출범될 때까지 입법·행정·사법권을 행사한 명실상부한 국가최고통치기관. 산하에 법제사무·내무·외무국방·재정경제·교통체신·문교사회·운영기획의 7개 분과위원회와 직속 기관으로 중앙정보부, 재건국민운동본부, 수도방위사령부, 감사원을 두었다.

다. 6월 6일 국가비상조치법이 공포되었다. 이 법의 제1장 총칙은 "국가재건최고회의는 5·16군사혁명 과업 완수 후에 시행될 총선거에 의하여 국회가 구성되고 정부가 수립될 때까지 대한민국의 최고 통치기관으로서의 지위를 가진다"라고 규정했다. 윤보선은 대통령이지만 그야말로 명목뿐이고, 헌법과 헌법기관의 활동이 정지되는 등 특수 체제로 들어가게 되었음이 명백했다. 이날 자로 장도영은 국방부 장관 및 육군 참모총장에서 해임되었다. 그가 허세임이 드러났다.

7월 3일 박정희가 최고회의 의장이 되었고(부의장 이주일), 내각 수반에는 송요찬이 임명되었다. 7월 9일 중앙정보부 차장 서정순 중령은 7월 3일부터 장도영 중장 등 장교 44명을 구속하여 수사하고 있다고 발표했다. 권력투쟁에 패배한 장도영은 반혁명분자로 규정되었다.

쿠데타의 실세 김종필은 쿠데타가 성공하자마자 중앙정보부를 조직했다. 중앙정보부는 최고회의 직속 기관이었지만 최고회의보다 힘이 더 센 곳이라는 평을 들었다. 중앙정보부는 정보·사찰 기능뿐만 아니라 수사 권한도 가지고 있었고, 국외 정보뿐만 아니라 국내 정보 수집도 맡고 있어 미국의 CIA와 FBI를 합쳐놓은 것 같았다. 또한 중앙정보부는 행정부 등 각종 기구의 보안 상태를 감독했고, 여야 정치인·고위 공무원·각계 중요 인물·학생운동 지도자 등을 감시하거나 회유·협박하는 활동도 하여 무소불위의 힘을 가졌다. 물론 사상범이나 요시찰자들은 석방 후에도 계속 감시했다.

박정희 정치는 정보정치였고, 중앙정보부장은 박정희 정권 18년을 지킨 수호신으로, 역대 중앙정보부장은 박정희 다음의 권력을 보유했다. 군부정권은 반공법을 제정하고 국가보안법을 개정했으며, 경찰 정보부서를 강화해 중앙정보부의 지휘 아래 국민을 감시했다.

군인들은 혁명공약의 첫 번째로 반공 태세의 재정비·강화를 내세웠는데,

반공체제는 '혁명재판'을 통해서도 강화되었다. 군부정권은 쿠데타를 합리화하고 정체성을 세우기 위해 6월 21일 혁명재판소 및 혁명검찰부조직법에 관한 임시조치법을 공포했다. 혁명재판소에서는 부정선거관련자처벌법 위반 사건, 부정축재처리법 위반 사건, 특수반국가행위에 관한 사건, 쿠데타에 대해 정보를 누설했거나 방해한 반혁명적 행위 사건, 전(前) 정부 국무위원·국회의원 독직 사건 등을 다루었다.

부정선거 원흉의 처단과 특수반국가행위에 관한 사건 처리는 쿠데타 권력의 반동적 성격을 적나라하게 보여주었다는 데 의미가 있다. 특수반국가행위 사건 관련자들은 6월 22일 공포된 특별소급법 '특수범죄처벌에 관한 특별법'에 의해 처벌을 받았는데, 혁신계 정당·사회단체 관계자, 교원노조 관계자,

쿠데타는 언제부터 모의했을까

5·16군부쿠데타는 군 내부를 정화하자는 정군(整軍)운동에서 출발했다. 한국 군대의 특성상 단기 교육으로 수료한 육사 7기까지는 진급이 빨랐다. 빠르면 20대 후반에 별이 번쩍거리기도 했고, 30대에 별 두셋을 다는 것은 예사였다. 그렇지만 숫자가 많았던 육사 8기생부터 진급이 지연되었다. 또 장성들 가운데에는 부패분자가 아닌 사람이 드물다고 할 정도로 부패한 군인이 많았다. 이 때문에 1960년 5월 김형욱 중령 등 8기생 여덟 명이 정군을 건의하기로 합의했다. 정군운동 논의 과정에서 쿠데타 모의가 시작되었다. 장면 정부가 출범한 8월 23일로부터 불과 3주일도 안 된 9월 10일에 김종필 등은 현석호 국방부 장관에게 정군 건의를 하려다가 좌절된 후 쿠데타를 일으키기로 합의를 보고 이날 부서까지 결정했다. 이들은 박정희 소장을 지도자로 추대했다. 첫 번째 쿠데타 거사 일자는 1961년 4월 19일이었으나 격렬한 시위가 없어 실패로 돌아갔다. 그들은 다시 5월 12일 쿠데타를 일으키려다 실패하고 5월 16일 거사를 했다.

5·16쿠데타 성공 직후 시청 앞에 장도영 육군참모총장과 박정희 소장이 서 있다.

피학살자유족회 관계자, 학생운동 지도자들이 주요 대상이었다. 이들 가운데에는 대한민국 임시정부 국무위원이었던 장건상과 김성숙 등을 포함해 통일운동 관계자가 많았다. 부정선거 관련자들보다 특수반국가행위 사건 관련자들은 훨씬 더 많이 재판을 받았고, 부정선거 관련자들이 장기형을 선고 받았어도 대부분 1962, 1963년에 석방된 데 반해 이들은 상당수가 1968년에 가서야 석방되었다.

쿠데타 주도 세력은 혁신계를 철저히 탄압했다. 쿠데타가 발생하자마자 혁신계가 대거 검거되었고, 석방이 돼도 계속 감시를 받았다. 또한 거창피학살자유족회 등 한국전쟁 때 군경에 의해 집단 학살을 당한 수많은 피학살자유족회 관계자들이 검거되고 구속된 데 이어 피학살자 합동묘지가 파헤쳐졌고, 비석은 파괴되어 땅속에 묻혔다. 제2의 학살이라고 말해지는 비인간적 행위가 저질러진 것이다.

부정축재자 처리는 장면 정권 시기 못지않게 우여곡절을 겪었다. 군부정권

'혁명재판'을 관람하려는 방청객

3·15부정선거에 대한 혁명재판이 열려 이를 방청하기 위해 시민들이 줄을 서 입장하고 있다. 1961년 7월 29일 1호 법정에서 최인규 피고에 대한 공판이 열림을 알리는 피켓이 보인다.

에는 영남과 함경도 출신의 실력자가 많았는데, 부정축재처리위원회 관계자가 설경동과 이양구 등의 함경도계 재벌을 봐주었다고 하여 구속되었다. 두 계열의 권력 싸움에서 영남계가 승리한 것이었다. 그 뒤로 경제계는 영남 재벌이 주류의 지위를 공고히 했다.

1961년 10월 26일에는 부정축재처리법 중 일부 조항이 개정되어 공포되었다. 그리하여 부정축재 기업인이 공장을 건설해 그 주식을 납부함으로써, 부정축재 금액을 대신할 수 있게끔 조치해주었다. 이제 부정축재 기업인들은 오히려 정부 보증으로 외자를 도입하여 공장을 건설해서 새롭게 성장할 기회를 갖게 되었다.

군부정권은 쿠데타를 합리화하기 위해 장면 정권을 몰아세웠다. 1961년 7월 4일 장면 정부의 '용공정책' 진상이라는 허무맹랑한 글이 최고회의를 통해 발표되었다. 7월 13일에는 장면 등 19명이 업무상 횡령 및 장물 취득 건으로 검찰에 기소되었다. 1962년 6월에는 이른바 구(舊)민주당, 이주당(二主黨)계 반혁명사건으로 장면이 구속되었다.

장도영 등의 반혁명사건은 권력의 비정한 속성을 남김없이 보여주었다. 쿠데타 당시 육군 참모총장으로 군사혁명위원회 의장을 맡았던 장도영을 비롯하여 쿠데타 당시 공수특전단을 지휘한 박치옥 대령, 제6관구 포병부대를 이끈 문재준 대령, 해군 소장으로 최고회의 재정경제위원장을 지낸 김동하, 최고위원·건설부 장관·2군 사령관 등을 역임한 박임항, 혁명검찰부장 박창암 등 쿠데타 주역들이 반혁명사건과 쿠데타 음모 사건에 연루되어 제거되었다.

쿠데타 권력은 파쇼권력답게 사회 정화 작업이라는 것을 폈다. 쿠데타 직후인 5월 21일 군사정권은 깡패들을 잡아들여 "나는 깡패입니다. 국민의 심판을 받겠습니다"라는 피켓을 목에 걸고 시민들이 보는 가

구민주당·이주당계 반혁명사건

구민주당계 반혁명사건은 구민주당 조직부장이었던 조중서 등이 쿠데타를 일으키려고 했다는 사건을, 이주당계 반혁명사건은 입법·사법·행정·경제의 사권(四權)분립제를 노선으로 설정한 이주당계 간부들이 구민주당 고위층, 장면 총리의 정치고문 위타카 등과 함께 정부 전복을 모의했다는 사건을 말한다. 당시 이주당은 이름조차 알려져 있지 않았다.

운데 시가행진을 시켰다. 5월 22일 범국민운동방침을 발표하고, 6월 10일부터 국가 재건을 위한 자립경제를 구축하고 악습과 부패를 정화한다는 명목으로 재건국민운동을 대대적으로 전개했다. 전국 행정 단위마다 재건국민운동촉진회가 설치되어 생활 개선 사업으로 재건복(신생활복) 입기, 재건체조와 국민가요 보급, 저축운동 등이 추진되었다. 그러나 이러한 재건국민운동은 일제 말기 군국주의 일본의 전시 동원 국민운동과 비슷한 점이 많았다. 이 때문에 한 신문은 재건체조는 일제 말기의 라디오(보건) 체조를, 신생활복은 국민복을, 국민가요는 말 그대로 일제 말기의 국민가요를 연상시킨다고 꼬집어 비판했다. 5월 23일에는 정기간행물 1200여 종을 폐간시키는 등 언론기관을 대대적으로 축소시켰다. 또한 6월 1일 대학생 제복 착용과 고교생 삭발을 지시했는데, 이것도 일제 말기를 연상시켰다.

6월 9일 최고회의는 농어촌고리채정리법을 공포했다. 고리채에 허덕이는

사치한 옷차림에 집안 살림 무너진다

재건국민운동의 일환으로 신생활 간소복 입기가 추진되었다. 정부는 여배우들을 동원해 카퍼레이드까지 벌이며 홍보했다. 오른쪽 아래는 재건국민운동 홍보책자 『재건생활』.

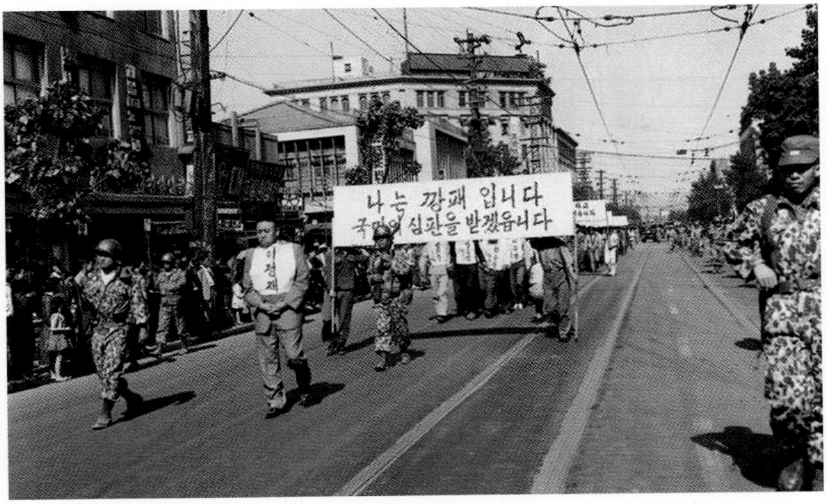

깡패들의 시가행진
1961년 5월 21일 정치깡패 이정재를 앞세운 150여 명의 깡패 두목급들이 "나는 깡패입니다. 국민의 심판을 받겠습니다"라고 적힌 플래카드를 들고 군인들의 감시 아래 시내를 행진하고 있다. 이정재와 임화수는 군사혁명재판에서 사형을 선고받고 쿠데타 권력의 희생양으로 형장의 이슬로 사라졌다.

농민을 구제한다는 취지는 좋았으나 고리채를 쓰지 않으면 살 수 없는 농촌의 현실을 외면한 채 형식적으로 처리해 결국 임기응변으로 끝나고 말았다. 1962년 6월 9일에는 환화를 10분의 1 비율로 원화로 바꾸게 한 화폐개혁을 단행했다(제2차 화폐개혁). 음성 자금을 장기 저축으로 유도하려는 것이었는데, 물가만 앙등시켰을 뿐 성과가 없었고 경제가 한층 더 위축되었다.

군사정권의 경제정책은 실패의 연속이었다. 특히 민주공화당은 증권파동, 새나라 택시와 파친코 도입, 워커힐 건축 등에서 거액의 정치 자금을 염출한 '4대 의혹사건'으로 경제를 악화시켰고 군사정권의 도덕성에 큰 상처를 입혔다. 그렇지 않아도 가진 것 없던 군인들이 쿠데타 이후 특권 생활을 하는 것에 곱지 않은 시선을 보내던 서민들은 신악이 구악보다 더 심하다고 분통을 터뜨렸다.

4대의혹사건

일본에서 자동차를 면세로 들여와 수입 가격의 두 배로 판매한 '새나라자동차사건', 일본에서 회전당구대(일명 파친코)를 면세로 수입한 '빠찡코사건', 정부 관리 주식을 조작하여 대규모 폭리를 취한 '증권파동', 워커힐을 관광지로 개발하는 과정에서 공사 대금을 횡령한 '워커힐사건'을 말한다.

| 대한민국 국군의 탄생 |

국군의 뿌리는 어디에 있는가

국군(육군)은 정통성을 어디에 두고 있을까. 대한민국이 대한민국 임시정부에 정통성을 두고 있으므로, 국군도 독립군 또는 광복군에 정통성을 두고 있을 것 같지만 그렇지 않다. 군사(軍史)에서 군사영어학교나 국방경비대를 이어받았다는 주장은 있어도 광복군을 이어받았다는 주장은 미약하다. 국군은 미군이 만들었다고 주장하더라도 지나치지 않을 만큼 미군의 역할이 절대적이었다. 그런가 하면 1960년대까지 국군의 고위 지휘관은 일본군(만주군 포함) 출신이었다. 군은 반민족행위처벌법도 어쩌지 못하는 성역처럼 취급되어 악질 친일 경찰의 도피처가 되었다.

주한 미군은 1945년 12월 군사영어학교를 설치했다. 광복군 출신은 거의 없었고, 일본군 출신 중에서도 초급 장교들을 주로 선택했다. 다음 해 4월에 폐지된 이 학교는 통역과 관련해 군사영어교육에 치중했으나, 국군에 끼친 영향은 지대했다. 이 학교 졸업자 110명은 교육 기간 중 임관되어 육군 군번 1번(이형근)부터 110번을 부여받아 대개 30대에 별을 달았고, 20대에 별을 단 사람도 여럿이었다. 이들은 1960년대까지 육군 참모총장의 거의 대부분을 차지하는 등 군 요직을 독차지했다.

미군이 창설한 국방경비대는 정부 수립 후 육군으로 재편되었다. 미군은 전쟁 발발 이전부터 통신학교, 공병학교, 보병학교, 포병학교를 운영했다. 또한 교육 과정이 확대되면서 1952년에 4년제 육군사관학교가 문을 열어 11기가 신입생이 되었다. 미국의 육군지휘참모대학을 본뜬 육군대학은 1951년에 설립되었다. 미국의 국방대학원을 본떠서 만든

1946년에 국방경비대 광주 4연대를 방문한 전남 지역 민정 장관 머피 대령이 사열을 받고 있다. 앞줄 왼쪽 세 번째가 이한림 소령.

©이경모

국방경비대의 행진
1946년 1월 15일 미군정에 의해 창설된 남조선 국방경비대가 1948년 8월 15일 정부 수립 경축행진을 하고 있다.

국방대학원은 1956년에 문을 열었다.

미군은 장교 교육을 시켰다. 각급 군사학교에서는 물론이고, 야전 훈련장에서도 미군에게 교육을 받았으며, 백선엽처럼 정보장교들이 정보 교육을 받기도 했다.

미군은 장교들을 미국에 보내 교육을 받게 했다. 첫 번째로 정부 수립 직전인 1948년 8월 11일 이형근, 장창국, 이한림 등 6명이 국군 창설자라는 애칭을 가진 하우스먼 대위의 노력으로 포트베닝 미 육군보병학교에 입학했다. 이형근은 1949년 준장 진급(28세)과 동시에 주미 대사관 초대 무관 발령을 받았다. 전쟁 발발 직후 33세에 3군 총사령관 겸 육군참모총장이었던 정일권은 1951년 7월 강문봉 소장(27세)과 함께 미 육군참모대학에 유학을 갔다. 1953년 휴전협정 체결 며칠 뒤 유재흥 중장, 양국진·송요찬·이성가·백인엽·함병선·김종갑·박임항·오덕준·백남권 소장과 최경록 준장 등 3명의 준장, 2명의 대령 등 14명이 미 육군참모대학에 입학했다.

미군은 장교들을 1951년부터 대규모로 미국에 위탁교육을 보냈다. 1951년 9월에 165명이 미 육군보병학교 초등군사반에 들어가기 위해 부산항을 떠났다. 이들 중에는 김종필, 길전식, 강상욱 대위 등도 있었다. 1952년에는 594명, 1953년에는 829명이나 갔다. 박정희는 미 육군포병학교에서 교육을 받았는데, 현지 적응을 잘하지 못했다. 그는 일본군의 황국군인 정신에서 벗어나지 못했다.

한 자료에는 1950년부터 1957년까지 육군 4729명, 해군 920명, 공군 1503명 등 7000여 명이 미국의 군사학교에서 교육을 받은 것으로 나타나 있다. 당시 정부 각 부처 관리들의 미국 유학보다 비교가 안 될 정도로 많았고, 같은 시기 도미 유학생보다도 월등히 많았다. 군 지휘관 중 장래가 보장되는 미국 유학을 갔다 오지 않은 사람이 드물었다.

노태우 대위는 결혼 며칠 뒤인 1959년 6월 결혼식 사회를 본 전두환 대위와 함께 도미해 육군특수전학교에 입학했다.

미국은 유학생에게 군사교육 못지않게 정신교육을 시켰고, 미국 문화에 젖어들게 했다. 위대한 미국을 찬탄해 마지않던 유학생들은 반공정신에 투철했고, 미국의 안보와 국가이해를 한국의 그것과 동일시하기도 했다. 그렇지만 민주주의와 인권의식은 희박했고, 민족의식 또한 투철하지 못했다.

이승만 대통령은 30대 초반에 대장이 된 백선엽, 이형근과 37세에 대장이 된 정일권 사이에 파벌 갈등을 조장해 군을 장악하고자 했다. 1950년대 말에도 비슷한 수법으로 송요찬과 유재흥 등을 요직에 발탁했다. 그러나 세 명의 대장 중 적어도 한 명은 이승만보다 미국에 마음을 더 두었고, 육군 참모총장 송요찬은 1960년 4월 19일 계엄사령관에 임명되었지만 이승만에게 충성을 바치지 않고 중립을 지켰다. 친미적인 송요찬은 4월혁명 후 정군 대상으로 지목되어 참모총장직에서 물러났으나 5·16군부쿠데타 후 내각 수반, 국방부 장관 등을 지냈다.

부부가 영어에 능통한 장도영은 '이기붕 양자'라는 소문이 돌 정도여서 4월혁명 직후 정군운동의 대상이 되자 예편원(豫編願)까지 냈는데, 뜻밖에도 1961년 2월 미국의 입김으로 육군 참모총장이 되었다. 5·16군부쿠데타의 성공은 장도영이 양다리를 걸친 것이 주요 요인이었다.

미국에서 국가를 이끌어갈 엘리트 교육을 받은 군인들은 1961년 5·16쿠데타와 1979년 12·12쿠데타, 1980년 5·17쿠데타를 일으켜 30년 동안 군부 통치 시대를 열었다.

미국 유학길에 오르는 국군 장교단

미군정이 1945년 12월 군사영어학교를 설치한 이후 군인들의 미국 유학이 지속적으로 추진되었다(1951년 9월 12일).

| 누가 쿠데타를 주도했을까 |

쿠데타는 만군 출신(만주 신경군관학교 2기)인 박정희를 정점으로 육사 5기와 8기가 주도적인 역할을 담당했다. 이들은 연령상 일본군이나 만군 출신 경력자와 달리 일제 시기 군부나 파벌로부터 자유로울 수 있었던 첫 세대라는 점에서 상당한 자부심을 갖고 있었다. 5기는 쿠데타 당시 사단장이나 참모장(대령이나 준장)의 직위를 활용하여 군대를 동원하여 쿠데타를 성공시키는 데 결정적인 역할을 했다. 반면 육사 8기는 쿠데타 당시 대부분 육군본부나 예하 연대의 참모 혹은 대대장으로 쿠데타의 기획과 실무를 담당했다.

5·16쿠데타 주역들이 거사 성공 3주년을 맞아 막걸리 파티를 하며 자축하고 있다(1964년 5월 16일).

쿠데타 성공 후 5기와 함경도·만주군 출신들은 이른바 반혁명사건과 쿠데타 음모 사건으로 숙청되고, 박정희와 김종필을 중심으로 하는 8기 출신이 권력을 장악했다.

쿠데타 주도 세력 주요 약력

이름(나이, 출신)	출신/기수	당시 계급(직책)	비고
박정희 (44, 경북)	만군 2기, 2기	소장 (2군 부사령관)	최고회의 의장, 대통령
장도영 (38, 평북)	일본군, 군사영어학교	중장 (육군 참모총장)	최고회의 의장
김종필 (35, 충남)	8기	예비역 중령	최고위원, 중앙정보부장, 국무총리
김형욱 (36, 황해)	8기	중령 (육본 작전참모부)	최고위원, 중앙정보부장
김동하 (41, 함북)	만군 1기	예비역 해병대 소장	최고회의 재정경제위원장
김윤근 (35, 황해)	만군 6기, 해사	준장 (해병 1여단장)	수도방위사령관, 최고위원
이주일 (43, 함북)	만군 1기, 7기 특임	소장 (2군 사령부 참모장)	최고회의 부의장, 감사원장
박임항 (42, 함남)	만군 1기, 8기 특임	소장 (5군 단장)	최고위원, 건설부 장관
송찬호 (38, 평남)	학병, 5기	준장 (고사포 여단장)	혁명5인위원회, 최고위원
박치옥 (35, 황해)	5기	대령 (1공수 단장)	최고위원
김재춘 (34, 경기)	5기	대령 (6관구 참모장)	최고위원, 중앙정보부장
문재준 (35, 함남)	5기	대령 (6군단 포병사령관)	최고위원, 헌병감
오치성 (35, 황해)	8기	중령 (육본 부관감)	최고위원, 공화당 사무총장
차지철 (27, 경기)	미 육군보병학교	대위 (1공수 여단중대장)	국회의원, 대통령 경호실장

* 기수는 한국 육사 기수이고, '만군'은 만주의 신경군관학교 출신 기수임.
* '특임'은 이전에 군 경력이 있는 사람으로 육사에 편입되어 보통 기수와 달리 단기 연수를 받고 임관한 기수.
* ▆은 반혁명사건과 쿠데타 음모 사건으로 숙청된 인물.

502

민정 이양과 한일회담

혁명공약에도 불구하고(제6항), 박정희는 민정 이양 의사가 불분명했고, 가능한 한 군정을 연장시키고자 했다. 그러나 4월혁명이 일어난 지 얼마 안 되었고, 미국도 민간정부가 들어서는 것이 좋겠다고 판단했다. 1961년 8월 12일, 박정희는 1963년 여름을 정권 이양의 시기로 발표했고, 그해 11월 케네디 미국 대통령과의 공동성명에서 미국의 요구로 다시금 확인했다.

쿠데타 주도 세력은 민정 이양을 공표했는데도 두 가지 이상한 행동을 했다. 하나는 모든 정치활동을 금지시킨 상태에서, 또 민정 이양 공표와 모순되게 중앙정보부를 동원해 '사전' 창당활동을 했다. 신당 정책 개발 임무를 맡은 중앙정보부 관계자와 학자들로 구성된 대외문제연구소는 1961년 10월 중순경 신당 준비 작업에 들어갔다. 신당은 1962년 3월 말까지 중앙 조직의 충원과 골격을 마련했고, 이해 말까지 1000여 명을 중앙정보부 모처에서 '밀봉

베트남 파병 병사의 어머니
아들을 베트남에 보내는 어머니가 아들에게 당부의 말을 전하고 있다. 바닥에 놓인 도시락을 받아든 아들의 심정은 어떠했을까.

교육'시켰다. 신당은 사무국 중심의 이원 체제로, 국회의원 후보와 국회 운영까지도 사무국 중심으로 이루어지는 특이 체제였다. 1963년 1월 신당 명칭이 민주공화당(약칭 공화당)으로 확정되었다. 이 과정에서 김동하 최고위원 등 비주류가 거세게 반발했다.

다른 하나는 정치활동정화법을 만든 일이다. 1962년 3월 최고회의를 통과한 이 법에 따르면, 정치활동정화위원회에서 적격 판정을 받지 못하면 1968년 8월 15일까지 6년여 동안 정치활동을 못하게 되어 있었다. 김종필 중앙정보부장은 이른바 '보균자'들에게 한 번에서 두 번 정도만 국회의원이 되지 말라는 것이라고 속마음을 털어놓았다. 며칠 후 이 법에 대한 항의 표시로 윤보선이 대통령에서 물러나 박정희가 대통령 권한대행이 되었다. 다음 해 2월 거센 반발 속에 대부분의 정치인들은 적격 판정이 내려졌지만, 민주당·혁신계 등의 중요 정치인 269명은 이 법에 묶이게 되었다.

민정 이양을 앞두고 헌법을 어떻게 처리할 것인가도 논란이 되었다. 국민의 대의기관이 아닌 최고회의가 헌법 문제를 다룰 수 있느냐가 문제의 핵심

민주공화당 창당대회

중앙정보부 밀실에서 조직되어 1963년 2월 26일 창당된 민주공화당은 박정희 정권 18년 동안 여당으로 군림하다가 1980년 10월 신군부에 의해 강제로 해산되었다.

이었다. 1962년 10월 최고회의는 개정 절차를 밟겠다고 발표했지만, 최고회의 의결을 거쳐 국민투표로 확정하는 것이어서 개정이 아닌 명백한 제정이었다. 11월 5일 헌법 개정안이 공고되었고, 12월 5일 계엄을 해제했다. 헌법은 12월 17일 국민투표로 확정 절차를 밟았다. 부통령이 없는 대통령중심제여서 이승만 정권보다도 대통령이 더 독단적으로 통치할 수 있게 되었다. 또 무소속으로 대통령 출마를 할 수 없게 하여 야당 난립을 유도했다.

1963년 1월 공포된 국회의원선거법에서 처음으로 전국구 비례대표를 두었다. 득표율이 높은 제1당이 과반수 득표 이하일 경우 2분의 1을 차지하고, 과반수를 넘으면 3분의 2를 차지하게 되는, 제1당 중심의 이상한 비례대표제였다.

민정 이양 과정은 해프닝의 연속이었다. 박정희와 김종필이 군복을 벗고 출마하겠다고 나서자, 국방부 장관과 군 일부 온건파가 혁명공약을 준수하고 프랑스의 드골 장군처럼 깨끗하게 처신하라고 압력을 넣었던 것이다. 박정희가 그때까지만 해도 완전히 군을 장악하지는 못했고, 군 내부에는 원칙을 지켜야 한다는 목소리가 있었다. 1963년 2월 18일 박정희는 민정에 참여하지 않겠다고 발표했다. 다음 날 박병권 국방부 장관과 3군 참모총장이 배석한 가운데 군 중립화가 선언되었다. 27일에는 정치인들이 국방부 장관, 3군 참모총장이 참석한 가운데 박정희의 2·18 수습 방안을 수락한다는 엄숙한 선서를 했고, 박정희는 다시금 민정에 참여하지 않겠다고 확약했다. 정말로 민주주의가 실현될 것 같은 감격적인 분위기였다.

그런데 아니나 다를까 특수부대 군인들이 3월 15일 시위를 벌이면서 군정 연장을 요구했다. 박정희는 기다렸다는 듯이 다음 날 군정을 4년간 연장하는 문제를 국민투표에 부치겠다는 성명을 발표했다(3·16성명). 그러자 버거 주한 미국 대사가 박정희를 만났고, 얼마 후 모종의 '타협'이 이루어졌다. 4월 8일 박정희는 3·16성명을 보류한다고 발표했다. 군 중립과 민주주의를 위해 박정희가 나와서는 안 된다는 여론에 저항하다 보니까 이러한 사태가 일어난 것이었다. 5월 27일 공화당 전당대회에서는 박정희를 대통령 후보로 지명했다.

군정 연장 반대 데모와 지지 데모

4년간 군정을 연장하겠다는 박정희 국가재건최고회의 의장의 3·16성명이 발표되자 학생들은 '군정 연장 결사 반대'의 구호를 외치며 군정 연장 반대 데모를 벌였고(왼쪽), 현역 군인들은 최고회의 건물 앞에서 군정 연장 지지 데모를 벌였다(오른쪽).

예상한 대로 야당이 분열되어 여러 정당이 생겨나서 각각 대통령 후보를 추대하자, 7월에 야당 영수들이 회합하여 단일 당을 만들기로 합의했다. 그리하여 9월에 국민의당이 탄생했으나 윤보선이 승복하지 않아 대통령 후보로 국민의당에서 허정, 민정당에서 윤보선이 나왔다. 자유민주당은 내각 수반이었던 송요찬을 지명했는데, 며칠 후 구속되고 말았다.

8월 15일 정부는 대통령 선거는 10월 15일에, 국회의원 선거는 11월 26일에 치른다고 발표했다.

대통령 선거전은, 박정희 후보가 "이번 선거는 민족적 이념의 자유민주주의와 가식의 자유민주주의와의 대결"이라고 말한 것에 대한 윤보선 후보의 격렬한 응수로 '사상 논쟁'으로 비화했다. 윤 후보는 이번 선거는 민주주의와 가장된 민주주의와의 대결이라고 응수한 뒤, 여수반란사건의 관계자가 정부에 있음을 상기시켰다. 박 후보를 친일파로 공격하기에는 윤 후보도 한국민주당 관계자였으므로 적절하지 않다고 생각한 것 같다. 한편 이 선거에서는 미국에서 준 밀가루가 주로 영호남 농촌에 대량으로 살포되었다. 당시는 식량난에 태풍 피해 등 재해가 아주 심했다. 농촌일수록 관의 영향력도 컸다.

10·15 대통령 선거는 허정 후보와 옥중의 송요찬 후보가 사퇴해 박 후보와 윤 후보의 양자 대결이 되었다. 선거 결과 박 후보가 윤 후보를 15만여 표 차이로 누르고 당선되었다. 역사상 가장 근소한 차이였다. 박정희는 경상도, 전라도에서, 윤보선은 서울·경기 지역과 충청도, 강원도에서 많은 표를 얻어 남북 현상을 보여주었다. 또 이 선거에서는 도시는 윤보선이, 농촌은 박정희가 우세했다. 박정희는 농촌에서 50.8%를 얻었는데, 윤보선은 도시에서 57.1%였다. 서울의 경우 30 : 65로 윤보선이 압승했다.

11월 26일에 치러진 국회의원 선거에서는 무소속 출마 금지로 인한 야당 난립으로 전체 득표율이 33.5퍼센트밖에 안 되는 공화당이 압도적으로 많은 의석을 확보했다(비례대표 포함 175석 중 110석 차지). 12월 16일 국가재건최고회의가 해산되고 다음 날 박정희가 대통령에 취임했다.

박정희 정권이 직면한 가장 중요한 일은 한일 국교 정상화 문제였다. 미국은 중국과 소련에 대항하여 한·미·일 3각 안보체제를 강화하기 위해 양국의 국교 정상화를 강력히 요구했고, 정통성의 취약점을 경제개발로 만회하려는

東亞日報

號外

民政黨 麗順事件 資料를 公開

當時의 두 新聞報道 提示

朴正熙씨에 無期言渡

〈49年2月13日軍法會議서〉

審判官은 金完龍中領등七名

造作된 人身攻擊

解明할 時間餘裕 왜 안주나

3·15되풀이말자

박정희 후보의 여순사건 관련 사실을 폭로한 호외
윤보선 후보 측(민정당)은 선거 이틀을 앞두고 박정희 후보가 여순사건에 관련되어 군법회의에서 무기형을 언도받았다는 내용이 보도된 당시의 신문 보도를 언론에 폭로했다. 그러나 호외는 기관원들에 의해 대부분 강제로 압수되었다. 사실 박정희는 여순사건에 관련된 것이 아니라 남로당 프락치의 일원이었는데, 여순사건 직후 숙군 조치의 일환으로 남로당 군프락치 수사가 진행될 때 동료들의 프락치 관련 정보를 군 당국에 제공하고 살아났다.

1963년 제5대 대통령 선거 결과

지역	윤보선 득표	박정희 득표
서울	802,052	371,627
부산	239,083	242,779
경기	661,984	384,764
강원	368,092	296,711
충북	249,397	202,789
충남	490,663	405,077
전북	343,171	408,556
전남	480,800	765,712
경북	543,392	837,124
경남	341,971	706,079
제주	26,009	81,422
합계	4,546,614	4,702,640

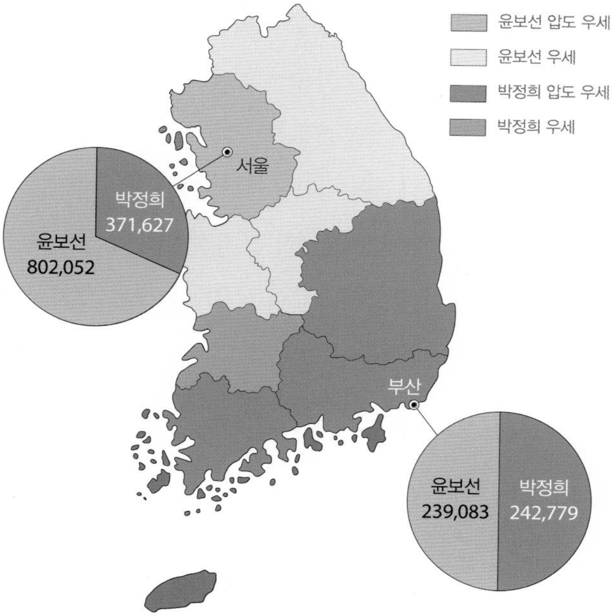

박 정권은 이에 적극적으로 응했다. 그런데 박 정권은 이승만 정부나 장면 정부에 비해 일본을 대하는 태도가 굴욕적이고 저자세라는 비판을 수없이 들었다. 박정희가 친일파였고 쿠데타로 정권을 잡았기 때문에라도 국민을 설득하면서 신중하게 처리했어야 하는데, 그러지 못했던 것이다. 특히 1962년 10, 11월에 있었던 김종필과 오히라 일본 외상의 밀실회담은 모종의 흑막이 있다는 의혹을 강하게 샀다.

1964년 봄부터 박정희 정권은 격렬한 한일회담 반대투쟁에 직면했다. 1964년 3월 23일 김종필 공화당 의장이 도쿄에서 오히라 외상과 만나 한일회담 일정에 의견의 일치를 본 것으로 알려진 다음 날인 3월 24일, 서울대·고려대·연세대 등 대학생 약 4000명이 김종필 즉시 귀국을 요구하며 시위를 벌였다. 시위가 계속 확산되자 27일에 박 대통령은 김종필에게 다음 날 귀국하라고 지시했다. 5월 20일 서울대학교 문리대에서는 한일굴욕외교반대학생총연합회 명의로 박정희와 김종필이 주장한 민족적 민주주의 장

빗속의 침묵시위

1964년 3월 정부가 한일회담을 재개하면서 4·19에 버금가는 대규모 반대시위가 일어났다.
사진은 1965년 4·19 5주년 기념식을 끝마치고 보슬비를 맞으며 침묵시위를 하고 있는 대학생들.

례식을 치렀다. 시위는 서울대학교 문리대생들이 단식투쟁을 하면서 6월 초부터 격렬해졌고, 6월 3일에는 서울의 주요 대학 학생들이 거리로 쏟아져 나왔다. 이날 미국의 강력한 지지를 받으며 계엄이 선포되었다. 계엄 선포 후 정부는 인혁당 사건과 민족주의비교연구회 사건 등을 잇달아 터뜨려 학생운동 세력을 제압하고자 했다. 또한 언론에 재갈을 물리기 위해 언론을 탄압하고 언론윤리위원회법 제정에 나섰다. 국회를 통과한 이 법은 언론계의 반발로 잠시 보류되었다.

강한 반발에도 불구하고 1965년 2월 20일 한일

민족주의비교연구회 사건

1963년 9월 서울대학교 문리대 학생들을 중심으로 민족주의비교연구회(약칭 민비연)가 조직되어 1964년 3·24시위 등 한일회담 반대 학생 시위를 주도했다. 민비연을 몹시 못마땅하게 보았던 박정희 정권은 민비연 관계자들을 1964년 6·3사태 이후 내란 선동 등의 죄목으로 군사재판에 회부했고(민비연 1차 사건), 1965년 9월에는 내란음모 등으로 다시 구속했다(민비연 2차 사건). 그리고 세 번째로 1967년 7월 북한 대남간첩단(동백림간첩단)의 한 공작부서로서 활동하며 한일회담 반대투쟁을 배후 조종했다고 하여 국가보안법 위반 등으로 구속했다(민비연 3차 사건).

민족적 민주주의를 장례한다

민족적 민주주의란 인도네시아 수카르노 대통령의 '교도(敎導) 민주주의'를 도용하여 이론화한 5·16쿠데타 세력의 정치철학이다. 유럽이나 미국식 민주주의는 민도가 낮은 한국 실정에 맞지 않기 때문에 한국의 실정에 알맞은 군부에 의한 일종의 '교도 민주주의'가 불가피하다는 논리다. 박정희는 '주체적 혁명', '근대화 혁명', '자립경제 달성' 등을 정책 목표로 제시했지만, 대일 굴욕 외교의 추진 과정을 통해 실제로는 반민족적이고 비민주적이라는 것이 드러났다. 그리하여 민족적 민주주의의 허구성을 정면으로 비판하기 위해 기획된 것이 1964년 5월 20일 서울대생들이 중심이 된 민족적 민주주의 장례식이다. "시체여, 너는 오래전에 죽었다. 죽어서 썩어가고 있다"로 시작하는 이날의 조사(弔詞)는 당시 중앙정보부장 김형욱이 "숨이 막혀 더 이상 읽을 수 없었다"라고 할 정도로 박 정권의 치부를 신랄하게 풍자·비판했다.

기본조약이 가조인되었다. 5월 박 대통령이 미국을 방문했고, 6월 22일 일본 도쿄에서 한일 기본조약과 4개의 협정 및 그 부속문서에 양국 외상이 서명했다. 이로써 한일 간에 국교 정상화가 이루어졌지만, 아주 중요한 일본의 사죄는 어물쩍 넘어갔다. 기본 조약이 가조인되었을 때 이동원 외무부 장관은 "과거의 어느 기간에 양 국민에게 불행한 관계가 존재했다"라는 대단히 애매모호한 말을 했고, 시나 일본 외상은 "이러한 과거의 관계는 유감이며 깊이 반성하고 있다"라는 말로 얼버무렸다. 도대체 '과거의 어느 기간'이란 무엇이고, '양 국민에게 불행한 관계'란 무슨 말인가. 박 정권의 비굴하기 짝이 없는 저자세를 단적으로 보여주는 표현이 아닐 수 없다. 한일기본조약 제2조에서 한일합병조약과 그 이전의 조약이 '이미(already)' 무효임을 확인한다고 하여 1910년까지 강압에 의해 맺어진 조약의 당시 효력도 애매모호하게 넘어갔다.

한일회담 조인식

격렬한 반대시위에도 불구하고 1965년 6월 22일 일본 수상 관저에서 양국 대표가 참석한 가운데 한일협정이 정식으로 조인되었다. 한일협정은 한국과 일본 간의 '기본조약'과 4개의 협정(재일교포의 법적 지위와 대우에 관한 협정, 한일어업협정, 한일 재산 및 청구권 해결과 경제협력에 관한 협정, 한일 문화재 및 문화 협력에 관한 협정)으로 이루어져 있다.

박 정권이 가장 매달렸던 청구권 자금(무상 3억 달러 공여, 유상 2억 달러, 민간차관 3억 달러 지원)도, '일괄 타결'을 명시해 일본 측이 협정 체결 이후 일제가 입힌 각종 피해에 대한 보상을 봉쇄하는 근거로 이용했다.

한일 기본조약과 협정이 조인되자 비준 반대투쟁이 격렬해졌다. 김재준 목사 등 기독교 교역자, 역사교육연구회 등의 학회와 교수뿐만 아니라 5·16쿠데타에 가담했던 김재춘과 김홍일, 박병권, 송요찬, 손원일 등의 예비역 장성 11명도 학생·재야인사들과 함께 투쟁 대열에 나섰다. 그렇지만 단일 야당인 민중당 국회의원 사퇴서가 제출된 다음 날인 8월 13일에 공화당 단독 국회에서 베트남파병동의안이 통과되었고, 14일에는 한일 기본조약과 4개의 협정이 비준되었다. 학생들의 데모가 격화되자 8월 25일 무장군인이 학원에 들어갔고, 곧이어 법적 근거가 불확실한 위수령이 발동되어 6사단 병력이 서울에 투입되었다. 학생들이 구속되었고, 저명한 교수 21명이 대학에서 추방당했다. 공교롭게도 을사조약 강제(1905년 11월 17일) 60년이 되는 12월 18일에 한일협정 제문서가 교환되었다.

한일기본조약에 반대하여 1964년 3월 24일부터 6월 3일까지 일어났던 학

한일회담 반대시위

종로 거리를 가득 메운 시민단체와 학생들이 한일회담 반대시위를 벌이고 있다. '매국적 외교를 결사 반대한다'고 적은 플래카드가 보인다(1964년 3월 24일).

한일회담 14년의 경과

1차 회담 (1952. 2. 15 ~ 1952. 4. 25)

- 도쿄의 점령군최고사령부 주선으로 예비회담을 열고(1951. 10. 20) 본회담 개최
- 한국에 남겨둔 일본인 재산의 반환을 요구하는 일본의 역청구권 주장으로 회담 결렬

2차 회담 (1953. 4. 15 ~ 1953. 7. 23)

- 청구권 및 어업협정 문제로 대립
- 별다른 진전 없이 휴전협정을 앞두고 휴회

3차 회담 (1953. 10. 6 ~ 1953. 10. 21)

- 일본의 한국 식민지 지배가 한국에 유익했다는 일본 수석대표 구보타의 망언으로 회담 결렬. 이후 4년 반 동안 중단

4차 회담 (1958. 4. 15 ~ 1960. 4)

- 예비회담 거쳐 본회담 재개
- 대일 청구권 문제와 어업 문제로 논쟁
- 재일동포 북송 문제와 4·19로 중단

5차 회담 (1960. 10. 25 ~ 1961. 5. 15)

- 장면 정부의 적극적인 노력으로 회담 속개
- 한국이 제시한 8개 항목의 청구권을 항목별로 토의
- 5·16쿠데타로 중단

6차 회담 (1961. 10. 20 ~ 1964. 4)

- 미국의 압력과 군사정권의 적극적인 요구로 회담 재개
- 1962년 11월 12일 김종필과 오히라 일본 외상 간의 '메모' 교환으로 청구권 문제 '타결'(무상 공여 3억 달러, 유상 정부차관 2억 달러, 민간차관 1억 달러)
- 1964년 3월 학생들의 반대시위로 회담 중단

7차 회담 (1964. 12. 3 ~ 1965. 6. 22)

- 1965년 2월 서울에서 한일기본조약 가조인
- 1965년 6월 22일 도쿄에서 기본조약 및 청구권 등 4개 협정 정식 조인
- 1965년 12월 18일 비준서 교환, 기본조약과 협정 공식 발효

생운동은 1960년 3, 4월 학생운동과 달랐다. 1960년 3, 4월 시위는 훨씬 규모가 크고 치열한 반면 비조직적이고 자연발생적인 면이 있지만, 3·24학생 시위와 그 뒤 학생들의 투쟁은 조직적으로 전개되었다. 3, 4월 시위는 이승만 정권을 무너뜨렸지만, 이승만 정권에 대한 총체적 부정은 주로 4·19시위 이후부터 나왔다. 그런데 3·24 이후의 시위는 투쟁 목표와 투쟁 이념이 분명했으며, 박정희 정권에 대한 비판과 분석도 비교적 철저했다. 또 3·24학생시위부터 시위 이후 장례식, 화형식, 단식투쟁, 연극, 굿놀이 등이 시위와 결합되면서 운동 방식이 다양해졌다.

박정희 대통령은 자유세계를 지키기 위해서라고 강조했지만, 사실상 전쟁 특수를 통해 경제개발에 필요한 자금을 마련하고자 우리나라 젊은이를 베트남에 파견하는 데 적극적이었다.

박정희식의 '잘 살아보세'가 영향을 주었기 때문이겠지만, 베트남 파병은 한일회담과 다르게, 또 노무현 정부의 이라크 파병과도 차이 나게 큰 반대에 부딪히지 않았다. 1964년 9월 이동 외과병원과 태권도 교관단 파견을 시작으로 1965년 2월에는 약 2000명의 경비대대와 공병대대 병력을 파견했고, 수렁에 빠진 미국 정부의 전투부대 파병 요청으로 그 이후에는 계속해서 전투 병력을 대규모로 파견했다. 이로써 한국은 오스트레일리아, 뉴질랜드, 타이, 필리핀, 대만, 스페인이 베트남에 보낸 총병력보다 많은 5만여 명을 파견했다.

미군의 용병이라는 비난도 들었지만, 베트남 파병부대의 비용은 미국이 부

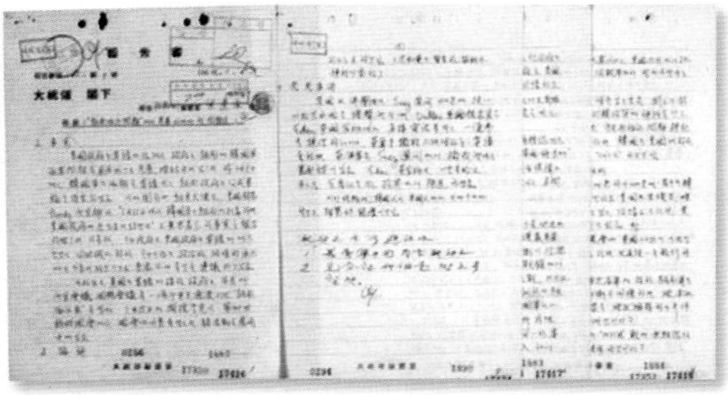

베트남 파병 문서

1964년 4월 청와대 정무비서관이 제출한 월남 파병 문제에 관한 보고서. 말미에 "파병은 불가피하나 의용군의 형식을 취하고, 충분한 대가를 받아낼 것"이라고 적힌 박정희의 메모는 베트남 파병에 대한 박정희의 정치적 입장을 잘 보여준다.

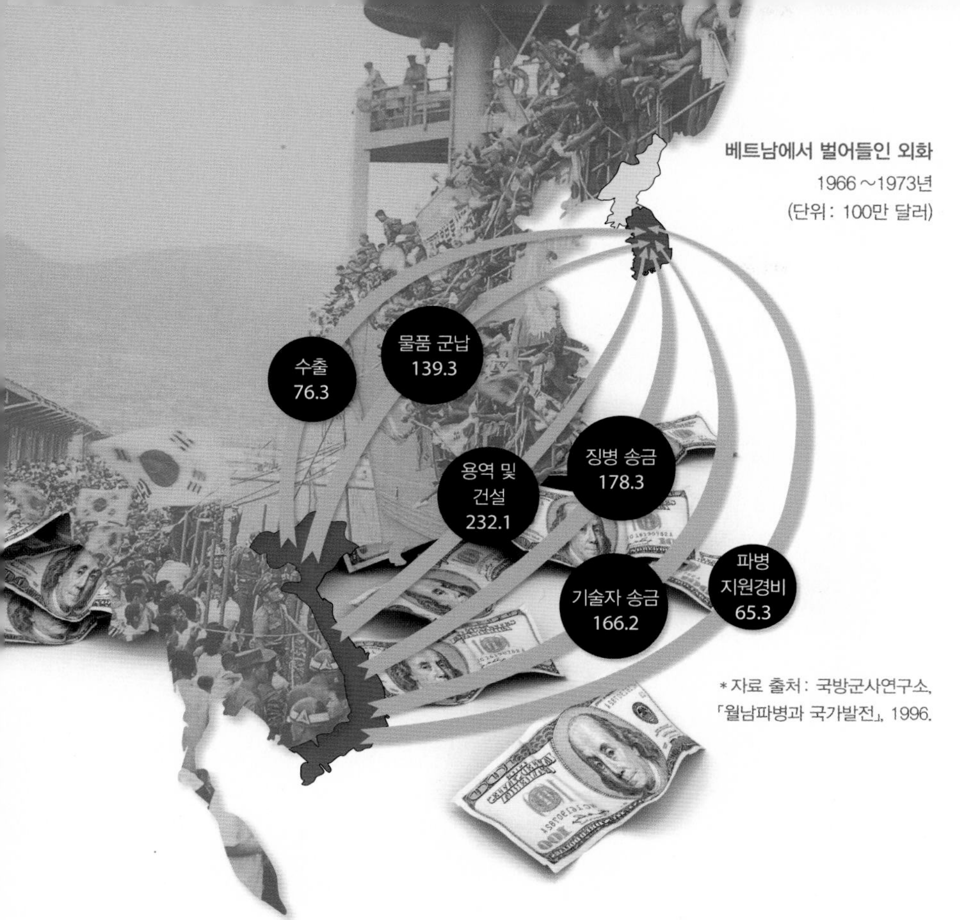

담했다. 또한 이것에 수반해 건설사업에 참여했고 수출도 했다. 미국을 제외하고 베트남에 가장 많은 군대를 보냈고, 그 비용을 미국이 댄다는 것은 자주성이 훼손되는 것이었으나, 정부와 많은 국민이 그것을 환영했다. 다만 윤보선과 장준하가 반대했고, 야당에서 미온적으로 반대했을 뿐이다.

베트남전쟁 참전으로 한국은 경제적으로 많은 이익을 얻었고 그것은 경제발전에 크게 기여했으나 국제적으로 적지 않은 비난을 받았다. 한국은 미국에 심하게 종속된 국가라는 이미지를 국제 사회에 심어주었으며, 전쟁의 참전 명분도 설득력을 얻기가 어려웠다. 베트남전쟁으로 5000여 명의 한국 젊은이들이 목숨을 잃었다. 뿐만 아니라 베트남에서 한국군이 저지른 양민 학살 문제는 한국이 가해자라는 점에서 심각한 반성이 필요하다.

| 한일회담의 이면 |

'독도밀약은 유령문서로 원천 무효'

'무상 3억 달러, 유상 2억 달러, 민간 경제 협력 1억 달러.'

1962년 11월 12일 김종필 중앙정보부장과 오히라 일본 외상이 합의를 본 '김·오히라 메모'의 요지다. 이 메모는 한일협정 타결의 핵심에 합의했다는 점에서 의미가 크다. 그런가 하면 이 짤막한 문서는 한일회담 반대투쟁에서 흑막 속의 밀실외교이자 굴욕적인 저자세 외교의 상징으로 규탄을 받았다.

박정희 정권이 일본의 '경제협력자금'에 정권의 목숨을 걸다시피 한 것은 화폐 개혁 실패 등으로 더욱 악화된 경제적 곤경에서 헤쳐 나와 하루 빨리 경제를 발전시키는 것이 화급했기 때문이다. 그렇지만 박정희가 1964년 3월 을사조약, 병합조약 등 불명예로운 조약들을 국교 정상화 과정에서 새삼스럽게 언급할 필요가 없다고 피력한 것은 그의 일제강점기 행적과 무관하지 않다. 박정희에게 을사조약과 병합조약이 무효이고 일제 지배가 무력에 의한 강제 점령이라는 인식은 존재하기 어려웠다.

'김·오히라 메모'는 독도 문제와도 연관이 있었다. 당시 일본은 독도는 중요하지 않다고 생각했기 때문에 1962년 9월 한일회담에서 폭파해 없애버렸으면 좋겠다고 말하기도 했다. 그러나 한국 측은 자국 영토이므로 확고한 태도를 보여주었어야 하는데 그렇게 하지 못했다. 1962년 11월 오히라가 독도를 국제사법재판소에 제소하겠다고 하자 김종필은 제3국 중재안을 내놓기도 했고, 기자들에게 "독도에서 금이 나오는 것도 아니고 갈매기 똥도 없으니 폭파해버리자고 말한 일이 있다"라고 밝히기도 했다. 1965년 5월 미국에서 박정희 대통령 역시 러스크 국무부 장관에게 한일 국교 교섭에서 암초가 되고 있는 독도를 폭파해 없애버리고 싶다고 말했다. 이들은 독도 문제를 미해결 상태로 유지하는 것이 상책이라고 판단했다.

난관 중에 난관인 어업 문제도 한국 측이 전관수역 40마일에서 물러나 12마일로 합의를 봄으로써 '해결'되었다. 평화선 수역에 대해서는 한국 측이 먼저 공동어업자원조사 수역으로 하자고 제의했고, 이것은 협정에서

김·오히라 메모 원본

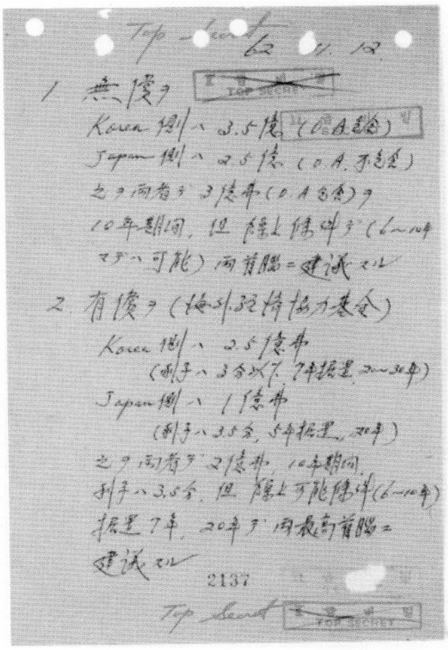

공동규제수역으로 명칭이 바뀌었다. 이로써 이승만 최대의 업적으로도 평가받은 평화선은 사라졌다.

독도 문제는 특이한 경로를 겪었다. 한일회담 타결 시 한일 간에는 공식 라인 외에 비공식 라인이 있었다. 비공식 라인의 일본 측 지휘자는 국무상 고노였고, 한국 측은 김종필의 형으로 한일은행 상무인 김종락이 중요한 역할을 했다. 1965년 1월 11일경 서울의 한 저택에 정일권 총리와 김종락, 문덕주 외무부 차관이 참석한 자리에서 우노 자민당 의원이 고노와 김종락이 도쿄에서 합의한 문서를 읽었다. 한 저서에 독도밀약으로 쓰여 있는 그 문서는 다음과 같이 기본 원칙과 4개 조항으로 되어 있다.

독도 · 다케시마 문제는 해결해야 한다는 것으로써 해결한 것으로 간주한다. 따라서 조약에서는 언급하지 않는다.

1. 양국이 자국의 영토라고 주장하는 것을 인정하며 동시에 그것에 반론하는 것에 이론이 없다.

2. 그러나 장래 어업 구역을 설정할 경우, 쌍방 모두 독도 · 다케시마를 자국령으로 해 선을 긋고, 중복되는 부분은 공동수역으로 한다.

3. 한국은 현 상태를 유지하며, 경비원의 증원과 시설의 신설·증설을 하지 않는다.

4. 이 합의는 이후로도 계승해간다.

— 노 다니엘, 『독도밀약』, 한울, 2011, 272쪽.

김종락은 이 문서를 1월 13일 박정희에게 '재가'받았다.

그러나 공식 라인에서는 한일협정이 조인되는 6월 22일 새벽까지 독도 문제로 논쟁이 있었다. 그리하여 그날 한일협정의 부수협정으로 '한일 분쟁 해결에 관한 교환 공문'이 다른 문서와 함께 조인되었다. 이 문서는 분쟁이 외교상 경로로 해결되지 못하면 양국 정부가 합의하는 수단에 따라 해결을 시도한다고 되어 있었다.

매국적 성격의 독도문서(독도밀약)는 관계자를 제외하고 한일협정 조인 이전에도 이후에도 아무도 몰랐다. 외무부 장관도 몰랐고, 일본 측이 알았다는 증거도 없다. 이 문서는 한국에도 일본에도 존재하지 않는다. 당시 《요미우리 신문》 서울특파원으로 비공식 라인에 관여한 시마모토가 베꼈다는 것만 알 수 있을 뿐이다. 김종락은 1980년 신군부의 5·16쿠데타 직후 김종필·이후락 등이 부패분자로 구속되자 "역사의 죄인이라는 낙인이 찍히는 것이 두려워" 태웠다고 말했다. 이 문서는 유령문서로 원천적으로 효력이 있을 수 없는 문서다.

No 52

503
영구 집권을 향해

1967년 5월 3일 대통령 선거에서 박정희는 윤보선을 누르고 재선되었다. 근대화 바람도 영향을 끼쳤지만 윤 후보가 구태의연한 모습을 보여준 것도 한 요인으로 작용했다. 이 선거는 서울 등 서부 지방에서는 윤 후보가, 영남 등 동부 지방에서는 박 후보가 우세해 1963년 표의 남북 현상과는 다르게 동서 현상을 보여주었다. 이어서 한 달 뒤에 치러진 국회의원 선거(6월 8일)는 3·15선거를 제외하면 최악의 부정선거로 기록될 만큼 대통령과 여당, 고위 공무원들이 부정선거에 앞장섰고, 돈 선거나 관광 선거라는 말이 나돌 정도로 타락한 선거였다. 정부는 국회의원선거법 시행령을 고쳐 대통령을 비롯한 고위 공무원들이 선거운동을 할 수 있는 법적 근거를 마련하려고 했다. 특히 박정희 대통령은 지방 유세에 나서지 않겠다고 분명히 밝혔음에도 불구하고 '순회 시찰'이라는 명목으로 각 지방을 돌아다니며 지역 개발과 관련된 각종

막걸리 선거
'고무신 선거', '막걸리 선거'는 과거 타락한 한국 선거문화를 상징하는 말이다. 1967년 국회의원 선거는 삼선 개헌을 염두에 둔 박정희의 무리수로 유난히 선거 부정이 심했는데, 이 때문에 그해 선거는 '공무원 선거', '돈 선거', '선심공약 선거'라는 불명예스러운 이름을 얻게 되었다.

선심 공약을 남발했다. 이처럼 대통령과 공무원이 앞장서서 엄청난 부정선거 운동을 감행한 것은 삼선 개헌을 위한 개헌선 확보를 염두에 두고 있었기 때문이다. 그 결과 공화당은 야당인 신민당을 누르고 개헌선을 상회하는 129석을 확보하는 압승을 거두었다.

6월 12일부터 대학생을 중심으로 6·8부정선거를 망국 선거로 규정짓고 규탄 데모를 벌였다. 각 학교에는 즉각 휴교령이 내려졌다. 신민당도 부정선거에 항의하여 국회 출석을 거부했다. 공화당은 부정선거로 특히 말썽이 많았던 지역 의원을 두 차례에 걸쳐 제명했으나 여론이 무마되지는 않았다. 국회는 반년이나 공전했고, 신민당은 11월 29일에야 등원했다. 중앙정보부는 6·8 부정선거 문제에서 눈을 돌리도록 정략적으로 7월 8일부터 3차에 걸쳐 저명한 음악가 윤이상과 화가 이응로 등이 포함된 유학생 간첩사건을 발표했다(동백림 사건).

신민당 당사

6·8부정선거 규탄대회를 위해 당사 옥상에 연단을 차리고 궐기대회를 진행하고 있다(1967년 6월 19일).

1968년은 북한의 도발 행위로 한국전쟁 이후 남북관계가 가장 긴장된 해였다. 북은 1966, 1967년에 온건파를 숙청하고 강경파가 득세했으며, 그와 함께 '주체사상'과 수령 유일 체제가 구체화되었다. 1968년에 북의 도발이 심했던 것은 남의 베트남 파병에 대한 응수로 남한에서 '제2전선'을 편다는 측면도 있었다. 1월 21일 북의 무장 게릴라 31명이 휴전선을 뚫고 청와대 부근까지 나타난 것은 큰 충격을 주었다. 이틀 후에는 원산 앞바다에서 미국 정보수집함 푸에블로호가 북에 의해 나포되어 미국과 북의 전쟁이 벌어질 것 같은 위기 상황이 벌어졌다. 1968년 11월에는 울진과 삼척 일대에 무장 게릴라가 침투했다. 또한 이해 9월에는 통일혁명당 사건이 발표되었다.

북의 도발은 오히려 반공체제와 박정희 정권을 강화시키는 데 기여했다. 향토예비군이 설치되었고, 주민등록증이 발급되었으며, 학원에서는 군사교육(약칭 교련)이 강제되었다. 유신체제 내내 박정희는 북의 도발과 그에 대비한 안보를 강조함으로써 자신의 권력 유지에 적절하게 활용했다.

베트남전쟁과 북의 도발로 한미 간의 안보 협력은 더욱 강화되어 1969년 3월에 포커스·레티나 작전이 한미 합동으로 벌어졌다. 4월에 북은 미 해군의 EC-121 정찰기를 격추시켰다.

이처럼 남북관계의 긴장이 계속 고조되는 가운데 박정희는 6·8부정선거의 의도대로 삼선 개헌을 위한 사전 정지 작업을 추진했다. 먼저 박정희는 김종필 후계자론을 미리 차단하기 위해 김용태를 비롯한 김종필계 핵심을 숙청했다. 1969년 8월 20일에는 미국을 방문하여 지원을 약속받았다. 일본도 지원을 약속했다.

1969년 6월 16일에 시작된 삼선 개헌 반대데모는 곧 전국으로 번졌다. 7월

동백림 사건

재판을 받고 있는 동백림(동베를린) 사건의 피고인들.

1967년 7월 중앙정보부는 유럽에 유학 중인 교수와 유학생, 예술가, 학자, 광부 등이 북한 공작원에 포섭되어 거액의 공작금을 받고 간첩 활동을 했다고 발표했다. 이 사건으로 무려 200여 명이 체포되어 해방 이후 최대의 '간첩단 사건'으로 보도되었고, 서독과 프랑스의 언론 관계자와 서독 정부의 공식 항의단이 국내에 들어와 관련 피고인의 재판을 방청하는 등 국제적 관심사로 비화했다.

초 많은 대학과 일부 고등학교가 조기 방학에 들어갔다. 8월 25일부터 다시 삼선 개헌 반대시위가 시작되자 9월 10일에 38개 대학이 문을 닫았다. 삼엄한 경비 속에서 9월 14일(거꾸로 읽으면 4·19가 된다) 새벽 2시 50분경 본회의장에서 농성하는 야당 의원들을 따돌리고 국회 제3별관에서 3기에 한해 대통령이 재임할 수 있다는 개헌안을 불법적으로 날치기 통과시켰다. 개헌안은 10월 17일 국민투표를 거쳐 확정되었다.

1971년 4·27 대통령 선거는 격전이라는 점에서나 정책 대결이라는 점에서나 1956년의 정·부통령 선거, 2002년의 대통령 선거와 함께 선거사에서 중요한 의미를 가지고 있다. 특히 1969년 11월 신민당의 김영삼이 보수적인 한국 야당의 체질 개선과 세대 교체를 주장하는 40대 기수론을 들고 나온 것은 신선한 충격이었다. 1970년 9월 신민당 대통령 후보 지명대회 2차 투표에서 김대중은 김영삼을 누르고 역전승을 거둠으로써 한층 주목을 받았다. 김대중

공화당과 자유당 화형식

대학생들의 반정부 시위는 점점 거세져갔다. 1969년 7월 2일 고려대학교 교정에서 학생 시위대가 삼선 개헌에 반대해 공화당과 자유당의 합동결혼식을 시킨 후 화형하고 있다.

東亞日報

號外

改憲案 共和단독變則處理

14日새벽 二時五O分 野몰래 第三別館서

一二二명全員 可

國民投票 法案도

國會法上 無效

삼선 개헌 날치기 통과

1969년 9월 14일 새벽, 야당 의원들이 본회의장에서 철야 농성을 벌이고 있는 동안 공화당 의원들은 야당 의원들에게 '고지(告知)'하지 않고 몰래 국회 제3별관에 모여 삼선 개헌안을 불법적으로 날치기 통과시켰다. 사진은 날치기 통과 후 뒷문으로 빠져나오는 공화당 의원들(왼쪽)과 삼선 개헌 변칙 처리를 보도한 1969년 9월 14일자 《동아일보》 호외(오른쪽).

후보는 일찍부터 빈부 격차의 해결, 재벌 편중 경제의 시정과 함께 주변 4대국에 의한 한반도 안보 보장, 남북 교류, 향토예비군 폐지 등을 공약으로 제시하여 신선한 바람을 일으켰다.

선거 바람은 1971년 4월 10일 부산에서 불기 시작해 80만 명 이상이 모인 18일 서울 장충단공원에서의 김 후보 유세로 절정을 이루었다. 이날 김 후보는 이번 선거에서 정권 교체를 이루지 못하면 영구 집권의 총통제가 실시될 것이라고 역설했다. 박정희 후보는 4월 25일 장충단 유세에서 "이번이 대통령으로 출마하는 마지막 기회"라고 호소했다. 선거가 워낙 백중지세여서 중앙정보부에서 그 공약을 꼭 해야 한다고 강력히 권했던 것이다. 그리고 투표 전날 MBC 방송 연설에서 "유능한 후계 인물을 육성하겠다"라고까지 공약했다. 모 기관에서 영남 지방 중심으로 지역감정을 아주 심하게 부추기는 흑색선전도 난무했다.

개표 결과 영남에서 몰표를 얻은 박 후보가 94만여 표 차이로 김 후보를 누르고 당선되었다. 서울에서는 김 후보가 6대 4로 앞섰으나 박 후보는 영남에서 김 후보보다 무려 158만여 표나 많이 얻었다.

1971년 제7대 대통령 선거 결과

지역	박정희(공화당)	김대중(신민당)
서울	805,772	1,198,018
부산	385,999	302,452
경기	687,985	696,582
강원	502,722	325,556
충북	312,744	222,106
충남	556,632	461,978
전북	308,850	535,519
전남	479,737	874,974
경북	1,333,051	411,116
경남	891,119	310,595
제주	78,217	57,004
합계	6,342,828	5,395,900

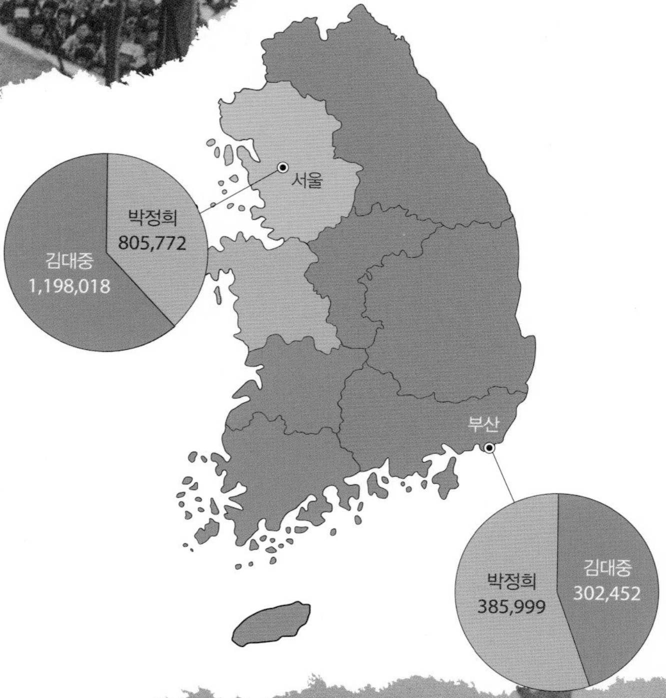

- 박정희 압도 우세
- 박정희 우세
- 김대중 압도 우세
- 김대중 우세

민주화를 향한 열망은 5·25총선에서도 잘 드러났다. 신민당은 총 204석 중 89석을 얻어 야당 단독으로 임시국회를 소집하여 박 정권을 견제할 수 있게 되었다. 또한 야당은 도시에서 압승을 거두었다. 신민당은 전국 32개 도시에서 총 47석을 얻었는데, 여당은 서울의 1석을 비롯하여 겨우 17석을 얻는 데 그쳤다. 여촌야도 현상이 두드러졌다는 점에서 5·25총선은 1958년의 5·2총선과 흡사했다.

1970년대에 들어서자 변화의 요구가 더 거세졌다. 1971년 7, 8월에는 판사 153명이 사법부 독립을 요구하며 집단 사표를 내는 등 대규모 사법부 파동이 있었고, 같은 시기 대학 교수들은 집단적으로 학원의 자주와 자율을 선언했다. 또한 병원 인턴과 레지던트의 파업, 이주민 5만 명이 일으킨 광주대단지(지금의 성남) 사건, KAL빌딩 방화사건, 실미도 사건 등이 잇달아 일어났다. 학생들은 계속해서 학원의 병영화를 막기 위한 교련 반대시위를 벌였다.

박 대통령은 민주화와 변화의 요구를 수용할 것이냐, 권위주의 강화로 나아갈 것이냐의 갈림길에 서 있었다. 박정희는 역사의 교훈을 망각하고 후자를 선택했다. 1971년 10월 15일 다시 위수령이 발동되어 공수특전단 등의 병

군사정권의 사법부 길들이기

1971년 7월 28일 서울지검은 서울형사지법 이범열 부장판사와 최공웅 판사에 대해 뇌물수뢰 혐의로 구속영장을 신청했다. 그것은 반공법 위반 사건의 항소심을 맡은 두 판사를 시범 케이스로 사법부를 길들이기 위해 취한 조치였다. 그러나 구속영장이 청구된 바로 그날 항의의 표시로 서울형사지법 판사 37명이 사표를 냈고, 뒤이어 지방 판사의 3분의 1에 해당하는 153명의 법관이 사표를 제출하는 등 사상 유례가 없는 사법부 파동으로 확산되었다. 이를 계기로 법원과 검찰은 구속영장의 기각, 재신청, 기각을 되풀이하며 극한 대립을 계속했다. 여론이 법원 편으로 돌아가자 박정희는 8월 1일 법무부 장관 신직수에게 수사 중지를 지시했고, 검찰이 사건 관련 검사들을 인사 조치함으로써 사태가 마무리되었다. 그러나 이 사건을 계기로 항의에 앞장선 판사들이 법복을 벗었고, 사법부는 정권의 시녀로 전락하고 말았다.

대학 캠퍼스에 진주한 무장 군인

박정희는 학생들의 반정부운동을 탄압하기 위해 대학 캠퍼스에 무장 군인을 투입하는 것도 서슴지 않았다. 뿐만 아니라 학원 안에 사복경찰을 상주시켜 학생들을 철저히 감시했다.

력이 대학에 투입되었고, 170명 이상의 학생이 제적을 당해 군대로 끌려갔다. 12월 6일 평상시인데도 불구하고 국가비상사태선언이 공표되었고, 12월 27일 국가보위에 관한 특별조치법(약칭 국가보위법)이 삼선 개헌안과 비슷하게 여당 단독으로 국회 제4별관에서 변칙 통과되었다.

한편 1960년대 말부터 동서 냉전체제가 동아시아에서 점차 완화되기 시작했다. 1969년에 미국은 주한 미군 감축을 검토하고 있다고 발표했고, 닉슨 미국 대통령은 아시아 국가들이 국방 문제를 독자적으로 해결하도록 노력하라는 '괌독트린'을 발표했다. 1971년에는 중국이 드디어 유엔에 가입했고, 다음 해 2월 닉슨이 중국을 방문하면서 동서 화해의 분위기가 고조되었다.

냉전체제의 변화는 곧바로 남북관계에 영향을 끼쳤다. 1971년 8월 최두선 적십자사 총재가 북의 적십자사에 이산가족 찾기 운동을 제의하여 예비회담이 열린 것도 국제 정세와 관련이 있었다.

국가보위에 관한 특별조치법

박정희 정권이 반정부운동을 탄압하기 위해 경제 규제 명령, 국가동원령 선포, 옥외 집회나 시위 규제, 언론·출판에 대한 특별조치, 근로자의 단체행동권 제한 등 대통령에게 광범위한 권한을 부여한 특별입법.

1972년 7월 4일 서울과 평양에서 동시에 발표된 남북공동성명은 이러한 상황에서 나왔다. 공동성명은, 통일은 자주적으로 해결하고, 평화적 방법으로 실현하며, 사상과 이념, 제도를 초월한 민족적 대단결을 도모할 것을 조국통일 3원칙으로 합의를 보았다. 또한 상호 중상 비방과 무력 도발 금지, 남북교류, 남북 사이의 제반 문제 해결을 위한 남북조절위원회 구성에 합의했음을 밝혔다. 해방 이후 최대의 통일 뉴스였다. 일부 반공·보수 세력은 두려워했지만, 민중들은 8·15 해방을 맞을 때와 비슷하게 열렬히 환영했다.

그런데 조국통일 3원칙은 북한의 기존 주장과 비슷했기 때문에 왜 이러한 합의를 박 정권이 했을까 하는 의구심을 불러일으켰다. 더구나 박 정권은 쿠데타로 정권을 장악한 이후 통일운동 세력을 억압했을 뿐만 아니라 통일 논의 자체도 철저하게 금지해왔다. 1960년대에 남북 교류를 주장한 MBC 사장 황용주도, 민주사회당 창당 준비 대표 서민호 의원도 구속되었다. 1964년 도쿄 올림픽대회 때 세계신기록을 보유한 북의 육상선수 신금단이 남한의 아버지를 만나 온 민족을 울렸을 때 여야 의원들은 이산가족상봉면회소설치결의안 등을 제출했지만, 박 정권은 그것마저 거부했다.

7·4남북공동성명이 나오게 된 데에는 또 다른 특별한 이유가 있었다. 그것은 어느 역사학자의 말처럼 "유신을 위한 멍석 깔기", 즉 유신 쿠데타의 사전 준비 작업이었다.

남북조절위원회 개최

남북공동성명은 제19차 남북적십자 예비회담을 통한 남북 대표 간의 비밀 접촉으로 시작되어 이후락 중앙정보부장의 평양 방문과 박성철 북한 제2부수상의 서울 방문을 거쳐 합의되었다. 사진은 남북조절위원회의 참석차 영빈관에 도착한 박성철 북한 부수상(오른쪽)과 그를 영접하는 이후락(왼쪽).

| 김대중·김영삼 시대 개막 |

보수 야당의 세대교체론, 40대 기수론

민주당 신·구파에 뿌리를 둔 제3공화국 시기의 야당은 1963년 대통령 선거에서 패배한 이후에도 체질 개선을 하지 못하고 분열과 통합의 이합집산을 되풀이했다. 1967년 대통령 선거에서도 노쇠한 윤보선이 재출마함으로써 또 한 번 국민에게 실망감을 안겨주었다. 이에 따라 당내 체질 개선 문제가 대두되었다. 이러한 분위기 속에서 1971년의 대통령 선거를 앞두고 43세의 김영삼이 신민당 대통령 후보 지명대회 출마를 선언했다. 뒤이어 김대중(45세), 이철승(48세)도 출마를 선언했다.

'사쿠라 야당'으로 불릴 정도로 권력 측과 거래하며 여당과 타협하기를 좋아했던 신민당 총재 유진산은 이들의 출마에 격노했다. 유진산은 "입에서 젖비린내 나는 것들……"이라며 대놓고 불만을 토로했고, 이들을 경쟁자로 인정하지 않았다. 그러나 김영삼과 김대중은 과거 야당 후보들은 나이가 많았으며, 국민들에게 신선하고 활기 있는 이미지를 심어주기 위해서는 젊은 40대 기수가 야당의 리더십을 형성해야 한다고 주장했다.

세 사람은 한국 헌정사상 처음으로 당내 자유 경선에 들어갔다. 1차 투표에서 김영삼이 김대중을 앞질렀으나 과반수 표를 얻은 사람이 없어서 2차 투표에 들어갔다. 결과는 김대중의 멋진 역전승으로 막을 내렸다. 이철승이 김대중의 손을 들어주었기 때문이다. 김영삼은 패배를 인정했고, "김대중 씨의 승리는 우리의 승리이며 나의 승리다. 나는 가벼운 마음으로 김대중 씨를 앞세우고 전국을 누빌 것을 약속한다"라면서 흔쾌히 결과에 승복했다. 국민들은 40대 기수론을 주장한 야당의 젊은 리더십에 신선한 충격을 받았으며, 후보 지명 과정에서 보여준 민주적 경쟁에 깊은 인상을 받았다. 이들의 후보 경선은 보수적인 야당 이미지를 바꾸어 국민들로부터 신뢰받는 야당으로 거듭나는 중요한 계기가 되었다.

지지 유세 후 함께 손을 잡은
김대중 대통령 후보와 김영삼 의원.

막걸리반공법, 막걸리 보안법

흔히 국가보안법을 '막걸리보안법(막걸리반공법)'이라고 부르기도 한다. 일반 시민이 술김에 토로한 울분이나 말조차도 반공법이나 국가보안법으로 처벌한 데서 생긴 말이다.

1968년 파출소에 연행된 김아무개 씨는 "선량한 국민을 왜 못살게 구느냐? 공화당은 공산당보다 못하다"라고 말했다가 '찬양 고무' 혐의로 2년형을 선고받았다. 1970년 김아무개는 막무가내로 집을 부수는 철거반원들에게 "이 김일성이보다 더한 놈들아!"라고 소리쳤다가 검찰에 구속되었다. 이유는 "북괴에서는 대한민국보다 나은 행정을 하고 있다는 것을 암시하는 발언이며, 그곳에 가서 살아보겠다는 의사도 내포한 것으로, 반국가단체를 이롭게 하는 행위에 해당한다"라는 것이었다.

1980년에 반공법은 폐지되었으나 핵심 조항이 국가보안법으로 흡수되면서 막걸리보안법 사례는 더 늘어났다. 1981년 군 입대를 앞둔 대학생이 용돈이나 벌기 위해 『무림파천황』이라는 무협소설을 썼다가 일부 내용이 사회주의를 주장한다는 혐의로 구속되어 2년형을 선고받았다. 절정의 무공을 익힌 주인공이 부모님의 원수를 갚는다는 것이 주요 내용이었으나, 정파와 사파가 벌이는 무협지의 대결 구도를 '변증법'적으로 설명하려 한다는 것이 주요 이유였다. 또한 강북무림이 강남무림을 향해 '남진'을 주장한 것도 말썽이 되었다. 1986년에는 술에 만취해 버스를 탄 김아무개가 버스 기사와 요금 시비를 벌이다가 무심결에 "나는 공산당이다. 공산당이 뭐가 나쁘냐. 잡아넣어라"고 외쳤다가 정말 구속되어 징역 2년형을 선고받았다.

'막걸리보안법'의 위력은 2000년 역사적인 남북정상회담도 막지 못했다. 대구의 한 나이트클럽 웨이터는 남북정상회담 직후 승용차에 북한 인공기 그림을 그린 현수막을 걸고, 사람들에게 '김정일 부킹위원장'이라고 적힌 명함을 나누어주었다가 경찰에 의해 '찬양 고무 현행범'으로 연행되었다. 2004년 9월에는 서울 지하철 합정역 인근에서 술에 취해 "조선민주주의인민공화국 만세", "김정일 만세" 등을 외친 일용직 노동자 정모 씨가 국가보안법 위반 혐의로 불구속 입건되었다. 일거리를 찾기 힘들어 마음이 답답하던 차에 "북한에 가면 평등하게 살 수 있다"라는 말이 불쑥 떠올라 무심결에 외친 것이 그 이유였다.

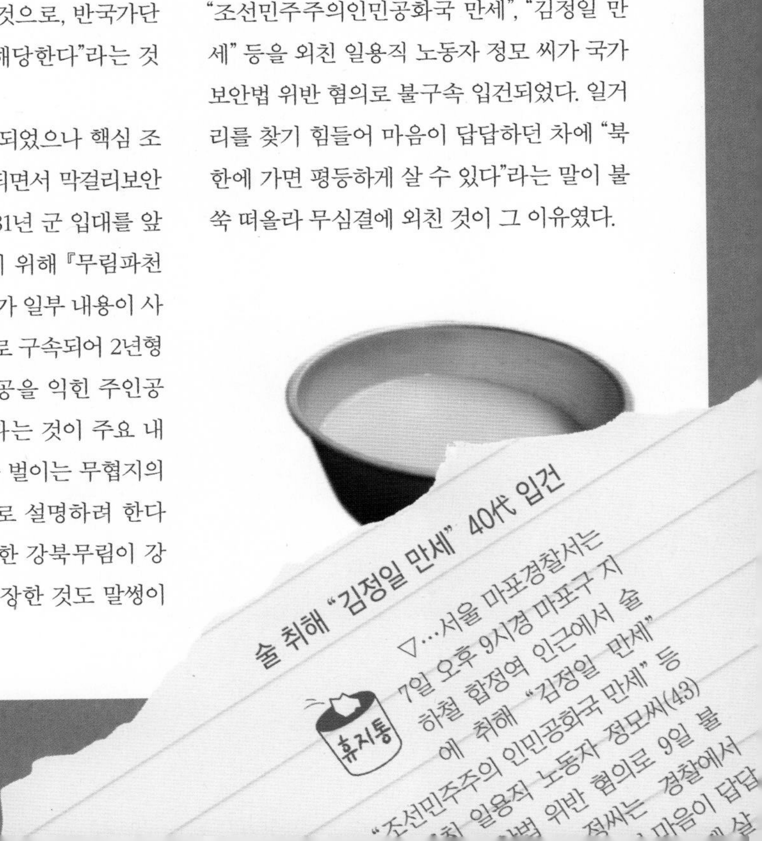
휴지통
술 취해 "김정일 만세" 40代 입건
▽…서울 마포경찰서는
7일 오후 9시경 마포구 지
하철 합정역 인근에서 술
에 취해 "김정일 만세"
"조선민주주의 인민공화국 만세" 등
일용직 노동자 정모씨(43)
위반 혐의로 9일 불
경찰에서
마음이 답답

명동 거리

박 정권은 반공표어 · 포스터 그리기, 반공웅변대회 등의 학교 교육뿐만 아니라 TV, 라디오 등 각종 매체를 통해서 끊임없이 반공선전을 강화했다. 명동 입구에 높이 걸려 있는 '반공방첩'이라고 적힌 반공구호를 통해 당시 상황을 짐작할 수 있다(1965년).

504

초강권체제의 등장과 민주세력의 저항

7·4남북공동성명의 흥분이 채 가라앉기도 전인 1972년 10월 17일, 박정희는 또다시 군을 동원하여 헌법 기능을 정지시키는 비상계엄을 선포해 국민들을 놀라게 했다. 자기 자신 한 사람을 위한 쿠데타로 또다시 헌정이 유린되었다. 국회가 해산되고 정당 및 정치 활동이 정지되었다. 박정희는 아무 근거 없이 비상국무회의가 효력이 정지된 헌법의 기능을 수행한다고 선언했다.

박정희는 "현행 헌법이 평화통일과 남북대화를 뒷받침할 수 없기 때문에" 통일을 위해서 쿠데타를 일으켰다고 해 쿠데타의 명분으로 통일을 제시했다. 그러나 유신 이후 더욱 강화된 박 정권의 반공·반북 선동은 그러한 주장이 기만적인 위선임을 잘 보여주고 있다. 벽지의 아이들까지 "10월의 유신은 김유신과 같아서 / 조국통일 되듯이 남북통일 이뤄요"라는 동요를 부르게 했지만, 장준하의 표현대로 박정희는 7·4남북공동성명의 민족적 염원을 악용해 쿠데타를 일으키고, 그것을 휴지 조각처럼 짓밟았다.

박정희의 10·17쿠데타는 이승만의 발췌 개헌과 사사오입 개헌, 그리고 박정희 자신이 1969년에 삼선 개헌을 한 것과 똑같은 권력의지에서 나왔다. 10·17쿠데타는 박정희의 강렬한 권력욕 외에는 정당화시킬 만한 이유가 전혀 없었다. 사회적·경제적 위기도 없었고, 남북관계는 어느 때보다도 평온했다. 미·중 간의 화해도 박 정권을 위기에 빠뜨릴 만한 상황이 아니었다. 위기 극복 체제라고 보기에는 종신 집권의 의도가 너무나 빤히 들여다보이는 일인체제였다. 유신체제는 박정희 한 사람의 권력을 위한 박정희 일인체제로, 박정희 체제에 다름 아니었다.

유신헌법은 10월 27일 비상국무회의 의결을 거쳐 11월 21일 국민투표로 확정되었다. 12월 23일 박정희는 유신헌법으로 만들어진 통일주체국민회의에서 대의원 2359명 가운데 무효 2표를 제외한 2357표를 얻어 역사상 처음으로 '체육관 대통령'으로 당선되었다. 99.9% 득표였다. 유신 쿠데타가 저항에 부딪치지 않은 것은 국회와 사법부, 언론, 공화당 내의 반대세력이 모두 제거되었고 학생들의 대량 제적으로 학생운동도 무력해져, 박정희 중심의 막강한 권력체제가 구축되어 있었기 때문이다.

비상계엄 선포

박정희는 1972년 10월 17일 비상계엄을 선포하고 11월 21일 국민투표를 거쳐 12월 27일 체육관 대통령에 취임했다. 비상계엄 선포를 알리는 1972년 10월 18일자 《조선일보》.

朝鮮日報

全國에 非常戒嚴令 선포

10월 17일 오후 7時기해 非常國務會議서 憲法機能수행

平和統一 지향 改憲案 27日까지 公告

한달내 國民投票, 政黨 政治활동中止

늦어도 年末이전 憲政秩序正常

各大學 休校·通禁그대로

言論·出版·방송 事前檢閱

모든 政治목적 屋內外集會 금지

유신헌법은 능률의 극대화라는 명분으로 대통령 한 사람에게 모든 권력을 집중시켰다. 대통령의 임기는 6년이었지만 재임 제한이 없어 영구 집권이 가능했다. 대통령 직선제가 폐지되고 유신헌법에 따라 새로 조직된 '주권적 수임기관'인 통일주체국민회의에서 간접선거로 대통령을 뽑도록 했다. 또한 대통령은 통일주체국민회의 의장이었고, 국회의원의 3분의 1을 임명할 수 있었다. 대통령은 국회해산권, 법률안거부권, 긴급조치권 등 방대한 권한과 함께 헌법 개정안을 발안해 국민투표로 확정할 수 있는 권한도 부여받았다. 아울러 대법원장과 법관, 헌법위원회 위원장 임명권도 대통령에게 주어졌다.

국회의원의 선거 방식도 바뀌었다. 총의석의 3분의 2는 한 선거구에서 두 명씩 뽑도록 하는 중선거구제 방식을 택했다. 야당세가 강한 서울 등 대도시에서 공화당 후보가 무더기로 떨어지는 것을 방지하기 위해서였다. 이전 선거법과 달리 무소속 출마도 허용했다. 국회는 정기국회와 임시국회를 다 합해

통일주체국민회의

유신헌법에 따라 '국민의 직접선거'에 의하여 선출된 통일주체국민회의는 형식적으로는 '국민의 주권적 수임기관'(유신헌법 제35조)으로 대통령과 국회의원 3분의 1을 선출하며, 국회가 발의한 헌법 개정안을 최종적으로 의결·확정하는 막강한 권한을 가졌다. 그러나 사실상 1972년과 1978년 박정희를 체육관에서 대통령으로 선출하는 데 이용되었을 뿐이다.

서 연간 집회 일수가 150일을 넘을 수 없었고, 국정감사권도 사라졌다. 대통령 한 사람에게 삼권을 집중시킨 영도자 또는 총통제 국가가 된 것이다.

이승만은 자유민주주의의 겉모습은 유지한 채 독재를 했지만, 유신헌법은 제정 과정도, 그 내용도, 기본권 제한과 긴급조치를 통해서도 철저하게 자유민주주의를 짓밟았다. 주권재민의 원칙도 유린했다.

1973년 2월 27일에 실시된 제9대 국회의원 선거에서도 사전에 중앙정보부가 야당 후보를 체크하는 등 선거 부정이 행해졌다. 공화당은 전 지역구에서 당선되었으며, 대통령이 지명한 유신정우회(유정회) 의원도 73명으로 여당이 전체 의석의 3분의 2를 차지했다.

박정희는 절대권력을 지키기 위해 내부 단속을 했다. 군부의 실력자로 알려진 수도경비 사령관 윤필용이 1973년 3월 구속된 것도 군을 자신에게 절대복종하게 하기 위한 조치의 일환이었다. 더 위험한 적은 국외에 있었다. 1973년 8월 8일 대낮에 박정희의 가장 강력한 라이벌인 김대중이 일본 도쿄에서 납치되는 사건이 발생했다. 중앙정보부가 직접 저지른 일이었는데, 다행히 김대중은 살아서 13일 서울로 '귀환'했다.

김대중 납치사건은 그해 봄부터 불기 시작한 반유신투쟁에 불을 지폈다. 1972, 1973년에 전남대학교의 《함성》지 사건, 고려대학교의 《민우》지 사건, 야

재판 중인 윤필용 수도경비 사령관

1973년 3월, 막강한 권력을 자랑하던 윤필용 수도경비 사령관이 술자리에서 "각하가 연만하셔서 노쇠하기 전에 물러나시게 하고 후계자는 이후락 형님이 되어야 한다"라고 발언한 것이 문제가 되어 윤필용과 그를 따르던 영남 출신 장교들(주로 하나회 멤버)이 쿠데타를 모의했다는 죄목으로 구속되었다. 재판정에서 윤필용이 고뇌에 잠겨 있다(맨 오른쪽).

생화 사건 등이 발생했고, 1973년 4월 서울 부활절 연합예배에서 박형규 목사가 중심이 되어 반대운동을 벌였으나, 본격적인 반유신투쟁은 10월에 시작되었다.

1973년 10월 2일 서울대학교 문리대의 시위를 도화선으로 하여 여러 대학에서 시위가 발생했다. 박 정권은 시위에 가담한 학생들을 무더기로 징계했다(서울대 문리대의 경우 180명 연행, 20명 구속, 23명 제명, 18명 자퇴, 56명 무기정학). 하지만 학생들은 이에 굴복하지 않고 구속된 학생의 석방과 처벌 백지화를 요구하면서 수업과 시험 거부 투쟁을 벌였다. 특히 중앙정보부의 해체, 학원과 언론 자유 보장 요구가 많았다. 11월 5일 김재준과 천관우 등 지식인 15인은 민주주의의 회복을 요구했다.

반유신운동이 일파만파로 번지자 당황한 박정희는 이를 잠재우기 위해 12월 7일 구속한 학생을 전원 석방하고 모든 처벌을 백지화하겠다고 발표했다. 하지만 12월 24일 장준하가 주도한 100만인 헌법 개정 청원운동이 여론의 지지를 받으면서, 반유신운동은 더욱 확산되었다. 1974년 1월 8일 마침내 박정희는 유신헌법을 반대하면 영장 없이 구속하여 비상군법회의에서 15년 이하의 징역에 처하겠다는 긴급조치 1, 2호를 발동했다. 반유신운동은 계속되어 장준하와 백기완 등이 긴급조치 1호로 15년 징역형을 받았다.

더욱 거세지는 반유신운동을 박멸하기 위해 박정희는 1974년 4월 3일 데모 주동자는 최고 사형에 처하고 대학 폐쇄도 불사하겠다는 긴급조치 4호를 발표했다. 당시 전국적으로 동시다발적인 시위를 벌이기 위해 각 대학이 연결되어 있었는데, 중앙정보부는 이들 학생의 연결을 당시 유인물에 쓰여 있는 민주청년학생총연맹, 일명 민청학련으로 명명했다. 학생들은 사회 각계각층과 연계하여 반유신투쟁을 벌일 계획

민청학련 · 인혁당재건위 사건

이 사건은 학생들이 유신체제에 반대하기 위해 전국 각 대학, 재야세력, 종교세력 등과 조직적인 연결을 해나가자 그것을 차단하고 반유신세력을 철저히 탄압하기 위해 폭력적인 용공좌경 사건으로 조작한 유신 최대의 조작극이자 국가권력에 의해 무차별적인 고문이 가해진 사건이다. 인혁당 · 민청학련 관련자 8명이 사형 확정된 1975년 4월 8일은 '사법사상 암흑의 날'로 불렸다. 다음 날 새벽 8명에게 사형이 집행되었다(사법살인).

을 세웠다. 박 정권은 학생들이 4월 3일 일제히 봉기하여 청와대 등 주요 기관을 점거하고 노·농 정권을 세우려 했다고 발표했다. 1000명 이상이 연행·구속되었고, 200여 명이 기소되었다. 그중에는 윤보선 전 대통령, 지학순 주교, 박형규 목사 등이 포함되어 있었다. 그렇지만 학생들을 색깔로 덧칠하는 데는 한계가 있다고 판단하고 인민혁명당재건위원회 사건(약칭 인혁당재건위 사건)을 조작했다. 그리하여 '인혁당재건위' 사건 관련자들이 민청학련에게 지시를 내린 것처럼 각본을 만들었다. 중앙정보부는 인간의 한계를 시험하려는 듯 물고문과 전기고문 등 갖가지 고문을 자행했다. 군법회의에서 '인혁당재건위' 사건으로 일곱 명이 사형선고를 받았고, 민청학련 사건 관련자들도 사형과 무기, 20년형을 무더기로 선고받았다.

반유신 시위와 긴급조치 발동

학생들의 강력한 반유신 시위에 직면한 박 정권은 긴급조치를 발동하여 이를 진압하고자 했다. 이 때문에 대학은 장기간에 걸친 휴교와 폐쇄 등을 거듭 겪어야 했다. 사진은 1975년 4월 8일 휴교령이 내려진 고려대학교에서 학생들의 출입을 봉쇄하고 있는 수도경비사령부 군인들.

1974년 8월 15일 광복절 기념식장에서 대통령 부인 육영수가 총에 맞아 재일교포 문세광이 체포되었다. 즉각 박 정권은 반일 시위를 조장해 유신체제에 대한 반발을 약화시키려 했다. 그렇지만 9월부터 다시 반유신운동이 대학가, 언론계, 종교계에서 크게 일어났다. 9월 천주교정의구현전국사제단이 발족했다. 기자들은 언론자유수호투쟁을 활발히 벌였고 중앙정보부의 압력으로 《동아일보》가 광고를 싣지 못하는 사상 초유의 사태가 발생했다. 또 재야, 종교인을 중심으로 민주회복국민회의가 조직되었다.

개헌 청원 100만인 서명운동을 발표하는 장준하

박정희에 대항한 대표적 지식인인 장준하는 유신헌법 개헌을 위한 100만인 서명운동을 전개하다 긴급조치 1호 위반으로 구속되었다. 그는 1975년 8월 17일 등산 도중에 의문의 죽음을 당했다.

국내외의 압력에 직면하자 박정희는 1975년 2월 유신헌법 신임을 국민투표에 부쳤고 이어서 긴

간첩단으로 조작된 학생운동

박 정권은 김대중 납치사건 이후 불붙기 시작한 대학생들의 반유신투쟁을 잠재우기 위해 여러 가지 사건을 만들어냈다. 1972년 12월 전남대에서 유신체제를 비판하는 지하 유인물 《함성》을 뿌렸다는 이유로 관련 인물들을 기소했으며(《함성》지 사건), 1973년 5월에는 북의 지령을 받은 간첩단(일명 NH회)이 학원에 침투하여 정부를 비방하는 유인물 《민우》를 제작하여 뿌렸다는 사건으로 고려대생들을 구속했다(《민우》지 사건). 또한 같은 해 5월에는 고려대 '지하서클 검은 10월단'이 지하 유인물 《야생화》를 뿌렸다는 혐의로 제철 등 7명을 구속했다(야생화 사건). 검은 10월단이라는 명칭은 황당하게 붙은 것이었다. 1972년 9월 독일 뮌헨올림픽 때 '검은 9월단'이라는 아랍계 테러 조직이 이스라엘 선수촌을 공격한 사건이 있었는데, 대학가에서는 이 뉴스를 접하면서 "71년 위수령, 72년 유신 등 정부가 10월만 되면 못된 짓을 하니 검은 10월단이라도 만들어 독재정권을 타도해야 하는 것 아니냐"는 농담이 돌았다. 그런데 아니나 다를까 중앙정보부는 대학 내에 잠입시킨 프락치들의 정보를 바탕으로 학생들의 반정부 '비밀서클' 활동에 '검은 10월단 사건'이라는 어마어마한 이름을 붙여 발표한 것이다.

◀ **자유언론실천선언대회**

1974년 10월 24일 오전 9시 세종로 동아일보사 편집국에서 편집국, 방송국, 출판국 소속 기자 180여 명이 참석한 가운데 '자유언론실천선언대회'가 열렸다.

▼ **《동아일보》 백지 광고**

박 정권의 탄압으로 신문에 광고를 싣지 못하는 초유의 사태가 발생했다. "빛은 어두울수록 더욱 빛난다"며 끼고 있던 금반지를 빼놓으면서 목메던 소녀, "나는 저주한다. 비겁한 탄압자, 굴복한 광고주"라고 울분을 토했던 한 상인, "배운 대로 실행하지 못한 부끄러움을 이렇게 광고하나이다"라고 토로한 어느 법대 졸업생 등 빈 지면은 '민주 시민'들의 격려 광고로 채워졌다.

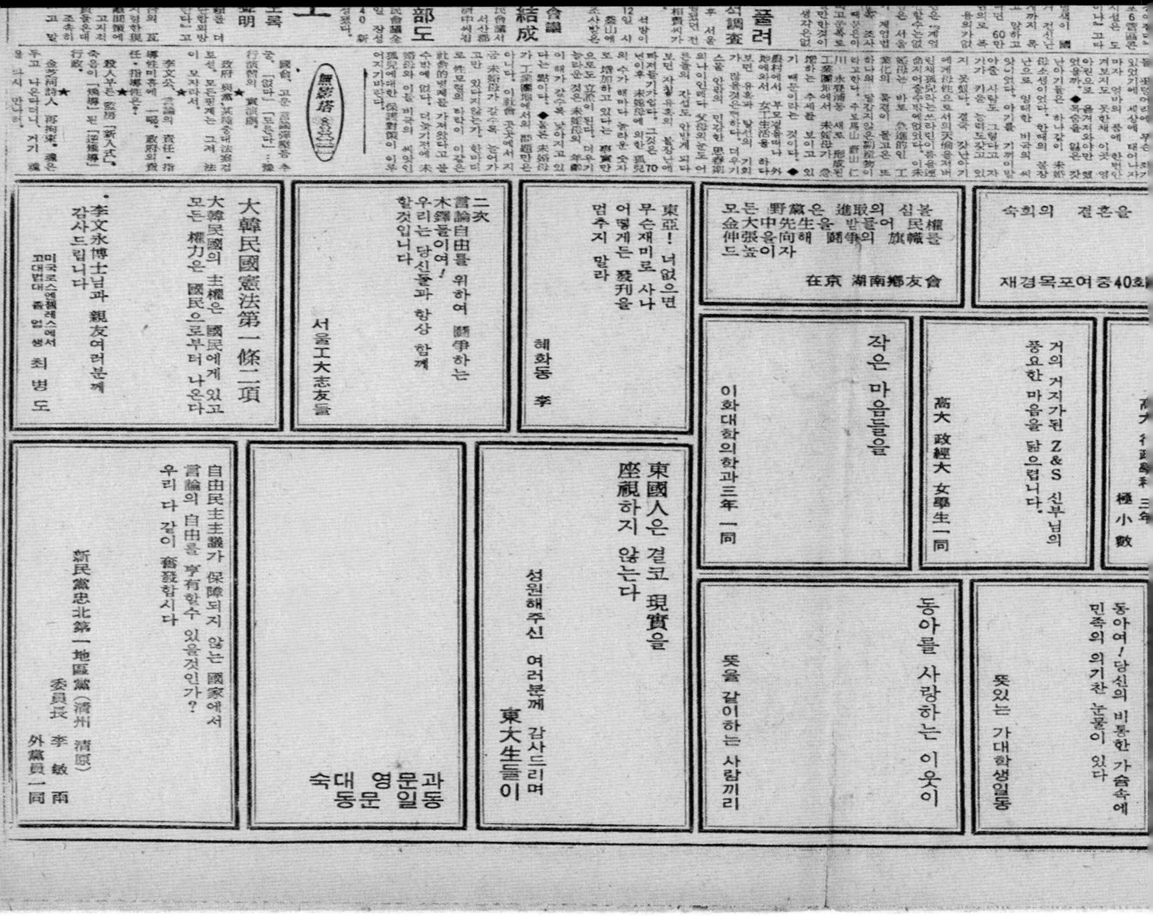
숙희의 결혼을 재경목포여중40회

모든 野黨은 進取의 심봉 金大中先生을 받들어 民權伸張을向해 鬪爭의 旗幟를 드높이자 在京 湖南鄕友會

東亞! 너없으면 무슨재미로 사나 어떻게든 發刊을 멈추지 말라 혜화동 李

二次 言論自由를 위하여 鬪爭하는 木鐸들이여! 우리는 당신들과 항상 함께 할것입니다 서울工大志友들

大韓民國憲法第一條二項 大韓民國의 主權은 國民에게 있고 모든 權力은 國民으로부터 나온다

李文永博士님과 親友여러분께 감사드립니다 미국로스엔젤레스에서 고대법대 졸업생 최병도

高大 行政科 三年 極小數

거의 거지가된 Z&S 신부님의 풍요한 마음을 닮으렵니다. 高大 政經大 女學生一同

작은 마음들을 이화대학의학과三年一同

동아여! 당신의 비통한 가슴속에 민족의 의기찬 눈물이 있다 뜻있는 가대학생일동

동아를 사랑하는 이웃이 뜻을 같이하는 사람끼리

東國人은 결코 現實을 座視하지 않는다 성원해주신 여러분께 감사드리며 東大生들이

숙대 영문과 동문 일동

自由民主主義가 保障되지 않는 國家에서 言論의 自由를 享有할수 있을것인가? 우리 다 같이 奮起합시다 新民黨忠北第一地區黨(淸州 淸原) 委員長 李敏雨 外黨員一同

급조치 1·4호 위반자를 대다수 석방했다. 기자들이 계속 언론자유투쟁을 벌이자 《동아일보》, 《조선일보》에서 백수십 명을 해직시켰다. 해직 기자들은 1970년대 후반 반유신투쟁의 선봉에 섰다. 3월 하순부터 대학생들이 봇물 터지듯 쏟아져나왔고, 4월 초 전국 각 대학과 일부 고등학교로 번졌다. 박정희는 긴급조치 7호로 고려대학교에 휴교령을 내렸고, 4월 8일 대법원에서 형이 확정된 지 불과 18시간도 채 안 된 다음 날 새벽 '인혁당재건위' 관계자 8명(8명 중 1명은 민청학련 사건으로 사형을 선고받았음)을 사형시켰다. '법치주의 암흑의 날'로 '사법살인'이라는 만행을 저지른 것이다. 같은 해 4월 11일 박정희 권력의 폭거에 항의해 서울대학교 학생 김상진이 할복자살했다.

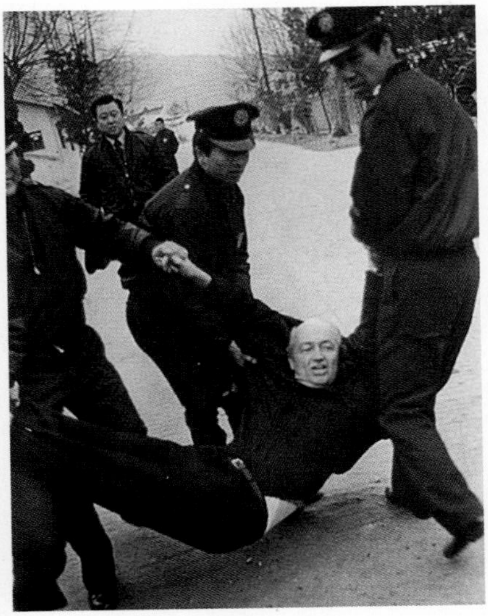

인혁당재건위 유족과 끌려가는 시노트 신부
인혁당재건위 · 민청학련 8명의 사형 집행 소식을 들은 가족들이 오열하고 있다(왼쪽). 8명이 사형을 당한 직후 시신을 지키며 거세게 항의하는 시노트 신부를 경찰들이 끌어내고 있다(오른쪽). 시노트 신부는 인혁당재건위 사건이 조작되었음을 세상에 알리기 위해 노력했지만 결국 강제 추방당했다.

史+

| 김대중 납치사건 |

최대 정적을 제거하라!

유신 쿠데타 때 일본에 있었던 박정희의 최대 정적 김대중이 1973년 8월 8일 오후 1시경 도쿄 그랜드팰리스 호텔에서 납치되어 오사카 부근 바다에서 배에 실려 8월 11일경 한국 연안에 도착했다가 8월 13일 밤 10시경 서울 자택 앞에서 풀려난 김대중 납치사건은 국내외에 큰 파장을 불러일으켰다. 이 사건으로 박정희 유신체제의 정체가 적나라하게 폭로되었다.

중앙정보부(약칭 중정)는 즉각 보도 통제에 들어가는 한편 범행세력을 엉뚱한 쪽으로 유도했다. 일본의 국수주의 의원 단체로 자민당 안에서 영향력 있는 청남회가 이 사건을 김대중이 스스로 꾸민 것이라는 정보를 흘리기도 했지만, 무엇보다 중정이 김대중의 자작극으로 수사를 유도했고, 김대중을 납치했다는 애국청년구국대에 수사 역점을 두는 것처럼 연출했으며, 언론을 압박해 김대중의 '조국'에 대한 배신 행각을 부각시키게 했다. 또 일본《요미우리 신문》이 8월 23일자에 중정 기관원이 사건에 관계했음을 한국 정부 측이 인정했다고 보도하자 25일 이 신문의 서울지국을 폐쇄하고 특파원 퇴거를 지시했다.

그렇지만 중정의 행위는 손바닥으로 태양을 가리는 짓이나 다름없었다. 많은 사람이 이 사건을 통해 박정희의 권력이 얼마나 위험하고 사악한 폭력에 의존해 있는가를 새삼 깨달았다. 학생들은 유신 쿠데타로 최악의 독재정권이 출현했는데도 침묵을 지킨 것에 자괴감을 갖고 있다가 김대중 사건을 맞았다. 이 때문에 서울대 문리대에서 10월 2일 시위가 일어나자 삽시간에 반유신투쟁, 중정폐지투쟁이 전 대학가로 번졌다.

김대중 선거법 위반 결심공판

구형이 끝나자 김대중은 검사를 향해 "변호인도 없는 이런 불법적인 재판은 인정할 수 없다"고 재판정이 떠나갈 듯 고함을 질렀다. 지팡이를 잡고 있는 왼손이 분노로 경련을 일으키고 있었다(1975년 9월 12일).

김대중 사건은 남북관계에 즉각 영향을 끼쳤다. 남북조절위원회 평양 측 공동 위원장인 김영주는 1973년 8월 28일 서울 측 공동 위원장이자 중앙정보부장인 이후락과 같은 자들을 제거해야 한다며 대화 중단을 선언했다. 온 민족의 비원이 깃든 7·4남북공동선언이 김대중 사건으로 휴지 조각이 된 것이다. 이로써 남북관계는 극단으로 치달았다.

김대중을 살해하려다 실패하고 납치한 것이냐 처음부터 납치였느냐에 대해서는 논쟁이 있다. 범인들이 그랜드팔레스 호텔에서 김대중을 덮쳤을 때 그 자리에는 뜻밖에도 통일당 국회의원 김경인이 함께 있다가 소리를 질렀다. 깜짝 놀란 범인들은 권총·로프·대형 배낭 등 증거물을 너무 많이 남겼다.

미CIA 한국 책임자 그레그는 김대중을 미국이 살렸다고 주장했는데, 증거를 명확하게 제시하지는 않았다. 확실한 것은 박정희에 대해 잘 알고 있었던 주한 미국 대사 하비브가 김대중을 살리기 위해서 동분서주했다는 점이다. 그때까지 한쪽 귀퉁이에 실리던 실종 사건이 8월 14일자 신문에 1면 톱으로 '김대중 씨 서울 자택에 데려다 놔'라고 보도된 다음 날 미 국무부는 김씨가 살아서 건강하게 돌아온 데 대해 안도의 뜻을 표한다고 논평했다.

미국에서 박동선, 김한조의 미 의회의원 매수 사건인 코리아게이트가 미국의 TV와 신문에 연일 톱기사로 보도되어 박 정권뿐만 아니라 한국에 대한 이미지까지 실추될 대로 실추되던 1977년, 최장수 중정부장이었던 김형욱이 프레이저 청문회에 나가 김대중 사건에 대해 증언을 한 것은 박 정권을 한층 더 곤경에 빠뜨렸다. 2년 뒤 김형욱은 프랑스에서 중정 요원들에게 납치되어 살해되었다.

일본 언론은 김대중 사건에 대해 한국이나 미국보다 훨씬 상세히 다루었다. 대통령 후보였고 한국 민주주의를 상징하던 인물이 백주에 수도 한복판에서 납치된 사건이어서 유례가 드물게 대대적으로 보도한 것이다. 이들 언론은 KCIA(중정)를 장기간 특집으로 다루는 등 유신권력의 실체에 날카롭게 메스를 가하면서 일본 정부에 대한 소극적인 자세에서 벗어나라고 끊임없이 충고했다.

그렇지만 주권 침해를 당한 당사자로 관련 정보가 많아 미국 못지않게 범행 세력을 잘 알고 있던 일본 정부는 소극적·회피적 자세로

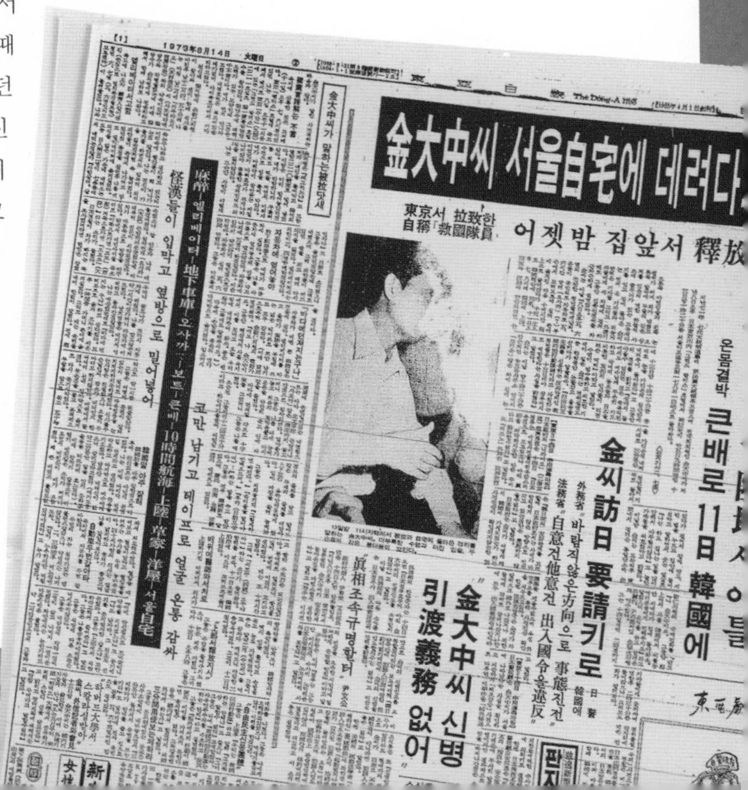
金大中씨 서울自宅에 데려다

東京서 拉致한 自稱'救國隊員'

어젯밤 집앞서 釋放

온몸결박 큰배로 11日 韓國에

金씨訪日 要請키로

"金大中씨 신병 引渡義務 없어"

眞相 조속규명할터

怪漢들이 입막고 옆방으로 밀어넣어

코만 남기고 테이프로 얼굴 온통 감싸

일관했다. 예컨대 1973년 9월 5일 호겐 외무부 차관이 주일 한국 대사 이호를 불러 주일 한국 대사관 1등 서기관 김동운이 관여했다는 증거를 잡았으니 그를 경시청에 출두시켜 달라고 요청했음에도, 이틀 후 다나카 총리는 중의원에서 주권 침해라고 단정하는 것은 말도 안 된다고 답변했다. 친일정권인 박 정권이 무너져서는 안 되기 때문이었다. 여기에서 '정치 결착'이라는 괴물이 탄생했다.

'밀사'들의 거중조정(居中調停)이 이루어진 뒤인 10월 26일 김대중이 70여 일 만에 자택 연금에서 풀려났다. 이날 오후 김용식 외무부 장관은 주한 일본 대사를 불러 김대중이 원상회복되었다고 '설명'했다. 11월 1일 오히라 외상은 한국이 취한 조치를 평가하고 외교적 결착을 보기로 했다고 밝혔다. 다음 날 김종필 총리가 다나카 총리를 만났다. 1차 정치 결착이었다. 그때 다나카에게 3억 또는 4억 엔의 '헌금'이 건네진 사실이 일본의 유력 잡지《문예춘추》등에 의해 폭로되었다. 그해 12월에 열린 한일 정기 각료회의에서는 247억 엔의 신규 원조가 타결되었다.

1974년 광복절 기념식장에서 일어난 재일 한국인 '문세광 저격사건'으로 박 정권이 공세적이 되어 한일관계는 역전되는 것 같았다. 인도차이나 사태 직후인 1975년 7월 박 정권은 일본 대사관에 김동운의 공무원 지위를 박탈했다고 통보했다. 그러자 미야자와 외상은 한국 정부가 최선을 다했으므로 김대중 사건은 끝났다고 선언했다. 2차 정치 결착이었다.

하지만 유신 권력은 1975년 6월 김대중을 1967년 야당의 윤보선 대통령 후보 지원 유세 중에 선거법을 위반했다고 옭아매 기소했

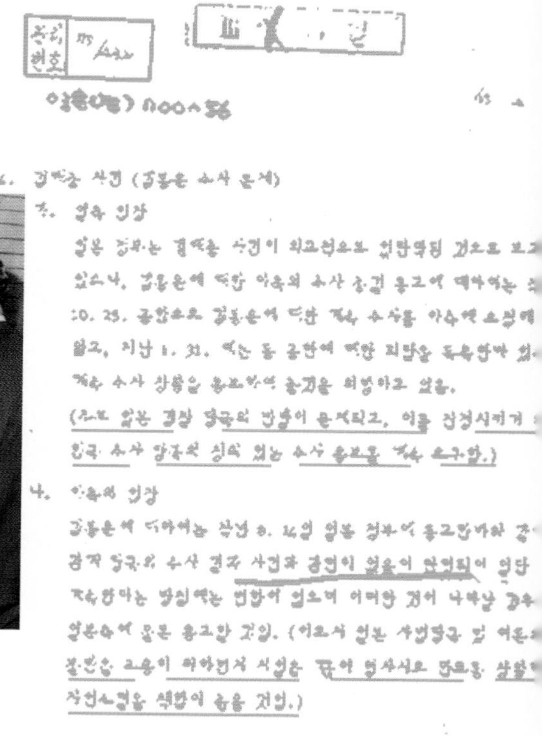
6. 김대중 사건 (김동운 수사 문제)

가. 일측 입장

일본 정부는 [illegible] 외교적으로 [illegible] 것으로 보고 있으나, 김동운에 대한 아측의 수사 종결 통고에 대하여는 [illegible] 10. 25. 공한으로 김동운에 대한 계속 수사를 아측에 요청해 왔고, 지난 1. 31. 에는 동 공한에 대한 회답을 독촉한바 있[illegible] 계속 수사 상황을 통보하여 줄 것을 희망하고 있음.

([illegible] 일본 경찰 당국의 방침이 문제되고, 이를 진정시키기 [illegible] 한국 수사 당국의 성의 있는 수사 통보를 계속 요구함.)

나. 아측의 입장

김동운에 대하여는 작년 8. 14일 일본 정부에 통고한바와 같이 검찰 당국의 수사 결과 사건과 관련이 없음이 판명되어 일단 [illegible] 계속한다는 방침에는 변함이 없으며 어떠한 것이 나타날 경우 일본측에 곧 통고할 것임. ([illegible] 일본 사법당국 및 여론 [illegible] 자연스럽게 [illegible] 좋을 것임.)

'정치 결착'

김대중 사건 후 김종필 총리와 다나카 총리가 악수를 나누고 있다.

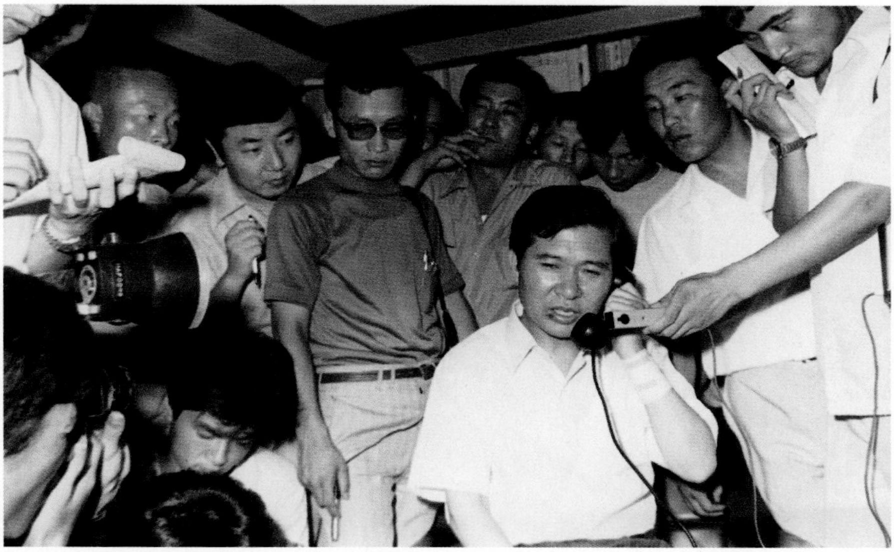

김대중 납치사건

1973년 8월 8일 대낮에 도쿄 그랜드팔레스 호텔에서 중앙정보부 요원들에게 납치된 김대중은 미국의 압력으로 납치된 지 129시간 만인 8월 13일 오후 자택 근처에서 풀려났다. 자택으로 돌아온 후 기자들 앞에서 납치 경위를 밝히고 있는 김대중.

다. 그리고 다음 해 3월 6일 3·1민주구국선언 사건으로 구속되어 대법원에서 5년형이 확정되었다.

김대중 사건이 한국 정부에 의해 이루어진 것임을 국가기구에서 밝힌 것은 노무현 정권 말기인 2007년에 와서였다. '국가정보원 과거사건 진실규명을 통한 발전위원회'는 김대중 납치사건이 중정부장 이후락의 지시에 의해 이루어졌음을 명백히 했다. 그와 함께 이후락 등의 언행을 종합 분석할 때 박정희가 직접 지시했을 가능성이 있고, 최소한 승인은 있었다고 보아야 할 것이라고 밝혔다. 이와 같이 한국 정부가 주권 침해를 했음이 국가기구에 의해 밝혀졌는데도 일본 정부는 아무런 반응을 보이지 않았다.

일본 정부의 태도는 그 정도가 아니었다. 《마이니치 신문》 기자였던 후루노 요시마사의 2007년 저서 『김대중 사건의 정치 결착』에는 '이상한 특종'이 실려 있다. 김대중 사건 당시 관방부 차관이었던 고토다 마사하루가 1969년부터 김동운과 접촉해왔고 한때 김대중을 감시했던 육상자위대 한 장교에게 1300만 엔의 관방 기밀비를 주며 잠적하라고 지시한 것이다. 중정 작품임이 드러나면 김대중 사건이 크게 확대될 터이므로 미연에 방지하기 위해 취한 조치였다. 처음부터 범인을 알고 있었던 일본 정부가 어떻게 해서든지 진상이 밝혀지는 것만은 막아야 한다는 노력의 일환으로 국가 기밀비까지 주어가며 저지른 사건이 훗날 폭로된 것이다.

RENCH BANK
경
중앙 학도 호국단 발단
축

505
총성에 무너진 유신독재

1975년 4월 말과 5월에 캄보디아와 베트남, 라오스가 공산화된 인도차이나 사태는 반유신운동으로 궁지에 몰린 박정희에게 구세주와 같았다. 일부 국민들 사이에 안보에 대한 불안감이 커졌고, 보수적인 종교인과 지식인이 유신독재에 협력했다. 박정희는 4월 29일 특별담화를 발표해 1975년이 북한에서 남침을 저지르려 하는 가장 위험한 시기라고 주장하고 총화로 이 위험한 시기를 극복할 것을 역설했다. 그러자 기다렸다는 듯이 5월 초 서울 시내 주요 대학을 시작으로 각종 안보궐기대회가 열렸고, '나라를 위한 연합기도회'가 개최되었으며, 4월혁명으로 사라진 학도호국단이 부활되었다.

1975년 5월 13일 박정희는 반유신운동을 폭압으로 철저하게 내리누르고자 돌연히 긴급조치의 결정판이라고 할 수 있는 긴급조치 9호를 선포했다. 유신헌법을 부정·반대하고 개정을 요구하거나 이를 보도하면 영장 없이 체포하겠다는 것으로, 반유신운동이 일체 알려지지 못하게 하여 민주화운동 세

학도호국단 부활식

1975년 6월 박정희는 학생들의 반유신운동을 억압하고 반공교육을 강화하기 위해 4월혁명으로 폐지되었던 학도호국단을 부활시켰다. 사진은 중앙학도호국단 발단식 후의 시가행진 모습.

력을 국민들로부터 격리시키는 데 주안점을 두었다. 7월 9일에는 사회안전법, 민방위법 등 이른바 4대 전시입법이 통과되었다.

중앙정보부의 모진 고문으로 대규모 제일교포유학생간첩단 사건 등이 조작되었고, 교도소에서는 일제 말처럼 전향을 심하게 강요했다. 국가보안법·반공법 관련자들은 사회안전법에 의해 또다시 교도소(보호 감호소)에 갇히거나 감시를 받게 되었다. 일제 말의 애국반과 흡사한 반상회가 부활했다. 학원 병영화에 이어 사회 전체의 병영화가 진행되었고, 교수들은 학생 시위 방지에 동원되었다. 참으로 칠흑 같은 암흑기였다.

1976년 8월 18일 판문점에서 미루나무 가지치기를 하려던 미군 장교가 북한군에 살해된 판문점도끼사건도 반공반북 안보의식을 부추기는 데 영향을 끼쳤다. 유신 쿠데타 이후 적화야욕과 남침을 특히 강조하던 박정희는 인도차이나 사태 이후 위기의식을 한층 더 고조시키기 위해 '북괴의 남침'이라는 주장을 더욱 빈번히 사용했고, 판문점도끼사건이 발생하자 전쟁이 곧 일어날 것처럼 훨씬 더 강도 높게 위기의식을 고취했다. 간첩 색출 운동도 대대적으로 벌였다. 애인도, 친척도, 이웃도 간첩인지 우선 의심하라는 무서운 세상이었다.

야당의 태도 변화와 당권 교체도 박정희에게 큰 힘이 되었다. 개헌운동과 박정희 하야를 요구하는 등 대여 강경투쟁에 나섰던 신민당은 1975년 5월 12일 개헌운동 중지를 결정했고, 5월 21일 김영삼 총재는 박정희와 회담 후 아예 꿀 먹은 벙어리가 되었다. 1976년 5월 신민당 대표를 선출하는 전당대회는 당국의 묵인하에 깡패들의 폭력이 난무하는 '각목대회'가 되었고, 9월 전당대회에서 이철승이 새 당수가 되었다. 이철승은 이른바 중도통합론을 내세우면서 유신체제에 야합했다.

박정희는 충격적인 사건을 발표해 국민의 시선을 그곳으로 돌렸다. 1976년 1월 연두 기자회견에서는 경제 수석비서관으로부터 포항에서 석유가 나오지 않는다는 보고를 받았는데도 "석유가 나온다"라고 여러 차례 언급해 수개월

동안 산유국의 부푼 꿈을 갖게 했다. 1977년 2월에는 임시 행정수도 건설 구상을 발표해 국민의 관심을 쏠리게 했고, 이는 투기 광풍의 촉매제가 되었다. 이와 함께 반동적 복고주의의 일환으로 충효사상과 경로사상을 고취시켜 유신체제의 정신적 기반을 다지고자 했다. TV·영화·가요 등 대중문화 검열이 한층 강화되었고, '대마초 사건'으로 가수들이 대거 구속되는 가요계 '학살'이 일어났다.

긴급조치 9호가 선포된 이후 반공안보 분위기가 고조되었으나 반유신운동은 계속되었다. 1975년 5월 22일 서울대학교 가면극회, 문학회, 야학문제연구회를 중심으로 시위가 벌어졌다. 1976년 3월 1일 윤보선과 김대중, 함석헌 등이 긴급조치 철회와 박 정권의 퇴진을 요구하는 민주구국선언문을 발표했다. 이 발표로 김대중과 다수의 목사와 신부가 구속되었다. 하지만 5·22시위 이후 1년이 넘도록 학원가에는 큰 시위가 없었다. 그만큼 얼어붙어 있었다.

그렇지만 박 정권은 미국과의 관계에서 위기를 맞았다. 1976년 10월 미국에서 터진 박동선 로비사건은 미국의 반박정희, 반한감정을 키우는 데 큰 역할을 했다. 또한 1977년 1월 주한 미군 철수와 인권을 강조한 민주당의 카터가 미국 대통령에 취임한 것도 박 정권에 불리했다. 카터는 박 정권의 인권 탄압에 불쾌감을 표시하며 주한 미군을 철수하겠다고 박 정권을 압박했다.

검찰청에 출두하는 박동선
주한 미군 감축을 막기 위해 재미실업가 박동선이 현금으로 미 의원 90여 명을 매수하려고 했다는 사실이 미국 현지 신문에 크게 보도됨으로써 촉발된 일명 '박동선 로비사건'을 계기로 한미관계가 크게 악화되었다.

긴급조치 9호 시대

유신은 긴급조치의 시대이자 한마디로 민주주의의 암흑기였다. 긴급조치는 1974년 1호로 시작해서 유신체제가 몰락한 1979년까지 모두 아홉 차례 발표되었다. 이 중에 가장 교묘한 것이 긴급조치 9호다. 유신체제 반대운동에 대한 보도를 철저히 금지하면서 말 한마디나 문장 한 구절로도 구속할 수 있는 제도가 긴급조치 9호였다. '전 국토의 감옥화'(교도소 증설 풍자), '전 국민의 죄수화'(긴급조치 9호 위반자의 급증에 따른 풍자), '전 여성의 창녀화'(기생관광 정책 풍자), '전 경제의 매판화'(차관 급증 풍자)와 같은 당시의 유행어는 박 정권에 대한 국민들의 불신과 민주주의의 부재를 잘 보여주고 있다. 긴급조치 9호 위반으로 투옥된 어느 기자는 1심 법정 최후진술에서 "이 시대에 가장 반민주적으로 후세에 비판받아야 할 사람들은 판사와 교수와 기자다. 정의로운 판결을 내리지 않는 판사, 정의로움을 가르치지 않는 교수, 정의로움을 보도하지 않는 기자, 이 사람들이야말로 이 시대의 범법자다"라고 하여 유신체제를 신랄하게 비판했다.

朝鮮日報
憲法비방·改廢선전 禁止
國家安全 公共질서수호 緊急조치9號
流言비어·學生 政治관여 違反내용 報道하면 停
모든國力 總集結해야
公務員收賄 加重처벌
週刊朝鮮

반유신 시위와 긴급조치 발동

학생들의 강력한 반유신 시위에 직면한 박 정권은 긴급조치를 발동하여 이를 진압하고자 했다. 이 때문에 대학은 장기간에 걸친 휴교와 폐쇄를 거듭 겪어야 했다. 사진은 1973년 10월 2일 서울대 문리대 캠퍼스에서 유신 첫 반대 시위를 벌이다 경찰에게 연행되는 학생들.

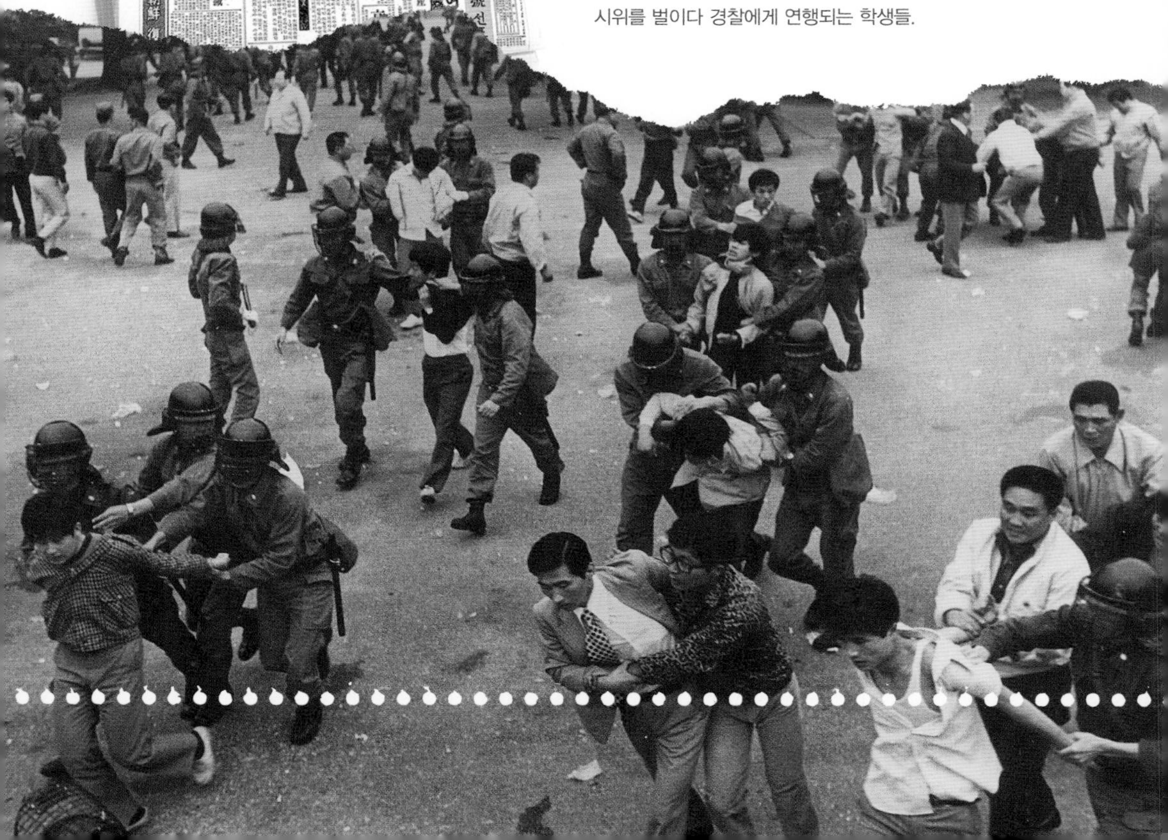

1977년 하반기부터 학생들의 반유신투쟁이 다시 살아났다. 이 무렵 학생 시위는 현장에서 즉각 체포되는 것을 감수하면서 특공대식으로 싸우는 '가미가제' 투쟁이 많았다. 서울의 주요 대학을 중심으로 시위가 확대되었다. 이후 광화문 등 도심에 유인물이 자주 뿌려졌고, 광화문 일대에서 학생과 시민이 함께 벌이는 연합 시위도 생겨났다. 또한 1978년 2월에는 제2의 3·1민주구국선언이 발표되었고, 1979년 3월 1일에는 민주주의와 민족통일을 위한 국민연합이 결성되었다.

반유신운동은 대학생들이 주축이었으나, 천주교정의구현전국사제단에 속하는 신부와 개신교의 일부 목사도 헌신적으로 활동했다. 동아자유언론수호투쟁위원회(약칭 동아투위)나 조선언론자유수호투쟁위원회(약칭 조선투위) 같은 추방당한 기자들의 활동, 학교에서 추방당한 교수와 지식인의 활동도 주목할 만하다. 장준하, 윤보선, 김대중 등 정치인과 재야인사도 반유신투쟁에 적극 참여했다. 1970년대에는 반독재투쟁을 중심으로, '중앙정보부 폐지'와 '학원 병영화 반대'도 자주 나온 투쟁 구호였다. 그와 함께 부익부 빈익빈으로 표현된 극심한 빈부 격차와 민생고, 노동문제와 저임금, 해외 의존 경제체제가 깊이 있게 거론되었고, 1970년대 후기에는 노동투쟁과 농민투쟁이 커졌으며 도시빈민 문제가 제기되었다. 유신 말기에는 민족문제와 함께 통일문제도 등장했다. 또한 1970년대 후반에는 일부 지식인과 대학생이 점차 중남미를 주 대상으로 한 종속론이나 급진적 사회사상의 영향을 받기 시작하여 이념적 성격이 강화되었으나, 1980년대처럼 급진적이지는 않았다.

강권 폭력 통치의 종말은 뜻밖에도 유신체제 제2기로 넘어가기 위해 유신체제에서 두 번째로 치른 국회의원 선거에서 예견되었다. 1978년 12월 12일 총선에서 야당인 신민당이 득표율에서 공화당을 1.1퍼센트 앞지른 이변이 일어났다. 신민당보다 더 야당성이 강한 민주통일당 표를 합하면 여당은 야당보다 8.5퍼센트나 뒤지는 이변이었다. 박정희 절대권력의 타락에 대한 심판이자 과도한 재벌 위주 정책의 산물인 부익부 빈인빈 현상, 벼농사 피해(노풍 피

1978년 제10대 국회의원 선거 정당별 당선자 분포

(괄호 안은 득표율)

* 득표율에서 야당인 신민당이 앞섰음에도 불구하고 선거제도의 모순으로 여당인 공화당이 더 많은 의석을 차지했다.

* 유신정우회는 임명직 국회의원임.

해)와 경기 침체도 한몫했다. 총선 패배 책임으로 경제팀이 물러나야 한다는 김재규 중앙정보부·공화당의 거듭된 요구에 박정희는 대폭 개각을 했다. 성장제일주의에 입각해 유신경제를 이끌어온 남덕우 경제팀이 물러나고 신현확 경제팀이 들어섰다. 같은 해 12월 27일 통일주체국민회의에서 99.9퍼센트의 지지를 받고 다시 '체육관 대통령'으로 당선된 박정희의 유신체제 제2기 취임식은 몹시 초라했다. 미국도, 일본도, 대만도 축하사절을 보내지 않았다.

박정희 유신체제는 1979년 5월 30일 김영삼이 이철승을 누르고 다시 신민당 총재로 당선된 것을 계기로 파국으로 치달았다. 김영삼은 총재에 당선되자마자 정권에 대한 강도 높은 비판을 가했다. 6월 2일 유신헌법 폐지를 요구한 데 이어, 6월 11일에는 통일을 위해 김일성도 만날 수 있다고 과감히 발언했다. 공화당은 김영삼 발언을 반국가적 행위로 몰아 규탄했다. 6월 29일 한국을 방문한 카터 미 대통령은 김영삼과 회담을 하는 등 반유신운동에 힘을 실어주었다. 카터는 경제 발전에 맞는 인권 존중을 요구했다.

경찰이 YH무역 여성 노동자의 농성을 강제로 해산한 것도 박 정권과 김영삼·신민당의 대립을 격화시켰다. YH무역 노동자들은 공장 문을 닫은 사주에 항의 농성을 벌이다 8월 9일 신민당사를 찾아왔고, 김영삼은 이들의 투쟁을 적극 지지했다. 경찰은 11일 심야에 신민당사에 난입해 농성 중인 노동자들을 폭력으로 강제 연행했다. 강제 연행 중 한 여성 노동자(김경숙)가 숨졌고, 경찰 폭력으로 신민당 의원·기자들이 중경상을 입었다. YH 노동자 농성은 유신경제의 총체적 부정이었다. 생존권을 위협받은 여성 노동자들의 농성이 박 정권 붕괴 요인이 된 것은 상징적이라고 아니할 수 없다.

박정희는 유신 말기로 갈수록 자제력을 잃었다. 김영삼의 강경 투쟁은 박정희를 비정상적인 상태로 몰아넣었다. 정당 내부의 문제임에도 불구하고 서울민사지법(부장판사 조언)이 9월 8일 일부 신민당원의 김영삼 총재 직무정지 가처분 신청을 받아들인 것은 명백히 상궤를 벗어난 정치적 탄압으로 읽혔다. 김영삼은 이에 굴복하지 않고《뉴욕타임스》기자와의 회견에서 미국은 이란에서 팔레비 정권이 무너진 전철을 밟지 말라고 경고했다. 중앙선거관리위원회는 서울민사지법이 신민당 총재 직무대행자로 선임한 정운갑의 신민당 총재대행 등록을 받아들였다.

박정희의 이성을 잃은 정치 행태는 10월 4일 절정에 달했다. 이날 여당은 농성 중인 야당 의원을 피해 국회 146호실에서 김영삼 의원의 제명을 변칙 처리했다. 이에 항의하여 신민당 의원 66명과 민주통일당 의원 3명이 의원직 사퇴서를 제출했다. 중앙정보부 등 막강한 권력을 동원하여 개입했음에도 불구하고 야당 의원들이 정운갑의 줄에 서지 않고 김영삼과 함께 싸우기를 선택한 것이다. 민심이 완전

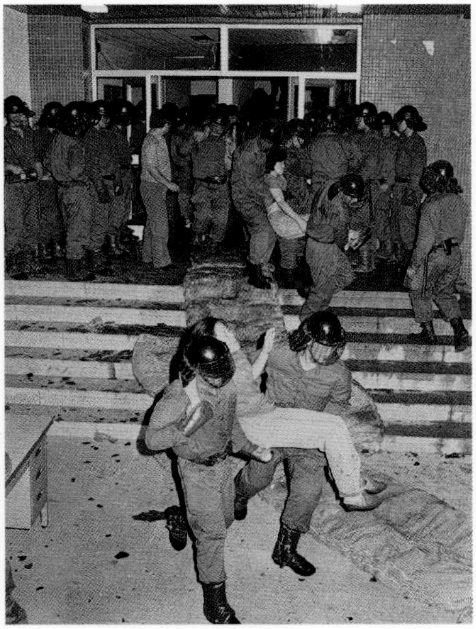

끌려가는 YH 여성 노동자들

박 정권은 1979년 8월 11일 심야에 경찰 1000여 명을 신민당사에 투입해 농성 중인 여성 노동자들을 강제로 해산시켰다. 경찰의 폭력 진압으로 여성 노동자 김경숙이 사망했다.

히 박정희에게 등을 돌렸기 때문일까. 역사의 섭리란 이렇게 무서웠다.

박정희 유신체제의 조종(弔鐘)은 항구도시 부산과 마산에서 울렸다. 10월 16일 부산대학교 학생들을 중심으로 시작된 시위에 시민들이 적극 합세해 '유신 타도' 구호를 외쳤고, 야간에는 시민들이 시위를 주도하다시피 했다. 시민들이 이처럼 대거 시위에 나선 것은 4월혁명에서도 보기 드문 현상이었다. 18일 0시를 기해 부산에 비상계엄이 선포되었다. 이승만 정권을 무너뜨리는 데 중요한 역할을 한 마산에서도 시위가 커져 10월 20일 마산과 창원 일대에 위수령이 발동되었다(부마항쟁). 부마항쟁에 시민들이 적극 참여한 것은 김영

▼ 휴교령이 내려진 대학

1979년 10월 16일 부산대학교 학생들을 중심으로 시작한 시위가 시민들의 가세로 크게 확산되자 대학은 휴업령을 내렸고, 정부는 18일 0시를 기해 부산 일대에 비상계엄을 선포했다.

▼ 경부선 운행을 제한합니다

부산으로 가기 위해 서울역에 사람들이 길게 늘어서 있다. 당시 부산은 부마항쟁으로 비상계엄이 선포되어 경부선 운행이 제한되었다.

東亞日報

10月18日

釜山에 非常戒嚴 선포

大學生등 示威事態로

18일새벽 0時를 기해

司令官에 朴贊兢中將

通禁연장

"釜山·東亞大生3千여명

16·17일 都心 진출 騷亂

警察56명·學生·一般市民등 多數 부상

派出所21곳破損放火·車18대全燒파괴

道廳·稅務署·放送局등 公共건물 侵入

삼 의원직 제명이 촉매 역할을 했고, 학생들은 YH 여성 노동자 사건에 영향을 많이 받았지만, 경제가 급격히 악화된 것이 기본 요인이었다. 제2차 오일쇼크도 작용했고, 부가세(부가가치세)에 대한 불만도 많았다. 또한 중화학공업에 중복으로 과다 투자됨으로써 가동률이 50퍼센트 안팎으로 떨어지는 등 경제가 급속히 나빠졌고, 인플레와 부동산 투기가 몹시 심했다.

부마항쟁의 현장을 다녀온 김재규 중앙정보부장은 박정희에게 부산 사태는 체제 저항과 정책 불신, 물가고에 대한 반발에 조세 저항까지 겹친 민란이므로 근본적인 대책을 강구해야 한다고 보고했다. 그러나 박정희는 화를 내면서 서울에서 4·19 같은 데모가 일어나면 자신이 직접 발포 명령을 내리겠다고 했고, 옆에 있던 차지철 경호실장은 "캄보디아에서는 300만 명을 죽이고도 까딱없었는데 우리도 데모 대원 100만, 200만 명 죽인다고 까딱 있겠습니까?"라고 큰소리쳤다. 이 말을 들은 김재규는 최악의 유혈 사태는 막아

제2차 오일쇼크

1978년을 전후하여 신흥공업국에 대한 규제가 더해지면서 제2차 오일쇼크를 맞았다. 수출 중심의 한국 경제는 1970년대 말 경제적 실책, 정치적 혼란과 겹치면서 급격하게 악화되었다. 사진은 석유값 인상 소식에 석유를 미리 사두기 위해 주유소 앞에 줄을 선 주부들(1979년 11월 22일).

야겠다는 판단에서 '유신의 심장'을 쏘기로 결심했다. 10월 26일 저녁 청와대 옆 궁정동 안가에서 박정희와 권력의 핵심들이 연예계 젊은 두 여성과 함께 '자리'를 만들었을 때(대행사), 김재규는 신민당 사태에 거듭 온건책을 진언했으나 박정희는 부산 사태가 신민당 개입으로 일어났고, 데모에 부랑자들이 많이 참여했다며 김재규를 힐난했다. 박정희가 이와 같이 강경책을 피력하자 차지철은 신민당이건 학생들이건 까불면 전차로 싹 깔아뭉개겠다고 나왔다. 그때 총성이 울렸다. 총성과 함께 박정희 유신체제는 종언을 고했다.

박정희는 역사의 교훈을 무시했다. 박정희는 고언(苦言)에 귀를 기울이지 않고 극단적인 강경 탄압 일변도로 나가면 절대권력, 영구 집권이 가능하다고 착각했다. 이를 위해 박정희는 철권 억압 통치를 자행했고 차지철의 횡포와 과도한 권력 남용을 용인했다. 유신시대 민주화운동이 집중적으로 표출된 부마항쟁 및 그 후속으로 일어난 10·26으로 박정희 1인 권력 기구인 유신체제는 붕괴되었고, 엄청난 유혈 사태도 피할 수 있었다. 박정희식 성장 제일주의, 금지·검열·억압 일변도의 사회·문화 정책이나, 유신 수호의 첨병이었던 극단적인 반공주의와 병영 체제에서 탈피해, 정치·경제·사회·문화·교육 등 모든 면에서 대대적인 변화가 일어나야 했다.

현장검증 중인 김재규

철옹성 같던 유신독재는 1979년 10월 26일, 중앙정보부장 김재규의 총탄으로 막을 내렸다. 사진은 10·26 현장인 궁정동 안가에서 현장검증 중인 김재규.

정보·공작 정치의 최고봉

"옛날 왕조 시대 임금도 늙은 신하가 호랑이 같이 준엄하게 간하면 함부로 하지 못했다. 그러나 박정희는 거칠 게 없는 독재자이자 총통으로 군림했다. 국회나 법원은 장식품이었고, 헌법은 왕이 백성에게 내리는 서릿발 같은 칙서에 불과했다. 유신으로 박정희는 사실상 박씨 왕조를 세웠다."

한때 박정희의 5·16쿠데타 동지로서 박정권 시대에 장기간에 걸쳐 중앙정보부장을 맡다 외국으로 도피한 김형욱이 그의 회고록에서 밝힌 박정희와 유신에 대한 평가다. 독재자에게 버림받은 인물이 내뱉은 독설이기는 하지만, 박정희 체제의 통치 방식을 적절하게 설명하고 있다.

이승만은 경찰과 관료, 폭력배 등을 동원해 독재체제를 유지했으나, 박정희는 철저하게 중앙정보부를 정치 통제의 핵심 도구로 이용했다. 정보부는 박정희 체제를 유지·강화하는 데 필요하다고 생각되는 거의 모든 문제에 개입했다. 이 때문에 박정희 체제를 '정보정치', '공작정치'라고 부르기도 한다. 정보부는 야당과 저항세력에 대한 통제와 감시뿐만 아니라 공화당 의원과 고위 관료 등 친박정희 세력 내에서도 정치적 야심이 있는 인물들을 감시하고 통제했다.

박정희는 국회나 행정부 운영에서 민주적인 절차를 무시했다. 그는 유신 선포 직후에 "지금까지 우리가 걸어온 길은 도리어 안정을 저해하고 비능률과 낭비만을 일삼아왔으며 정략과 갈등에서 벗어나지 못했습니다"라고 말할 정도로 민주적인 토론과 합의 절차를 시간 낭비라고 생각했다. 또한 박정희는 일인 독재체제를 유지하기 위해서 권력 내부의 경쟁을 유도하여 특정인에게 권력이 집중되는 것을 막았다. 그리고 2인자의 도전이나 저항을 결코 용서하지 않았다. 김종필과 그의 지지세력들이 공화당 내에서 제거된 것이나 윤필용 사건이 이를 잘 말해준다.

권력 내부의 상호 견제 원칙은 육영수 저격사건 이후 박정희를 지키는 것이 국가를 지키는 길이라는 신념의 소유자 차지철이 경호실장으로 취임하면서 무너졌다. 경호실은 중앙정보부를 누르고 권력의 최고 핵심 기관으로 부상했다. 박정희의 비호를 받으며 차지철은 국회, 행정부, 군 인사를 좌지우지했고, 중앙정보부 '업무'도 가로챘으며, 국정에도 깊숙이 개입했다. 하지만 그의 정상적인 절차를 무시한 과도한 정치 개입은 유신시대의 종말을 재촉하는 도화선이 되었다.

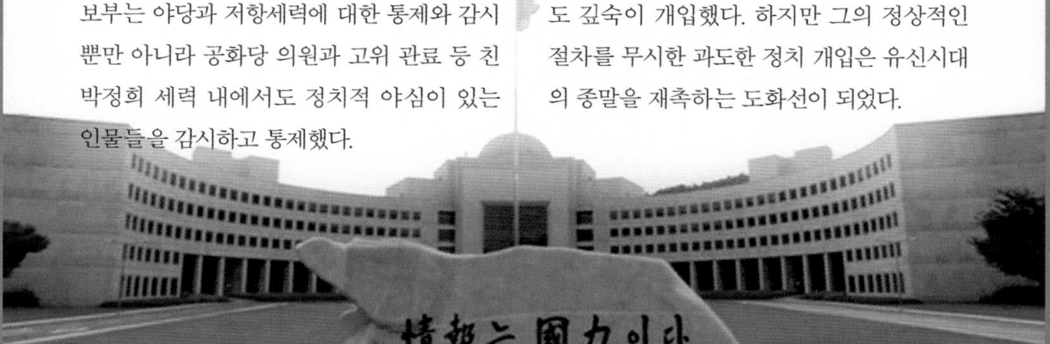

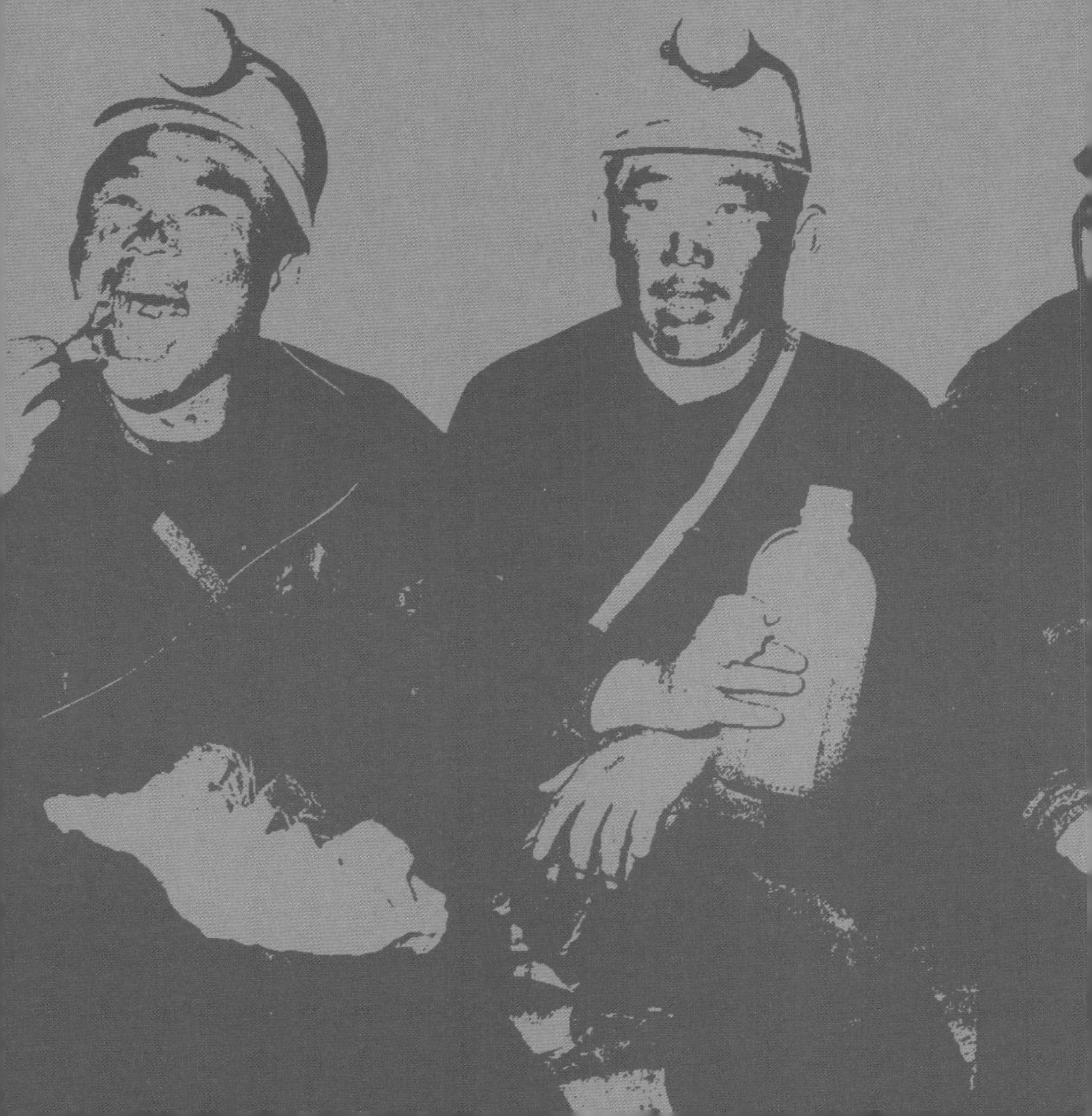

6

경제 발전의 빛과 어둠

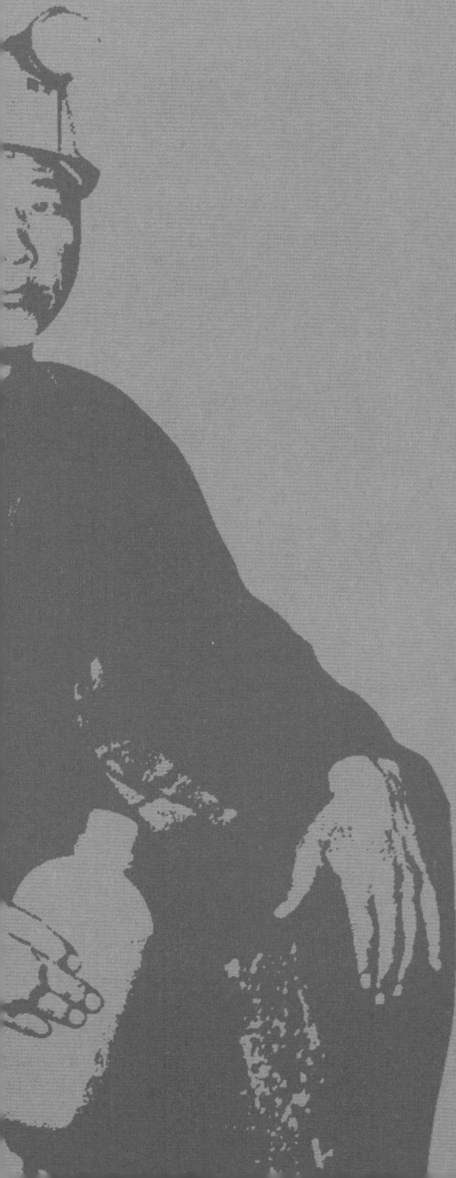

오윤, 〈가족 II〉, 1982년

1960 – 1979

'잘 살아보세'가 한 시대의 구호가 되었던 시절, 최고의 목표는 경제성장이었다.
무서운 속도로 달려가는 성장의 이면에는
고향을 떠나 달동네 단칸방에 자리잡은 이들의 땀과 눈물이 흐르고 있었다.

1962			제1차 경제개발 5개년 계획 시작
1964	**2**월	**7**일	중학교 입시 과열로 인한 무즙파동
1967			제2차 경제개발 5개년 계획 시작
	6월	**8**일	국회의원 선거(6·8부정선거)
1968	**12**월	**5**일	국민교육헌장 선포
1970	**4**월	**8**일	와우아파트 붕괴 사건
	6월	**2**일	김지하, 「오적」 필화사건으로 구속
	7월	**7**일	경부고속도로 개통
	11월	**13**일	전태일 분신
1971			새마을운동 시작
	8월	**10**일	광주대단지 사건
1972			제3차 경제개발 5개년 계획 시작
	8월	**3**일	사채동결조치 발표(8·3조치)
1973	**1**월	**12**일	중화학공업화 선언
1975	**6**월		청년문화를 단속하기 위한 금지곡 심의 기준 결정
1977	**12**월	**2**일	해직교수협의회 조직, 민주교육선언 발표
1978	**2**월	**21**일	동일방직 노조 대회장에 인분 투척 사태
1979	**8**월	**9**일	YH 여성 노동자 농성 사건

전태일

근로기준법에선 동심(童心)들의 보호를 성문화하였지만 왜 지키지를 못합니까? (…) 일반 공무원의 평균 근무 시간은 1주 45시간인 데 비해 15세의 어린 시다공들은 1주 98시간의 고된 작업에 시달립니다. 또한 평균 20세의 숙련 여공들은 6년 전후의 경력자로서 대부분이 햇빛을 보지 못한 안질과 신경통, 신경성 위장병 환자입니다. (…) 1일 14시간의 작업 시간을 단축하십시오.

— 1969년 전태일이 대통령과 근로감독관에게 쓴 글 중에서

박정희

정치면에서 10월유신의 기본 질서는 생산과 직결돼야 한다고 생각한다. 정치는 능률적이고 생산적이어야 한다. 경제적으로 말한다면 국력 배양의 근본은 자유경제 체제를 유지하면서 고도성장을 이룩하는 것이다. 고도성장을 지속하기 위해 중화학공업 육성에 1차적 노력을 기울이고 특수산업을 개발하고 농수산 부문에의 투자 확대로 농공 격차를 해소하는 데 집중 노력을 기울일 것이다.

— 중화학공업 육성을 언급한 1973년 1월 12일 연두 기자회견 중에서

「한잔의 追憶」·「美人」등
歌謠45曲「禁止」

가요 45곡 금지 결정

송창식 〈왜 불러〉: 반말을 했다
이장희 〈그건 너〉: 남에게 책임을 전가한다
한대수 〈물 좀 주소〉: 물고문을 연상시킨다
이금희 〈키다리 미스터 킴〉: 단신인 대통령의 심기를 불편하게 할 수 있다
배호 〈0시의 이별〉: 0시에 이별하면 통행금지 위반이다

— 1975년 5월 한국예술문화윤리위원회의 금지곡 선정 이유 중에서

박흥숙

당국에서는 아무런 대책도 없으면서 그 추운 겨울에 꼬박꼬박 계고장을 내어 이에 응하지 않았다고 마을 사람들을 개 취급했다. 집을 부숴버리는 것까지는 좋았는데 당장 오갈 데 없는 우리들에게 불까지 질렀다. 돈이나 천장에 꽂아두었던 봄에 뿌릴 씨앗도 깡그리 타버렸다. 이처럼 당국에서까지 천대와 멸시를 받아야 하는 우리인데 누가 달갑게 방 한 칸 내줄 수 있겠는가? (…) 세상에 돈 많고 부유한 사람만이 이 나라의 국민이고, 죄 없이 가난에 떨어야 하는 사람들은 모두가 이 나라의 국민이 아니란 말인가?

— 1978년 5월 무허가주택 철거에 항의하다가 철거반 4명을 죽여 사형선고를 받은 박흥숙의 최후진술 중에서

대한조선공사
K.S.E.C. SHIPYARD

601

농업사회에서 산업사회로

1960년대에서 1980년대에 걸쳐 한국은 '한강의 기적'이라고 불리는 놀라운 고도성장을 거듭했다. 한국은 이 시기에 대만, 홍콩, 싱가포르와 함께 동아시아의 네 마리 용으로 떠올랐다. 한국이 이렇게 고도성장을 할 수 있었던 것은 국내외의 조건이 맞아떨어졌기 때문이다.

1960년대에 들어오면서 미국은 대소, 대중국 반공망을 무력에만 의존하지 않고 친미 국가의 경제를 발전시켜 이들 사회주의 세력에 대항하려는 정책을 폈다. 특히 한국은 한·미·일의 안보체제를 강화하기 위해서뿐만 아니라 한국군 파병 등 베트남전쟁을 수행하는 데에도 중요했기 때문에 경제적으로 적극 지원했다. 1960년대에 들어와 미국은 계획경제를 후진 지역의 경제 발전에 유용한 모델의 하나로 평가했다. 특히 한국은 1960, 1970년대 경제 발전에서 부족한 자본과 시장, 기술을 미국에 크게 의존했다. 미국은 1950년대 말부터 무상 원조를 삭감하면서 차관 도입을 종용했다. 서독 파견 간호원과

부산 대한조선공사 작업 광경

1960년대 이후 한국은 계획경제 시행으로 고도성장을 이루었다. 이는 미국의 세계 전략과 경제성장을 향한 한국인들의 열망이 이뤄낸 결과였다(1966년 9월 18일).

광부의 송금, 일본과의 국교 정상화로 받은 청구권 자금과 기술 도입, 상업차관도 도움이 되었다. 베트남 파병으로 유입된 약 10억 달러, 미국의 공공차관, 기술·시장 제공은 더 큰 역할을 했다. 제2차 세계대전 이후부터 1973년 제1차 석유파동이 있기까지 세계 경제도 대단히 좋았다. 서독이 '라인강의 기적'을 이뤄냈고, 프랑스와 다른 유럽 국가들도 고도성장을 했다. 일본도 '경제의 기적'을 이뤄냈다. 이러한 경제 발전은 '아시아의 네 마리 용'에 영향을 주었다. 박정희식 성장 정책은 특히 해외자본(차관)에 의존했는데, 선진국의 자본 여력으로 1960년대부터 차관 도입이 용이해졌다. 이 시기에 석유가격이 아주 저렴했던 것도 영향이 컸다.

해외 인력 수출 1호

경제개발 자금에 목말라하던 군사정권은 서독 정부로부터 차관을 받는 조건으로 광부와 간호원을 파견했다. 3년 근무에 매월 600마르크(150달러)의 월급 지급, 귀국 후 국내 광업 개발지 기술자로 일하게 된다는 모집 요건은 당시로서는 파격적이었다. 고졸 출신 500명을 모집하는 데 대졸자를 비롯한 수천 명이 몰려 경쟁이 치열했다. 1963년 12월 1진 파견을 시작으로 수차례에 걸쳐 파견된 한국 광부들은 섭씨 35도를 오르내리는 지하 수천 미터 막장 안에서 하루 8시간 이상의 중노동을 했다. 1966년 12월 파독광부 1진이 귀국했을 때 거의 전원이 1회 이상의 골절상 병력을 안고 있었다. 한국 정부는 1970년대 후반까지 간호원 1만 30명, 광부 7800여 명을 서독에 파견했다. 당시는 달러가 워낙 귀해서 이들이 송금한 달러는 한국 경제 발전에 적지 않게 기여했다.

독일로 파견된 광부들을 환영하는 독일 교민들의 모습과 파독 광부 여권(오른쪽).

하지만 1960년대 이후 고도성장을 이룰 수 있었던 좀 더 중요한 요인은 내부에 있었다. 해방과 분단, 그리고 전쟁으로 한국 경제는 말할 수 없는 어려움을 겪었음에도 불구하고, 이 기간 동안 높은 교육열을 바탕으로 풍부한 인적자원이 축적되어 있었다. 1950년대 후반부터 해외 유학이나 연수를 마치고 돌아온 능력 있는 '성취형' 전문 관료 집단이 부흥부(자유당·민주당 정부) 및 경제기획원(박정희 정부)을 중심으로 형성되었다. 경제계획을 세울 수 있는 통계 처리 능력도 커졌다. 경영 능력을 갖춘 기업인들도 증가했다.

교육을 받은 양질의 노동력, 그것도 무슨 일이든지 열심히 하겠다는 '한글 세대'가 대량으로 존재했다는 것은 고도성장을 이룰 수 있는 밑바탕이 되었다. 1960년대 초 한국은 아시아에서 일본 다음으로 교육 수준이 높았다. 뿐만 아니라 일자리만 주어지면 저임금과 열악한 작업 환경에서도 열심히 일할 수 있는 산업예비군이 풍부했다. 한국이 일본, 대만, 중국처럼 제2차 세계대전 후 토지(농지)개혁을 한 것도 산업화에 긍정적 요인이 되었다.

정권의 정당성이 취약한 박정희 정권은 의욕적으로 경제개발 계획을 추진했다. 국가재건최고회의는 민주당 정부의 경제계획안을 토대로 1961년 7월에

© 강문배 소장

근대화 구호
1960~1970년대는 구호의 시대였다. 시급한 경제문제를 해결하기 위해서라지만 눈만 뜨면 '건설'과 '증산'을 외쳐야 했다. 대구의 한 기계 제작소의 지붕에 걸린 '올해는 더 일하는 해, 증산·수출·건설'이라는 구호가 인상적이다(1967년).

5개년 종합경제재건계획안을, 다음 해 1월에 제1차 경제개발 5개년 계획을 발표했다. 제1차 경제개발 5개년 계획은 자립경제의 달성을 중시해 민족주의적이라는 평도 받았다. 그러나 통계 미비 등의 문제로 1962년 11월부터 수정·보완 작업을 거쳐 1964년 2월 새로운 계획을 발표했다.

제1차 경제개발 계획기(1962~1966년)의 선도 산업은 주로 섬유, 식료품, 의료, 장신구 등 수입 대체 산업이었다. 그와 함께 이 시기에 화학비료공업이 확충되었고, 대규모 시멘트 공장이 들어섰다. 정유 공장, 비스코스인견 공장 등도 들어섰다. 제1차 경제개발 계획 기간 동안 한국은 연평균 7.9퍼센트의 높은 성장률을 기록했다. 이 수치는 1954~1961년의 연평균 성장률 4.4퍼센트보다 높았으나, 가장 중요한 제조업의 연평균 성장률은 14.8퍼센트로, 1954~1961년의 12.1퍼센트보다 그다지 높지 않았다는 점을 주목할 필요가 있다. 1965년경까지는 여전히 경제 사정이 나빴고, 특히 군정 시기는 박정희 등 군인들이 경제를 잘 몰랐기 때문에 시행착오를 거듭했다.

제1차 경제개발 계획 시기부터 선진 자본주의 국가로부터 차관이 본격적으로 도입되었다. 1962~1966년에 공공차관은 3억 2900만 달러, 상업차관은

외국자본 도입 추이

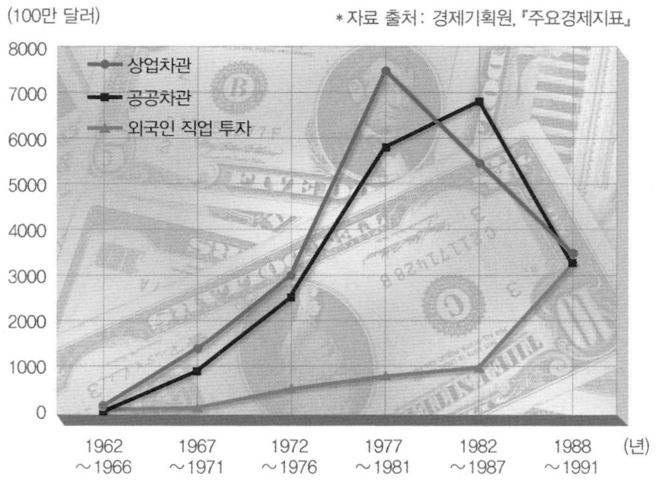

3억 3000만 달러가 도입되었는데, 공공차관은 미국이 압도적으로 많이 제공했다. 상업차관은 일본과 서독, 미국 등에서 도입했다.

제1차 경제개발 5개년 계획의 성공을 바탕으로 박 정권은 제2차 5개년 계획(1967~1971년)을 추진했다. 이 기간 동안 연평균 9.7퍼센트의 높은 경제성장을 이루었다. 이 시기에 베트남 파병을 통한 외화 수입과 한일 국교 정상화를 통한 청구권 자금, 대규모 차관이 본격적으로 도입되어 자금 사정이 크게 좋아졌다. 특히 제조업은 수출의 획기적인 증가로 연평균 21.5퍼센트의 초고속 성장을 이루었다. 이 시기에 섬유·합판·가발·신발류 등 경공업 부문에서 수입 대체가 완료되고, 중화학공업에 눈을 돌렸다. 이 시기에는 재벌 기업들이 이자가 낮은 외자 도입과 정부 지원으로 기간산업의 주역으로 등장했다. 또한 경제개발의 상징인 경부고속도로가 개통되었다(1970년 7월). 1970년 4월에는 포항종합제철 기공식을 가졌다(1973년 준공). 또한 석유화학공업

경제개발 5개년 계획

제1차 경제개발 5개년 계획을 홍보하기 위해 만들어놓은 모형도(1962년 3월 20일)와 경제개발 5개년 계획을 지도 한 장에 정리한 포스터(오른쪽). 새로 건설될 철도와 도로, 분야별 주요 생산 목표, 보건 가족계획, 국토 건설 현황 등이 그림과 그래프로 표현되어 있다.

과 기계공업, 전자공업, 자동차공업도 시동이 걸리거나 확충되었다.

제2차 5개년 계획 기간 동안 한국 경제는 높은 성장을 기록했으나 여러 가지 문제점도 드러났다. 1960년대 말부터 기업은 망해도 기업인은 잘산다는 말이 유행했지만, 1969년 5월 재무부에서 차관업체 83개 중 45퍼센트가 부실업체라고 말할 정도로 차관기업의 부실화가 눈에 띄게 늘어났다. 박정희 정권은 외국인 투자기업의 노동조합 및 노동쟁의 조정에 관한 임시조치법(1970년 1월)과 국가보위에 관한 특별조치법(약칭 국가보위법) 등을 통해 노동운동을 강압으로 금지시키고 외국자본의 직접 투자를 유치하고 국내외 자본을 보호하고자 했다. 경제 쿠데타로 불린 1972년 8·3사채동결조치는 빚더미에 앉은 대기업의 위기를 타개하기 위한 긴급명령이었다. 이 긴급명령에 따라 3352억 원의 사채를 동결했고, 장기 저리자금이 대부되었으며, 금리가 대폭 인하되어 대기업의 숨통을 터주었다. 이로써 중소 재산가들은 망하고 더욱더 재벌 중심으로 경제가 편성되었다.

1972년에는 산업구조의 고도화, 국제수지 개선, 식량 자급, 지역의 균형 발전을 기본 목표로 제3차 5개년 계획(1972~1976년)이 시행되었다. 제3차 5개년 계획은 제철·비철금속·전자·기계·조선·화학 등 여섯 개 중화학공업 분야에 집중 투자하는 산업구조의 고도화 정책을 채택했다. 김재규가 건설부 장

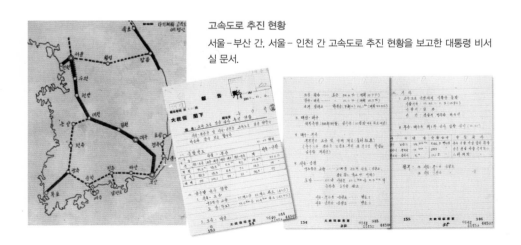

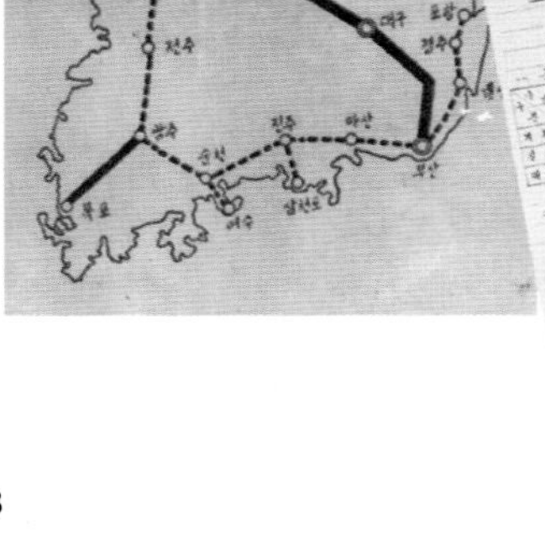

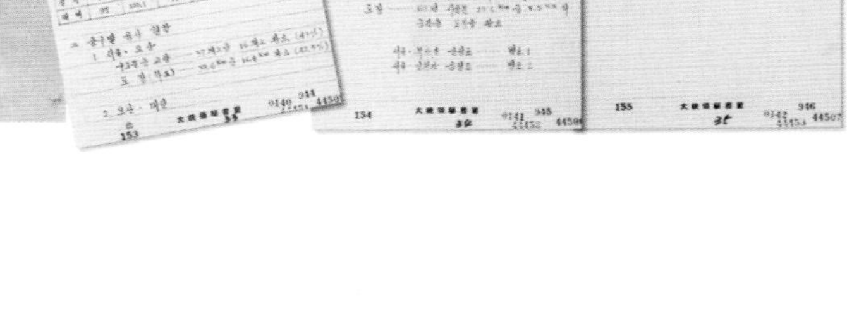

고속도로 추진 현황

서울-부산 간, 서울- 인천 간 고속도로 추진 현황을 보고한 대통령 비서실 문서.

관이던 1974년부터는 중동건설 붐(중동 특수)에 편승해 '베트남 특수'보다도 월등히 많은 막대한 외화를 벌어들였다. 중동건설 수주액이 1975년 7억여 달러이던 것이 1980년에는 80억 달러가 넘었다. 세계 자본주의 국가들이 1973년 석유파동으로 위기를 맞았는데, 한국은 대단히 운이 좋은 나라였다.

중화학공업화는 일본 등 선진국에서 일부 중화학공업이 사양산업이 되어 국외로 이전시키고자 했고, 노동집약적 공업 제품만으로는 수출 증가에 한계에 있다는 점이 주요하게 작용했다. 중화학공업화는 1973년 1월 대통령 연두 기자회견에서 중화학공업화를 선언하면서부터 본격화되었다. 5월 중화학공업추진위원회가 신설되고, 실무 기관으로 중화학공업추진위원회 기획단을 두었다. 1974년에는 국민투자기금법을 마련하여 중화학공업 분야의 투자에 필요한 자금 지원과 함께 각종 감면 혜택의 특혜를 주었다. 그러나 재벌들이 중화학공업에 대거 뛰어든 것은 '중동 특수'로 자본에 여력이 생겼던 1976~1977년 무렵부터였다. 이때는 수출도 잘됐다.

제철산업 육성

'차관 산업의 쌀'이라고 불린 제철 산업을 육성하려는 박정희의 적극적인 비호로 포항제철은 비약적인 성장을 거듭했다. 사진은 포항제철소 착공식에 참석한 박정희(가운데)와 박태준(왼쪽).

중화학공업화로 고도성장을 이룩해 정당성을 끌어내려던 박정희 유신 정권이 중화학공업의 과잉 중복 투자로 몰락을 자초했다는 것은 역사의 아이러니다. 1978년 12월 12일 국회의원 선거에서 야당이 8.5퍼센트 더 득표한 데에도 경기 약화가 한몫했다.

중화학공업 중복 투자는 경제난을 가중시켰다. 그럼에도 박정희는 1979년 1월 연두 기자회견에서 1986년까지 중공업을 발전시켜 세계 10대 강국에 올려놓겠다고 호언했다. 하지만 12·12총선 패배로 등장한 신현확 경제팀은 중화학 축소 조정, 물가 안정, 가격 통제 철폐, 금융자율화와 재정·금융의 긴축, 수입 개방 확대, 새마을운동 지원 축소 등 '안정화 정책'을 제시했다. 신현확 기획원 장관의 안정화 정책은 유신 수호와 연결되어 있는 박정희의 고도성장정책·성장제일주의에 정면으로 대립하는 정책이어서 사사건건 충돌했다. 이러한 상황에 제2차 오일쇼크까지 겹치자 5월에 중화학 투자 조정을 단행하지 않을 수 없었다. 그러나 대기업의 반발과 박정희의 소극적인 태도로, 중화학공업의 대대적인 축소 조정은 전두환·신군부 권력('국가보위비상대책위원회')에 와서야 이루어졌다. 안정화 정책은 전두환 정권에 의해서 현실화되었다. 1976~1977년에 13퍼센트 안팎이던 경제성장률은 1978년부터 큰 폭으

울산 정유 공장
미국의 거대 석유회사 걸프가 중심이 되어 1963년 3월 착공하여 1964년 초 건설된 울산 정유 공장의 모습.

로 감소하여, 자료에 따라 다르긴 하지만, 1980년에는 마이너스 5.2퍼센트로 추락했다. 1952년 이후 처음 있는 놀라운 마이너스 성장이었다.

1960~1970년대의 고도성장을 통하여 산업구조도 크게 바뀌었다. 본격적인 경제개발이 추진되기 전만 하더라도 한국은 1차 산업의 비중이 높은 전형적인 농업 중심 국가였다. 1970년대 후반에 광공업의 비중이 농림어업보다 높아지고, 중화학공업이 경공업 분야를 앞질렀다. 1962~1983년까지 연평균 34.6퍼센트의 수출 증가율을 기록할 정도로 1960~1970년대의 고도성장은 수출에 크게 의존했다.

박정희 정부의 과도한 수출 의존 정책은 내수 및 그와 연관된 내포적 경제 발전을 경시하게 만들었고, 도시와 농촌 간, 공업과 농업 간, 지역 간의 극심한 불균형 발전을 초래했다. 과도한 해외 의존은 미국과 일본에의 종속성을 심화시켰고, 그 결과 중동건설 특수로 오일 달러를 벌어들였는데도 1970년대 말부터 차관망국론이 등장했다. 해외에서 기침만 해도 국내는 감기가 걸린다고 할 정도의 지나친 해외 의존도는 끝내 1997년 IMF(국제통화기금) 사태를 불러왔다. 또한 종합상사 중심의 수출정책은 중소기업의 재벌 예속화를 가속화시켰고, 재벌이 비대해지는 직접적인 요인이 되었다.

재벌 중심의 경제정책은 많은 문제점을 야기했다. 군사정부의 부정축재자 처리는 오히려 재벌들이 새롭게 성장하는 계기가 되었다. 재벌은 차관 도입과 특혜 금융을 통해 공룡처럼 커졌고 상호 출자 방식으로 수십 개의 계열사를 거느린 문어발 경영을 이어갔다. 재벌은 특히 중화학공업화 과정에서 경제적 지배력을 강화시켰다. 그리하여 1977년 32퍼센트였던 상위 30위 재벌의 출하액은 1981년에는 39.7퍼센트로 높아졌다.

1978년 12·12총선에서 신민당의 "공화 위에 재벌 있다"는 구호가 선풍적인 인기를 끌었는데, 1960~1970년대에 재벌은 비판과 지탄의 대상이었다. 1964년에는 밀가루와 설탕, 시멘트의 가격 상승에서 폭리를 취한 삼분(三粉) 폭리사건으로 여론이 비등했다. 1966년에는 박정희 정치자금과 관련해 한국

비료가 사카린을 건설자재로 가장하여 대량 밀수입한 사건이 폭로되어 학생 시위가 일어났고, 한국독립당 김두한 의원이 국회 본회의에서 정일권 총리, 김정렴 재무부 장관 등에게 오물을 뿌린 오물투척사건으로 비화했다. 정부로부터 차관을 비롯한 각종 특혜 배분과 특혜 융자를 받으며 정경유착이 심해진 것도 재벌이 비판을 받은 주 요인 중 하나였다. 재벌은 박정희 정권 이래 정치 비자금의 주된 창구였다.

재벌이 과도한 부동산 투자로 투기에 앞장선 것도 비판의 대상이 되었다. 토지나 임야 투기는 1970년대 내내 심했고, 1977년 수도 이전설로 더욱 극성을 부렸다. 박정희 유신정권은 부정부패가 심했을 뿐만 아니라, 권력자들이 대거 가담한 부동산 투기도 방관했다. 투기는 1970년대 후반 아파트 등의 주택 투기로 더욱 사회적 물의를 빚었다. 아파트 분양 때마다 투기 행렬이 장사진을 이루었고, 이러한 부동산 열기 속에서 '복부인'이라는 신조어가 등장했다. 투기가 심해짐에 따라 1년에 서너 번씩 이사를 하는 사람이 적지 않았다. 박정희 정권 내내 인플레이션이 심했던 것도 투기를 조장했다. 제1차 오일쇼크가 있었던 다음 해인 1974년에는 도매물가가 42.2퍼센트나 올랐는데, 연 10퍼센트 이상의 물가 상승은 1980년대에 와서야 잡혔다.

복부인의 등장

1970년대 후반 아파트 투기 열풍은 '복부인'이라는 신조어를 만들어냈다. 중산층은 물론 권력자들까지 대거 가담한 주택 투기는 지금까지도 사회문제가 되고 있다. 사진은 잠실지구 아파트 분양 접수를 위해 몰려든 시민들(1975년 8월 9일).

| 지역 불균형 발전을 초래한 경부고속도로 건설 |

'단군 이래 최대의 토목공사'

'단군 이래 최대의 토목공사'라고 이야기하던 경부고속도로 개통은 박정희 정권의 최대 업적으로 평가되고 있다. 경부고속도로가 개통됨으로써 비로소 '전국 일일생활권'이 가능해졌다는 점에서 사회·경제 변화에 획기적 계기가 되었다. 그러나 경부고속도로의 개통은 문제점도 야기했다.

우선 농촌에 끼친 부정적인 영향을 지적할 수 있다. 고속도로 주변 지역의 개발로 서울 강남에서 불기 시작한 땅 투기 바람이 농촌에까지 미쳤다. 이로 인해 불법 매매, 이중매매, 매매문서 위조, 소유권을 둘러싼 분쟁 등 때 아닌 토지 분쟁이 고속도로 인근 지역에서도 일어났다. 그리고 고속도로 건설 공사장에 인근의 농촌 청년들이 고용됨으로써 영농 의욕이 감퇴되고 농촌에 노동력 부족 현상이 일어나기도 했다.

하지만 경부고속도로의 개통이 야기한 가장 심각한 문제는 이전까지 사회문제화되지 않았던 지역 불균형 발전과 지역 차별을 초래하는 계기가 되었다는 데 있다. 경부고속도로 건설을 비롯하여 1960년대 말에 울산 공업센터와 포항제철소 건설이 결정되는 등 경제개발의 성과가 영남 중심으로 집중되는 경향이 두드러지기 시작했다. 이에 따라 1967년 대통령 선거 때까지 별 문제가 되지 않았던 호남 지역 차별 문제가 고개를 들기 시작했다. 박 정권 시기의 '화려한' 경제개발 정책에도 불구하고, 호남 지역에는 여수의 호남정유와 호남화력발전소, 그리고 광주의 아세아자동차 공장이 들어섰을 뿐이다.

박정희 정권은 호남 지역은 농업지대라 산업 투자보다 농업 투자를 우선해야 한다고 억지주장을 폈다. 그러나 전북 지역에는 농업 생산을 위한 비료 공장이나 농기구 공장 하나 제대로 건설하지 않았다. 새마을운동을 비롯한 농촌 개발 정책의 혜택도 호남 지역에 제대로 미치지 못했다. 호남인 차별의 불만을 잠재우기 위해 1967년 선거 공약으로 호남선 철도의 복선화를 약속했으나 그 약속마저 지키지 않아 2003년에 와서야 완성되었다. 꼭 36년 만이었다.

경부고속도로 건설 팸플릿(1968년).

© 구와바라 시세이

602
흔들리는 성장제일주의

박정희 정부의 경제개발 정책은 성장제일주의로 치달았다. 성장제일주의는 인간이 부재한, 그리하여 정치와 문화를 황폐하게 한 근대화 지상주의였다. 근대화 지상주의는 물신숭배사상·황금만능사상을 만연케 했고, 불균형 발전 속에 지역이기주의를 조장했다. 박정희의 근대화 지상주의는 분배가 고려되지 않은 성장, 곧 생산 일변도의 사고방식으로 노동자를 철저히 소외시켰다. 노동자는 열악한 작업 환경과 저임금에 시달렸다. 또한 박정희의 근대화 지상주의는 농촌의 소외를 가져왔다. 공업화는 농업과 유기적 연관성이 없이 외국의 농산물이나 원자재에 의존하여 이루어졌다. 노동자의 저임금을 유지하기 위해 저농산물 가격 정책을 썼다.

희망을 잃은 농민들은 너나없이 보따리를 싸서 무작정 고향을 떠났다. 1960~1970년 사이에 비농업 인구는 급속하게 늘어났다. 반면 전 국민의 과

달동네
일자리를 찾아 무작정 대도시로 몰려온 농민들이 하천변과 산등성이를 중심으로 천막이나 판잣집을 지어 거주하면서 도시 곳곳에 '달동네'로 불리는 빈민촌이 들어섰다. 사진은 부산 보수동 달동네 모습(1964년).

반수 이상을 차지하던 농업 인구는 당시의 높은 인구 증가율에도 불구하고 오히려 줄어들었다. 각종 의료시설을 비롯한 사회·문화·복지 시설도 도시에만 몰려 있었다. 농촌은 더 이상 '마음의 고향'이 아닌 버려진 땅이었다.

심각한 농촌문제를 개선하기 위해 1971년부터 새마을운동이 펼쳐졌다. 새마을운동은 남아도는 시멘트 생산을 해결하기 위해서도, 북과의 경쟁관계에서도 필요했다(당시는 북의 농촌이 남한보다 살기가 좋았음).

새마을운동의 3대 정신으로 농민의 근면·자조·협동 정신이 강조되었고, "깨끗한 환경에 건전한 정신이 깃든다"는 슬로건 아래 초기에는 환경 개선 사업에 주력했다. "새벽종이 울렸네. 새 아침이 밝았네. 너도 나도 일어나 새마을을 가꾸세"라는 노래가 확성기를 통해 마을마다 울려퍼졌다. 정부가 보조해준 시멘트와 철근으로 마을 길 넓히기, 하수구 정비, 공동 빨래터 설치, 초가지붕 개량, 마을회관 건립 등이 추진되었다. 농업의 기계화, 신품종 개발, 특수작물 재배 권장, 새마을공장 건설 등 소득 증대 사업도 새마을운동의 일환으로 전개되었는데, 이 경우 당연히 정부가 하게 마련인 농업정책이 새마을운동으로 포장되어 선전된 것이었다.

농가 소득이 증대한 것은 새마을운동에 의해서가 아니라 벼 수매가가 시장가격보다 높은 이중곡가제를 실시한 농업정책이 주효했기 때문이다. 그러나 문제는 소득보다 지출이 훨씬 더 많아졌다는 점이다. 정부의 공식 통계에 따르면, 1970년부터 1980년까지 10년 동안 농가 호당 소득은 26만 원에서 270만 원으로 10.5배 늘어난 반면, 농가 부채는 같은 기간 동안 1만 6000원에서 34만 원으로 21배 늘어났다. 사회·문화·교육·복지 시설은 외면한 채 겉모습 변화에 치중했던 새마을운동은 농민들이 너나 없이 농촌을 떠나려는 이농 현상을 막는

농가 인구 및 비율의 변화

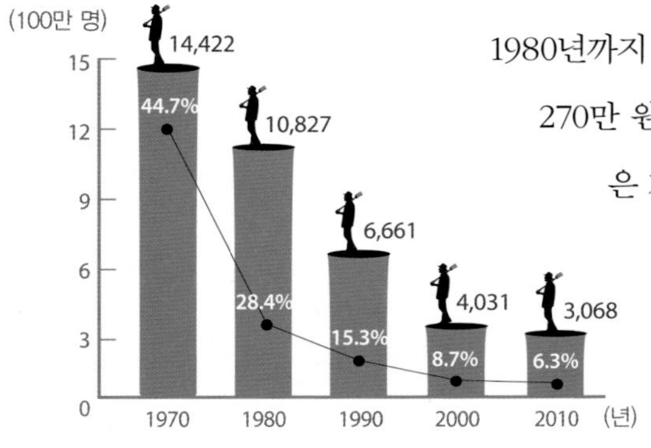

* 자료 출처: 통계청

데 아무런 힘이 되지 못했다. 농촌은 이전보다도 더욱 버려진 땅으로 변해 오도 가도 못하는 노인들만 남게 되었다.

중앙권력에 의해 일사분란하게 전개된 새마을운동은 유신 독재정권의 농촌 장악 정책이라는 측면도 있었다. 더욱이 공장 새마을운동은 유신체제식의 노사협조주의를 일방적으로 강요해 노동운동을 봉쇄하는 역할을 맡았다.

1970년대에 이농 현상이 계속되고 소작농이 크게 늘어난 것도 농촌의 불건전성을 말해준다. 전체 농지 중 소작지 비중은 1975년 13.8퍼센트에서 1981년 22.3퍼센트로 증가했다. 그러한 가운데 한국전쟁 이후 조용했던 농촌에서 농민운동이 고개를 들었다.

◀ **새마을운동 홍보물**
박정희 정권은 새마을운동과 유신체제를 홍보하기 위해 다양한 홍보물을 제작하여 보급했다. 사진은 농민을 대상으로 한 잡지 《새마을》.

새마을운동
농촌문제 개선을 목표로 시작된 새마을운동은 농촌·도시를 가리지 않고 전국적으로 전개되었다. 사진은 마을 길 넓히기에 동원된 주민들의 모습.

1970년대 농민운동은 주로 농협 임원의 정부 임명, 농협 사업의 반농민성에 항의하는 농협 민주화 운동으로 전개되었다. 1976년에 발생한 함평고구마사건은 농협에 대한 불만을 상징하는 사건으로 이후 농민운동에 불을 지폈다.

하지만 1970년대 농민운동은 광범위한 농민들의 참여를 끌어내지 못하고 다른 부문 운동과도 연계가 부족한 가운데 가톨릭농민회와 같은 일부 종교계를 중심으로 전개되었다는 문제점이 있다.

농촌에서 밀려나 대도시로 몰려든 농민들은 대부분 안정된 일자리를 찾지 못하고 도시빈민이 되었다. 청계천과 중랑천 등지에는 판잣집이 세워지고, "방문 너머 휘영청 밝은 달이 잘 보이는 산꼭대기 판자촌"이라서 '달동네'로 불리던 빈민촌이 여기저기 생겨났다. 서울시는 이들 무허가주택을 철거하고서 시영아파트를 건립하고 집단 이주 정착지를 조성하는 등 도시 재개발 사업을 추진했다. 이 과정에서 도시빈민들은 아파트 입주나 현지 개량, 새로운 대단지 이주로 내몰렸다.

이러한 와중에서 발생한 와우아파트 붕괴 사건은 시영아파트가 얼마나 무책임하게 지어졌는가를 단적으로 보여주었다. 1970년 4월 8일 서울 마포구 와우시민아파트 15동 5층 건물이 입주가 시작된 지 불과 20여 일 만에 성냥갑 무너지듯 폭삭 주저앉아 입주자 등 33명이 사망하고 40명이 부상을 당했

함평고구마사건
농협이 고구마 수매 약속을 어긴 것에 항의하여 1976년부터 3년 동안 투쟁해 정부로부터 보상을 받아낸 1970년대의 대표적인 농민운동이자 한국전쟁 이후 최초의 본격적인 농민운동인 함평 고구마 사건은, 사건 조사 과정에서 농협 비리가 드러나 관련 농협 간부들이 무더기로 해임되거나 징계 조치를 받았다.

다. 이 사건 직후 가수 조영남은 시민회관(세종문화회관 전신)에서 자신도 모르게 〈신고산타령〉을 "신고산이 와르르르 와우아파트 무너지는 소리에"로 불렀다가 체포설에 도피하다 결국 군대에 끌려갔다. 와우아파트 사건으로 '불도저 시장'으로 불리던 김현옥 서울시장이 물러났는데(곧 내무부 장관으로 발탁됨), 이 사건은 박정희식 성장만능주의, 졸속 행정의 표본으로 두고두고 비판을 받았다.

1971년 8월에는 광주대단지 사건이 발생했다. 지금의 성남 일대에 철거민들을 위한 대규모 집단 주거지가 조성되면서 서울의 판자촌에 거주하던 철거민들이 이곳으로 이주했다. 그러나 정부는 무작정 입주만 시켜놓고 생활 능력이 없는 이주민들을 아무런 대책 없이 그대로 방치했다. 이에 불만을 품은 주민 약 5만 명이 실업자 구제 등을 요구하다가 양탁식(양택식으로 개명) 서울시장이 약속을 어기고 나타나지 않자 성남출장소에 방화하는 등 폭동을 일

와우아파트 붕괴

1970년 4월 8일 서울 마포구의 와우시민아파트 15동이 날림공사로 입주한 지 불과 20여 일 만에 무너져 내려 세상을 놀라게 했다. 박정희식 성장만능주의, 속도주의의 문제점을 보여준 대표적인 사례로서 이로 인해 '모든 아파트는 와우식으로'라는 유행어를 낳기도 했다.

으켰다. 1966년만 해도 불과 9000명이 살던 광주는 1975년에 27만여 명의 대도시(성남시)로 변했는데, 기형적인 한국형 도시화를 보여주는 대표적 사례이기도 하다.

1960년대에는 과잉 인구가 사회적으로 큰 문제가 되었다. 하지만 여성의 결혼 연령이 높아지고, 가족계획을 가로막는 종교적·인종적 갈등이나 편견이 없어 피임법 등을 통한 가족계획이 성공적으로 추진되어 1960년대 하반기를 기점으로 출산율이 감소하기 시작했다. 하지만 1960, 1970년대에도 여전히 남아선호사상이 심했다.

산업화가 진전됨에 따라 여성의 사회활동도 크게 늘어났다. 생산직 및 교통·통신업·광업 등에 종사하는 여성 노동자가 이전에 비해 많이 증가했으나, 농업과 어업에 종사하는 여성이 과반수 이상을 차지했다(1975년 51.9퍼센트). 많은 여성은 여전히 결혼을 하면 직장을 그만두어야 했다. 또한 중등교

1971년 8월 10일 광주대단지 사건 현장.

육을 받은 여성은 1975년에 전체의 약 40퍼센트를 차지할 정도로 상당히 증가했지만, 고등교육을 받은 초급·전문 대학 졸업 이상의 여성은 같은 기간 27.7퍼센트밖에 되지 않았다.

1960년에 시행된 새 민법은 여성의 지위를 향상시키는 데 어느 정도 기여했는데, 1977년 12월 민법 개정에서도 약간의 변화가 있었다. 상속의 경우 호주 상속인을 제외한 자녀의 상속분은 균등화되었다. 미성년자에 대한 친권 행사도 남성에게 유리하긴 했지만, 부모 모두에게 권한을 인정했다.

여성의 지위 향상에도 불구하고 1960, 1970년대에 여성운동은 존재하지 않은 것이나 다름없었다. 여성 단체로는 가족계획 사업을 위해 조직된 어머니회나 새마을부녀회가 있었는데, 여성운동과는 거리가 있었다.

1970년대 정부는 식량을 자급하기 위해 통일벼 등 다수확 품종 재배를 적극 장려하면서 혼·분식을 권장했다. 학교에서는 잡곡을 50퍼센트 이상 섞었는지 확인하기 위해 매일 도시락 검사를 했다. 정부는 쌀밥은 미개를, 밀가루는 문명을 상징하는 것처럼 선전했다. 이중곡가제와 다수확 품종 재배로 1970년대 중·후반에 쌀 자급이 이루어졌으나, 곧이어 박정희가 '장려'한 다수확 품종인 노풍 피해로 쌀 생산이 줄어들고 농민들은 큰 어려움을 겪었다. 또 식생활 변화에 따라 밀, 옥수수 등의 수입 증가로 전체 식량 자급도는 해

가족계획 포스터
1960년대 초까지 연평균 3퍼센트에 이르던 인구 증가율을 억제하기 위해 박정희 정권이 국가 시책으로 시작한 가족계획은 종교적·인종적 갈등이나 편견이 없어서 큰 성과를 거두었다. 그런데 지금은 세계 제일의 저출산율 국가가 되어 사회문제가 되고 있다.

가 갈수록 오히려 떨어졌다.

종전 이후, 역대 정부가 삼림 녹화 사업을 적극 추진한 것도 한몫했지만, 땔감으로 1950년대부터 보급되어온 연탄이 1960~1970년대에 읍·면 소재지에서 농촌 구석구석까지 파고들면서 민둥산이 몰라보게 푸르러졌다. 1980년대 이후에는 가스와 석유가 널리 보급되면서 생활이 한층 편리해졌다.

1960~1970년대 경제성장의 주역은 노동자였다. 그러나 1970년대 중반까지 노동운동은 미약했다. 박정희 정권의 강력한 통제가 직접적 요인이었지만, 대부분의 노동자가 농촌에서 올라와 공장에 취직한 지 얼마 되지 않아 노동계급 의식이 미약했고, 산업예비군이 과도하게 많은 것도 중요한 이유였다.

1961년 5·16군부정권은 쿠데타 직후 노동조합을 해체시키고 노동조합의 결성을 금지했다. 1961년 8월부터 노동조합은 인정되었지만, 통제하기 쉽도록 군부정권에 의해 하향식으로 전국 단일 산업별 노동조합으로의 재조직이 이루어졌다. 1961년 8월 정부로부터 승인을 받지 못한 전력노동조합을 제외한 11개 산업별 노동조합으로 구성된 한국노동조합총연맹(약칭 한국노총)이 결성되었다. 이러한 조직 과정에서 상대적으로 노동자를 위한 노동운동을 폈던 김말룡계가 제외되었다.

한국노총과 산별노조는 산하 노조에 대해 통제권을 행사하면서도 개별 노

도시락 먹는 학생들
1971년부터 혼·분식 장려 정책으로 학생들은 점심시간마다 도시락에 잡곡이 섞여 있는지를 검사받아야 했다(1976년 3월 17일).

평화시장 다락방 작업장

열악한 작업장에서 하루 평균 14~15시간씩 근무한 평화시장 노동자들은 만성적 질병에 시달렸고, 이 때문에 "평화시장 여공은 시집가도 3년밖에 못 써먹는다"라는 말까지 생겨났다.

동조합의 노동운동에 대해서 대개 소극적이거나 방관적 자세를 취했다. 그리고 노동집약적 수출 산업으로 노동조건이 열악한 섬유·봉제·전자·신발 등의 노동자들을 비조직 노동자로 방치했다. 또한 유신 쿠데타가 일어나자 유신체제를 지지하는 유세 활동을 펴는 등 어용 단체로서의 면모를 과시했다.

1970년대와 그 이후 노동계에 지대한 영향을 끼친 것은 전태일 분신 사건이다(11월 13일). 전태일의 분신은 노동계와 학생들에게 큰 충격을 주었다. 11월 16일부터 서울대·고려대·연세대·이화여대·숙명여대에서 "전태일 씨의 죽음을 헛되이 하지 마라"는 성명서를 발표하고 농성을 벌였다. 전태일의 분신은 노동운동의 불을 지피고 뜨겁게 달구는 데 상징적 역할을 했다.

1970년대 노동운동은 국가보위법의 존재와 유신체제의 강압정책으로 인해 많은 어려움을 겪었다. 1971년 '국가보위법'의 제정으로 노동조합의 자율적인 단체교섭권과 단체행동권이 거의 행사되지 못했다. 이 때문에 노사협의회에서 노사 간에 교섭이 이루어지는 파행이 오히려 일반화되었다. 이러한 노사협조주의로 각급 노동조합이 어용화되면서 노사분규가 노조 정상화 투쟁 또는 노조가 배제된 근로조건 개선 운동 등의 형태로 일어났다.

어려운 조건 속에서도 여성 노동자 중심의 민주노조들이 탄생했고, 1970년대 후반부터 노동운동은 점차 치열해졌다. 노조 결성에 따른 부당 노동 행위로 인한 분규, 동일방직과 같은 민주노조의 파괴 공작으로 인한 분규, 임금 인상과 근로조건 개선 투쟁, YH 여성 노동자 투쟁과 같은 도산이나 폐업으로 인한 분쟁이 주종을 이루었다. 이 시기의 노동운동은 초보적인 형태의 생존권 투쟁이 대부분이었으며, 중소 규모의 경공업 분야 업체에서 일하는 여성 노동자 중심으로 투쟁이 전개된 것이 특징이었다.

이러한 투쟁의 배후에는 개신교계의 도시산업선교회와 가톨릭계의 가톨릭노동청년회(J.O.C)가 있었다. 이들 단체는 노동자들에게 근로기준법을 가르치고 독자적 노조 결성을 지원하는 활동을 했다. 유신정권은 이들을 붉은색 깔로 칠해서 몰아세우려고 했으나 종교 단체여서 한계가 있었다.

우리는 똥을 먹고 살 수 없다

1972년 인천의 동일방직에서 한국 최초로 여성을 지부장으로 하는 노동조합이 탄생했다. 그러나 회사 측은 이를 인정하지 않고 어용 지도부를 구성하여 파괴하려고 했다. 이에 항의하여 여성 노동자들은 나체 시위와 단식 농성으로 맞섰으나 역부족이었다. 1978년 2월 21일 회사와 독재정권은 노동조합의 대의원 대회장에서 여성 노동자들에게 인분을 뿌리며 강제 해산시켰다. 이어서 124명의 노동자들이 해고되었고, 이들의 이름과 주민등록번호, 주소 등을 적은 명단을 기업에 돌려 재취업의 길을 막았다(블랙리스트). 그러나 해고 노동자들의 투쟁은 계속되었다. 해고된 노동자들은 TV로 생중계되는 노동절 행사장에 들어가 "우리는 똥을 먹고 살 수 없다!"는 플래카드를 펼치는가 하면, 50만 명이 운집한 여의도 부활절 연합예배 단상에 올라가 "노동3권 보장하라!", "동일방직 사건을 해결하라!"고 절규하기도 했다. 동일방직 파업 투쟁은 민주노조의 씨앗을 뿌린 유신시대의 대표적인 노동운동이었다.

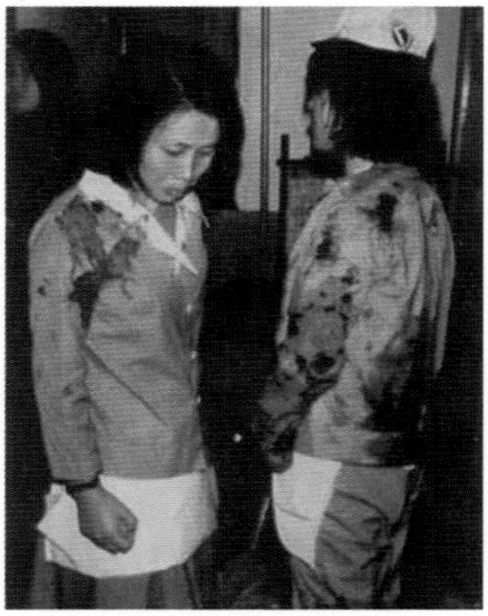

인분을 맞은 동일방직 여성 노동자들.

| 대학생과 지식인의 양심을 강타한 전태일 |

"근로기준법을 준수하라"

가난한 집안의 장남으로 태어난 전태일은 열여섯 살 때부터 평화시장의 노동자로 일했다. 그는 어려운 환경 속에서도 열심히 일한 덕분에 열아홉 살이 되던 해 자신의 꿈인 재단사가 되었다. 하지만 그는 불과 한 달 만에 상상하지도 못했던 인간 이하의 가혹한 노동 조건에 절망했다. 하루 평균 14~15시간, 한 달에 28일을 근무하던 대부분의 노동자들은 만성 질병에 시달렸고 폐병에 걸린 경우도 드물지 않았다.

전태일은 노동자의 권리를 찾기 위해 외로운 싸움을 시작했다. 그는 평화시장 노동자들의 실태를 언론에 호소하기도 하고, 혼자서 근로기준법을 배워 평화시장 재단사 모임인 '바보회'를 조직하여 근로기준법 준수 투쟁을 벌였다. 그러나 그것마저 제대로 실현되지 않자 죽음으로써 항거하기로 결심했다.

1970년 11월 13일 전태일이 휘발유를 끼얹은 몸에 성냥불을 갖다 대자 그의 몸은 삽시간에 불길에 휩싸였다. 그는 불길에 휩싸인 채 "근로기준법을 준수하라", "일요일은 쉬게 하라" 등의 구호를 외치다 쓰러졌다. 이때 그의 나이 불과 스물두 살이었다. 병원에 실려간 전태일은 울먹이는 어머니의 손을 꼭 잡고 "어머니 담대해지세요. (…) 내가 못다 이룬 일 어머니가 꼭 이루어주세요" 라고 마지막 유언을 남겼다.

전태일의 죽음은 정치적 쟁점에 치중하여 노동문제에 관심을 기울이지 않았던 학생들을 크게 깨우치는 계기가 되었다. 또한 인권 변호사로 잘 알려진 조영래는 수배 생활 중에 『전태일 평전』을 집필하여 그의 삶을 세상에 알렸다. 이 책은 노동자와 학생들에게 널리 읽혔는데, 특히 1980년대 '위장취업'하여 노동운동을 벌이던 대학생들에게는 성서와 다름없었다.

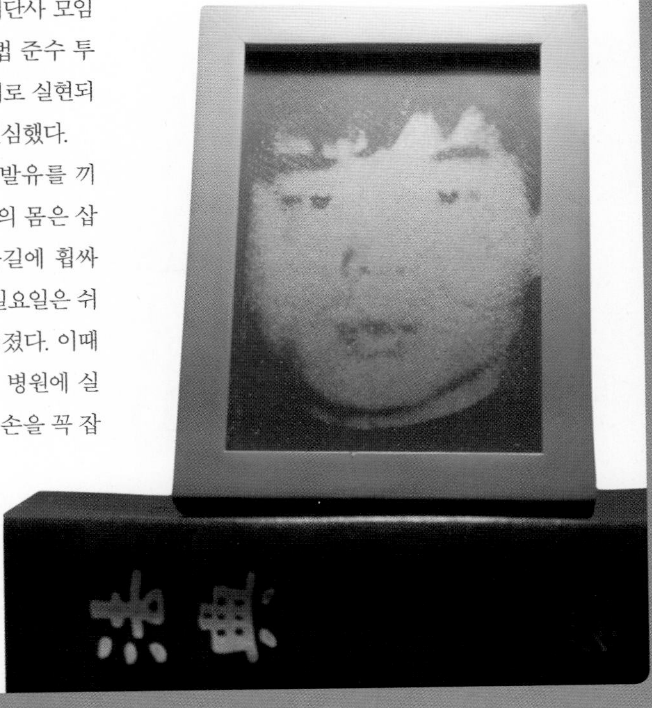

603

극단적인 반공·국가주의 교육

교육의 양적 증가 현상은 1960~1970년대에 들어와서도 계속되었다. 특히 이 시기에는 중학교 이상의 고등교육 인구가 급속히 증가했다. 중학교 학생 수는 1960년에서 1969년 사이에 두 배 이상 늘었고, 1979년에는 1969년보다 다시 두 배 이상 늘었다. 고등학생의 경우 증가율은 더욱 높아서 1960년에는 27만 6108명이었는데, 1979년에는 156만 5355명이 되어 무려 여섯 배 가까이 증가했다. 대학생 수는 이 기간에 네 배 가까이 증가했다. 또한 남녀 학생 비율도 많이 좁혀졌다. 중·고등학생의 경우 1960년에 남학생의 거의 절반 수준밖에 되지 않던 여학생 비율이 1980년에 이르러 거의 일대일 수준까지 좁혀졌다. 그러나 대학생은 여전히 남학생 비율이 높았다. 남녀 대학생 수의 차이는 그 뒤 계속 좁혀졌지만, 대학생 수가 크게 증가한 1985년을 보더라도 남학생이 68만 1796명인 데 반해 여학생은 25만 88명밖에 안 되었다.

교육의 양적 팽창과 함께 과도한 교육열은 1960년대에 와서 더욱 심해졌

이순신 성웅화 작업
국가에 대한 충성과 애국심을 강조하며 국가주의를 극대화하기 위한 방편으로 이순신 성웅화 작업이 진행되면서 곳곳에 이순신 동상이 세워졌다. 사진은 한 국민학교에 세워진 이순신 동상.

다. 1950년대와 마찬가지로 세칭 일류 대학·일류 고교·일류 중학교가 있었으며, 일류 중학교를 가기 위해 일류 국민학교가 생겨났다. 각종 과외도 극성을 부렸다. 과도한 입시 경쟁으로 1965년 2월에는 서울시 전기 중학 시험문제에 출제된 무즙 문제로 낙방생 38명이 소송을 제기한 무즙파동이라는 사건도 발생했다.

정부는 입시 준비의 과열을 막기 위해 중학교 무시험 진학 제도를 실시했다. 1969년도부터 서울 시내 중학교 입학이 추첨제로 바뀌었다. 다음 해에는 부산과 대구 등 10대 도시로, 1971학년도에는 전국 각 도시로 확대되었다. 1973년 2월에는 시·도별로 연합고사를 통해 합격자를 선발하고, 학군별로 추첨에 의해 학교를 배정하는 고교 입시 방안을 발표했다.

박정희 정권은 1960년대 말부터 국가주의 또는 전체주의 교육을 강화했다. 박정희 교육의 정책적 목표는 1968년 12월 5일 대통령 명의로 발표된 국민교육헌장에 잘 드러나 있다. "우리는 민족중흥의 역사적 사명을 띠고 이 땅

빗나간 교육열과 무즙파동

1964년 12월 7일에 서울시 전기 중학 입학시험 정답이 발표되었을 때 국어·산수·사생·자연 과목에서 20개의 문제에서 복수 정답이 나왔다. 특히 자연 18번 문제에서 엿을 만드는 과정 중 당화작용을 하는 물질의 해답을 디아스타제로 발표했는데, 학부형들이 무즙 역시 해답이라며 빗발치게 항의했다. 시험에 떨어진 학부형들은 서울고등법원에 소송을 제기했다. 이 과정에서 학부형들은 무즙으로 엿을 만들어 고물까지 묻혀오고, 무즙을 갈아 찬합에 가득 담아오는 등 '증거' 자료를 챙겨오기도 했다. 결국 법원은 문제의 정답은 디아스타제와 무즙 두 개라는 판결을 내렸고, 이에 따라 승소한 학생들이 경기중학교에 재입학했다. 이 파동은 서울시 교육감 등 책임자들이 사표를 냄으로써 마무리되었으나, 당시 일류병이 낳은 대표적인 입시 과열 사례라고 할 수 있다.

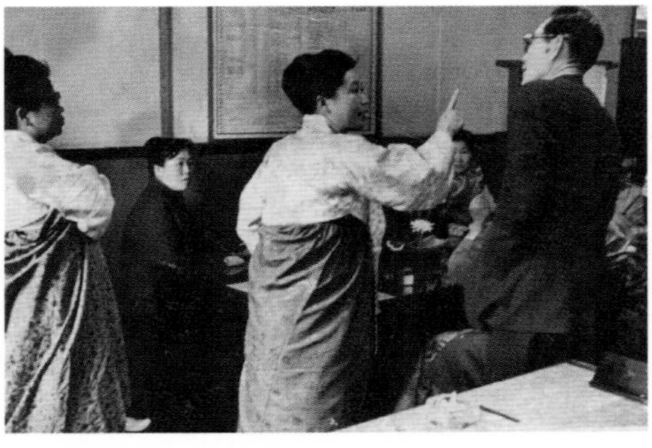
서울시 교육위원회 학무국장에게 항의하는 학부모.

에 태어났다"라는 문장으로 시작되는 국민교육헌장은 유신체제를 예고하는 것으로, 첫 구절부터 개인이 국가에 종속된 국가주의를 강렬히 고창하고 있다. 획일적인 교육을 강요하는 국민교육헌장 자체도 문제였으나 일제 말 황국신민서사처럼 학생과 교사, 공무원, 군인 등에게 의무적으로 암송하게 했다는 점에서 더욱 문제가 심각했다.

국민교육헌장 암송에 이어 박 정권은 일제 말기의 전시 총동원 체제기에 성행했던 여러 가지 국가주의 의례도 부활시켰다. 모든 국민은 거리를 걸어가다가도 오후 6시가 되면 반드시 부동자세로 국기에 대해 경례를 해야 했고, 극장에서는 영화를 상영하기 전에 기립해서 애국가를 불러야 했다.

1977년 12월에 조직된 해직교수협의회에서 발표한 '민주교육선언', 비슷한 시기에 나온 전남대학교 교수들의 '우리의 교육지표'는 국민교육헌장 등을 통해 강요한 국가주의와 획일화 교육을 통렬히 비판했다.

정부는 1972년부터 새마을교육을 주요 정책의 하나로 삼아 강력히 추진했다. 문교부와 시·도 교육위원회, 시·군 교육청에는 새마을교육 담당관 또는 담당 장학사를 두었고, 각급 학교에는 새마을교육 담당 교사를 두었다. 박정희는 유신 쿠데타 이후 파시스트 권력답게 '한국적 민주주의'와 함께 '국적 있는 교육'을 강조했다.

국민교육헌장 선포
박정희 정권은 학생은 물론 전 국민이 국민교육헌장을 의무적으로 암송할 것을 강요했다. 국민교육헌장이 발표된 이후 일제 시기 군국주의 국가교육을 연상시키는 각종 국가 의례들이 강화되었다. 아래쪽은 문교부에서 발행한 국민교육헌장을 풀이한 국민학교용 교재. 왼쪽은 국민교육헌장 선포식.

생활 속에 파고든 반공

▼ 반공포스터와 반공 방첩 표찰

어디를 가든 흔히 볼 수 있었던 박 정권 시절의 포스터와 표찰.

▶ 교련복

1970년대 고등학생과 대학생이 입었던 교련복. 학생들은 이 옷을 입고 주 1회 이상 군사교육을 받았다.

▼ 반공운동회

"분쇄하자 공산당"이라는 구호가 적힌 박 터뜨리기 놀이를 하고 있는 1970년대 한 국민학교 운동회 모습.

© 최광호

유신 시기에는 교육기관, 라디오, 텔레비전, 신문, 잡지 등을 통해 반공 교육이 광풍처럼 몰아쳤다. 공산군의 학살·방화 등의 만행과 북의 남침 계획, 김정일의 세습이 쉬지 않고 반복해 교육되고 선전되었다. 이러한 반공 교육에 의해 어른도 어린아이도 북에 대해 맹목적인 증오심을 가졌다. 북의 주민은 같은 동포이기는커녕 접촉하기도 두려운 괴물로 다가왔다. 인간을 비인간적으로 만드는 병든 반공 교육이었다.

4월혁명의 영향으로 인간의식과 민족의식이 고양되면서 역사학도 1950년대와는 다른 면모를 보였다. 이병도 등의 실증주의 사학이 비판을 받고 신채호나 박은식, 안재홍 등의 민족주의 사학이 재평가되었다. 타율성론, 정체성론, 당파성론 등을 핵심 내용으로 하는 일제의 식민사학에 대한 본격적인 비판도 이 시기와 1970년대에 이루어졌다.

하지만 1970년대에 한국 사학은 박 정권의 유신체제에 이용을 당한 측면도 있었다. 1972년부터 '국적 있는 교육', '주체적 민족사관 정립'을 명분으로 국사 교육을 강화했다. 이에 따라 한국사 교과서가 검인정에서 국정으로 바뀌었으며, 국민윤리 교육도 강화되었다. 국사와 국민윤리는 모든 공무원 시험에서 필수과목이 되었다. 또한 국가에 대한 충성과 애국심을 강조하기 위해 이순신 성웅화 작업이 대대적으로 추진되었다. 이순신 동상이 반공 교육의 대표적인 상징으로 만들어진 이승복 어린이 동상과 함께 도시건 농촌이건 섬마을이건 국민학교 곳곳에 세워졌다.

뿐만 아니라 유신정권은 가장 강력한 저항세력인 대학을 통제하기 위한 여러 방안도 마련했다. 학도호국단이 부활되었고, 대학에서 군사 교육을 강화했다. 교수재임용제도 도입했다.

이처럼 국가주의와 획일적 교육, 반공이데올로기가 일방적으로 주입되던 전체주의적 시기에 민중지향적인 진보적 사상과 학문이 상당한 수준으로 제시되었다는 것은 역사의 아이러니이기도 하지만, 역사의 변증법적 발전을 말해주는 것이기도 하다.

강만길의 『분단시대의 역사인식』(1978년)은 현대사에 대해 관심을 갖게 했다. 이 책은 1980년대 민중사학으로 가는 징검다리 역할을 했다. 박현채의 『민족경제론』(1978년)은 변혁사상을 전파시키는 데 일역을 맡았다. 1970년대 후반에는 종속론이 국내에 소개되어 박현채의 저술과 함께 진보적 학술계에 영향을 주었다. 리영희의 『전환시대의 논리』(1974년)와 『우상과 이성』(1977년)은 1970년대뿐만 아니라 1980년대 민주화운동에 큰 영향을 끼쳤다.

1960~1970년대에는 진보적 잡지가 학생과 청년, 지식인에게 많은 영향을 주었다. 장준하가 발행한 《사상계》는 비판적인 논조로 1960년대 고교 상급 학생이나 대학생들에게 필수 휴대품이 되었다. 이 밖에도 1960년대 중반부터 1970년대에 걸쳐서 계간지 《창작과비평》이 진보세력에게 많이 읽혔고, 계간지 《문학과지성》은 소시민 취향의 지식인들이 관심을 가졌다.

4월혁명은 문학의 시야를 넓혔고 4월혁명의 정신으로 자신과 자신의 사회를 되돌아보게 했다. 4월혁명은 김수영과 신동엽의 시에서 '자유'와 '고향'으로 다가왔다. 김수영은 언어를 통해 자유를 읊으며 자유를 사는 지적인 도시의 시인이었고, 신동엽은 향토 정서를 서정적으로 담아내는 촌놈 냄새가 물

1950~1960년대 한국 지성을 대변한 《사상계》

《사상계》는 문교부 산하 국민사상지도연구원에서 발행하던 잡지 《사상》을 인수하여 1953년 4월에 장준하가 창간한 1950, 1960년대의 대표적인 종합 잡지다. 교과서 이외에는 별다른 읽을거리가 없던 상황에서 《사상계》에 실린 다양한 문예 기사와 현실 비판적인 글들은 젊은이들의 마음을 사로잡았다. 그러나 이승만 정권에 대한 비판적인 입장에도 불구하고 《사상계》는 1950년대에 미국의 냉전 논리를 벗어나지 못했다. 《사상계》는 미국 공보원으로부터 발간 경비를 지원받았으며 장준하를 비롯한 편집진과 필진의 상당수는 월남한 서북 출신으로 보수반공적인 성향을 지니고 있었다. 《사상계》는 4월혁명기의 진보적인 통일운동에 비판적이었다. 그러나 1960년대 초·중반기에 《사상계》가 한국 사회에 끼친 지적 영향력은 지대했다. 5·16쿠데타가 일어나고 얼마 후부터는 군정에 반대했고, 한일회담 반대투쟁의 선봉에 섰으며, 민족 지성을 대변했다. 이후 《사상계》는 박 정권의 온갖 방해 조치로 출판에 큰 어려움을 겪다가 1970년 5월호에 김지하의 「오적」을 실었다는 이유로 폐간되었다.

▼ 『광장』
1960년 월간지 《새벽》을 통해 처음 발표된 『광장』은 몇 차례 개작을 거쳐 1976년 문학과지성사에서 발간되었다.

▲ 『객지』
1971년 계간지 《창작과비평》에 발표된 황석영의 단편소설로 산업화에 박차를 가하던 1970년대 본격적인 노동소설의 문을 연 작품으로 꼽힌다.

▼ 『난장이가 쏘아올린 작은 공』
1976년 월간 《세대》 2월호에 「뫼비우스의 띠」로 처음 발표했으며 여러 개의 독립된 단편이 하나의 장편처럼 연결된 연작소설이다.

씬 나는 시인이었다. 신동엽의 「껍데기는 가라」, 「누가 하늘을 보았다 하는가」와 장편 서사시 「금강」은 김수영의 「푸른 하늘을」, 「어느 날 고궁을 나오면서」와 함께 4·19를 사랑하는 젊은이들에게 널리 애송되었다.

최인훈의 『광장』(1960년)은 4월혁명이 아니면 나올 수 없었던 작품으로, 그러한 뜻에서 4월혁명의 아들이었다. 전쟁 이후 최초로 민족 분단과 이데올로기 갈등을 정면에서 다룬 이 작품이 나오자 문학평론가 백철이 "이승만 정권기에는 다루기 어려웠던 북의 현실까지 무대를 확대시켰고, 남북을 냉정하게 비판했다는 점에서 침체한 문학계에 하나의 돌을 던진 셈"이라고 썼다가 논쟁을 불러일으켰다.

『광장』의 주인공은 남북 어느 곳도 설 땅이 없음을 고백했는데, 5·16쿠데타를 겪으면서 최인훈의 회색적 또는 허무적 사고가 인간 내면에 대한 탐구와 얽히면서 삶을 한층 을씨년스럽게 했다. 김승옥과 이청준은 문체나 감수성에서 그 이전과 뚜렷한 차이를 보여주었다. 특히 김승옥의 『서울, 1964년 겨울』(1965년)은 '감수성의 혁명'이라는 말이 따라붙을 만큼 문학도들을 매혹시켰다. 이 작품은 개인 내면의 상처와 모래알처럼 흩어져가는 도시적 삶의 풍경을 뛰어나게 형상화했다는 평을 들었다.

김지하는 일련의 담시(譚詩)와 희곡들을 발표해 박정희 권력이나 그 권력 덕에 한몫 본 신흥 권세층·부유층과 그들에게 당하기만 하는 서민들을 대비시키며 풍자적으로 꼬집었다. 그는 담시 「오적」(1970년)과 「비어」(1972년)를 발표했다가 반공법 위반 혐의로 두 차례에 걸쳐 투옥되는 필화사건의 주인공이 되기도 했다. 그는 전통적인 민요와 가사, 판소리 등의 형식을 현대 감각에 맞게 살려놓았을 뿐만 아니라, 판소리나 탈춤 대사에 나오는 해학과 풍자를 참여·저항 문학으로 승화시켰다.

김지하가 시로 박 정권에 맞섰다면, 황석영은 소설을 통해 소외된 사람들의 삶을 부각시켰다. 그는 『삼포 가는 길』(1970년)에서 고향을 상실한 뜨내기 인생들을, 『객지』(1970년)에서 공사장의 날품팔이 노동자들의 고통과 투쟁 과정을 생생히 묘사했다. 그렇지만 『객지』는 공사판 막일꾼들의 투쟁이라는 점에서 동일방직이나 YH 여자 노동자들의 조직적 투쟁과는 차이가 있었다. 1978년에 완결된 조세희의 『난장이가 쏘아올린 작은 공』은 삶의 기반이 파괴된 도시빈민의 삶을 그렸다. 빼앗는 자와 당하는 자를 중심으로 한 산업사회의 부정적인 측면이 난쟁이 가장의 꿈(바람)과 함께 잘 묘사되어 있다. 이 소설은 문학적 기법으로도 반향을 불러일으켰으며 수십 년 동안 두고두고 학생과 노동자의 사랑을 받았다.

한편 김정한, 신경림, 이문구는 산업화 과정에서 소외된 농민들의 삶과 농촌문제를 다루었다. 특히 이문구의 『우리 동네』 연작 시리즈는 독특한 지방어를 구사한 작품으로 1970년대 농촌의 피폐화 과정을 날카롭게 묘사했다. 그의 연작소설은 새마을운동에 대한 신랄한 고발이기도 했다.

문학가들의 현실 인식은 분단 문제로 확대되었다. 이문구, 김원일, 현기영은 금기시되었던 해방 직후의 이념 갈등과 분단의 아픔을 사실적으로 묘사했다. 특히 현기영의 『순이 삼촌』(1978년)은 30년 가까이 입에 올릴 수 없었던 제주 4·3학살의 진실이 더 이상 은폐되어서는 안 된다는 것을 치열한 작가정신으로 보여주었다.

| 김지하와 「오적」 |

칼보다 강한 붓

김지하는 날카로운 현실 풍자로 박정희 권력의 부패에 맞선 대표적인 시인이다. 4월혁명과 한일회담 반대투쟁에 참여한 김지하는 1970년 「오적」을 발표하면서 박정희 군사독재와 맞서 싸운 저항시인의 상징으로 떠올랐다.

처음 《사상계》에 실린 「오적」은 민주당 기관지 《민주전선》에 다시 실리면서 큰 파장을 불러일으켰다. 《사상계》는 즉시 폐간되었고, 《민주전선》은 압수되었으며, 김지하를 비롯하여 《사상계》와 《민주전선》 관련 인물들이 반공법 위반 혐의로 구속되었다(오적 필화사건). 「오적」이 일으킨 파장은 여기서 그치지 않았다. 이듬해 국회 본회의에서 한 야당 국회의원이 「오적」을 낭독하여 국회가 아수라장이 되고 그 국회의원은 투옥되었다.

「오적」은 200자 원고지 40매 분량의 긴 시로서 재벌, 국회의원, 고위 공무원, (군)장성, 장·차관 등 당시 권력 상층부의 부정과 부패상을 일본에 나라를 팔아먹은 '을사5적'에 비유해 신랄하게 비판하고 있다.
다음은 그 일부 내용이다.

첫째 도둑 나온다. 재벌이란 놈 나온다 / 재벌놈 재조 봐라 / 장관은 노랗게 굽고 차관은 벌겋게 삶아 / …… 세금 받은 은행 돈, 외국서 빚낸 돈/이쁜 년 꾀어 첩 삼아, 밤낮으로 직신작신 새끼까기 여념없다 / 귀뜸에 정보 얻고 수의계약 낙찰시켜 / 헐값에 땅 샀다가 길 뚫리면 한몫 잡고 / 천 원 공사 오 원에 쓱싹, 노동자 임금은 언제나 외상외상…….

또 한 놈 나온다 국회의원 나온다 / 구악은 신악으로…… / 조조같이 가는 실눈, 가래 끓는 목소리로 / 혁명공약 모자 쓰고, 혁명공약 배지 차고 / 가래를 퉤퉤 골프채 번쩍…….

셋째 놈이 나온다 고급 공무원 나온다 / 이빨 꼴이 가관이다 / 단것 너무 처먹어서 새까맣게 썩었구나 / ……쥐뿔도 공 없는 놈이 하늘같이 높이 앉아 / 한 손은 노땡큐 다른 손은 땡큐땡큐 / 되는 것도 절대 안 돼 안 될 것도 문제없어 / 책상 위엔 서류 뭉치, 책상 밑엔 돈 뭉치 / 높은 놈껜 삽살개 낮은 놈엔 사냥개라.

김지하의 시 「오적」을 수록한 《사상계》.

604

대중문화 없는 대중사회

도시의 주택 보급률이 1960년 64.8퍼센트, 1975년 56.9퍼센트, 1980년 56.6퍼센트라는 숫자가 보여주듯, 1970년대에 서민들은 전세방, 판자촌을 전전하는 데 진력이 났다. 그렇지만 이 시기에는 변화도 많았다. 1960년대 후반부터 꽤 많이 등장하기 시작한 아파트가 1970년대 강남의 본격적인 '개발'과 함께 대규모 단지를 이루어 썰렁하게 들어섰다. 1970년대에는 전화의 보급도 확대되었다. 1965년까지만 해도 22만여 대에 불과해 특수층 소유물로 인식되었는데, 1970년대에 크게 증가해 1975년에는 117만여 대가 되었다. 그렇지만 자동차는 1970년대까지만 해도 부유층이나 타고 다녔다.

가장 눈에 띄는 변화는 전파 매체의 보급이었다. 해방 직후 10만여 대도 안 되던 라디오는 1965년에 125만 대로 늘어나 1960년대까지 대중문화를 선도했다. 하지만 1970년대 이후 가장 중요한 매체는 텔레비전이었다. 1964년에 3만여 대에 불과하던 텔레비전은 1970년대에 폭발적으로 증가하여 1975년에는

장발 단속

경찰은 가위와 자를 들고 장발과 미니스커트를 단속했으나 이러한 강압적인 규제와 구세대의 규범만으로 젊은이들의 욕망과 분노를 가두어둘 수는 없었다.

180만 대, 1980년대에는 690만 대로 늘어나 100가구 당 86.7가구가 1대씩을 소유하게 되었다. 이 시기에는 텔레비전 이외에는 별다른 대중문화 시설이 없었기 때문에 그 영향력이 막강할 수밖에 없었다. 1980년 12월부터는 컬러 방송이 시작되어 컬러텔레비전 수요가 급격히 증가했다.

우리나라 최초의 방송국은 1956년 1월에 개국한 HLKZ TV였으나 2년 후 화재로 방영이 중단되었다. TV 시대가 앞당겨질 수 있었던 것은 쿠데타를 합리화하고 군사정권을 홍보하기 위한 군사정권의 정치적 목적 때문이었다. 군사정권은 겨우 명맥을 이어오던 HLKZ TV를 1961년 10월에 인수하여 그해 12월에 KBS TV로 서둘러 개국했다.

이렇게 하여 설립된 KBS는 군사정권의 충실한 선봉대 역할을 했다. 〈혁명의 아침〉, 〈국가재건최고회의 소식〉 등 제목만 봐도 그 내용을 대강 짐작할 수 있는 프로그램이 많이 만들어졌다.

유신체제가 선포되면서 프로그램의 내용이나 편성에서 정부의 통제가 더욱 강화되었다. 〈총리와의 대화〉, 〈정부와의 대화〉 같은 정부 홍보정책 프로그램이 마련되었다. 또한 이른바 '목적극'이라는 반공·경제성장 드라마를 제작하여 극화된 이야기를 통해 자연스럽게 반공의식이나 성장 이데올로기를 전파하도록 했다. 그리하여 반공반북 선전 내용을 담은 장편 연속극, 각종 실화

텔레비전 시판

컬러 방송의 시작으로 컬러텔레비전 수요가 급격하게 증가했다. 금성에서 처음으로 컬러텔레비전을 선보인 날, 사람들이 줄지어 구경하고 있다(1980년 8월 1일).

TV방송의 확대
1970년대 들어 텔레비전 보급이 증가하면서 별다른 대중문화가 없던 사회에 커다란 영향력을 행사했다. 사진은 동양방송(TBC) 프로그램 〈가요대전〉 녹화 장면.

나 비화 등 여러 가지 프로그램이 방영되어, 시청자들을 너나없이 반공반북주의자로 만들었다.

1950, 1960년대에 영화는 대중문화의 총아로 각광받았다. 1960년대는 한국 영화사상 최고의 황금기였다. 이 시기에 신상옥 감독의 〈성춘향〉(1961년), 유현목 감독의 〈오발탄〉(1961년)을 비롯해 신상옥 감독의 〈사랑방 손님과 어머니〉(1961년), 강대진 감독의 〈마부〉(1961년), 이만희 감독의 〈만추〉(1966년) 등 한국 영화사를 수놓을 우수한 작품들이 쏟아져나왔다.

하지만 영화는 5·16군부쿠데타가 발발하면서부터 심한 통제를 받았다. 민주당 정부 말기에 개봉된 유현목 감독의 〈오발탄〉은 현실을 어둡게 묘사했다는 이유로 영화를 상영한 극장이 영업정지령을 받았다. 〈7인의 여포로〉(1965년)를 만든 이만희 감독은 반공법 위반으로 구속되었고, 〈춘몽〉(1967년)의 유현목 감독과 〈내시〉(1969년)의 신상옥 감독은 음화 제조 혐의로 불구속 기소되었다.

1960년대 사랑받은 한국영화

왼쪽 위부터 〈춘향전〉 〈오발탄〉 〈사랑방손님과 어머니〉 〈만추〉 〈영자의 전성시대〉 〈마부〉 포스터.

▼ 서울 낙원동, 1965

엄혹한 유신시대 반공영화와 건전가요 그리고 까다로운 검열 속에서 유일한 대중문화는 외국 영화였다. 사진은 〈텍사스 4인〉의 상영을 알리는 간판이 걸린 낙원동 거리.

1970년에 접어들어 영화 산업은 쇠퇴하기 시작했다. 1970년에는 영화 제작 편수가 전년도의 절반으로 줄었다. 제작업자들은 질 좋은 국산 영화를 만들기보다는 흥행 수입이 좋은 외화 수입권을 따내기 위해 국가에서 강요하는 '우수영화'를 만들었다. 끊임없는 잡음 속에서 선정된 우수영화는 제대로 상영조차 되지 않았다. 영화 산업이 쇠퇴하면서 극장 수도 크게 감소했다.

유신독재기에 영화 산업이 쇠퇴한 주된 이유 중 하나는 까다로운 검열이었다. 예컨대 시나리오 사전검열제에 따라 1978년에 공연윤리위원회에서 심의한 각본 161편 중 무수정은 18편뿐이었고, 수정 통과가 100편, 개작 지시가 24편, 돌려보낸 각본이 19편이었다. 이와 같은 사전 심사를 거쳐 제작이 완료되면 또 검열을 받아야 했다. 같은 해 무수정 통과는 33편인 데 비해, 화면 삭제는 256곳, 화면 단축은 94곳, 대사 삭제는 114곳이나 되었다.

임권택과 반공·계몽 영화

1962년에 영화감독으로 데뷔한 임권택은 1980년 이전까지 액션·사극·반공 영화를 가장 많이 만든 대표적인 흥행 감독이었다. 그는 한국전쟁 때 몰락한 좌익집안 출신이라는 과거 경력 때문에 영화를 만드는 데 많은 제약을 받았다. 이러한 상황에서 임권택은 "내가 반공영화도 하는 사람이라는 것을 보여주었으면 좋겠다"라는 자기 보호 차원에서 정부의 요구대로 반공영화를 만들었다고 한다. 그는 다른 영화인들과 마찬가지로 유신정권의 폭압적인 영화 억압 정책에 저항하지 못하고 현실에 순응했다. 〈아내들의 행진〉을 비롯하여 〈왜 그랬던가〉, 〈낙동강은 흐르는가〉, 〈아내〉, 〈옥례기〉, 〈임진난과 계월향〉, 〈울지 않으리〉, 〈신궁〉, 〈저 파도 위에 엄마 얼굴이〉, 〈가깝고도 먼 길〉, 〈짝코〉, 〈복부인〉이 모두 그가 만든 '우수영화'다. 이들 우수영화는 흥행에 실패했으나 정부의 지원으로 각급 중·고등학교에서 교육용으로 수없이 상영되었다.

임권택의 반공영화 〈증언〉 포스터
군부대의 장비와 병력을 무상으로 지원받아 제작된 대표적인 반공영화.

또한 박정희 정권의 계도성·교육성 강조와 함께 안보(국가관) 강조도 영화산업이 위축되는 데 한몫했다. 이러한 정책 목표는 정부의 '우수영화' 시상제와 결합하여 의무적으로 수준 낮은 반공·계몽 영화를 만들 수밖에 없는 환경을 만들었다. 정부의 지원으로 만들어진 임권택 감독의 반공·전쟁 영화 〈증언〉(1973년)과 새마을운동 영화 〈아내들의 행진〉(1974년)은 이 무렵에 만들어진 대표적인 작품이다.

1970년대 중·후반에는 이장호 감독의 〈별들의 고향〉(1974년), 김호선 감독의 〈영자의 전성시대〉(1975년) 같은 이른바 '호스티스 영화'들이 큰 성공을 거두었다. 침울하고 어두운 유신시대에 번성했던 유흥업소 여성들의 기구한 인생 편력을 그려낸 이들 영화는 여성의 상품화를 부추긴다는 비판도 받았지만, 〈영자의 전성시대〉의 주인공 영자는 이 시대를 살아간 수많은 여성 노동자, 빈민 여성의 자화상일 수 있다는 점에서 가슴을 파고드는 호소력이 있었다.

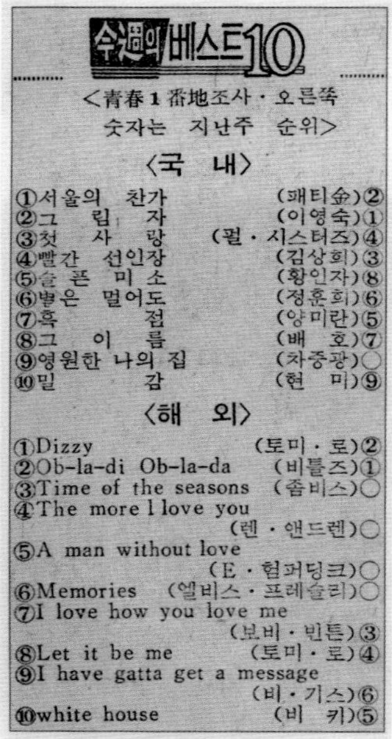

今週의 베스트10

<青春1番地조사 · 오른쪽 숫자는 지난주 순위>

〈국 내〉

①서울의 찬가 (패티金)②
②그 림 자 (이영숙)①
③첫 사 랑 (펄·시스터즈)④
④빨간 선인장 (김상희)③
⑤슬 픈 미 소 (황인자)⑧
⑥별은 멀어도 (정훈희)⑥
⑦흑 점 (양미란)⑤
⑧그 이 름 (배 호)⑦
⑨영원한 나의 집 (차중광)○
⑩밀 감 (현 미)⑨

〈해 외〉

①Dizzy (토미·로)②
②Ob-la-di Ob-la-da (비틀즈)①
③Time of the seasons (좀비스)○
④The more l love you (렌·앤드렌)○
⑤A man without love (E·험퍼딩크)○
⑥Memories (엘비스·프레슬리)○
⑦I love how you love me (보비·빈튼)③
⑧Let it be me (토미·로)④
⑨I have gatta get a message (비·기스)⑥
⑩white house (비 키)⑤

이번 주 1위곡은?

《선데이서울》에서 발표한 금주의 베스트 10. 건전가요인 〈서울의 찬가〉가 국내 1위를 차지했다(1969년).

1960~1970년대에는 가요사에서도 뚜렷한 변화가 일어났다. 대중문화 평론가 이영미는 1960년대에는 세련된 미국식 한국 대중가요가 안정된 모습으로 나타났다고 평했다. 미8군 밤무대에서 활동하던 이봉조, 위키리, 현미, 최희준은 가요계에서 인기 가수로 활약했다. 또한 이 시기에는 요정에서 권력층 중심으로 일본 가요를 즐겨 불렀다.

1960년대 중·후반에 〈아빠의 청춘〉(1964년) 등 인생을 낙관적으로 보는 노래와 〈서울의 찬가〉 같은 '건전가요'가 인기를 끈 것도 같은 사회적 배경이라고 볼 수 있다. 이 시기에 이미자의 〈동백 아가씨〉나 김태희의 〈소양강 처녀〉와 같은 한스러움이 주조를 이루는, 복고적 정서가 담긴 노래가 장수

한 것도 위의 가요들과 연결지어 음미해볼 만하다.

1970년대에 도시 인구가 급속히 늘어나고 산업화가 진전됨에 따라 대중사회적인 면모가 커졌고, 청소년들은 기성세대와는 다른 다양하고 자유분방한 사고와 행동을 원했다. 그렇지만 유신권력은 획일화된 군사문화를 강요하여 갈등을 빚었다. 대중은 있되 대중문화는 빈약하고 뒤틀려 있었던 것이 유신 시기였다.

청바지와 통기타는 1970년 청년문화를 상징하는 대표적인 키워드였다. 두

통기타 치고 노래 부르며 즐기는 젊은이들

기차를 타고 여행을 떠나는 젊은이들이 통기타 연주에 맞추어 즐겁게 노래 부르는 모습. 하지만 길거리에서 경찰에게 통기타를 빼앗길 정도로 젊은이들의 단순한 오락도 단속의 대상이 되었던 것이 유신 시절이었다.

가지 모두 미국에서 수입된 것이지만, 유신체제에 억눌린 청년들의 반항의 표상으로 바뀌었다.

청년문화의 대표 주자라고 할 수 있는 포크송은 초기에는 주로 외국 곡을 번안하는 미국 문화의 이식 수준에 머물렀지만 라디오의 심야방송 등을 통해 청소년들에게 어필했다. 비교적 유복하게 자란 청소년들은 포크송을 부르며 기성세대와 차이가 있음을 보여주었지만, 기성세대의 감각에도 익숙해 있는 이중적 성격의 세대였다.

한편 이전과는 달리 스스로 작사·작곡하여 노래하는 대학생 출신의 '싱어송라이터'들이 등장했다. 한대수의 〈물 좀 주소〉, 김민기의 〈친구〉 등은 노랫말을 통해 자신들의 문제의식을 담아내며 기성세대와 다른 무엇인가를 말하

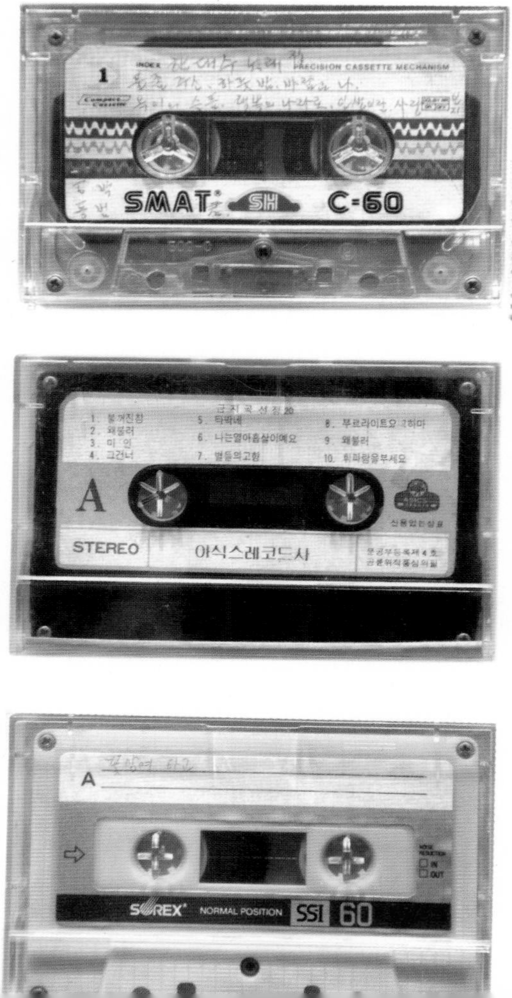

금지곡을 녹음한 카세트테이프
(위로부터) 한대수, 금지곡 20선, 꽃상여 타고 등의 제목이 보인다.

「그건너」·「한잔의 追憶」·「美人」등

歌謠 45曲 「禁止」결정

려고 했다. 이들 곡은 젊은이들에게 폭넓은 사랑을 받았으나, 부정적인 사회 이미지를 표현했다는 이유로 곧 금지곡이 되었다.

신중현은 록의 대표 주자로 불렸다. 그는 〈커피 한 잔〉, 〈월남에서 돌아온 김상사〉, 〈거짓말이야〉 등 록 고유의 세계와는 다른 한국적 정서를 담아내는 작품을 발표하여 대중적으로 크게 인기를 끌었다. 하지만 1975년 대마초 사건으로 젊은이들의 사랑을 받으면서 청년문화를 이끌던 포크 가수와 록 가수들이 대거 구속되거나 활동이 정지됨으로써 청년문화는 위기를 맞았다.

유신정권은 자유분방하거나 자신들의 비위에 거슬리는 가요를 금지시키고 대신 박정희 대통령이 지었다는 〈새마을 노래〉, 〈나의 조국〉 등의 '국민가요'를 적극 보급하여 국가정책 홍보의 수단으로 이용했다.

박정희는 히피족이 출현한 직후였던 1971년 1월 히피족의 TV 출연 금지를 지시했다. 당시 유행한 장발도 단속했다. 머리카락이 귀밑까지 내려가면 강제로 깎았고, 그것에 응하지 않으면 즉결에 넘겼다. 1967년경에 국내에 처음으로 소개된 미니스커트는 1970년대에 들어와 크게 유행했는데, 박 정권은 여자의 치마 길이도 정해주었다. 젊은이들은 길거리에서 통기타를 빼앗기기도 했다.

유신의 어둠 속에서 유신을 타파할 사상이 피어난 것처럼, 1970년대 꽉 막힌 병영 속에서 마당극(탈춤)과 풍물, 판소리, 민요, 무가, 민속극이 대학가를 중심으로 민족·민중 문화와 저항문화로 각광을 받았다. 현장성, 신명성, 집단성, 주체성이 풍자나 해학과 일체를 이루어 현실을 과감히 비판한 것이다. 이래저래 운동권의 폭이 넓어졌는데, 1980년대에 들어섰을 때 학생들은 노동자·농민·빈민 등 민중 속으로 직접 뛰어들 준비가 되어 있었다.

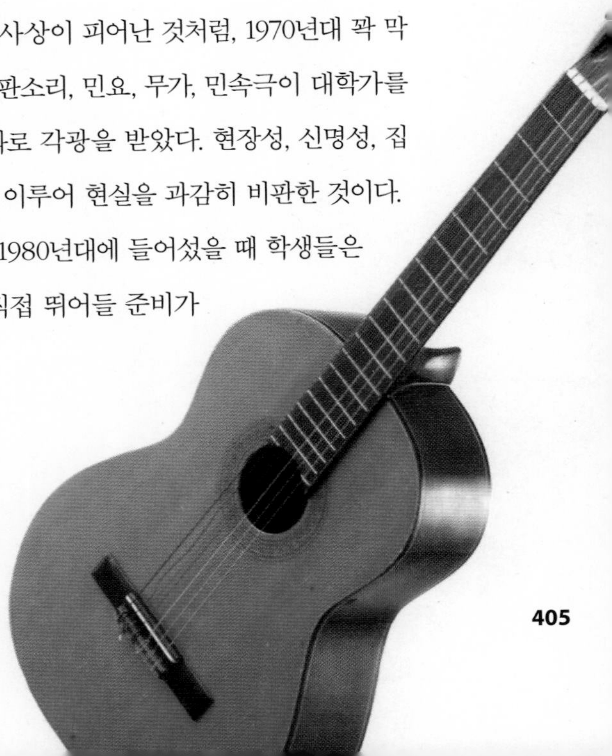

| 유신체제 가요 대학살 |

피지도 못하고 된서리 맞은 청년문화

1960년대 후반기는 격동의 시대였다. 미국에서 흑인 민권운동이 진전되면서 흑인 급진주의가 대두하고 베트남전 반대의 반전운동이 거세게 일어나 주류 질서에 도전했다. 그와 함께 대항문화적 반항이 청년 세대에 퍼져나갔다. 프랑스, 서독에서는 68혁명이 일어났다. 대학생들은 기성사회의 부르주아적·가부장적 속성을 공격하고 기술사회·소비사회를 반대했다. 또한 소외와 억압의 타파, 여성 해방, 섹스의 적극적 해석을 주장했고, 공동체를 모색하면서 노동자, 제3세계 인민과의 연대를 역설했다. 미국에서 분노한 청년들의 열기는 1969년 45만 명이 모인 우드스톡 페스티벌의 대형 집회, 워싱턴의 대규모 반전시위에서 절정에 달했다.

예술은 거리로 내려왔고, 히피 복장이 유행하는 속에서 청년문화가 활기를 띠었는데, 록 가수와 포크 가수들이 대항문화에 적극 참여했다. 이러한 대항문화는 대중소비사회인 미국을 중심으로 새롭게 변형되어 로큰롤, 찢어진 청바지, 특이한 헤어스타일, 자유로운 성적 행동을 출현시켰다.

한국에도 1970년을 전후하여 청년문화가 유입되었다. 포크송이 유행했고, 반전 포크 가수인 밥 딜런이나 존 바에즈의 노래가 인기를 끌었다. 존 바에즈의 〈Banks of the Ohio〉가 〈내 고향 충청도〉가 된 것처럼 포크송 가사를 우리말로 바꾼 번안 가요들이 유행했다. 통·블·생으로 불리게 되는 통기타·블루진(청바지)·생맥주가 젊은이들에게 대단한 인기였고, 장발이 많아졌다. 미니스커트도 상륙했다.

새로운 대중문화로서 청년문화는 기성세대의 왜색 대중문화에 식상해하고 반발했던 청년이나 청소년에게 호소력이 있었다. 그렇지만 미국이나 유럽의 청년문화와 달리 대항문화

핫팬츠 차림의 여성들(1971년).

1970년대 금지곡이 포함된
❶ 이장희
❷ 한대수
❸ 김민기
❹ 신중현의 앨범

나 비판문화로서의 성격이 약했고, 독점자본의 상업주의적 대중문화와 뒤섞여 있었다. 사실 맥주는 당시만 해도 여유 있는 층이나 마실 수 있는 술이었다.

학생운동권은 밥 딜런이나 존 바에즈의 포크송을, 김민기가 작곡하고 여대생 양희은이 부른 〈아침 이슬〉이나 김민기의 〈친구〉와 함께 즐겨 불렀지만, 일부 운동권 학생이나 주류 대학사회는 통·블·생에 대해서 불쾌감을 나타냈다. 향락주의적 풍조에 휩쓸리는 면이 있고, 외국 것을 추종하는 딴따라 문화가 어떻게 우리의 우상이 될 수 있느냐는 것이었다. 그들은 진정한 목소리는 공동체 실현이나 민중성에서 찾아야 한다고 보았다. 서양 저항문화의 표피만 들여왔다는 지적도 나왔다. 운동권은 절대악인 유신체제 반대 투쟁에 집중하는 데 통·블·생이 방해된다고 생각했다. 요정정치와 정인숙 사건으로 상징되는 박정희 정권의 색정·향락주의의 일환으로 조장되고 있다는 시각도 있었다.

청년문화 또는 대중문화는 박정희 유신체제에 의해 굴곡을 면치 못했다. 통기타가 경찰에 의해 압수되었고, 미니스커트가 가위질 당했으며, 장발 단속이 한 달이 멀다 하고 벌어졌다. 특히 일본 군국주의가 몸에 밴 박정희는 장발에 강한 혐오감을 보였다. 1973년 개정 경범죄처벌법이 발효되면서 장발과 미니스커트 단속이 심해졌는데, 박정희가 TV를 보다 손가락질하면 그 출연자는 출연이 금지되었고, 경찰의 장발과의 전쟁이 한층 더 강화되었다. 경찰은 접객업소마다 "장발자 출입을 금합니다"라는 푯말을 걸어놓게 했고, 때로는 무장간첩이라도 소탕하려는 듯이 단속 경찰이 곳곳에 깔렸다.

1975년 인도차이나 사태에 유신체제를 강화할 호기가 왔다고 판단하여 4대 전시입법 통과, 반공·반북궐기대회 등의 광풍이 불었던 바로 그 시기에 대중문화에도 난도질의 광풍이 불었다. 이해 6월 한국문화예술윤리위원회는 대중가요 금지곡 심의 기준으로, 1) 국가 안보와 국민 총화에 악영향을 줄 수 있는 것, 2) 외래 풍조를 무분별하게 도입하거나 모방한 것, 3) 패배·자학·비탄적인 작품, 4) 선정·퇴폐적인 것을 내놓았다. 그리하여 1차에서 신중현의 〈거짓말이야〉 등 43곡이, 2차에서 이장희의 〈그건 너〉 등 45곡이 금지되었다. 그해 12월에는 팝송의 규제 조치가 발표되어 1차에서 135곡, 2차에서 126곡을 방송하거나 음반 발매하는 것을 금지시켰다. 2차 규제에서는 밥 딜런의 노래 등도 91곡이나 금지되었다(김창남, 『대중문화의 이해』, 한울아카데미, 2003, 144쪽). 또한 그해 12월에는 대마초 사건으로 이장희, 이종용, 윤형주 등 27명이 구속된 데 이어 신중현, 김추자, 권용남, 손학래 등 신중현 사단이 대거 구속되었다. 가요와 가수 '대학살'이었는데, 포

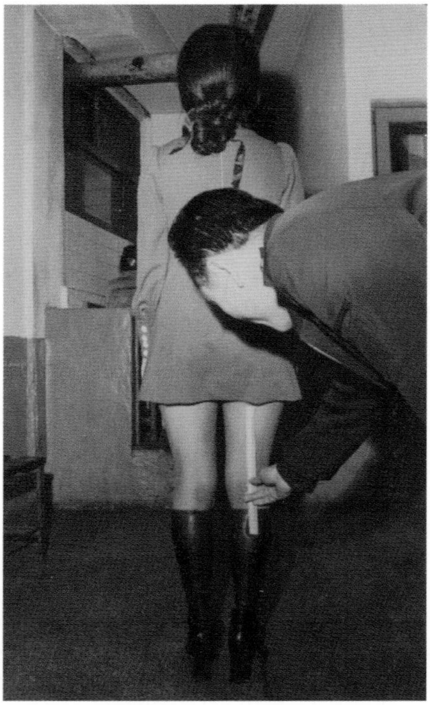

미니스커트 길이 단속 현장.

대마초 흡연 혐의로 구속된 신중현, 김추자 보도 기사.

申重鉉·金秋子등 5명 令狀

大麻草 흡연수사

대마초담배 밀조·끽연자에 대한 일제단속을 벌이고 있는 서울지검형사3부(李永旭부장·鄭鉄衡검사)는 5일 작곡가겸 가수인 申重鉉씨(32)와 인기가수 金秋子양(26), 모「호텔」나이트·클럽」악사 李모군(19) 柳모군(19·K전자공전1년) 孫光烈씨(20·서울龍山區龍山洞2街5의705)등 5명을 습관성의약품관리법위반혐의로 구속영장을 청구하고 이들로부터 피우다 남은 대마초분말 1백50g을 압수했다. 검찰은 또가수 朴仁洙(32) 朴光洙군(27) 등 2명을 같은 혐의로 입건했다.

검찰에 따르면 申씨는 우리나라 현역가수중 가장 실

<申重鉉씨>

가수金秋子양

크와 록 음악계는 생존의 위기에 놓였다. 또 인기 절정의 김추자 창법도 더 이상 들을 수도, 볼 수도 없게 되었다.

박 정권은 영화나 음악을 난도질하고 방송을 규제하는 기준으로 국론 분열 및 민족 주체성 저해라는 추상적 잣대와 함께 퇴폐성을 제시했는데, 박 정권의 엄숙주의는 충효사상의 고취만큼이나 설득력을 갖기가 어려웠다. 박정희의 엽색 행각은 끊임없이 입에 오르내렸다. 중·일 국교 정상화로 1972년경부터 일본의 관광객이 대만에서 한국으로 바뀌어 단체로 몰려들면서(일본원정색정단日本遠征色情團) 기생관광이 1970년대 내내 불야성을 이루었다. 외화벌이 한다고 박 정권은 기생관광을 적극 지지하고 지원했다. 1970년대 중반부터 우후죽순으로 생겨난 룸살롱은 기업가와 회사원, 공직자로 북적거렸다. 자본은 표피적·향락적인 문화 상품을 양산했다.

박정희는 자유의 냄새를 두려워했다. 통기타나 장발, 미니스커트에는 자유분방함과 개성이 들어 있었다. 박정희가 엄숙주의를 내세우고 충효사상을 고취하면서 청년문화를 난도질한 것은 일시적인 효과가 있어 일제강점기부터 내려온 트로트의 진부한 감상주의가 또다시 가요계를 지배했지만, 젊은이들은 늘 새로운 문화를 찾아나섰다. 가요·가수 '대학살'이 있었던 1975년 다음 해인 1976년에 하이틴 영화가 25편이나 만들어지는 등 성황을 이루었고, 1977년에 MBC 대학가요제가 뜨거운 열기에 휩싸이면서 1978년에는 TBC의 해변가요제가 생겼다. 그리고 그다음 해인 1979년에 박정희는 궁정동 안가에서 '대행사'를 치르다가 살해되었다.

1977년 제1회 대학가요제 음반.

大学歌謠祭 그랑프
527개팀 참가… 전국學
地方勢가 서울

7

민주주의를 위하여, 통일을 위하여

홍성담, 〈대동세상〉, 1984년

1979 –

광장을 가득 메운 사람들이 한마음으로 바란 것은 자유와 민주였고,
그들은 자신의 몸으로 새 세상 희망의 증거가 되고자 했다.
위대한 시민들은 새로운 역사를 향해 끝나지 않는 행진을 계속하고 있다.

1979	**12**월 **12**일	전두환 · 신군부 쿠데타로 군부 장악
1980	**5**월 **17**일	전두환 · 신군부 쿠데타로 권력 장악
	5월 **18**일	광주항쟁(18~27일)
1982	**3**월 **18**일	부산 미문화원 방화사건
1985	**2**월 **12**일	2·12총선
1987	**1**월 **14**일	박종철 고문사망 사건
	6월 **10**일	6월항쟁(10일~26일)
	7월	노동자대투쟁(7월~9월)
1988	**9**월 **17**일	서울올림픽대회 개최
	11월 **27**일	5공 청문회
1989	**3**월 **27**일	문익환 목사 방북
	6월 **30**일	전대협 대표 임수경 방북
1991	**12**월 **13**일	남북기본합의서 채택
1995	**11**월 **11**일	전국민주노동조합총연맹(민주노총) 결성
	11월 **16**일	노태우 구속, 곧이어 전두환 구속(12월 3일)
1997	**11**월 **21**일	IMF(국제통화기금)에 긴급 구제금융 공식 요청
2000	**6**월 **15**일	평양에서 '6·15남북공동선언' 발표
2002	**5**월 **31**일	한일 공동 월드컵 축구대회 개최
2004	**3**월 **12**일	국회, 헌정사상 최초로 '노무현 대통령 탄핵소추안' 의결
2007	**10**월 **4**일	평양에서 '남북관계 발전과 평화 번영을 위한 선언' 발표
2012	**3**월 **15**일	한미 FTA 발효

5·18광주항쟁

우리는 이제 다 보았읍니다. 다 알게 되었읍니다. 왜 학생들이 그토록 소리 높이 외쳤는가를. 우리의 적은 경찰도 군대도 아닙니다. 우리의 적은 전 국민을 공포의 도가니로 몰아넣고 있는 바로 유신잔당과 전두환 일파, 그자들입니다. 광주시민 여러분! 우리가 하나로 단결하여 유신잔당과 전두환 일파를 이 땅 위에서 영원히 추방할 때까지 싸웁시다. 최후의 일각까지 단결하여 싸웁시다.

— 광주항쟁이 본격적으로 시작된 1980년 5월 19일 '광주시민 민주투쟁회' 이름으로 나온 호소문 중에서

6·10선언

오늘 우리는 전 세계 이목이 우리를 주시하는 가운데 40년 독재정치를 청산하고 희망찬 민주국가를 건설하기 위한 거보를 전 국민과 함께 내딛는다. 국가의 미래요 소망인 꽃다운 젊은이를 야만적인 고문으로 죽여놓고 그것도 모자라서 뻔뻔스럽게 국민을 속이려 했던 현 정권에게 국민의 분노가 무엇인지를 분명히 보여주고, 국민의 여망인 개헌을 일방적으로 파기한 4·13폭거를 철회시키기 위한 민주장정을 시작한다.

— 1987년 6월 「6·10국민대회 선언문」 중에서

전두환

이 사건은 '역사 바로세우기'라는 구호 아래 과거 정권의 법통과 정통성을 심판하는 것을 내용으로 하고 있습니다. 그러나 동서고금을 막론하고 현실의 권력이 제아무리 막강하다 하여도 역사를 자의로 정리하고, 재단할 수 없는 것이라고 본인은 생각합니다. (…) 끝으로 본인은 과거 정권에 대한 정치 보복적인 재판이 본인에서 끝이 나고 (…)

— 1996년 8월 법정 최후진술 중에서

정주영

어릴 적 가난이 싫어 소 판 돈을 갖고 무작정 상경한 적이 있다. 그 후 나는 묵묵히 일 잘하고 참을성 있는 소를 성실과 부지런함의 상징으로 삼고 인생을 걸어왔다. 이제 그 한 마리가 천 마리의 소가 되어 그 빚을 갚으러 꿈에 그리던 고향산천을 찾아간다. 이번 방북이 단지 한 개인의 고향 방문을 넘어 남북 간의 화해와 평화를 이루는 초석이 되길 진심으로 바란다.

— 1998년 6월 방북 기자회견 중에서

© 신복진

701

현대사의 새 이정표, 광주항쟁

박정희가 살해당한 다음 날인 1979년 10월 27일 제주도를 제외한 전국에 비상계엄이 선포되었다. 이날 국무총리 최규하가 대통령 권한대행이 되었다. 군부 고위 장성들은 10월 29, 30일 양일간 회합을 갖고, 유신헌법을 폐기하기로 합의했고, 11월 10일 최 대통령 권한대행은 유신헌법에 따라 새 대통령을 선출하되, 새 대통령이 가능한 빠른 시일 내에 헌법을 개정할 것임을 밝혔다. 이로써 유신체제가 박정희 일인의 영구 집권을 위해 만들어진 박정희 일인체제라는 것이 명백해졌다.

민주화운동 세력은 10·26사태에 즉각 대응하지 못했다. 11월 22일 서울대학교 학생들이 유신체제의 완전 철폐를 외치며 조기 개헌을 주장하는 시위를 벌였다. 11월 24일 400여 명의 민주 인사들은 서울 YWCA 강당에 모여 '통일주체 대의원에 의한 대통령 선출 저지를 위한 국민선언'을 발표하여 거국 중립내각 구성과 조기 총선을 요구했다. YWCA 집회는 안개 속에 싸인 권

1980년 5월, 광주

1980년 5월의 광주는 참혹했다. 계엄군의 무차별 진압에 시위대도 점차 격렬해지기 시작했다. 금남로에 대치한 계엄군과 시위대의 모습(1980년 5월 19일).

하나회

전두환·노태우·정호용 등 주로 영남 출신의 육사 11기생 중심으로 조직된 군부 내의 비밀 사조직. 유신시대 박정희의 비호를 받으며 군부의 실세로 성장했고, 10·26 직후 12·12쿠데타를 일으켜 군권을 장악했으며, 5·17쿠데타 이후 6공 시절까지 군부와 권력의 모든 요직을 독차지하면서 끊임없이 조직을 확대하다가 김영삼 정권의 군내 사조직 척결에 따라 해체되었다.

력의 실체를 탐색해보려는 의도도 있었다.

민주화 요구에 대한 권력층의 답변은 싸늘했다. 최규하는 통일주체국민회의에서 대통령에 '당선'되어 12월 21일 취임했다. 더 확실한 대답은 신군부로부터 왔다. YWCA 회합 참가자들은 신군부가 포진하고 있는 보안사에 끌려가 말할 수 없는 수모를 당하고 고문을 받았던바(이른바 YWCA 위장결혼식 사건), 권력의 실체가 어디에 있는가를 실감할 수 있었다.

박정희 정권 말기 군부에는 두 세력이 형성되어 있었는데, 10·26사태가 벌어지자 양자는 헤게모니 싸움을 벌였다. 정승화 등 상층부는 유신체제는 박정희에게만 맞는 의복이므로 이를 바꾸려고 했고, 전두환 등 군 내부 비밀 사조직인 '하나회' 중심의 중견층은 유신체제의 뼈대를 유지하려고 했다. 박정희가 키워온 하나회 멤버 중심으로 12·12쿠데타가 일어났다. 12월 12일 보안사령관으로 계엄사 합동수사본부장인 전두환 소장이 노태우 소장 등과 함께 쿠데타를 일으켜 육군 참모총장 겸 계엄사령관

위풍당당한 12·12쿠데타 주역들

육사 11기를 중심으로 한 12·12신군부쿠데타가 성공한 이틀 후인 1979년 12월 14일 보안사령부 현관 앞에서 기념촬영한 쿠데타 주역들. 전두환과 노태우가 맨 앞줄에 나란히 앉아 있다.

인 정승화 대장을 대통령의 재가도 없이 체포했다. 이로써 군부 파시즘체제를 수립하려는 전두환·신군부의 권력 기반이 마련되었다. 미국은 쿠데타 진압세력보다 12·12쿠데타에 은연중 호의를 보였다.

12·12쿠데타로 군부를 장악한 전두환 등 신군부는 상당 기간 권력의 전면에 나서지 않았다. 정부는 1980년 2월 29일 윤보선과 김대중 등 687명을 복권시켜 '서울의 봄'에 호응하는 듯했다. 그렇지만 4월에 전두환이 중앙정보부장서리가 된 것은 불길한 조짐이었다. 신군부는 시기를 기다리고 있었다. 1961년에 쿠데타 음모 세력이 4·19 1주년을 맞아 시위가 격화될 것을 예상하고 쿠데타를 일으키려고 했던 것처럼, 신군부도 기회를 찾고 있었다.

'서울의 봄'은 불안했다. 김영삼과 김대중은 단합된 힘을 보여주지 못했다. 학생들은 우선 미약한 학생운동 역량을 강화하는 데 주력했다.

허수아비 대통령 최규하

"언행이 느리고 따분하다는 평을 얻고 있으며, 현직 업무 수행은 별로 인상적이지 않고 활기에 차 있지도 않음. (…) 외형적으로는 협조적이고 이해심이 많은 것처럼 행동하지만 자기 자신의 생각은 거의 이야기를 하지 않는다."

미 국무부에서 작성한 '최규하 파일'에 적힌 평가다. 그는 베테랑 외교가였지만 정치가로서는 높은 점수를 받지 못했다.

강원도 원주 출신인 최규하는 일제강점기 일본의 괴뢰국가 만주국 관리로 일했고, 정부 수립 후에는 농림부 양정과장, 외무부 통상국장을 역임했다. 그는 5·16쿠데타 직후 박정희 최고회의 의장의 고문으로 기용되면서 박정희와 인연을 맺기 시작하여 이후 외무부 장관, 대통령 외교담당 특별보좌관을 거쳐 1975년에 국무총리로 발탁되었다. 흥미롭게도 박정희는 그의 과묵하면서도 정치적 수완이 부족한 점을 '높이 평가'해 그를 국무총리로 발탁했다고 한다. 정치적 기반이 취약한 최규하는 신군부의 권력 장악을 인정할 수밖에 없었고, 그들에 의해 물러날 때까지 허수아비 노릇밖에 못했다.

대통령 취임 선서를 하고 있는 최규하.

그런 가운데 4월 21일 사북사태가 일어났다. 사북탄광에서 어용노동조합 집행부에 대해 불만이 많았던 광부들이 21일 오후부터 시위를 벌이다가 경찰과 충돌했다. 22일 시위에 광부 부인들이 합세했고, 23일 시위 군중은 3000여 명으로 늘어났다. 시위 기간 내내 지서를 점령하고 한때 사북역과 철도가 점거되는 등 공권력이 마비되다시피 한 사북사태는 권력이 기업주·어용노조와 함께 노동문제를 억압 일변도로 대처하려고 할 때 얼마나 무서운 일이 일어날 수 있는가를 단적으로 보여주었다.

5월 10일 23개 대학 총학생회장들은 비상계엄 해제를 요구했다. 이들은 비폭력 교내 시위 원칙을 다짐했다. 군부 쿠데타 발발의 명분을 주지 않기 위해서였다. 5월 12일 국회는 17일에 공고를 하고 20일에 국회를 소집해 계엄 해제 등 초미의 중대 과제를 논의하기로 했다. 전두환·신군부는 위기감을 가지면서 쿠데타 날짜를 앞당겨 5월 17일로 잡았는데, 5월 13일 야간에 연세대 학생들이 놀랍게도 계엄군이나 경찰의 저지를 거의 받지 않고 광화문까지 나와 최초로 가두시위를 벌이면서 시위 양상이 확 달라졌다. 가두시위 자제를 결의했던 전국대학총학생회장단은 이날 밤 가두시위를 결의했다. 14일에 서울에서 21개 대학 약 7만 명이, 지방에서 11개 대학 약 3만 명이 시위를 벌였다. 다음 날 시위는 절정에 이르렀다. 이날 서울역 앞에서 7만여 학생들이 계

사북사태
1980년 4월 21일 어용노조와 임금 소폭 인상에 항의해 일어난 사북탄광 시위를 신군부는 공권력을 투입해 무자비하게 진압했다. 사북항쟁은 1970년대의 화려한 경제성장의 이면에서 고통받던 탄광 노동자들의 참상을 적나라하게 드러낸 사건이었다.

엄 해제와 조기 개헌을 요구했고, 각 대학 총학생회장단은 우리의 뜻을 알렸으므로 학교로 돌아간다는 회군(回軍) 결정을 내렸다.

5월 13~15일 가두시위는 계엄군이 별다른 저지를 하지 않았기 때문에 가

서울의 봄

1980년 5월 15일 서울역 앞 광장을 가득 메운 대학생들의 시위 행렬. 10·26을 계기로 국민들의 민주화 요구가 봇물처럼 터져나오면서 '서울의 봄'이 오는 듯했으나 신군부의 쿠데타로 5월 광주항쟁으로 이어졌다.

능했다. 전두환·신군부가 장악하고 있는 군과 경찰이 왜 강력히 저지하지 않았을까. 5월 16일 아침 전국총학생회장단은 사태가 심상치 않다고 파악하고 시위를 일단 중단할 것을 결의했다. 그러나 때는 늦었다.

국회가 소집되기 전에 전두환·신군부는 움직여야 했다. 5월 17일 오전 군지휘관 회의가 소집되었다. 이날 밤 비상 소집된 국무회의에서 찬반토론 없이 8분 만에 18일 0시를 기해 비상계엄 선포 지역을 전국 일원으로 변경한다고 결의했다. 이로써 대통령을 허수아비로 만들면 전두환·신군부가 전권을 행사할 수 있게 되었다. 그리고 정치활동 정지, 언론·출판·방송 등의 사전 검열, 대학 휴교를 골자로 한 계엄포고 10호도 발표했다. 18일 0시 2분 군이 출동해 국회를 봉쇄했다. 명백히 헌정 파괴 행위였다. 계엄사는 김종필과 이후락 등을 부정축재 혐의로, 김대중 등을 소요 조종 혐의로 연행했다. '서울의 봄'을 침몰시킨 5·17군부쿠데타가 일어난 것이다. 이미 5월 8일 주한 미국 대사는 유사시 군이 출동하면 반대하지 않겠다고 본국에 보고한 바 있었다.

5·17군부쿠데타에 대한 항거는 광주에서 일어났다. 5·17군부쿠데타와 휴교령에 반발한 전남대학교 학생 200여 명이 5월 18일 교문 앞에 서 있는 특전사 군인들과 실랑이를 벌이면서 시위는 확산되었으나 경찰 병력으로도 '진압'할 수 있는 규모였다. 그런데 돌연히 11공수여단이 서울에서 광주로 이동하기 시작한 오후 4시경에 7공수부대원들이 광주 시내 한복판에 나타나 학생들을 마구 구타했고, 피투성이가 되거나 의식을 잃으면 군 트럭에 실었다. 군인들은 시위 학생들에게만 과잉 진압 작전을 편 것이 아니라 일반 시민들에게도 무차별적으로 폭력을 휘둘렀다. 다음 날 아침에는 3공수여단이 광주로 출동하라는 지시가 떨어졌다. 전두환·신군부는 김대중을 제거하고 광주항쟁을 공포의 유혈 진압으로 완전 '제압'하여 제2의 유신체제 권력을 확고히 다지려 한 것이다.

19일 오전 금남로 일대에서 시민·학생 5000여 명이 각목 등으로 무장하고 공수부대원과 싸웠다. 공수부대 군인들의 진압은 전날 못지않게 잔인했다.

사태는 오후 2시경 군중이 2만여 명으로 늘어나면서 바뀌었다. 군인들의 유혈 만행에 분노한 시민들이 거리로 쏟아져나와 성난 민중, 능동적·적극적 민중이 되어 싸웠다. 거대한 해일처럼 노도와 같은 항쟁의 물결이 광주 곳곳을 뒤덮었다. 4시 30분경 장갑차 총구에서 총알이 날아와 고교생이 쓰러졌다.

20일 광주 거리거리가 분노한 민중들의 함성으로 가득 찼다. 시민·학생들은 증파된 공수부대 군인들과 일진일퇴의 '접전'을 벌였다. 특히 오후에 200여 대의 차량에 탄 택시 운전사들이 헤드라이트를 켜고 시위를 벌이며 공수부대를 밀어붙이면서 격전을 벌인 것은 시위대를 고무시켰다. 그날 밤 광주시

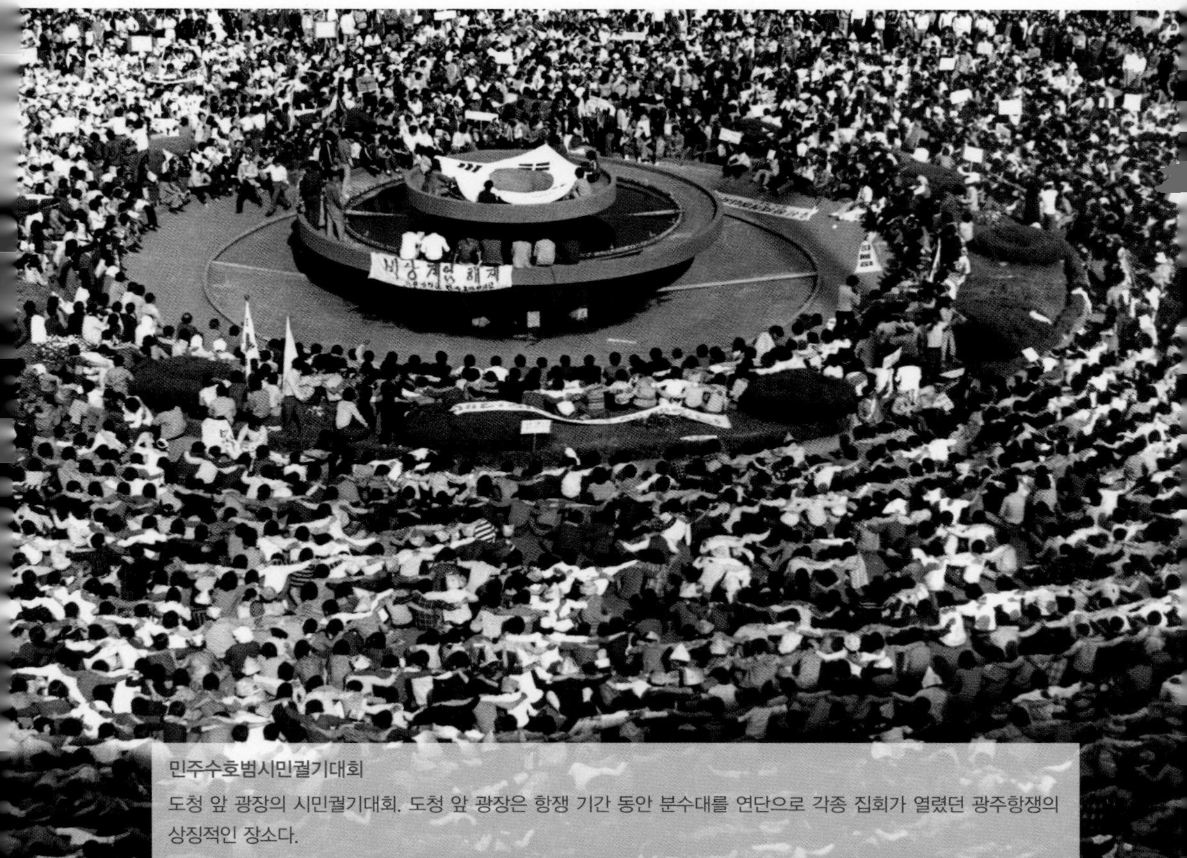

민주수호범시민궐기대회
도청 앞 광장의 시민궐기대회. 도청 앞 광장은 항쟁 기간 동안 분수대를 연단으로 각종 집회가 열렸던 광주항쟁의 상징적인 장소다.

© 나경택

특전사 공수부대원들의 과잉 진압

경찰 병력으로 충분히 진압할 수 있었음에도 불구하고 공수부대원들은 학생들을 구타하고 총을 겨누는 등 과잉 진압 작전을 폈다.

▲ **5월 20일 차량 시위**

200여 대의 택시들이 헤드라이트를 켜고 차량 시위를 벌인 것은 시민들을 크게 고무시켰다.

◀ **시민군에게 주먹밥을 지어주는 부녀자들**

도청 안에서 항쟁하는 시민군의 식사를 해결하기 위해 가정주부들이 자발적으로 주먹밥을 지어 시위대에게 나누어주었다.

청과 광주경찰서 등이 시위대에 점거되었고, MBC 건물이 전소되었다. 자정을 넘기면서 광주는 공권력의 통제를 벗어나고 있었다. 공수부대는 계속 밀려 전남도청, 광주역 등 몇 군데만 지켰다. 이날 신현확 내각이 총사퇴했다.

석가탄신일인 21일 오전부터 광주 시내는 시민들로 '사람의 강물'을 이루었다. 시위 진압 부대인 20사단이 광주에 들어왔다. 오후 1시가 지나서 총성과 함께 순식간에 30여 명이 쓰러졌다. 공수부대의 집단 조준 사격으로 금남로 일대가 피바다가 되었다. 이날 54명이 숨지고 500여 명이 다쳤다. 시민들은 나주와 목포를 비롯한 각지의 무기고를 습격해 무장했다. 오후 5시가 지나 공수부대가 외곽으로 철퇴했다. 시민들은 도청을 '접수'했다. 광주는 해방구였다. 해방 이후 초유의 사태였다.

22일 관료·신부·목사 등으로 시민수습대책위원회가 구성되어 계엄사령부에 사태 수습 전에 계엄군을 투입하지 말 것, 과잉 진압을 인정할 것 등을 요구했다. 그러나 계엄사령부는 학생 시위를 배후 조종했다는 '김대중 내란

1980년 광주항쟁 당시 근무한 경찰관의 일지
시위의 진행 양상과 경찰의 대응, 사용 용품, 부상, 계엄군의 개입 등을 요일별, 시간별로 자세히 기록했다.

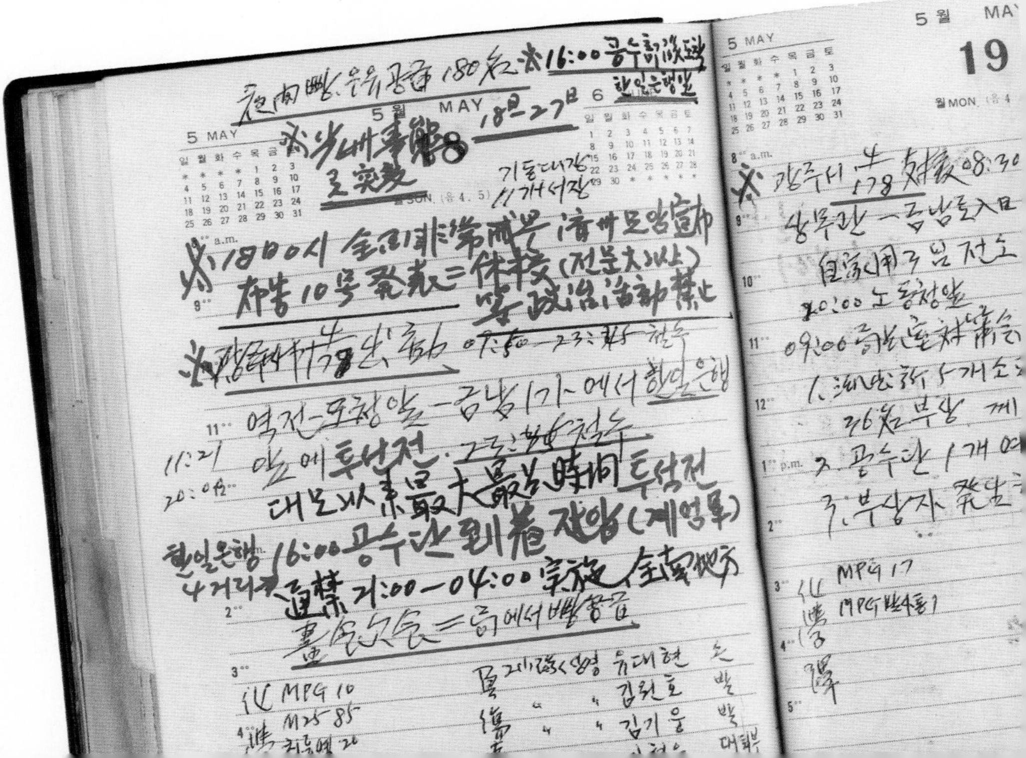

광주항쟁 희생자 직업 분포도

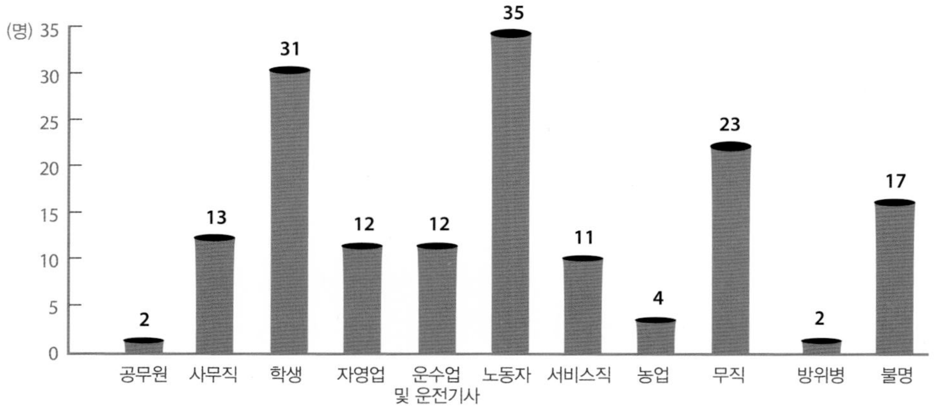

* 학생 사망자에는 최초 시위를 주도한 대학생보다 초·중·고등학생과 재수생이 좀 더 많이 포함되었다. 노동자의 대부분은 일용직이었으며, 서비스직 역시 점원이나 행상 등 열악한 직종에 종사하고 있었다. '무직'이나 '불명'도 생활이 열악한 사람들이었을 것이다.
* 자료 출처: 최정기, 『5·18민중항쟁사』, 광주광역시 5·18사료편찬위원회, 2001, 418~421쪽 내용 재구성.

망월동 묘지

1980년 5월 29일 계엄군에게 무참하게 희생된 129구의 시신이 청소차에 실려와 망월동 묘지에 묻혔다. 1994년부터 묘지 성역화 작업이 추진되어 1997년 새로운 5·18 묘역이 완성되자 이곳에 묻혔던 억울한 영령들이 비로소 편안히 눈을 감게 되었다.

© 김녕만

음모 사건' 중간 수사 결과를 발표해 광주 시민을 더욱 분노케 했다.

23일 시위대가 탄 소형 버스가 주남마을 앞길에서 공수부대의 사격을 받아 탑승자 18명 중 17명이 사망했다. 22~23일에 걸쳐 시위대가 무기를 반납했고 25일 새로 구성된 시민수습위원회는 정부의 잘못 시인 등 4개 항을 제시했다. 최규하는 상무대에 와서 간절히 기다리던 수습위원조차 만나지 않고 서울로 되돌아가 담화문을 발표했다. 허수아비 대통령이었음이 드러나는 순간이었다. 26일 열린 제5차 민주수호범시민궐기대회에서는 최후까지 싸울 것을 결의했다.

27일 0시가 지나 상무충정작전이 개시되었다. 도청에 남아 있던 시민군은 중학생 3명, 고교생 26명을 포함해 157명이었는데(5·18민주유공자유족회 발표), 수습위원회와 논의하면서 시간을 갖고 대처했어야 했다. 그러나 전두환·신군부·계엄사는 초강경 조치로 대응해 공수부대의 광주 철수를 설욕하고 '위력 과시'의 '본때'를 보여주려고 했다. 그러면서 3·7·11공수여단, 20사단, 31향토사단 등 대규모 병력이 이 작전에 투입되었다. 새벽 4시경 도청 앞에서 '항복' 권유 방송이 나왔다. 곧이어 3공수여단 특공조가 도청에 진입해 총을 난사하고 수류탄을 여기저기 던져 넣었다. 확인 사살도 했다(시민군 15명 사망). 공수부대는 5시 21분 도청 본관을 장악했다.

4월혁명과 다르게 광주항쟁 사망자 수는 정확하게 알 수가 없다. 군에 의한 암매장 등이 제대로 밝혀지지 않았기 때문이다. 2005년 5·18민주유공자유족회는 당시 사망자 166명, 상이 후 사망자 375명, 행방불명 65명, 군경 사망자 27명(군 상호 간의 오인 사격으로 인한 사망 13명)으로 발표했다.

광주항쟁은 박정희 정권의 지역 차별 정책이 배경을 이룬다. 10·26으로 유신독재와 함께 지역 차별 정책이 사라지고 민주주의 사회가 오는 것이 당연시되었다. 하지만 12·12쿠데타, 5·17쿠데타로 또다시 특정 지역 출신 유신 잔당이 권력을 장악하고 '서울의 봄'을 무참히 짓밟아버리고는, 생각지도 못한 공수특전단을 파견해 '공포의 유혈 작전'으로 나오자, 분노한 광주 지역 학생과 시민이 궐기한 것이다. 전두환·신군부는 권력 장악에 반대하는 모든 세력을 폭압으로 압살하고자 했는데, 특별히 주시하던 광주에서 전국에서 유일하게 전두환 유신 잔당의 권력 탈취에 대한 항거 시위가 일어나자 '위력 과시'의 유혈 작전으로 나온 것이 대규모의 참혹한 학살극을 초래했다.

미국은 광주 참극에 명백히 책임이 있다. 미국은 5·17쿠데타를 용인하고 방조했다. 또 20사단의 광주 출동에 '동의'했으며, 참혹한 진압 작전, 학살을 전혀 제지하지 않았다. 이어서 전두환·신군부가 국가보위비상대책위원회를 통해서 파쇼권력을 행사하는 것을 지지했다.

광주항쟁은 갑오농민전쟁, 3·1운동, 4월혁명의 역사적 전통을 이어받았다. 박정희가 키운 전두환 등 유신 잔당의 '서울의 봄' 압살과 권력 탈취에 광주만이 저항했다는 것은 역사적 의의가 대단히 크다. 학생과 시민이 일체가 되어 특수 훈련을 받은 공수부대를 내몰고 '자치'를 한 것도 놀라운 일이었다.

계엄사와 전두환·신군부는 광주항쟁과 학살의 진상을 오랫동안 왜곡하고 은폐했다. 그러나 제도언론을 통한 왜곡과 은폐에는 한계가 있었다. 특히 천주교 광주대교구가 진실을 알리기 위해 고군분투했다. 여러 경로로 광주의 진실을 알게 된 학생과 지식인, 일반 시민은 양심의 고통으로 괴로워했고, 그럴수록 진실을 위해 싸우고자 했다. 1980년대 민주화 투쟁의 정신적 힘의 원천은 광주항쟁에서 나왔다. 1980년대 중반에 들어서면서 대학가는 4월혁명을 기리며 출정가를 불렀고, 5월이 오면 타오르는 분노로 광주의 그날을 상기하며 최루탄 자욱한 투쟁의 거리로 나섰다.

광주항쟁은 1970년대까지 금기였던 반미 자주화 운동을 촉발했다. 광주 참극에 대한 미국의 책임은 이전의 불평등한 한·미 관계, 레이건 정부의 전두환 정권 지지와 오버랩되었다. 이미 1982년에 부산 미문화원 방화사건이 일어나 세인을 놀래켰지만, 1980년대 자주화운동은 민주화운동과 함께 양대 축을 형성했다. 1987년 6월항쟁 때 군이 거리로 나오지 못한 데에는 광주에서 사생결단의 처절하고도 장절(壯絕)한 항쟁을 경험한 것도 크게 작용했다.

한 특전사 병사가 겪은 광주

이 글은 5·18광주민주화운동 당시 11공수여단 63대대 9지역대 소속 군인으로 광주항쟁 진압에 참가했던 한 병사의 글을 발췌한 것이다. 그는 1999년 현재 강원도 횡성에서 감리교회 목사로 근무하고 있다.

서울에 있던 우리 여단이 급히 광주로 내려가게 된 것은 18일 오후 5시경이었다. (…) 우리는 어디로 가는지 모르고 무조건 앞 사람만 따라 밤새 걸었고, 그다음 날인 22일 오전 11시쯤 되어서야 도착한 곳이 무등산 깊은 골짜기임을 알았다. (…) 그 산중에서는 아마 포로로 잡아왔던 대학생을 총살하는 일도 있었던 것으로 안다. 그 일을 나는 보지 못했지만, 그것을 목격한 다른 대대의 병사 하나가 내가 아는 후배에게 자초지종을 이야기하면서 자기가 왜 이런 부대에 있어야 하는지 모르겠다고 토로하더란 이야기를 들은 바가 있다. (…) 잠시 후 송암동이라는 곳에서는 그러한 것보다 더 끔찍하고 내가 경험한 광주사태 중 가장 처참한 일이 벌어진다. 광주보병학교 일개 중대가 무반동포로 무장하고 매복하다가 장갑차를 앞세운 공수부대 차량이 나타나자 이를 시위대 차량으로 오해하여 사격을 해대는 일이 발생한 것이 그것이다. (…) 내가 알기로 이 일로 말미암아 9명의 군인이 현장에서 즉사하고, 2명은 병원에서 죽었으며, 40명 이상의 병사들이 중경상을 입었다. 또 동료들의 죽음과 부상을 목격한 군인들이 어리석고 무모한 분노에 사로잡혀 주변 마을을 찾아가 동네 젊은이들과 가축들을 쏴 죽이는 만행을 저지른 것으로 안다. (…) 아마 그런 만행을 행한 일부 군인은 광주 사람은 곧 적이라는 적개심으로 그런 어처구니없는 행동을 저질렀을 것이다. (…) 당시 시위를 하던 학생들을 끝없이 좌경용공분자들로 가르치던 군대의 정신교육, 아니 세뇌교육의 결과란 이토록 무서운 것인가? (…) 그녀가 시위에 참여하게 된 것은 군인들에 의해 맞아 죽은 시신을 보고 나서였다고 했다. 마치 튀김가루를 묻혀 튀기듯 사람의 시체를 페인트로 범벅해놓은 것을 보았다는 그녀의 이야기는 참으로 충격적인 것이었다. 당시 군에서는 시위 주동자를 잡기 위해 화염방사기에 페인트를 넣고 쏘아 맞힌 다음 잡겠다는 계획을 세운 바 있었는데, 아마 그 사람이 그렇게 하여 희생된 사람이었으리라.

—《당대비평》, 1999년 겨울호

702

신군부와 민주화 세력의 격돌

광주항쟁을 '진압'한 신군부는 1980년 5월 31일 대통령 자문기구로 국가보위비상대책위원회(약칭 국보위)와 국보위 상임위원회를 설치했다. 30명으로 구성된 국보위 상임위원회에는 상임위원장 전두환을 비롯해 노태우와 정호용 등 신군부 인물이 18명이나 됐다. 말이 대통령 자문기구지 실질적으로 국가권력을 장악한 국보위 상임위원회는 민주주의를 유린한 군사평의회였다.

6월 18일 계엄사는 박정희 정권의 핵심 인물인 김종필, 이후락, 박종규 등 아홉 명을 권력형 부정축재자로 발표했다. 권력을 이용한 이들의 부정축재는 사회의 지탄을 받았지만, 신군부의 조치는 사회 각 분야에서 민주인사들을 축출하기 위한 '명분 쌓기' 작전이었다.

국보위는 7월 9일 '사회 정화 작업의 일환'으로 고위 공무원의 숙정을, 22일에는 정부 투자기관 임직원의 숙정을 발표했다. 7월 30일에는 교수 86명과

박종철 추도대회

1987년 1월 경찰의 고문으로 사망한 서울대생 박종철의 죽음은 신군부의 강경 진압으로 얼어붙은 정국을 역전시켜 이후 한국 역사상 최대 규모의 민주대항쟁을 불러온 결정적인 계기가 되었다. 사진은 서울대학교에서 추모제를 마친 학생들이 박종철의 영정을 들고 교문을 나오고 있는 모습.

다수의 언론인이 해직되었다. 이때를 전후하여 많은 학생이 학교에서 제적되었다. 7월 31일에는 《창작과비평》, 《씨알의 소리》 등 정기간행물 172종이 등록 취소되었다. 11월에는 언론기관이 통폐합되어 동아방송과 동양방송 등이 없어졌다. 이로써 대학가와 언론계, 문화계는 크게 위축되었다.

7월 30일 국보위는 교육 정상화 방안으로 대학입시 본고사 폐지와 과외 금지, 졸업정원제를 발표했다. 졸업정원제는 일부 교육계에서 주장한 바가 있었지만, 학생들의 시위 참가를 막으려는 의도가 컸다.

전두환은 국보위 상임위원장에 만족하지 않고 대통령 자리까지 차지했다. 8월 16일 최규하는 압력에 못 이겨 허수아비에 지나지 않았던 대통령직을 사임했다. 전두환은 8월 27일 통일주체국민회의에서 2525표 가운데 2524표를 얻어 박정희, 최규하에 이어 세 번째 '체육관 대통령'이 되었다(9월 1일 취임). 위컴 주한 미군 사령관은 전두환을 공공연히 지지했다.

10월 22일에 국민투표로 헌법안을 확정하고, 27일 공포했다. 이 헌법에 따르면, 임기가 7년인(중임 금지) 대통령은 5000명 이상으로 구성된 선거인단에서 선출하게 되어 있었다. 대통령에게 비상조치권과 국회해산권이 주어졌고, 사법부 및 헌법위원회도 실질적으로 통제할 수 있게 했다. 또 국회의원

국가보위비상대책위원회 발족

1980년 6월 5일 국보위 현판식을 마치고 나서는 전두환 상임위원장. 뒤로 노태우 수도경비사령관의 모습이 보인다.

3분의 1은 전국구로 배정하고, 그 전국구의 3분의 2는 제1당이 차지하게 했다. 기본권도 제약되었다. 변형된 유신헌법이었다.

변형 유신헌법이 공포되자마자 악법 제조 사명을 맡은 국가보위 입법회의가 발족했다(의장 이호). 입법회의에서는 반공법을 폐지하고 그것의 골자를 국가보안법에 집어넣었다. 언론을 통제하기 위한 언론기본법도 만들었다. 입법회의는 정해진 기한까지 형을 채웠는데도 감옥 생활을 더 하게 하는 사회보호법도 통과시켰다.

입법회의에서 노동관계법을 특별히 머리 써서 개악한 것은 과거와는 달리 노동문제가 심각한 사회적 이슈로 등장할 것임을 잘 알았기 때문이다. 노동자의 의식은 높아가고 있었고, 노동자가 부족한 직종도 많아졌다. 노동조합법, 근로기준법, 노사협의회법, 노동쟁의조정법, 노동위원회법 등 노동관계법을 개정해 산업별 체제를 기업별로 바꾸고 노조 설립 요건이 까다로워지는

땡전 뉴스

5공 시절 유행한 은어 가운데 '땡전 뉴스', '뚜뚜전 뉴스'라는 말이 있다. 9시 뉴스 시작 몇 초를 남기고 시곗바늘이 뚜뚜 하고 울리다가 9시를 알리는 종이 '땡' 하고 치면 아나운서가 전하는 첫 소식이 "안녕하십니까? 오늘 전두환 대통령 각하께서는……"으로 시작되는 대통령의 그날 동정에 관한 소식이었다. 다른 중요한 뉴스가 있어도 항상 대통령의 하루 일과가 먼저 방송되었다. 그래서 '땡' 소리와 함께 '전두환'이 나온다는 것을 비꼬아서 한 말이 '땡전(두환) 뉴스'라는 은어다. 언론을 장악한 독재정권이 그 언론을 어떻게 이용했으며, 권력의 시녀가 된 방송이 정권의 나팔수로서 어떤 역할을 했는가를 여실히 보여준 사례라고 할 수 있다.

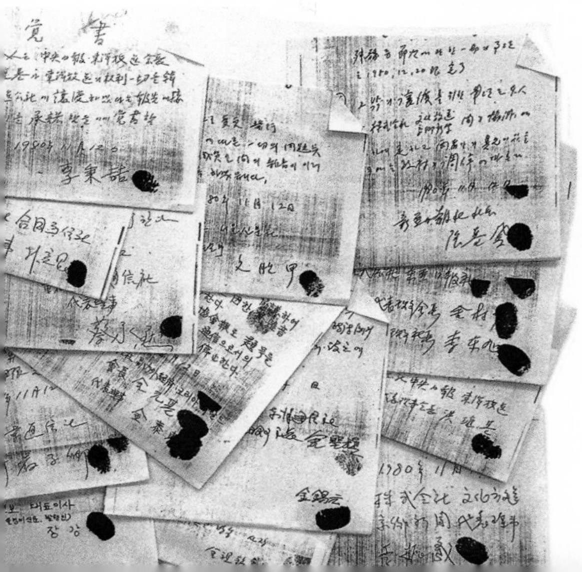

언론·방송 통폐합 자필 각서

1980년 11월 12일 언론사 대표들이 자필로 쓴 통폐합 각서들. 언론사 통폐합으로 전국 11개 신문, 27개 방송, 6개 통신사가 '정리'되었다.

등 노동3권이 유명무실해졌다. 특히 제3자 개입 금지 조항은 악명이 높았다.

국보위는 10월에 '사회악 사범' 6만여 명을 검거해 그중 4만 명을 군부대에서 '순화교육'을 시키겠다고 발표했다. 그리하여 사회보호법과 함께 인권 유린의 대명사였던 삼청교육대가 탄생했다. 11월에는 정치풍토쇄신위원회에서 국회의원 등 811명을 정치활동 피규제자로 묶었다. 군인들 생리가 비슷해서인지 여러모로 5·16 때와 닮은 짓을 했다.

전두환은 신군부 헌법에 따라 대통령에 선출되기 전에 미국 대통령에 취임한 레이건의 첫 손님으로 미국을 방문했다(1981년 1월 28일). 이때 김대중이 사형에서 무기징역으로 '감형'되었다. 그러고는 2월에 대통령 선거인단 투표로 대통령이 되어 3월 3일 취임식을 가졌다. 미국과 일본은 전두환 정권을 강력히 지지하고 지원했다. 전두환·신군부는 유화책으로 1980년 12월부터 컬러텔레비전 방영을 하게 했고, 1982년 정초에는 미군이 상륙하자마자 시행한 통행금지가 해제되었다.

1981년 3월 25일에는 국회의원 선거가 있었다. 이미 보안사가 중심이 되어

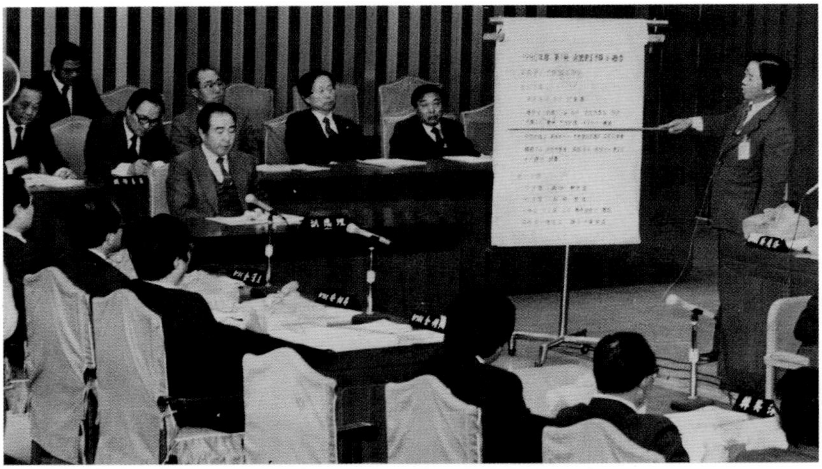

국가보위 입법회의 광경

기업인·교수·언론인·정치인·종교인·고위 공무원·군인으로 구성된 국가보위 입법회의는 신군부의 권력 장악을 정당화시키는 각종 악법을 만들어냈다.

민주정의당(약칭 민정당)이, 이어서 역시 정보기관이 개재하여 민주한국당(약칭 민한당)과 한국국민당(약칭 국민당)이 뚝딱 만들어졌다. 소위 1대대, 2중대, 3소대가 출현한 것이다. 한국 정당사의 또 하나의 비극이자 희극이었다. 민정당 90석, 민한당 57석, 국민당 18석이었는데, 민정당은 전국구를 합쳐 151석을 확보했다.

신군부의 강권통치에 대항하여 1980년 9월경부터 유인물 배포, 교내 시위 등의 형태로 서울 시내 여러 대학에서 투쟁이 일어났다. 학생운동은 1980년 연말과 다음 해에 걸쳐 '무림(霧林)–학림(學林) 논쟁'을 통해 전열을 정비했다. 전자는 민중운동 세력의 역량 성숙에 초점을 두었고, 후자는 선도투쟁을 강조했다. 이때부터 학생운동은 해방 직후처럼 이념성이 강해졌다.

1980년 12월에도 광주 미문화원 방화사건이 있었지만, 1982년 3월 부산 미문화원 방화사건은 사회에 미친 파장이 대단히 컸다. 이 사건은 반미투쟁

무림–학림 논쟁

1980년 하반기부터 1981년까지 서울대학교 학생운동 내에서 1980년 5월투쟁을 주도했던 그룹(무림)과 이에 비판을 가하면서 등장한 그룹(학림) 사이에 학생운동의 투쟁 방침을 둘러싸고 벌어진 논쟁. 무림이나 학림이라는 용어는 경찰의 수사 과정에서 붙여진 것이다.

부산 미문화원 방화사건

1982년 3월 18일 문부식, 김은숙 등 부산 고신대와 부산대 등의 학생들이 광주민중항쟁 유혈 진압 및 독재정권 비호에 대한 책임을 물어 부산 미문화원을 방화한 사건. 이 사건 이후 반미투쟁이 활성화되면서 대구 미문화원 폭발사건(1983년 9월 22일), 서울 미문화원 점거사건(1985년 5월 23일), 부산 미문화원 점거사건(1986년 5월 21일) 등이 잇달아 일어났다.

에 불을 질렀고, 자주화 투쟁의 길을 닦았다. 이어 강원대학교 등에서 반미투쟁이 전개되었다.

학생운동은 '유화 국면'을 타고 강화되었다. 1983년 12월 전두환 정권은 국내외 압력에 대응해 대학에 상주하던 경찰 병력을 철수하는 등 유화정책을 썼다. 학생들은 1984년 5월 대학 간 연합집회를 가진 데 이어 서울 가리봉에서 가두시위를 전개해 노동대중에게 정치선전을 했다. '노학연대' 투쟁이 출현한 것이다.

1980년대 노동운동의 특징은 노학연대와 학생들의 노동 현장 진출에 있었다. 노동운동은 1980년 '서울의 봄' 시기에 활성화되었지만, 5·17쿠데타가 발발하면서 뒨서리를 맞았다.

노동운동은 1983년경부터 다시 살아났다. 1983년 6월 대구 택시기사 시위투쟁 이후 노학연대 투쟁이 자리잡혀 가리봉 투쟁으로 발전했다. 1980년을 전후해서 학생들은 야학활동을 통해 노동자와의 일체감을 다졌는데, 1980년대 초부터 1000명 이상 수천 명이 공장에 '위장취업'으로 들어가 가혹한 조건 속에서 노동운동을 전개했다. '농활', '공활'도 급증했다. 역사상 보기 드문 희생적이고 헌신적인 열정 시대였다.

1985년 2·12총선은 민주화운동에 중대한 전기가 되었다. 이 선거는 초반

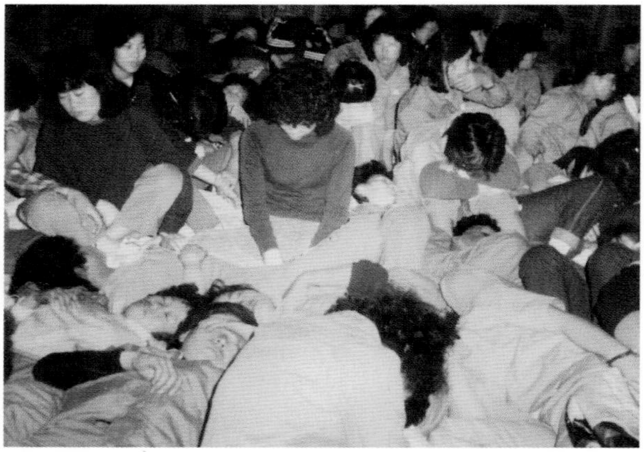

파업 중인 원풍모방 노동자들

유신시대 노동조합을 결성하여 1970년대 모범적인 노동운동 조직으로 인식되던 원풍모방 노조는 1982년 10월 전두환 정권의 탄압을 이기지 못하고 강제 해산되었다. 하지만 가혹한 조건 속에서도 노동운동은 점차 되살아났다.

1985년 제12대 국회의원 선거
정당별 당선자 분포

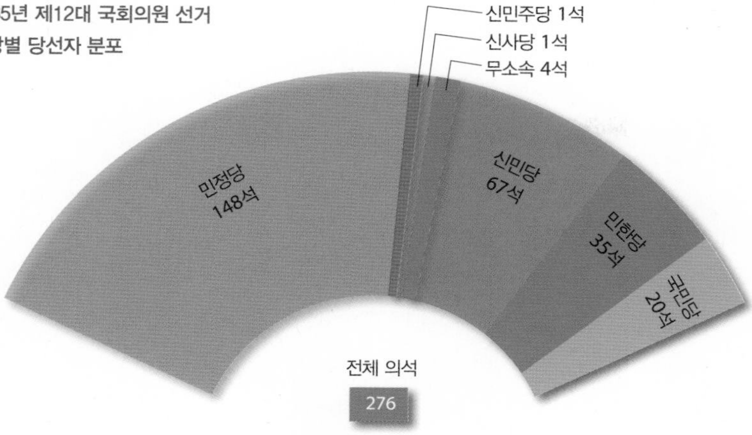

부터 학생들이 대거 참여해 무서운 돌풍이 불었다. 선거 결과는 예상을 훨씬 뛰어넘었다. 민한당 의원들이 추풍낙엽처럼 떨어지고 김영삼과 김대중을 부각시킨 신민당이 지역구에서 50석이나 당선되었다. 민정당 또한 참패나 다름없었지만, 1선거구 2인 당선 제도와 비례대표제로 148석이나 차지했다. 신군부 통치에 대한 유권자들의 준엄한 심판이었다. 신민당은 민한당을 흡수하여 '선명야당'으로 전두환·신군부와 싸웠다.

1985년 남북 이산가족의 상봉이 이루어졌다. 1984년 9월 한국이 북의 수해 구호물자를 받아들임으로써 남북관계는 호전의 기미가 보였다. 1985년 8월 남북적십자사는 이산가족 고향방문단 및 공연예술단을 동시 교환하기로 합의했고, 9월 20일 각각 151명씩 서울과 평양에서 역사적인 교환 방문이 이루어졌다. 그러나 두 번째 방문까지는 다시 15년을 기다려야 했다.

이산가족 상봉의 감격은 1983년에도 있었다. 1983년 6월 30일부터 KBS는 남남 이산가족 찾기 TV 생방송을 시작했다. 방송이 나가면서 전화 폭주로 방송사 업무가 마비될 정도였으니, 얼마나 많은 사람이 이산가족 찾기를 열망했는지를 말해준다. 폭발적인 호응에 KBS는 다음 날인 7월 1일 이산가족찾기 추진본부를 차렸다. 이날 8시간 45분 동안, 다음 날 14시간 동안 생방송을 했다. 11월 14일까지 138일에 걸쳐 453시간 45분을 방영했다. 〈이산

가족을 찾습니다
1983년 6월 30일 첫 방송을 한 이래 138일간 계속된 이산가족 찾기 생방송은 전 국민을 감동과 흥분의 도가니로 몰아넣었다. 가족을 찾고자 하는 이산가족의 처절한 절규는 다시 한번 분단의 상처를 절감하게 했다.

임권택 감독의 영화 〈길소뜸〉의 한 장면
영화 속 주인공 남녀는 연인 시절에 생긴 아들을 찾아나서, 막일꾼 젊은이가 친자임을 확인했으나, 외면하고 발길을 돌린다. 분단의 아픔을 진하게 느끼게 하는 수작(秀作)이다.

가족을 찾습니다〉는 단일 프로그램으로는 세계 최장 기간 연속 생방송이라는 기록을 세웠으며, 2015년 10월 유네스코 기록 유산으로 등재되었다. 10만여 명이 신청하여 5만 3536명이 출연했고, 1만 189명이 상봉했다. 전 국민의 53.9퍼센트가 시청을 했고 그중 88.8퍼센트가 눈물을 흘렸다. 당시 여의도 KBS 건물 담벼락에는 이산가족을 찾는 벽보가 수만 장 붙어 있어 애간장을 끓게 했다. 주로 한국전쟁기에 부모를 잃은 자식들(남남 이산가족)에게 이승만·박정희 정부가 가족을 찾아주는 노력을 했어야 했는데도 긴장 완화와 분단 체제 이완이 두려워 그러한 활동을 하지 않았다.

1980년대에 남과 북은 통일과 관련된 제안을 과거 어느 때보다도 빈번히 했다. 북은 1980년 10월 고려민주연방공화국 창설 방안을, 남은 1982년 1월 민족화합민주통일방안을 발표했다. 남과 북은 상대방을 적대시하면서도 자신의 권력 유지를 위해 제안을 하는 경우가 많았다. 그러한 핑퐁게임 과정에서 북에 의한 미얀마 아웅산 묘소 폭파사건(1983년 10월)이 발생했고, 남에 의해 금강산댐 건설소동(1986년 10월), 김일성 사망설(1986년 11월)이 일어났다.

이 시기에 전두환 정권은 개신교계의 통일운동 등 민간인 통일운동을 탄압했다. 1986년 10월 유성환 의원이 '국회'에서 '국시'와 관련해 통일이나 민족이 반공보다 상위 개념이라고 말했다가 국가보안법 위반 혐의로 구속된 것은 전두환·신군부의 성격을 잘 말해준다.

이산가족 고향방문단
1985년 9월 21일 제8차 남북적십자 본회담에서 주선한 고향방문단 교환을 통해 북에서 온 아들(서형석)이 남한의 노모(유묘슬)를 만나 흐느끼고 있다.

1985년에는 5월투쟁이 격렬하게 전개되었다. 5월 15일 전국 29개 대학 1만여 학생이 '광주사태 진상규명 및 책임자 처단'을 요구하며 시위를 벌였다. 23일 5개 대학 73명은 서울 미문화원에 들어가 72시간 농성을 벌였는데, 장소가 미문화원이어서 국내외 언론에 대서특필되었다. 학생운동계는 1986년에 반제투쟁에 역점을 둔 자민투(반미자주화와 반파쇼민주화 투쟁위원회)와 계급성을 강조하는 민민투(반제반파쇼 민족민주 투쟁위원회)가 큰 산맥을 이루었다.

1986년에는 야당을 중심으로 직선제 개헌운동이 전개되었다. 이해 2월 김영삼이 이끈 신민당과 민주화추진협의회는 1000만 개헌 서명운동을 시작해 광주에서 열린 개헌 촉구 집회에 엄청난 인파가 몰려오는 등 전국 각지에서 열렬한 지지를 받았다. 그런데 5월 3일 인천에서 열린 신민당개헌추진위원회 경기지부 결성대회에는 학생과 노동 운동권이 반미 구호와 야당 비판 구호를 외치며 경찰과 충돌했다. 이러한 와중에서 야당은 집회를 포기할 수밖에 없었고, 이는 야당과 운동권 사이에 균열을 가져왔다.

1986년 가을 전두환 정권의 초강경 반격으로 정국이 싸늘하게 얼어붙었다. 10월 28일 건국대학교에서 열린 전국반외세·반독재·애국학생투쟁연합(약칭 애학투) 결성식에서 학생들은 학교 안으로 몰아넣어져 4일간 '공포의 농성'을 강요당했다. 10월 31일 당국은 7950명의 경찰에 헬리콥터까지 동원해 무자비한 특공작전을 펴 농성을 '진압'하고 1525명을 연행, 1288명을 구속했다. 11월 29일에는 야당의 서울개헌대회를 무산시켰다.

그러나 초강경 작전은 전두환·신군부 권력에 위기를 몰고 왔다. 1987년 1월 서울대학교 학생 박종철이 경찰의 고문으로 사망한 것은 엄청난 파장을 몰고 왔다. 2월 7일 박종철 추도대회, 3월 3일 고문추방평화대행진은 시민들의 참여를 이끌어내 서울·부산·광주를 비롯한 여러 지역에서 동시다발 시위를 전개했다. 6월항쟁 시위의 기본 형태가 모습을 드러낸 것이다. 이 시위를 계기로 학생, 시민, 야당의 민주대연합이 형성되기 시작했다.

1985년경부터 노동운동은 계급성이 강화되었다. 그해 6월 서울 구로공단

내 대우어패럴 노조 간부가 구속된 것을 계기로 여러 기업체 노동자 1200여 명이 연대투쟁한 구로동맹파업은 노동운동에 전환점이 되었다. 이해에 노동자 계급의식을 강조한 서울노동운동연합이 출현했다. 다음 해 인천 지역을 중심으로 인천 지역 노동자연맹이 조직되어, 서울노동운동연합과 결합했다.

농민운동도 가톨릭농민회를 중심으로 소값 피해 보상·농가 부채 탕감·농협조합장 직선제 쟁취 투쟁 등이 1980년대 내내 활발히 전개되었다. 1987년 2월에는 전국농민협회가 결성되었다.

1986년 4월부터 개신교를 중심으로 KBS 시청료 거부 운동이 전개되었다. 6월에 '위장취업' 여대생이 성고문당한 부천경찰서 성고문 사건이 폭로되어 사회적 공분을 불러일으켰다. 이어 민주언론협의회에서 전두환 정권의 '보도지침' 실상을 월간 《말》 1986년 9월 특집호에 폭로했다. 한국에서도 시민운동이 시작된 것이다.

"탁 치자 억 하고 죽었다"

1987년 1월 14일 치안본부 남영동 대공분실에서 수배 중인 친구의 소재를 추궁당하던 서울대학교 언어학과 3학년 박종철이 고문을 받다가 숨졌다. 당초 경찰은 "책상을 탁 치자 억 하고 죽었다"는 터무니없는 발표를 하여 사건 자체를 숨기려 했으나 시체 부검 결과 전기고문과 물고문으로 숨진 것이 밝혀졌다. 그럼에도 불구하고 경찰은 고문 경관 두 명을 구속하는 것으로 이 사건을 마무리 지으려고 했다. 그러나 천주교정의구현전국사제단은 5월 18일 치안본부 고위 간부들이 이 사건을 축소·조작했고, 고문 가담 경관이 여러 명이었다는 사실을 세상에 알렸다. 다급해진 정부는 고문 관련자를 추가 구속하고 국무총리와 안기부장, 내무부 장관 등 요직을 대대적으로 개편해 사태를 수습하려 했다. 경찰과 검찰의 사건 은폐·조작 시도는 정부의 도덕성에 결정적인 타격을 주었다. 이 사건을 계기로 민주화운동이 급격히 고조되면서 마침내 6월항쟁으로 이어졌다.

東亞日報
물拷問도중 질식死
治安本部 서울大 朴鍾哲군 死亡사건발표
두警官구속·對共2단장 解職
머리를 욕조물속에 집어넣어 욕조턱에 목부위눌려 숨졌다
內務장관 治安본부장 해임요구
新民 拷問근절위한 중대決斷 촉구
民正 本會議 常委소집 검토
150엔 한때붕괴

박종철 사망을 보도한 1987년 1월 19일자 《동아일보》 기사.

史+

| 보도지침 |

신군부의 언론 길들이기

1986년 9월 《말》지는 당시 한국일보의 김주언 기자가 제공한 자료를 바탕으로 1985년 10월부터 1986년 8월까지 문화공보부가 각 언론사에 시달한 보도지침 584건을 폭로한 특집호를 발행했다. 보도지침 폭로는 군사정권의 언론 통제가 얼마나 가혹하고 유례없는 것인지를 적나라하게 보여주었다. 제5공화국 시절 문화공보부 홍보정책실에서 거의 매일 각 언론사에 기사 보도를 위한 가이드라인을 작성하여 은밀하게 시달했는데, 이를 통해 정부는 언론을 철저히 통제했다. 이 지침은 주로 전화로 이루어졌다.

보도지침은 국내외의 주요 사건에 대해 보도할 것인지 말 것인지부터, 보도한다면 그 방향과 내용, 심지어 형식에 이르기까지 참으로 세밀하고도 철저하고 친절하게 보도 방향을 지시했다. 예를 들면 학생 시위에 대해서는 1985년 11월 18일 "적군파식 모방으로 쓸 것. 대학생들 민정당사 난입 사건은 사회면에 다루되 비판적 시각으로 할 것"이라고 지시하고 "구호나 격렬한 프랑카드(플래카드) 사진 피할 것"이라고 지시했다. 이러한 내용은 학생 시위의 폭력성을 부각시키려는 정권의 의도를 잘 보여주고 있다. 또한 당시 가

민주언론운동협의회 회원 농성

보도지침 폭로로 언론인들이 구속되자 민주언론운동협의회 회원들이 불법체포에 항의하는 성명을 발표하고 있다.

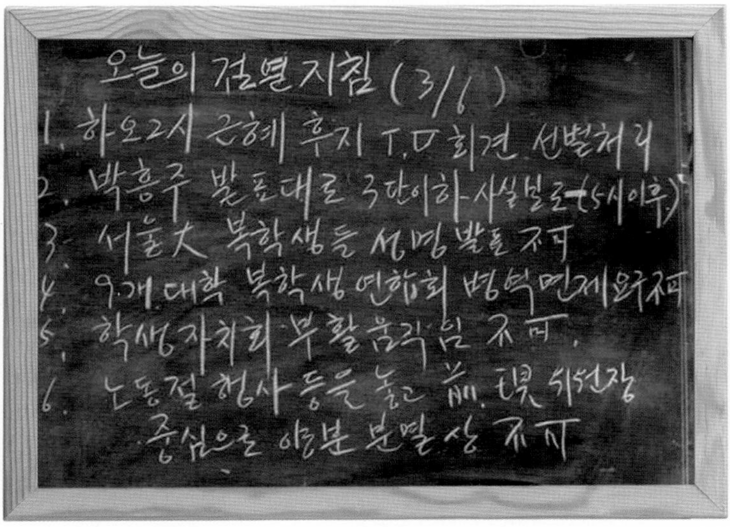

오늘의 보도지침은?

1980년대 당시 보도지침을 적어놓은 문화공보부 칠판. 구체적 사건에 매우 세세한 보도지침을 내렸다.

장 논란이 되었던 부천경찰서 성고문 사건은 지시 내용이 매우 치밀하고 구체적인 데 놀라지 않을 수 없다. 우선 사건 결과를 발표했던 7월 17일 보도지침에서는 기사를 사회면에 싣되, 기자들의 독자적인 취재 내용은 싣지 말고 검찰이 발표한 내용만을 보도하고 사건의 명칭을 '성추행'이라 하지 말고 '성 모욕 행위'로 표현하라고 지시했다. 또한 검찰의 발표 내용은 전문을 그대로 싣고, 시중에 나도는 반체제 측의 고소장이나 NCC, 여성단체 등의 사건 관련 성명은 일체 보도하지 말 것을 지시했다.

이처럼 보도지침은 기사를 어느 면에 몇 단 크기로 싣고, 제목은 어떻게 뽑을 것인지, 사진은 어떤 것을 사용할 것인지, 당국의 분석 기사는 어떻게 실을 것인지에 대해 시시콜콜하게 지시했다.

大統領直選制 수용
盧 民正대표, 全大統領에 建議발표
言論자유등 民主化조치도
金大中씨 赦免·復權도
한국일보
6月29日
號外

703

민주주의의 위대한 승리, 6월항쟁

차기 대통령을 선출해야 하는 1987년이 되자 전두환 정권은 정권 이양 문제에 대해 개헌이냐 호헌이냐의 기로에 섰다. 전두환은 내각책임제 개헌을 포기하고 4월 13일 특별 담화를 통해 현행 헌법으로 대통령을 선출해 정부를 이양하겠다고 발표했다. 4·13호헌조치는 전두환이 저지른 돌이킬 수 없는 실수였다. 다른 사람도 아닌 전두환이 치명적인 자살골을 차 넣은 것이다.

4·13호헌조치는 한동안 주춤하던 민주화운동, 그것도 개헌운동에 불을 질렀다. 호헌철폐투쟁이 요원의 불길처럼 퍼져나갔다. 6월 1일 현재 50개 대학 교수 1527명, 전·현직 국회의원, 문인, 신부, 목사, 변호사, 영화·연극인, 가수, 미술인, 의사, 약사, 한의사, 악사, 음악인, 간호사, 교사, 대학원생 등 그야말로 각계각층에서 4·13호헌조치에 반대하는 성명서가 쏟아져나왔다. 호헌조치에 반대하는 기도회나 단식투쟁도 잇달았다.

호헌조치 반대투쟁의 전열도 가다듬어졌다. 5월 8일 서울 지역 학생운동

6·29선언 호외를 보는 시민들
직선제 개헌을 골자로 노태우 민정당 대표가 발표한 6·29선언 내용이 담긴 호외를 보고 있는 시민들.

을 이끌 서울지역대학생대표자협의회(약칭 서대협)가 조직되었다. 서대협은 민주대연합에 적극적이었다. 62개 대학에서 5·18추모집회 및 시위를 벌인 5월 18일 천주교정의구현전국사제단 김승훈 신부가 박종철 고문치사 은폐 및 축소 조작사건을 발표한 것은 전두환 정권에 대한 폭탄선언이었다. 5월 26일 국무총리, 안기부장, 내무부 장관, 법무부 장관 등이 바뀌는 등 대폭 개각이 이루어졌다. 특히 전두환의 '분신'인 장세동이 안기부장에서 물러나 강경세력이 약화되고 총리 등에 온건파가 들어선 것은 6월항쟁을 저지하는 데 영향을 끼쳤다. 5월 27일 운동권과 종교인, 야당이 연합한 민주헌법쟁취국민운동본부(약칭 국본)가 결성되었다. 6·10항쟁은 이와 같이 구체화되어갔다.

6월 10일 예정대로 민정당은 잠실체육관에서 대통령 후보로 노태우를 지명했다. 같은 날 국본 결정에 따라 전국 22개 시에서 '고문살인 은폐 규탄 및 호헌철폐 국민대회'가 동시다발적으로 열렸다.

6월 9일 연세대학교 학생 이한열이 최루탄을 맞아 빈사 상태에 빠진 것이 더욱 학생들을 결집시켰다. 서울 지역 대학생들은 10일 최루탄 난사와 맞서 싸우며 투석 시위를 계속하다 저녁 7시 30분경 시민들과 함께 신세계 앞 광장을 완전 점거했다. 6월항쟁의 막이 오른 것이다. 성남·대전·목포·군산·인천 등지에서도 격렬한 시위와 함께 직접민주주의 형태인 대중 집회가 열렸다. 규모나 형태에서 역사상 한 번도 없었던 시위가 전개되고 있었다. 이날 시위는

시위 도중 쓰러지는 이한열
1987년 6월 9일 시위 도중 경찰이 쏜 최루탄에 맞아 쓰러지는 이한열. 박종철의 죽음에 이은 이한열의 죽음은 온 국민을 분노케 했다.

호헌 철폐를 외치는 명동성당 사제단

1974년 9월 젊은 가톨릭 사제들을 중심으로 결성된 천주교정의구현전국사제단은 한국의 민주화와 인권 회복에 큰 역할을 했다. 사진은 신군부 정권의 4·13호헌조치에 항의하여 명동성당 앞에서 시위를 벌이는 사제단.

전국 22개 시에서 24만 명 정도가 참여한 것으로 추정되었다.

6월 10일 밤부터 15일까지 계속된 명동성당 농성투쟁은 6·10투쟁을 확산시켜 6월항쟁으로 가게 하는 데 결정적 역할을 했다. 이 농성투쟁에서 학생과 시민들이 사생결단의 자세로 맹렬히 싸웠을 뿐만 아니라, 명동 일대의 20~30대 넥타이 부대가 대거 호응하여 주목을 받았다.

규모가 큰 시위투쟁은 6월 15일 재연되었다. 전국에서 59개 대학이 시위에 참여했는데, 대전·부산·진주 등지에서 격렬한 시위가 벌어져 경찰로는 대처하기 어려운 상황이 초래되었다. 6월 18일 최루탄추방대회에는 국본의 결정에 따라 16개 도시 247곳에서 6·10국민대회보다 더 많은 시민이 참가했다. 오후 4시경부터 학생과 시민들이 서면로터리에 모이기 시작한 부산에서는 오후 7시경에 10만 명이 넘는 군중이 8차선 도로 5킬로미터를 가득 메웠다.

최루탄추방대회 이후 지방에서의 투쟁은 열기를 더해갔다. 19일에는 호남권에서 시위가 격렬했다. 20일 밤 광주 시위는 규모가 크고 격렬했으며, 전주

익산에서도 여러 날에 걸쳐 대규모 시위가 전개되었다. 그러나 야당이 머뭇거리면서 민주대연합은 위기를 맞는 듯했다. 6월 23일 국본은 국민운동대행진을 26일에 결행한다고 최종 확정·발표했다. 이날 연세대학교에서 열린 대규모 학생 집회에서는 민주대연합을 위해 "직선제 쟁취" 구호가 "호헌철폐·독재타도"와 함께 주된 구호임을 확인했다. 24일 전두환·김영삼 회담 직후 김영삼은 회담 결렬을 선언했고, 야당은 대행진에 참가할 것임을 발표했다. 한편 계속되는 시위로 궁지에 몰린 전두환은 6월 17일에야 노태우 중심으로 대처 방안을 마련하라고 지시했고, 6월 24일 김영삼이 회담 결렬을 선언하자 당황해하면서 노태우와 함께 직선제를 수용은 하되 26일 대행진을 보고 최종 결정하기로 합의했다.

6월 26일 평화대행진에는 34개 도시와 4개 군에서 6월항쟁 중 최대 인원이 참여했다. 농촌에서는 차량으로 인근 도시에 집결했으므로 전국 방방곡곡에서 시위에 참여했다고 볼 수 있다. 서울·부산·대전·대구 등지에서 최루

최루탄을 쏘지 마시오

시위 진압을 위해 경찰들이 쏜 최루탄으로 많은 사람이 다치고 목숨을 잃었다. 거리를 다니는 시민들도 얼굴에 비닐을 뒤집어쓰거나 방독면을 쓰기도 했다. 6월 18일에는 '최루탄추방대회'가 열렸다.

탄과 돌, 화염병 투척으로 시가전을 방불케 하는 공방전이 벌어졌다. 전두환의 강력한 지시 때문이겠지만, 이날 경찰은 특히 폭력적으로 진압했다. 광주·전주·성남·익산을 비롯한 중소 도시에서 시위대에 의해 경찰이 완전 무력화되거나 경찰이 물러서는 광경이 자주 눈에 띄었다. 모두 3467명이 연행되었고, 남대문·안양 경찰서 등 경찰서 2개소를 포함해 파출소 등 29개소, 경찰 차량 20대, 시청 등 관공서 4개소, 4개 민정당사가 불에 타거나 파손되었다.

전두환과 신군부는 6·26평화대행진의 장엄한 투쟁에 굴복했다. 노태우는 박철언에게 6월 25일 문안 작성에 착수하도록 했는데, 두 사람은 6·26평화대행진 다음 날인 6월 27일 오후 5시 15분경부터 다섯 시간 이상 걸려 문안을 작성했다. 그리하여 6월 29일 노태우는 여야 합의에 의한 대통령 직선제 개헌, 김대중 사면·복권 및 시국 관련 사범 석방, 인권 침해 시정, 언론 창달, 지방자치 실시, 대학 자율화와 교육자치 실시 등을 골자로 한 6·29선언을 내놓았다. 15년 만에 민주주의 헌정으로 되돌아간 것이다.

6월투쟁이 전국 각지에서 동시다발적으로 일어나고 시민 다수가 참여한 대항쟁으로 발전할 수 있었던 것은 민주대연합이 이루어졌기 때문이다. 그러나 '호헌철폐', '독재타도', '직선제 쟁취' 등은 낮은 수준의 주장이어서 그보다 민주주의를 한 단계 더 끌어올리기가 어려웠다.

6·29선언은 6월항쟁에 굴복해서 나왔지만, 군이 출동하기 어려웠던 점이 있었고, 6월 24일 전두환과 국민당 총재 이만섭의 회담이 끝날 무렵에는 김대중·김영삼이 다 대통령 후보로 나올 것이라는 계산이 작용했던 점도 있었다.

6월항쟁에서 군부대가 동원되거나 유혈 사태가 나지 않은 데에는 광주항쟁의 경험이 작용했다. 전두환도 노태우·민정당도 군 동원에 신중했고, 군 내부에서도 나서기를 꺼렸다. 미국도 군이 동원되는 것을 바라지 않았다. 1988년 서울올림픽대회를 성공적으로 치러야 한다는 분위기도 있었다.

6월항쟁으로 민주주의는 대세를 이루었다. 하고 싶은 이야기를 더 이상 주위를 두리번거리지 않고 할 수 있게 되었다. 9월 5일에는 〈아침이슬〉 등 방송

6월항쟁 전국 일지

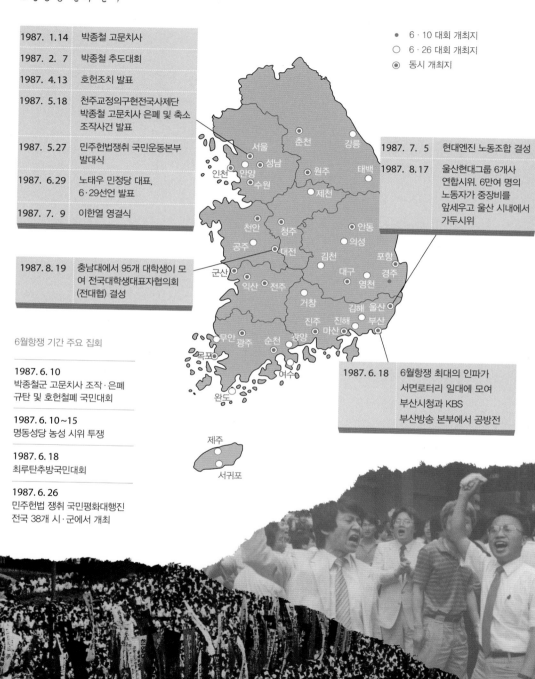

1987. 1.14	박종철 고문치사
1987. 2. 7	박종철 추도대회
1987. 4.13	호헌조치 발표
1987. 5.18	천주교정의구현전국사제단 박종철 고문치사 은폐 및 축소 조작사건 발표
1987. 5.27	민주헌법쟁취 국민운동본부 발대식
1987. 6.29	노태우 민정당 대표, 6·29선언 발표
1987. 7. 9	이한열 영결식

1987. 8. 19	충남대에서 95개 대학생이 모 여 전국대학생대표자협의회 (전대협) 결성

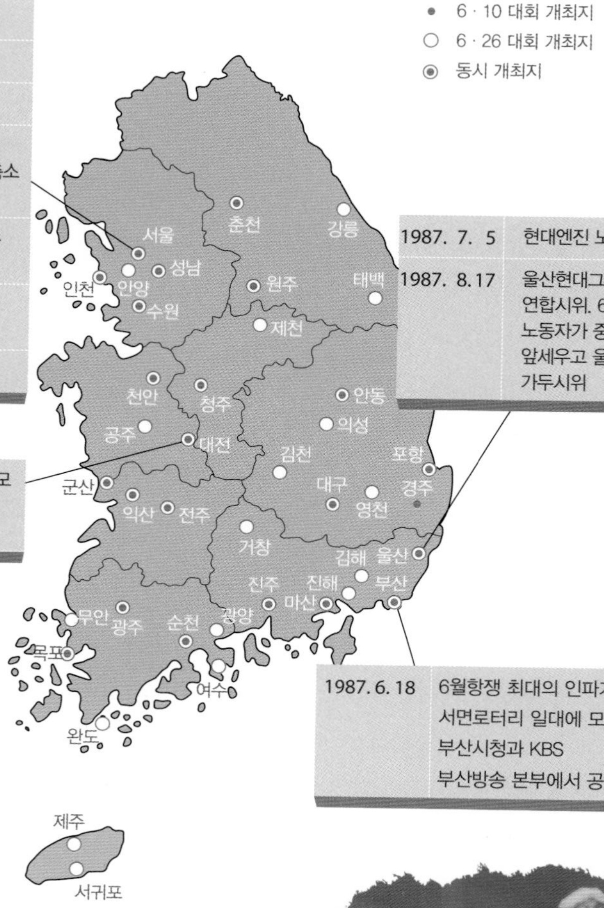

1987. 7. 5	현대엔진 노동조합 결성
1987. 8.17	울산현대그룹 6개사 연합시위. 6만여 명의 노동자가 중장비를 앞세우고 울산 시내에서 가두시위

1987. 6. 18	6월항쟁 최대의 인파가 서면로터리 일대에 모여 부산시청과 KBS 부산방송 본부에서 공방전

6월항쟁 기간 주요 집회

1987. 6. 10
박종철군 고문치사 조작·은폐
규탄 및 호헌철폐 국민대회

1987. 6. 10~15
명동성당 농성 시위 투쟁

1987. 6. 18
최루탄추방국민대회

1987. 6. 26
민주헌법 쟁취 국민평화대행진
전국 38개 시·군에서 개최

금지곡 500곡이 해금되고, 10월 19일에는 판금 도서(출판·판매가 금지된 책) 650여 종 중 431종이 해금되었다. 자유! 타는 목마름으로 절규했던 자유가 이 땅에도 찾아온 것이다.

민주화 열망과 억압적 공권력의 일시적인 이완 속에 1987년 7~9월에 사상 최대 규모의 노동자 투쟁이 일어났다. 7월 초순 중화학공업 지구인 울산에서 시작된 노동자대투쟁은 8월 중순에 들어서면서 남동해안 지역에서 전국으로 확산되었다. 8월 28일 이후 공권력이 쟁의 현장에 투입되면서 9월 들어 노동자대투쟁은 일단락되었다.

8월에 하루 평균 83건을 비롯하여 7~9월에 총 3311건의 쟁의가 발생했다. 1987년 8월 말 현재 10인 이상 사업체 상용노동자 333만 명의 37퍼센트에 해당하는 122만 명이 쟁의에 참가한 것으로 추산되었다. 7~9월 노동자대투쟁을 거치면서 민주노조 결성이 활성화되었다. 6월 말까지 2725개였던 노동조합이 1987년 말에는 4086개로 늘어났고, 조합원은 105만 명에서 127만 명

노동자대투쟁

6·29선언 이후, 군부정권의 폭압에 의해 빼앗긴 노동자 권리를 되찾기 위한 한국 역사상 최대 규모의 노동자 투쟁이 전국을 휩쓸었다. 사진은 노동자대투쟁의 시발점이자 중심이 된 울산 지역 노동자들의 시위.

으로 증가했다. 민주화 바람은 노동계에도 큰 변화를 가져왔다.

7~9월 노동자대투쟁은 중화학공업 노동자 등 대기업체 노동자들이 주력이었다는 점에서 1970년대 후반과 1980년대 전반기 섬유 관련 공업을 중심으로 한 노동자(그것도 여성이 중심임) 투쟁과 비교된다. 6월항쟁이 '직선제 쟁취' 등 초보적 민주주의를 외치면서 민주대연합이 이루어졌듯이, 7~9월 노동자대투쟁은 임금 인상, 열악한 노동조건 개선, 자율적 노동조합 인정(어용노조 거부) 등 초보적 노동조건을 제시했다. 곧 '수준'이 높은 형태의 노동운동이라기보다는 1960~1980년대까지 너무나 열악했던 노동조건을 최소한의 수준에서나마 개선해야 한다는 주장이 많았고, 그러한 요구가 1987년의 상황에서 폭발하지 않을 수 없었다. 이 시기 노동자대투쟁은 1946년 9월 총파업과 같이 총파업의 형태가 아니라, 개별 사업장에서 각각 일어났다는 점에서도 특징이 있다. 7~9월 노동자대투쟁은 본격적인 노동운동의 단초를 연 거대한 물결이었다.

노태우의 6·29선언에 따라 7월 9일 김대중 등 2335명이 사면·복권되었고, 357명이 석방되었으며, 270명이 수배에서 해제되었다. 10월 12일에는 여야 공동 발의로 제출한 개헌안이 통과되었다. 이 헌법은 대통령 직선제 및 대통령 5년 단임제 외에도 언론·출판의 허가·검열 금지, 집회·결사에 대한 허가 금지 등 기본권이 강화되었고, 노동3권을 보장했으며, 헌법재판소를 신설하고 군의 정치적 중립을 명문화했다. 이 개헌안은 10월 27일 국민투표를 거쳐서 확정되었다.

개헌안이 확정되기 이전에 이미 야당에서는 대통령 후보 각축전이 치열하게 전개되었다. 6·29선언은 6월항쟁에 굴복하여 어쩔 수 없이 나온 민주화 조치임이 틀림없었지만, 야당이 분열되면 신군부가 계속 집권할 수 있다는 계략이 숨겨져 있었다. 그렇게 되면 6월항쟁의 의의는 반감될 수밖에 없었다. 김대중은 7·9 사면·복권 일주일 만에 대통령 불출마선언을 번복했고, 9월 29일 김영삼과 김대중의 후보 단일화 담판도 결렬되었다. 이와 맞물려 노태우·김영삼·김대중·김종필 네 명이 모두 출마하면 반드시 김대중이 대통령으로 당선된다는 '4자필승론'이 제기되었다.

6월항쟁 계승을 위해서는 노태우 당선 저지에 모든 힘을 쏟았어야 함에도 불구하고, 민주민족운동 세력은 대통령 선거전을 맞아 분열되었다. 민주·통일민중운동연합(1985년 조직, 약칭 민통련)은 10월 13일 범국민 대통령 후보로 김대중을 지지했다. 이때부터 김대중 후보를 지지하는 민주민족운동 세력을 '비지'(비판적 지지의 약자)라고 불렀다. 일부 세력은 후보가 단일화되지 않으면 대통령 선거에서 결코 이길 수 없다고 주장하면서 후보 단일화를 촉구했다. 그런가 하면 급진세력은 민중 독자 후보론을 펴면서 백기완을 대통령 후보로 추대했다.

'4자필승론'이 얼마나 비현실적인가는 12월 16일 치러진 대통령 선거에서 곧바로 입증되었다. 선거 결과 겨우 36.6퍼센트 지지를 얻은 노태우가 1위로 당선되고, 김대중은 김영삼에 이어 3위에 그쳤다. 선거전은 신군부의 '구상'대로 되었다. 이로써 신군부의 노태우가 집권했으나, 1988년 2월 25일 대통령에 취임한 노태우는 6월항쟁 이전과는 다른 정치를 하지 않을 수 없었다.

12·16 대통령 선거는 특정 지역 후보가 그 지역에서 90퍼센트를 상회하는 표를 얻을 정도로 지독한 지역 분할 선거였다. 강권통치가 약화되자 강권통

4자필승론

1987년 12월 대통령 선거에 노태우와 김영삼이 동시에 출마하면 거대한 경상도 표가 분열되어 호남표와 서울 및 타 지역으로 간 호남인들의 무조건적 지지에 힘입어 김대중이 당선된다는 주장. 지역주의의 가장 큰 피해자였던 김대중이 역으로 지역주의에 편승하여 대통령이 되겠다는 모순된 논리였다.

13대 대통령 선거 벽보를 보는 시민들.

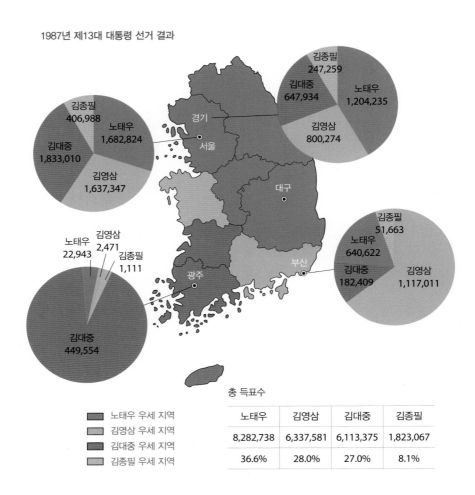

1987년 제13대 대통령 선거 결과

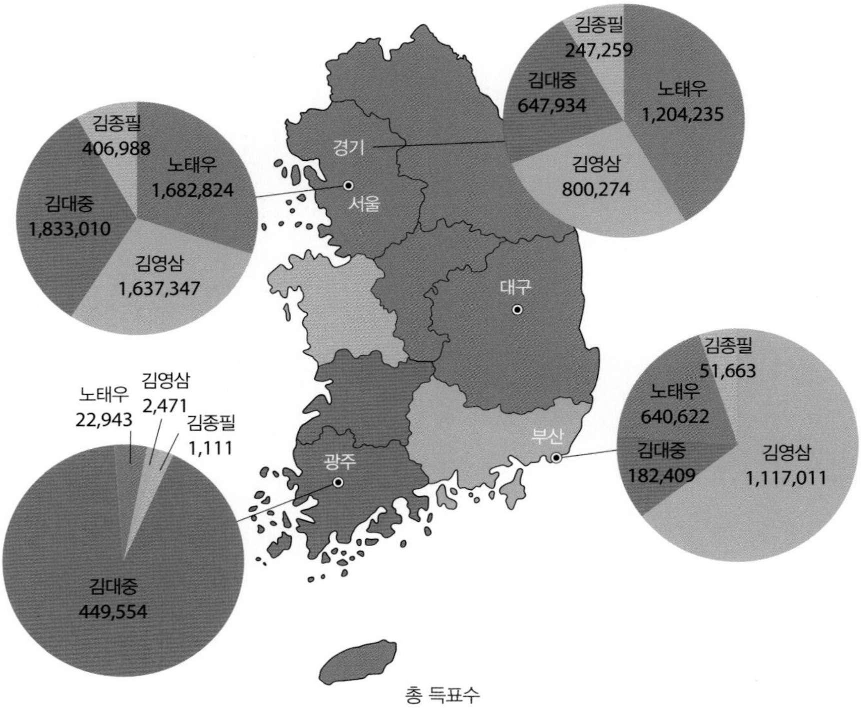

노태우 우세 지역
김영삼 우세 지역
김대중 우세 지역
김종필 우세 지역

총 득표수

노태우	김영삼	김대중	김종필
8,282,738	6,337,581	6,113,375	1,823,067
36.6%	28.0%	27.0%	8.1%

치의 기반이었던 박정희 정권 및 전두환·신군부의 지역 분할 통치와 박정희식 근대화 지상주의가 결합한 극단적 지역이기주의가 표면화되었다. 박정희 통치의 유산은 한국을 수십 년간 여러 면에서 괴롭히게 되어 있었다.

1988년 4월 26일 치러진 제13대 총선에서도 지역이기주의가 적나라하게 표출되었다. 한 정치인은 지역적 이점과 관련해 소선거구제를 주장했는데, 이 소선거구제는 장기간에 걸쳐 지역주의를 구조화하여 '지역당'을 존속시켰다. 그런데 여당이 과반수 의석을 확보하지 못한 여소야대 국회는 사상 처음으로 국회 청문회를 가능케 했다. 관권·금권도 지역주의 앞에 힘을 못 썼다.

| 삼청교육대 |

군홧발에 짓밟힌 인권

김형은 체불임금 요구하며 농성 중에
사장놈 멱살 흔들다 고발되어 잡혀오고
열다섯 난 송군은 노가다 일 나간
어머니 마중길에 불량배로 몰려 끌려오고
딸라 빚 밀려 잡혀온 놈
시장 좌판터에서 말다툼하다 잡혀온 놈
술 한잔 하고 고함치다 잡혀온 놈
춤추던 파트너가 고관부인이라 잡혀온 놈
우리는 피로와 아픔 속에서도
미칠 듯한 외로움과 공포를 휘저으며
살아야 한다고 꼭 다시
살아 나가야 한다고
얼어터진 손과 손을 힘없이 맞잡는다.

— 박노해, 「삼청교육대」 중에서

5·17쿠데타로 집권한 신군부는 1980년 8월 4일 국가보위비상대책위원회 상임위 명의로 '사회악 일소를 위한 특별조치'를 발표했다. 그리고 1980년 12월까지 5개월 동안 전국에서 약 6만 명을 잡아들였다. 이들 중 훈방된 1만 7000명과 구속 수감자를 제외한 약 4만 명이 군부대에 강제로 끌려가 '순화교육' 이름으로 혹독한 훈련과 가혹행위를 당했다. 이들 중 일부는 전두환·신군부의 사회보호법에 의해 감옥과 다름없는 보호감호소에 들어갔다. 2004년 9월에서 2005년 7월에 걸쳐 정부에서 명예 회복 및 보상금 신청을 받았을 때 교육 중 사망 44명, 후유증 사망 884명, 상이자 3697명이었다. 6월항쟁 이후 피해자들과 유가족들은 진상 규명과 피해 배상 등의 명예회복 운동을 전개했다. 그리하여 2001년 대법원에서 피해자들에게 정신적 위자료를 지급하라고 판결했고, '삼청교육대 명예회복 및 보상에 관한 법률(안)'이 16대 국회에서 통과되어 2004년 1월 29일 공포되었다.

3124

704

전진하는 민주주의

1987년 이후 몇 년 동안은 우여곡절에도 불구하고 민주화가 상당히 진척되고 통일운동이 활발히 전개된 시기였다. 민주주의는 이제 어떤 세력도 꺾기 어려운 대세였고, 남북의 교류와 화해, 협력도 기득권 세력의 의도와 상관없이 과거와는 다른 차원으로 전개되었다.

노태우 정권은 인맥으로 신군부를 계승했지만 신군부의 묘혈을 파는 작업에 동참하지 않을 수 없었다. '광주사태' 해결이 우선 당면 과제였다. 노태우가 대통령에 취임하기 직전인 1988년 1월 신군부는 광주사태의 진상 규명이나 관련자 처벌은 회피했지만 "민주화를 위한 노력"을 했다고 인정하지 않을 수 없었다.

여소야대 국회는 헌정사상 초유의 국정조사권을 발동해 1988년 11월부터 5공 청문회를 열었다. 언론사상 최초의 국정 생중계로 진행된 청문회는 TV 시청률이 대단히 높았고, 그럴수록 청문회 열기는 더해갔다. 노무현 의원 등

재판정에 나란히 선 전두환과 노태우
광주항쟁이 일어난 지 16년 만에 내란 및 내란 목적 혐의로 법정에 선 전두환(오른쪽)과 노태우(왼쪽). 이들은 역사의 심판을 받은 최초의 한국 대통령이라는 기록을 세웠다.

청문회 스타도 등장했다. 일해재단 청문회, 광주 청문회, 언론 청문회 등의 청문회에서 많은 문제가 도마 위에 올랐는데, 광주 청문회와 전두환 거취 문제가 가장 큰 관심을 모았다. 하지만 광주 청문회에서는 끝내 발포 명령자에 대한 진상 규명이 이루어지지 않았다.

5공 청문회는 광주항쟁과 신군부 쿠데타, 신군부 비리의 진상을 알아야겠다는 여론을 매개로 해서 이루어졌다. 5공 청문회는 민주화를 촉진시키는 데 기여했지만, 지역이기주의를 기반으로 탄생한 여소야대 국회에서 비화 발굴 이상의 사실과 진실을 밝혀내는 데는 한계가 있었다.

학생과 재야 세력은 전두환의 구속을 강력히 촉구했다. 1988년 11월 19일 1만여 명의 학생과 시민이 전두환 부부 구속을 위한 제2차 궐기대회를 열었다. 노태우 대통령은 전두환과 최규하의 국회 증언은 회피했지만, 전두환 형제 등을 비리 혐의로 구속했다. 11월 23일 전두환은 국민에게 사과문을 발표하고 '귀양살이'나 다름없는 은둔 생활을 하기 위해 백담사로 떠났다.

1989년에 들어와 잇단 입북 사건 등으로 '공안정국'이 출현했지만, 전두환 처단을 외치는 시위가 계속되자 전두환은 1989년 연말에 국회 증언대에 섰다. 그러나 노태우·민정당과 4·26총선에서 소선거구제로 정치적 위상이 약화된 김영삼·통일민주당, 김종필의 신민주공화당의 합당으로 1990년 2월 민

국회 증언대에 선 전두환

백담사에 강제 '은둔' 중이던 전두환이 국민의 강력한 여론에 떠밀려 1989년 12월 31일 5공특위 연석회의에 증인으로 출석한 것은 5공 청문회의 최대 하이라이트였다. 사진은 전두환의 불성실한 답변에 평민당 이철용 의원이 단상으로 달려가 항의하는 모습.

주자유당(약칭 민자당)이 창당되면서 정국은 바뀌었다.

유신 말기에도 교육 민주화운동이 일어났는데, 1985년경부터는 일선 교사들에 의해 교육운동이 전개되었다. 1985년《민중교육》지 사건, 1986년 5·10교육민주화선언을 거쳐 같은 해에 민주교육실천협의회가 조직되었다. 그것이 6월항쟁 직후인 1987년 9월에는 민주교육추진전국교사협의회로 발전했고, 1989년 5월에는 전국교직원노동조합(약칭 전교조)으로 진전되었다. 전교조는 1500여 명에 달하는 교사들이 해직되는 등 탄압을 받았지만, 굽히지 않고 참교육운동을 펼쳐 나갔다.

노동자대투쟁은 정권과 자본의 탄압으로 1987년 9월 이후 어려움을 겪었지만, 다음 해에 여러 지역에 지

《민중교육》지 사건

1985년 8월 17일 일선 교사들이 발간하는 교육무크지《민중교육》의 내용이 국가보안법에 저촉된다고 하여 집필 교사와 관련 인물들을 파면·해임시킨 사건. 이 사건은 커다란 사회적 반향을 불러일으켜 교육 민주화 요구가 대중적으로 발전하는 중요한 계기가 되었다.

5·10교육민주화선언

1986년 5월 10일 YMCA 중등교육자협의회 주최 제1회 교사의날 집회에서 전국의 교사 600여 명이 교육 민주화를 요구하는 선언서를 발표하고 주동 교사 수십 명이 구속된 사건. 이 사건은 1960년대 이후 최초의 교사 대중운동의 가능성을 보여준 사건으로 높이 평가되고 있다.

민주교육추진 범국민서명운동 발대식

1987년 7월 명동성당 앞에서 열린 '범국민서명운동 발대식'을 마친 교사들이 거리행진에 나서고 있다.

역노동조합협의회(약칭 지노협)가 조직되었다. 그리하여 민주노동조합의 연합체로서 14개의 지노협, 3개 업종별 협의회에 속하는 600여 노동조합 20여만 명을 포용하는 전국노동조합협의회(약칭 전노협)가 1990년 1월 결성되었다(1995년 전국민주노동조합총연맹 탄생).

1980년대 후반기에서 1990년대 초에 걸친 민주화운동과 통일운동의 성장과 함께 운동가요가 큰 힘을 발휘했다. 〈임을 위한 행진곡〉과 〈솔아 솔아 푸르른 솔아〉 등이 〈파업가〉, 〈진짜 노동자〉 등과 함께 시위를 뜨겁게 달구었다. 이러한 문화운동을 기반으로 하여 1988년 12월 한국민족예술인총연합(약칭 민예총)이 탄생했다. 그리고 그 전해 9월에는 민족문학작가회의가 결성되었다. 민주언론 단체와 민주언론 잡지·신문도 탄생했다.

시민운동 단체도 잇달아 조직되었다. 1988년에 조직된 공해추방운동연합은 1993년에 환경운동연합으로 발전했다. 1989년에는 경제정의실천시민연합이, 1994년에는 참여연대가 탄생되어 활발히 시민운동을 해나갔다.

1960년 4월혁명 이후 통일운동이 일어난 것처럼 6월항쟁은 통일운동의 물꼬를 텄다. 1987년을 전후해서는 북한바로알기 운동이 국가보안법 철폐 운동과 함께 전개되었다. 1988년 3월 서울대학교 총학생회장 후보의 남북한대학생 공동체육대회와 국토순례대행진 제안은 통일운동의 기폭제가 되었다. 비록 같은 해 6·10, 8·15 남북한청년학생회담은 경찰의 원천봉쇄로 저지당했지만, 학생과 재야 세력은 더욱 역량을 강화해 통일운동을 폈다.

통일운동이 활발히 전개될 때 노태우 대통령은 남북 간의 교류를 제안하고, 북이 미·일과의 관계를 개선하는 데 협조할 용의가 있다는 7·7선언을 발표했다. 이 선언은 표면적으로는 북과의 관계 개선을 내세웠지만, 북을 고립시키려는 북방정책과 연계되어 있었다. 이 선언이 나오기 이틀 전인 1988년 7월 5일에 유고슬라비아에 무역사무소를 개설했던 노태우 정부는 그해 9월에 헝가리와 상주대표부 설치를 합의했다.

1988년 9월에는 제24회 서울올림픽대회가 열렸다. 한국은 160개국이 참가한 이 대회에서 금 12개로 종합 4위를 기록했다. 서울올림픽대회는 코리아를 세계에 알리는 데 획기적인 계기가 되었다.

1989년 3월 문익환 목사의 방북, 그해 6월 전대협 대표 임수경의 평양청년학생축전 참가는 같은 해 6월에 발표된 서경원 의원 방북 사건과 함께 공안정국을 초래했다. 그렇지만 문 목사의 방북은 남북화해와 통일에의 가교를 놓는 데 기여했다. 임수경은 북의 학생들에게 신선한 영향을 주었다.

1989년 1월 1일 한국이 헝가리와 수교한 것은 노태우 정권의 북방정책이

▲ 남북학생회담 성사 요구 시위

1988년 서울대학교 총학생회장 선거에서 제안된 남북학생회담 주장으로 촉발된 통일운동은 각계의 참여를 이끌어내며 분단 상황에 안주하던 기성사회에 충격을 던져주었다.

◀ 북의 학생들과 춤추는 임수경

1989년 6월 평양에서 열린 세계청년학생축전에 참가하기 위해 방북한 임수경은 북의 주민들에게 큰 환영을 받았고, '통일의 꽃'이라 불리며 통일운동의 대명사로 인식되었다.

궤도에 올랐음을 말해주는 동시에 남북관계에서 남이 공세적 위치에 섰음을 보여주었다. 동유럽 사회주의 체제의 붕괴, 서독의 동독 흡수통일, 소연방의 붕괴는 북에 큰 고통을 안겨주었다. 1989년 11월에 한국은 폴란드와 대사급 수교를 했고, 1990년 10월에는 소련과 수교했다. 북과 중국의 관계 때문에 중국과의 수교는 시간이 걸렸으나, 1992년 8월 한국은 베이징에서 중국과 수교의정서를 교환하여 국교를 수립했고 대만과 단교한다고 발표했다.

남북관계는 1990년대에 들어와 급진전되었다. 1990년 9월부터 남북고위급회담 본회담이 열렸고, 남북통일축구대회를 여는 등 체육 경기에도 교류가 활발했다. 1991년 9월 17일에는 남과 북이 동시에 유엔에 가입했다.

남북이 유엔에 동시 가입한 그해 12월 제5차 남북고위급 본회담에서는 대한민국 정원식 국무총리와 조선민주주의인민공화국 연형묵 정무원총리가 서명한 '남북 사이의 화해와 불가침 및 교류·협력에 관한 합의서(약칭 남북기본합의서)'가 채택되었다. 남과 북은 이 합의서에서 남북관계를 통일을 지향

▲ 합의서에 서명한 남북의 두 총리

평양에서 열린 제6차 남북고위급회담에서 합의서에 서명한 후 남측 대표 정원식 국무총리(사진 왼쪽)와 북측 대표 연형묵 정무원총리가 악수를 하고 있다.

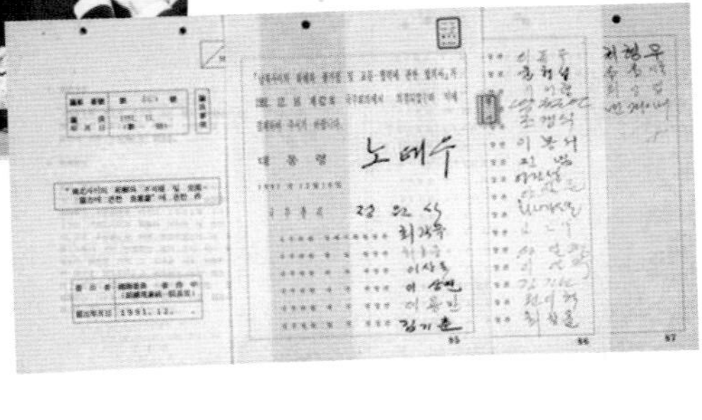

▼ 남북사이의 화해와 불가침 및 교류·협력에 관한 합의서

남북은 이 합의서를 통해 상대방 체제를 인정하고 평화체제의 공고화를 위해 노력할 것에 합의했다.

하는 과정에서 잠정적으로 형성된 특수 관계로 규정하고, 상대방의 국가적 실체는 인정하되 국가로는 승인하지 않기로 합의했다. 이 합의서는 상대방 체제의 인정과 존중, 내정불간섭을 명시하고, 남북 불가침과 교류·협력에 관해 여러 사항을 규정했다.

1972년 7·4남북공동성명이 통일의 원칙을 밝혔다면, 남북기본합의서는 남북 정부의 관계 및 불가침, 교류·협력 사항을 구체화했다는 점에서 의의가 있다. 또한 남북은 1991년 12월 31일 한반도 비핵화 공동선언을 채택했다.

노태우 정부는 1991년 3월 시·군·구 의원 선거를, 6월에는 시·도 의원 선거를 실시하여 지방자치 선거를 부분적으로 부활시켰다. 5·16군부쿠데타로 지방자치가 조종을 고한 지 꼭 30년 만이었다. 김영삼 정부는 1995년 6월, 노태우 정권이 약속을 어기고 보류했던 서울시 등 광역지방자치단체장 선거를 포함한 지방자치 선거를 전면 실시했다.

1992년 3월 24일 치른 총선은 여전히 지역할거주의를 보여주었다. 그러나 민자당이 과반수에서 1석이 모자라는 의석밖에 확보하지 못해(149석) 참패했다. 뿐만 아니라 1960년 4월혁명 이후 처음으로 학생운동, 민주화운동의 주역들이 일부 국회에 진입했다.

1992년 12월 19일 치러진 대통령 선거에서 997만여 표(41.4퍼센트)를 획득한 민자당의 김영삼 후보가 804만여 표(33.4퍼센트)를 얻은 평화민주당의 김대중 후보를 큰 표 차로 누르고 당선되었다. 세 번째 낙선한 김대중은 정계 은퇴를 선언했다.

줄곧 야당에 몸담다가 신군부와 유신 잔당과의 동거인 민자당 체제로 승리한 김영삼 대통령은 과감히 개혁정치를 폈다. 신군부의 핵심이었던 하나회 소속 군인들을 숙정했고, 안전기획부도 개혁했다. 공직자의 재산 등록을 의무화했고, 금융실명제를 실시했다. 1994년 3월에는 전교조 교사 1000여 명을 4년 만에 복직시켰다. 1995년에는 지방자치 선거를 비교적 깨끗하게 치러 정치 민주화에 희망을 갖게 했으며, 부동산실명제도 실시했다.

김영삼 대통령은 역사 바로세우기에도 어느 정도 성과를 거두었다. 전두환 등의 처단은 6월항쟁 이후 끊임없이 요구된 과제였다. 검찰은 5·18민중운동연합 등이 고소·고발한 전두환 등 관련자 58명을 1995년 7월 불기소 처분했다. 그런데 그해 10월 노태우 비자금 계좌가 폭로되어 11월에 노태우가, 12월에 전두환이 구속되었다. 그리고 12월에 민자당이 신한국당으로 개명된 직후 5·18특별법, 공소시효특례법이 국회를 통과했다. 1997년 4월 대법원은 12·12 및 5·18사건을 판결했다. 전두환은 무기징역에 추징금 2205억 원을, 노태우는 징역 17년에 추징금 2268억 원을 선고받았다. 하지만 두 사람은 1997년 12월 대통령 선거 직후 석방되었다.

5·18특별법, 전·노 재판은 1949년의 반민법 파동, 1960~1961년 장면 정부에 의한 과거사 청산에 비해 진일보한 것이었고, 비슷한 시기 남미의 군사독재 처리보다도 한 걸음 더 나아간 것이었다. 그렇지만 박정희 유신체제에 대해서는 전혀 단죄하지 않았고, 광주학살, 12·12쿠데타, 5·17쿠데타의 진상

김영삼 후보의 선거 유세

1992년 12월 19일 치러진 대통령 선거에서 3당 합당으로 민자당 후보로 출마한 김영삼이 라이벌 김대중을 누르고 대통령에 당선되었다.

규명도 미흡했다. 김영삼 정부의 역사 바로세우기는 제한적으로 이루어졌는데, 사실상 전두환·노태우·신군부 단죄라는 큰 파도에 맞춘 것이었다.

김영삼 대통령은 후기로 갈수록 실정을 거듭했다. 남북관계는 1990년 이전의 대결 상태로 돌아간 듯했다. 김영삼 정부가 1993년 4월 비전향 장기수 이인모를 북에 보낸 것은 남북관계가 한층 좋아질 수 있는 청신호였다. 그런데 1992년경부터 논란이 된 북의 핵 개발 문제에 대해 1994년 클린턴 미 행정부가 전쟁도 불사하겠다며 강경하게 나오고, 북 또한 강경책으로 대응하면서 한반도에 전쟁을 둘러싼 위기감이 고조되었다. 다행히 미국 전 대통령 카터가 북을 방문해 숨통을 터놓았다.

더 나아가 김일성 국가주석이 6월 17일 카터에게 남북정상회담 개최의 뜻을 밝혔고, 김영삼 대통령이 다음 날 전격적으로 이를 수락함으로써 남북관계는 획기적인 변화를 맞는 듯했다. 그렇지만 7월 8일 김일성 주석이 사망하자 남의 극우세력은 일제히 조문을 극렬히 비난하여 조문파동이 일어났고, 김영삼 정부가 방북조문단 불허 방침을 밝혀 남북관계는 급격히 나빠졌다.

김영삼 정권은 김영삼의 차남인 김현철이 월권행위를 하고 여러 의혹 사건에 개입됨으로써 위신이 여지없이 실추되었다. 1996년 4월 11일에 치른 총선

성공한 쿠데타도 처벌할 수 있다

5·18특별법은 해방 이후 한 번도 제대로 과거 청산을 하지 못한 한국 역사에서 5·18민중항쟁의 진상을 규명하고 책임자를 처벌할 수 있는 법적 근거를 마련했다는 데서 그 의의가 크다. 특히 헌정 질서 파괴 행위에 대해 예외 없는 처벌 규정을 명문화함으로써 12·12나 5·17과 같이 '성공한 쿠데타'라 할지라도 그 성공 여부에 관계없이 반드시 처벌한다는 사실을 분명히 했다. 앞으로 군사반란 및 내란죄, 집단학살죄를 저지른 자에게는 형사소송법상의 공소시효 적용 자체를 아예 배제하도록 하여 다시는 유사한 범죄가 재발될 수 없도록 했다. 그러나 5·18특별법은 광주 문제의 완전한 해결이 아닌 지배세력과의 역사적 타협의 결과물이었다. 특별법을 통해 희생자들에 대한 명예회복과 진상 규명이 부분적으로 이루어졌지만, 피해자 측이나 광주민주화운동 측의 요구 조건이 충분히 수용되지 못했다는 점에서 많은 아쉬움이 남는다.

도 1995년의 지방자치 선거와는 달리 예전과 비슷하게 혼탁했다. 이 선거에서는 김대중의 새천년국민회의도 부진을 면치 못했지만, 지역주의 탈피와 개혁을 표방한 진보 성향의 민주당도 15석밖에 확보하지 못했다. 1997년 1월 노동법 개악에 항의해 민주노총(전국민주노동조합총연맹)과 한국노총(한국노동조합총연맹)이 파업에 들어가 세계의 이목을 집중시켰다. 한보철강의 부도 사태에 이어 5월에 결국 김현철이 구속되었다.

김영삼 정권은 임기 만료 직전에 IMF 사태를 맞았다. 1997년 11, 12월 한국은 최악의 외환위기를 맞아 국가가 파산 상태에 놓이는 듯했다. 정부는 IMF에 긴급 구제금융을 신청했다. 12월 말 IMF 및 미국 등이 241억 달러를

IMF 위기를 몰고 온 한보철강 부도 사태

1997년 1월 23일 자산 규모 2200억 원인 한보철강이 6조 원이 소요되는 엄청난 규모의 제철소를 5조 원의 빚을 끌어모아 건설하려다가 부도가 났다. 재계 순위 14위였던 한보철강은 부도 당시 부채 비율이 1900퍼센트나 되었다. 한보 사태는 기업인·정치권·금융계가 얽혀 저질러진 김영삼 정권하의 최대 비리 사건이었다. 검찰 조사 결과, 한보 사장 정태수를 비롯해 은행장, 여당 의원, 전 내무부 장관 등이 구속되었고, 재수사를 통해 청와대 비서진과 전직 장관, 국회의장을 포함한 33명의 여야 정치인도 조사를 받고 구속되었다. 이 사건에는 대통령의 아들 김현철이 깊숙이 개입되었음이 검찰 수사 결과 밝혀져 김영삼의 권위는 급격히 떨어졌다. 1997년 한보철강 부도에 이어 삼미그룹과 한신공영, 진로그룹, 대농그룹, 쌍방울, 해태그룹 등 모두 12개의 대기업이 줄줄이 부도로 문을 닫았다. 이와 같은 대기업들의 연쇄 부도와 금융기관의 부실화는 외환위기를 초래한 기본 요인이었다.

© 오동명

호송되는 김현철

1997년 5월 20일 김영삼 대통령의 차남 김현철이 한보 부도 사태 관련 혐의로 조사를 받기 위해 수의를 입은 모습으로 대검찰청으로 들어가고 있다.

지원해 외환위기는 넘겼으나 한국은 경제 주권을 상실하고 경제 신탁통치라고도 말하는 IMF 관리하에 들어갔다. 대대적인 기업의 구조 조정으로 수많은 직장에서 대규모 해고 사태가 발생했다. 이로 인해 대량 실업과 구직난, 비정규직 속출로 노동자의 생존권이 위협받는 반면, 일부 부유층은 고금리의 혜택으로 부를 더욱 축적하여 빈익빈 부익부 현상이라는 양극화 현상이 심화되었다.

서울역 대합실의 노숙자들

1998년 3월 17일 새벽 4시의 서울역 대합실. 의자에 앉은 채로 아무렇게나 잠을 자고 있는 노숙자들의 지친 모습은 IMF 직후의 힘겨운 삶을 웅변하고 있다.

| 광주 청문회 스타 등장 |

청문회 시대 막을 연 광주·5공비리 특위

1988년 4·26총선에 의해 성립된 여소야대 국회는 김종필의 신민주공화당이 야권에 가세함으로써 수십 년 만에 거수기 국회에서 벗어나 의회정치의 활성화를 가져왔다.

예상대로 새 국회가 문을 열자마자 광주항쟁과 5공비리의 진상 규명 문제가 최대 쟁점으로 부각되었다. 1988년 6월 13일 헌정사상 최초로 청문회제도 신설을 골자로 한 국회법 개정안이 만장일치로 통과되었다. 광주항쟁 명칭 문제로 다투다가 6월 27일 역사를 바로잡고 명예를 회복시키기 위한 '광주민주화운동 진상조사 특위'(광주특위)와 '제5공화국에 있어서의 정치권력형 비리조사 특위'(5공특위) 등을 설치하기로 합의했다.

서울시내 36개 대학생 1만여 명이 각각의 대학에서 '전두환·이순자 체포 결사대 출정식'을 갖고, 원천봉쇄하기 위해 동원된 2만여 명의 경찰과 충돌하며 곳곳에서 격렬히 시위를 벌였던 11월 3일—이날은 학생의 날이었다—에 사상 처음으로 5공특위에서 일해재단 청문회를 가졌다. 이날 오전부터 철야를 하면서 다음 날 아침까지 계속된 청문회에서 의원들은 전두환의 일해재단 사유화 시도와 재단 기금의 강제 모금 여부를 집중 추궁했다.

청문회의 인기는 폭발적이었다. 얼마 전만 해도 '나는 새도 떨어뜨린다'는 위세를 자랑하던 장세동을 비롯한 5공 실세와 정주영을 비롯한 재계 거물들이 줄줄이 불려나와 호통을 당하는, 상상할 수 없었던 일이 매일같이 일어났다. MBC가 생방송을 하겠다고 나서자 KBS도 질세라 뒤따랐다. 첫 생중계를 한 11월 7일과 8일의 낮 12시대 시청률은 56퍼센트, 64퍼센트로 두 달 전의 올림픽 개막식보다 높았다. 방송사는 시청자의 성화로 저녁 이후에도 일부 시간을 제외하고 현장중계를 계속했다.

가자! 연희동으로, 전두환 처단!

광주학살과 부정비리의 주범 전두환·이순자 처벌을 위한 범국민투쟁본부 결성 뒤 시민들이 현수막을 들고 행진하고 있다. 대열의 선두에 문익환 목사, 백기완 씨 등이 서 있는 모습이 보인다.

청문회 스타도 탄생했다. 현대의 로비도 작용했겠지만, 정주영이 증언대에 서자 의원들이 갑자기 '증인님', '회장님'이라고 부르며 굽실거려 정경유착의 실상을 알려던 시청자들의 분노를 샀다. 정주영은 "기업가가 시류를 따르는 것은 천 년을 가도 변치 않을 것"이라고 당당히 시류론을 펴다가 생각지도 않게 노무현 의원으로부터 집중타를 맞고 말문이 막혔고, 결국 바른말을 못해 죄송하게 생각한다고 사과했다. 통쾌한 장면이었다. 노무현은 치밀한 논리, 예리한 신문으로 증인들의 견고한 방어벽을 여지없이 무너뜨려 일약 스타가 되었다.

1988년 11월 18일 김대중의 증언을 필두로 광주 청문회가 시작되었다. 광주에서는 차량 통행이 한산했고, 시장 발걸음도 뜸했다. 그러나 증인으로 소환된 전두환과 최규하가 출석하지 않았고, 당시 국방장관이나 육군 참모총장 등 군 수뇌부들이 변명으로 일관하자 "저런 자들에게 국방을 맡기다니"라는 통탄과 함께 비난이 빗발쳤다.

광주 청문회의 핵심은 전두환을 불러내는 일이었다. 뿐만 아니라 11월 3일 이후에도 학생운동권에서 '체포 결사대'를 조직해 전두환이 사는 연희동으로 '출정'하는 등 문제가 심각해지자 노태우 정권은 전두환의 형과 동생, 동서, 처남 등 일가족을 구속하고 검찰이 장세동을 비롯한 5공 핵심 실세를 소환했다.

광주·5공비리 청문회의 증인으로 출석한 전두환 전 대통령의 증언을 듣기 위해 서울역 텔레비전 앞에 모인 시민들.

그렇지만 전두환이 노태우에게 제공한 선거자금 등 정치자금 액수를 들이대며 증언을 완강히 거부해 11월 23일 전두환·이순자 부부가 139억 원의 정치자금과 사저 등 수십억 원을 국가에 '헌납'하고 설악산 백담사로 떠나는 것으로 낙착을 보았다. 전두환은 139억 원도 내려고 하지 않아 청와대 측이 50억 원을 보탠 것으로 알려졌다.

광주특위는 1989년 1월 26일 전두환·최규하 동행명령장을 전달했으나, 그들은 여전히 증언을 거부했고, 발포령 작전지휘권이 풀리지 않아 광주학살 책임자 규명이 제자리를 맴돌았다. 민정당과 노태우 정권은 청문회 초기부터 보상법안으로 광주학살 진상 규명을 대신하려고 했다. 검찰은 5공비리 수사를 종결지었다. 전두환·최규하에 대한 두 번째 동행명령장이 발부된 2월 22일부터 민정당은 광주특위 등 특위 참여를 거부했다.

초·중·고에서도 청문회 바람이 부는 등 청문회 말투를 그대로 흉내 내는 청문회 신드롬이 퍼지고, '저질 코미디언 이주일에 대한 비리 청문회'라는 코미디 프로그램이 생겨날 정도로 높았던 청문회의 인기는 의원과 증인의 저질 발언이 계속되고 새로운 사실도 밝혀지지 않자 점차 시들해졌다. 1989년 3월 문익환 목사 방북사건이 일어나자 공안정국이 초래되었다.

연말이 다가오자 12월 16일 노태우와 김대중, 김영삼, 김종필이 대좌했다. 그리하여 전두환이 1회 증언을 하되 녹화해서 중계하고 질의는 서면으로 하기로 했다. 광주사태와 관련해 정호용 등의 의원직 사퇴는 대통령이 처리하도록 하고, 피해자 보상입법을 서두르기로 했다.

광주 · 5공비리 청문회에서 항의하고 있는 노무현 의원.

1989년 12월 31일 10시 조금 넘어 국회 증언대에 선 전두환은 자정을 넘겨서야 의사당을 떠났다. 예상대로 자신은 광주사태에 관여할 위치가 아니었다고 강변했고, 정치자금 문제에 대해 입을 열면 새로운 사태가 일어날 것이라는 위협도 했다. 그가 발언하는 중 일곱 번이나 정회 사태가 벌어졌는데, 광주 발포가 자위권 발동이었다고 말하는 순간 일부 의원이 "살인마 전두환!"이라고 외치는 등 삽시간에 아수라장이 되었다. 81퍼센트까지 치솟던 TV 시청률이 시간이 조금 지나자 곤두박질쳤다.

1990년 2월 민정당과 통일민주당, 신민주공화당의 합당으로 민자당이 출현함으로써 여소야대 국회는 무너지고 의회정치는 전면 후퇴했다.

여소야대 국회 청문회는 한계가 있었으나 성과도 컸다. 의회 역할에 시선이 집중되었다. 쿠데타를 일으켜 무소불위의 권력을 휘두르던 자들이 곤욕을 치렀고, 미약하나마 단죄도 받았다. 그 뒤로 사안이 있을 때 청문회가 열렸고, 특별검사제도가 도입되었다.

대통령 별장인 청남대 앞에 세워진 전두환 동상.

1990년 3당 합당 발표 후 기자들에게 포즈를 취하고 있는 김영삼, 노태우, 김종필(왼쪽부터).

705

한반도 평화와 통일을 향해

1997년 12월 18일 경제위기 상태에서 치러진 대통령 선거는 그야말로 박빙의 시소게임을 벌였다. 자유민주연합(약칭 자민련)의 김종필과 손을 잡은 새천년국민회의의 김대중 후보가 1032만여 표 40.3퍼센트로, 993만여 표 38.7퍼센트를 득표한 한나라당(신한국당의 후신)의 이회창 후보보다 39만여 표가 많아 가까스로 승리했다. 이인제 후보(492만여 표 획득)가 경남 지방 표를 분산시킨 것이 가장 큰 변수였다.

김대중 대통령은 국무총리서리로 김종필을 임명하는 등 수구냉전적인 자민련과 동거해야 했기 때문에 개혁에 제약이 있었다. 또한 김 대통령은 IMF의 '권고'에 순응적이었고, 신자유주의를 추종해 국가의 기간(基幹)이 되는 포항제철, 한국전력 등과 금융기관을 민영화하고 외국자본이 진출할 수 있도록 '개방'했다. 1998년은 IMF사태로 마이너스 6.7퍼센트의 성장을 기록했으

손을 마주 잡은 남북의 정상

2000년 6월 13일 남북정상회담을 위해 평양 순안공항에 내린 김대중 대통령(오른쪽)이 마중을 나온 김정일 국방위원장과 손을 마주 잡고 환하게 웃고 있다. 남북의 두 정상은 대립과 반목으로 점철된 남북관계의 기본 틀을 화해와 협력으로 전환하는 민족사의 한 획을 긋는 남북공동선언에 합의·서명했다.

햇볕정책

남북한 사이의 긴장관계를 완화하고 화해와 포용을 통해 북을 개혁·개방으로 유도하기 위해 김대중 정부가 추진한 대북정책. 햇볕정책이란 말은 김대중 대통령이 1998년 4월 3일 영국을 방문했을 때 런던대학교에서 행한 연설에서 처음 사용한 용어로, 겨울 나그네의 외투를 벗게 만드는 것은 강한 바람이 아니라 따뜻한 햇볕이라는 이솝 우화에서 인용한 말이다.

나, 1999년은 전년보다 10.9퍼센트 성장했다. 김대중 정부는 빈곤층 문제, 여성의 지위 향상, 장애인 문제에 관심을 보였다.

김대중 정부가 들어선 이후 남북관계가 호전되었다. 남북관계의 새로운 전기를 만드는 데 현대그룹의 총수 정주영이 크게 기여했다. 정주영은 이미 1989년에 방북해 금강산개발의정서를 체결했지만, 문익환과 임수경의 방북 사건으로 성사되지 못했다. 정주영은 1997년 말부터 대북 접촉을 적극적으로 벌였다. 정주영이 1998년 6월에 500마리의 소를 이끌고, 또 10월에 501마리의 소와 현대자동차를 가지고 판문점을 넘어 북에 간 것은 대단한 이벤트였다. 드디어 10월 18일 금강산 관광객 826명 등 1418명을 태운 배가 동해항에서 북의 장전항으로 떠났다. 남과 북의 교류는 분명히 새로운 차원을 맞이하고 있었다.

소 떼를 앞세우고 북으로 가는 정주영

1998년 6월 16일 정주영 현대그룹 명예회장이 한우 500마리를 실은 트럭(아래쪽)을 앞세우고 판문점을 통과해 북으로 가기 전 기자들에게 인사하고 있다. 이전에도 북한 방문은 있었으나 분단의 상징인 판문점을 통해 '합법적'으로 방문한 것은 처음 있는 일이었다.

4·13총선 낙선운동
2000년 4월 3일 낙선 대상 후보 명단 발표를 마친 총선시민연대 회원들이 "시민의 힘으로 정치를 바꿉시다"라고 적힌 플래카드를 들고 명동성당까지 시가행진을 벌이고 있다.

2000년 4월 13일 치른 총선은 몇 가지 특징이 있었다. 영남 유권자들이 무섭게 '단결'하여 울산 동구 1석을 제외한 64석을 한나라당 후보가 석권했다. 그렇지만 이 선거에서 총선시민연대의 '바꿔' 열풍이 불어 낙천·낙선 운동 대상자 86명 중 59명이 떨어진 것은 정치에 얼마간 희망을 갖게 했다.

김대중 대통령은 취임 초부터 '햇볕정책'을 내세우며 북과의 관계 개선에 심혈을 기울였다. 북은 처음에는 김대중 정부에 대해 냉정했고, 동해 북한 잠수정 사건, 서해교전 등 암초도 깔려 있었다. 그러나 2000년 3월에 남북 특사가 만났고, 4월 남북정상회담 개최가 발표되었다.

김 대통령은 북의 요구 때문에 예정일보다 하루 늦은 6월 13일 오전 10시 20분 평양 순안공항에 도착했다. 북의 김정일 국방위원장이 공항까지 나와 영접했다. 1948년 분단정부가 들어선 이래 처음 있는 경사였다. 그동안 남과 북은 극단적으로 상대방을 부정하고 적대시했는데, 20세기가 마감하고 새 천년이 시작되는 21세기에 들어가는 길목에서 화해와 화합의 큰 걸음을 내디뎠다.

6월 15일 두 정상은 공동성명을 발표해 통일 문제를 자주적으로 해결하고, 남측의 연합 제안과 북측의 낮은 단계의 연방 제안이 서로 공통성이 있다고 인정하고 이 방향에서 통일을

서해교전(연평교전)
1999년 6월 15일 서해 연평도 인근 해상에서 북방한계선을 넘어온 북한 경비정과 이를 저지하려는 한국 해군의 고속정 사이에 벌어진 무력 충돌 사건. 월드컵 열기가 한창이던 2002년 6월에도 또 한 차례 무력 충돌이 있었다.

지향해나가기로 합의했다. 공동성명에 따라 8월 15일에 남북이산가족방문단이 교환되었다. 1985년 이후 처음이었다. 9월에는 비전향 장기수가 북으로 갔고, 임진강에서 경의선 복원 기공식이 있었다. 북은 한층 유연성을 보여주었고, 남북 간 교류와 협력이 급속히 진척되었다. 2000년 남북정상회담은 남과 북 주민들의 이해와 화합, 협력과 한반도 평화, 나아가 통일을 위해 거대한 초석을 놓았다. 뿐만 아니라 사상과 양심의 자유, 학문의 자유 폭도 넓혔다. 그해 12월 김대중 대통령은 노벨평화상을 받았다.

2002년은 열정과 흥분의 한 해였다. 이해 6월 '붉은 악마'의 뜨거운 응원 속에 한국 축구팀이 월드컵 4강전에 진출했을 때 한국 전체가 흥분의 도가니에 휩싸였다. 서울올림픽대회에 이어 한국이 세계에 널리 알려지는 기회가 되었는데, '과도한 이상 열기'라는 비판도 따랐다. 그해 6월에 두 여중생이 미군 장갑차에 깔려 죽자 촛불 항의 시위가 번져 12월에는 5만 인파의 촛불이 서울 광화문과 시청 일대를 뒤덮었다. 휴머니즘의 발로이자 직접민주주의의

비전향 장기수들의 북송

국가보안법, 반공법, 사회안전법으로 인해 7년 이상의 감옥 생활을 하면서도 사상을 전향하지 않은 장기수들을 비전향 장기수라 말한다. 이들은 1960년대를 전후하여 풀려났다가 1975년 사회안전법이 제정되면서 보안감호처분이라는 명목으로 재수감되어 평균 31년 정도 감옥 생활을 했다.

이인모의 북송
1993년 3월 19일 비전향 장기수로는 최초로 북으로 송환된 이인모가 43년 만에 만난 가족 앞에서 오열하고 있다.

이들은 해방 이후와 한국전쟁 당시의 빨치산 및 인민군 포로, 한국전쟁 이후 북에서 남파된 정치공작원, 통혁당 사건 등 남한에서의 자생적 반체제 활동 관계자, 1970년대 이후 해외 활동으로 체포된 재일동포, 1970년대 중반 이후 '인혁당재건위' 같은 사건으로 연루된 인사 등으로 분류된다. 이들 중 북으로 갈 것을 희망한 63명이 2000년 9월 2일에 6·15공동선언에 따라 북으로 송환되었다.

발현이었다.

그해 대선은 처음에는 한나라당 후보의 일방적 승리가 예견되었으나, 새천년민주당의 후보경선대회가 3월에 제주도에서 시작되면서부터 선거가 끝날 때까지 흥분과 이변의 연속이었다. 뜻밖에도 국민경선대회에서 승리한 노무현이 투표일 한 달을 앞두고 정주영의 아들 정몽준과 단일화에 합의해 극적으로 이겼다. 투표일인 12월 19일 전날 밤 10시에 정몽준이 노무현 지지를 철회한 것도 경악할 만한 사건이었다.

초박빙의 격전 끝에 노 후보는 한나라당의 이회창 후보를 57만여 표 차로 누르고 대통령에 당선되었다. 5년 전처럼 TV 토론이 선거운동에서 중요한 역할을 했다. 특히 보수화되었다는 이야기를 듣던 젊은층의 '행동하는 네티즌'들이 정몽준의 폭탄선언 이후 더욱 열정적으로 뛰어들어 인터넷(신문)이 보수층의 종이(신문)를 압도한 것도 새 시대를 예고하는 듯했다. 노 후보가 사

대~한 민 국! 붉은 악마 열풍

2002년 한일 월드컵에서 보여준 '붉은 악마'의 뜨거운 응원은 전 세계 사람을 놀라게 했다. 월드컵 기간 내내 한국은 흥분의 도가니였다.

상 최소의 선거비용으로 당선된 것도 특기할 만하다. 노 후보 당선으로 군인 시대에 이어 3김 시대도 막을 내렸다.

그러나 노 대통령은 탄핵으로 벼랑 끝에 몰렸다. 노무현과 자유주의자들은 기존 정당과 다르게 지역을 초월해 정책과 성향을 같이하는 정치인들이 규합된 새 정당이 요구된다고 판단해 새천년민주당으로부터 분리해 열린우리당을 조직했다. 초미니 여당의 탄생이었다. 하지만 2004년 3월 한나라당과 민주당의 협공으로 대통령 탄핵소추안이 국회에서 가결되기에 이르렀고, 고건 총리가 대통령 권한대행인 상태에서 그다음 달인 4월에 총선이 치러졌다.

유권자들은 사소한 문제로 대통령을 탄핵한 것에 분노했다. 노무현 대통령이 탄핵 직전 야당의 사과 요구를 단호히 거부한 것도 인상적이었다. 한때 열린우리당은 영남에서도 강세를 보였으나, 박근혜 바람으로 영남은 다시 한나라당으로 돌아섰다. 총선 결과 47석밖에 안 되던 열린우리당이 과반수를 넘는 152석을 차지했고, 한나라당은 121석에 머물렀다. 사상 최초로 자유주의자들이 과반수 의석을 확보한 것이다. 5월 헌법재판소는 대통령 탄핵소추안

국민 여러분 죄송합니다

노 대통령의 탄핵안을 온몸으로 막았던 열린우리당 의원들이 끝내 탄핵안이 통과되자 일부는 울부짖으며 일부는 허탈한 표정으로 국회 본회의장 앞에 무릎을 꿇고 국민을 향해 석고대죄를 하고 있다.

2004년 제17대 국회의원 선거 정당별 당선자 분포

* 지역은 지역구(소선거제), 비례는 정당별 비례대표 숫자임.
* 퍼센트는 정당별 비례대표 득표율.

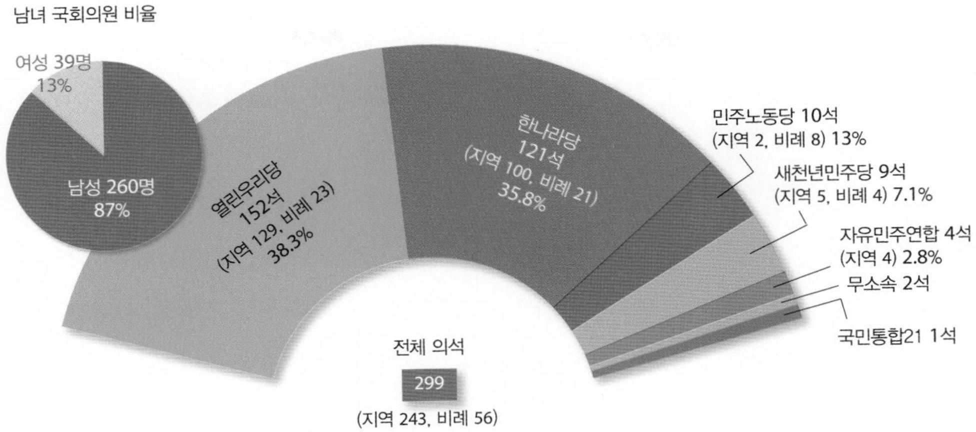

에 대해 기각 결정을 내렸다.

이 총선에서는 처음으로 정당명부제가 도입되어 민주노동당이 비례대표 8석에 지역구 2석으로 제3당이 되었다. 4월혁명 시기 혁신계 정당보다 많은 의석이었다. 여성이 비례대표에서 29명, 지역구에서 10명이 당선되어 여성할당제로 여성 의원이 증가했던 이전 국회의 16명보다 두 배가 넘은 것도 바람직한 현상이었다. 역대 군부정권이 다수 의석을 차지하는 데 이용되었고, 야당에 의해 선거자금 염출원이 되었던 비례대표제가 여성할당제, 정당명부제에 의해 본래의 취지에 접근하게 되었다.

노무현 정권 아래서 민주주의와 자유의 폭이 한층 확대되었다. 노무현은 제왕적 통치자로 군림하기를 거부했고, 탈권위주의에 앞장섰다. 여당과 국회에 자율성을 부여했고, 사법부에 대한 압력도 없었으며, 권한이 부여된 책임총리제도 나타났다. 선거에서 돈 못 쓰게 하는 풍토를 조성했고, 상향식 공천제도로 나아갔으며, 국가정보원·검찰·경찰의 정치적 중립성도 견지했다. 언론의 자유도 확대되었다. 이 모두 다 4월혁명 시기의 장면 정부를 제외한다면 처음 있는 일이었다. 이미 김대중 정권 아래서 진전된 바 있지만, 사회·경제 부문에서의 투명성도 높아졌다.

노무현 정권은 과거사 청산에 적극적이었다. 4월혁명 시기에 제대로 구현되지 못했던 과거사 문제가 6월항쟁 이후 크게 부상된 것은 당연한 일이었다. 2000년 벽두에 김대중 대통령은 제주4·3사건특별법을 공포해 진상 규명과 희생자 명예회복에 나섰는데, 노무현 정권에 와서는 박정희·전두환 정권 암흑통치의 핵심이었던 중앙정보부 및 국방부, 경찰청 관련 의혹 사건 진상규명위원회와 함께 집단 학살과 각종 의혹 사건을 다루는 진실·화해를위한과거사정리위원회(약칭 진화위) 등이 출범했고, 친일파 관련 위원회, 일제강점기 강제 동원 관련 위원회도 활동에 들어갔다. 진화위 등에서는 보도연맹원 대학살 등 여러 주민 집단 학살 사건의 진상 규명이 상당 부분 이루어졌다. 박정희 유신체제의 희생양으로 여덟 명이 법살(사법살인)당한 인혁당재건위 사건, 조봉암·조용수 등의 사형 판결에 대해서도 정치적 성격을 구명했으며, 법원은 재심 판결에서 모두 무죄를 선고했다.

노무현 대통령은 국정 운영에 미숙함을 보여주었고, 여과 없이 내뱉은 말이나 감정 표현으로 불필요한 마찰을 불러일으켰다. 탄핵정국으로 뜻밖에도 과반수 의석을 차지한 열린우리당은 잡다한 여러 세력이 존재하는 데다 리더십도 형성되지 않아 국가보안법 개폐 문제 등에서 분란을 일으키다가 노무현과 함께 추락을 거듭해 지리멸렬해졌다. 이 때문에 노 대통령은 정당정치의 민주화에는 성공했지만 제도화에는 실패했다는 지적을 받았다. 그는 말년에 측근 의존도를 높였고, 그가 불쑥 내민 대연정이나 대통령 중임제 개헌은 촌극으로 끝났다. 행정수도 문제에 대한 논란도 이어졌다.

노무현 정권은 앞 정권의 신자유주의 정책을 이어받아 정리해고의 합법화, 파견근로제의 도입 등 노동의 유연화를 강요했으며, 진보적 지지세력의 반대를 무릅쓰고 한미 FTA 체결을 서둘렀다. 양극화 또한 더 심해졌다. 박정희가 만들어놓은 해외 의존 경제체제의 틀을 벗어난다는 것이 집권자로서 얼마나 어려운가를 보여주는 사례였다. 아파트값도 크게 상승했다.

2007년 12월 19일 치러진 대통령 선거는 박정희 근대화 지상주의의 산물인 성장제일주의가 지역주의와 함께 쓰나미처럼 모든 것을 삼켰다. 후보들의 TV 정책 토론도 외면당했고, 한나라당 이명박 후보가 의혹에 휩싸여 있었는데도 지지층은 흔들리지 않았다. 투표율이 63.0퍼센트로 역대 대통령 선거 중 가장 낮았다. 이 후보는 48.7퍼센트의 득표로 대통령에 당선되었다.

2008년 4월 9일 치러진 총선 투표율 또한 사상 최저인 46.1퍼센트를 기록했다. 역시 성장제일주의가 위력적이었는데, 이번에는 뉴타운 공약의 인기가 말해주듯 노골적으로 재산 증식에 대한 욕망이 표심에 작용했다. 한나라당이 153석으로 과반수를 차지했고, 열린우리당의 후신인 통합민주당은 81석에 지나지 않았다. 민주노동당은 5석으로 곤두박질한 반면 친박연대라는 기이한 이름을 가진 당도 14석을 차지했다.

이명박 정권은 첫 내각부터 부동산 부유층이 많아 '강부자(강남에 사는 부동산 부자)'라는 별명을 얻었다. 그런데 총선에서 대승하자 친미 성향의 이 대통령이 미국과 맺은 쇠고기 협정이 광우병 파동을 불러일으켜 이명박 정권은 위기에 처했다. 5월 2일 여중고생들이 협상 무효를 외치며 촛불 시위를 시작했는데(1만여 명), 며칠 후 촛불 시위는 전국으로 확산되었고, 5월 10일의 서

2008년 제18대 국회의원 선거 정당별 당선자 분포

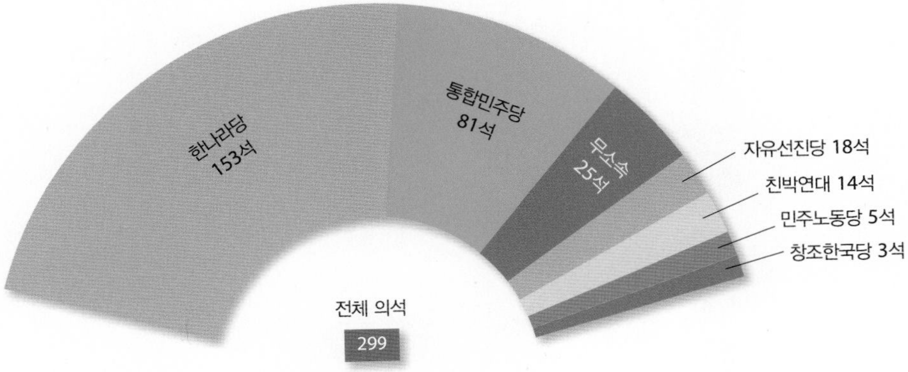

울 집회에는 3만여 명이 참가했다. 촛불 시위에 놀란 이 대통령이 핵심 공약이었던 대운하 사업을 보류한 것은 정말 천만다행이었지만, 4대강 사업으로 바꿔 예산을 쏟아부었다. 규모가 큰 촛불 시위는 5월 말 6월 초에 계속되었는데, 6월항쟁 21주년인 6월 10일에는 서울의 70만 인파(주최 측 추산)를 비롯해 부산·대구·광주·대전 등 전국 각지에서 100여만 명이 집결해 거대한 강물이 도도히 흐르듯 도심지 한복판을 가득 메웠다.

이명박 정권은 노무현 전 대통령과 그 측근의 비리를 캐내기 위해 공권력을 대거 동원했다. 2009년 5월 노무현은 봉하마을에서 투신자살했다. 그 소식이 알려지자 추모 행렬이 서울과 전국 각지를 뒤덮었다. 이명박 정권의 처사를 향한 분노가 뒤엉킨 애도의 물결이 해일처럼 밀려와 전국에 분향소가 200곳 가까이 설치되었다. 국민장장의위원회는 사거 5일째인 27일 조문객 수가 300만 명에 근접했고, 봉하마을 방문객도 70만 명을 넘어섰다고 발표했

촛불 집회
이명박 대통령이 미국과 맺은 소고기협정으로
전국은 다시 한 번 촛불 시위로 뒤덮였다(2008년 6월 10일).

© 오마이뉴스

다. 영결식에 이어 있었던 서울광장 노제에는 노란색 두건, 노란 리본과 넥타이를 맨 50만여 명의 인파가 모여들었다. 노무현처럼 서민적이었던 김구가 암살당한 이후 처음 보는 슬픔의 바다였다.

성장제일주의나 재산 증식 욕망으로 한나라당을 찍은 유권자들은 이명박 정권이 들어선 직후부터 쓰디쓴 좌절을 맛보았다. 경제성장률 7퍼센트, GDP 4만 달러, 세계 7대 경제대국 입성의 747공약이 어이없이 휴지 조각이 된 것이다. 글로벌 금융위기도 겹쳐 5년간의 연평균 경제성장률은 7퍼센트의 반토막에도 못 미쳤고, 2011년의 GDP도 노무현 정권 마지막 해의 2만여 달러 수준에서 턱걸이를 했다. 노동시장 유연화로 비정규직이 급증했다. 2011년에 체감 실업률은 두 자릿수, 청년 실업률은 그 두 배인 22퍼센트라는 통계 수치도 나왔다. 수출은 계속 증가해 2011년에 세계에서 일곱 번째를 기록했지만, 내수는 바닥을 헤매 경기 불황이 심화되는 이상한 현상이 나타났다.

▲ 권양숙 여사 위로하는 김대중 전 대통령
경복궁 앞뜰에서 열린 노무현 전 대통령 영결식에서 김대중 전 대통령이 권양숙 여사의 손을 잡고 울고 있다(2009년 5월 29일).

◀ 식지 않는 추모 열기
노무현 전 대통령의 죽음은 많은 사람들을 충격에 빠뜨렸다. 전국에서 그의 죽음을 애도했다. 사진은 서울시청 앞에 마련된 분향소에서 기도하는 여고생들의 모습.

이명박 정권은 노무현 정권이 한 일을 거꾸로 돌려놓으려 했고, '빼앗긴 10년', '잃어버린 10년'이란 말을 되뇌던 극우 성향의 언론이 그것을 한껏 부추겼다. 언론 정책 등 여러 부문에서 권위주의 시대로 회귀하는 듯한 정책이 나타났다. 특히 뉴라이트를 앞세운 수구냉전세력은 현대사 재교육에 전력투구했다. 정권 초부터 강사들을 중등학교에 보내 세뇌교육을 시켰고, 광복절을 건국절로 하자는 망발도 서슴없이 했다. 학교에서 사용하는 교과서를 바꾸게 하거나 수정을 강요했다. 정권이 끝나갈 무렵인 2011년 가을에는 역사교과서에 민주주의 대신 독재자들이 귀가 아프게 선전한 '자유민주주의'를 쓰도록 강요해 역사학계의 심한 반발을 초래했다. 뿐만 아니라 박정희 추종자답게 극우반공 성향이었는데, 치열한 논쟁을 불러일으킨 '천안함 사건'을 계기로 대북 봉쇄정책을 펴 남북관계와 한반도 평화를 박정희·전두환 시대로 되돌려놓았다.

2012년은 선거의 해였다. 이해 4월 11일 총선은 투표율이 54.2퍼센트로 2008년의 총선을 제외한다면 역대 국회의원 선거 중 가장 낮았다. 초기에는 민주통합당의 우세가 점쳐지기도 했지만, 선거 결과 새누리당이 152석으로 과반수를 2석이나 초과했고 민주통합당은 127석에 머물렀다. 통합진보당은

18대 대통령 대선 주자들

2012년 안철수의 돌풍은 민심이 무엇을 원하는지를 알게 하는 기폭제였다. 사진은 '전국 수산인 한마음 전진대회'에 참석한 박근혜, 문재인, 안철수(왼쪽부터).

민주통합당과 연대하여 13석이나 차지했지만 전국구 선거부정 문제로 곧 분열되었다. 여성 의원은 47명으로 2008년 총선보다 6명 증가했다.

2012년 대선에서 한나라당(뒤에 새누리당으로 개명) 후보가 박근혜가 될 것이라는 것은 처음부터 확고했다. 박근혜 후보는 아버지 박정희의 인기에 힘입어 견고한 지지층을 확보하고 있었으나, 2011년 하반기에 20대에 강한 지지층을 갖고 있는 안철수라는 변수가 출현해 대선 정국은 안개 정국으로 변했다. 민주당 후보는 경선에서 문재인으로 어렵지 않게 확정되어 안철수와 후보 단일화를 논의하던 도중 안철수가 대선후보 등록 직전 자진사퇴해 사실상 단일 후보가 되었다.

민주당 대통령 후보로 나섰다가 범야 진보 진영의 단일 후보가 된 문재인 후보는 투표 며칠 전부터 박 후보와 초박빙의 대결을 하고 있는 것으로 보도되었다. 그렇지만 12월 19일 투표 결과 박 후보가 1577만 3128표(득표율 51.55퍼센트)로 1469만 2632표(득표율 48.02퍼센트)를 얻은 문 후보보다 108만 496표(3.5퍼센트) 차로 누르고 당선되었다. 중앙선거관리위원회 표본조사에 따르면 박 후보의 승리는 엄동설한에도 불구하고 이례적으로 베이비붐 세대인 50대가 82.0퍼센트(방송 3사 출구조사에 의하면 89.9퍼센트), 60대 이상이 80.9퍼센트나 투표장에 나와 20대 68.5퍼센트, 30대 70.0퍼센트보다 투표율이 월등히 높았던 것이 중요 요인이었다.

'박정희 신드롬'이 '안철수 현상'을 이겼다고 할까, 과거 세대가 미래 세대를 밀어냈다고 할까. 박 후보는 박정희와 인상이 비슷한데, 50대는 박정희 집권 18년에 유년기, 성장기의 대부분을 보낸 사람들이었다. 그들은 특히 박정희 유신체제로부터 초·중·고 시절에 '유일 영도자'로서 박정희를 절대시하는 교육을 받았고, 총력안보체제론과 반공·반북 이데올로기에 젖어 있었다. 조국 근대화는 다름아닌 경제성장이라는 논리에 익숙해진 50대 이상의 연령층이 안고 있는 창창하게 남은 노후에 대한 불안감도 박 후보를 적극 지지하는 데 변수로 작용했다. 박근혜 정부는 2013년 2월에 출범했다.

협력과 긴장이 교차한 남북관계

노무현 대통령은 김대중 대통령의 대북정책을 이어받아 남북의 화해와 경제협력, 긴장 완화를 추구했다. 그러나 미국의 부시 정권이 북과의 직접 대화를 회피했기 때문에 2003년에 남과 북, 미국과 중국, 일본과 러시아가 참여하는 다자간 회담인 6자회담에서 긴장 완화에 직결되어 있는 북핵 문제를 논의했지만 그 길은 험하고 멀었다.

노 정권은 지지층의 반대에도 불구하고 6자회담 성사를 위해 이라크에 파병을 했고, 그 과정에서 역사상 드물게 대미 자주외교를 펼쳤다. 노 대통령이 2015년에 전시작전권을 환수하기로 한미 간에 합의를 본 것도 자주성 강화의 일환이었다. 2004년 12월에 고려의 수도였고 서울에 인접한 개성에 공단 터가 닦이고 첫 공장 준공식을 가진 것은 남북경협에서 커다란 이정표를 그은 '사건'이었다.

그렇지만 6자회담이 지지부진하고 미국의 북에 대한 금융 제재가 한층 심해지자 북은 2006년 10월 5일 핵실험을 강행했다. 나아가 6자회담이 중단된 가운데 이명박 정권과 미국의 오바마 정권이 보조를 같이해 대북 강경정책을 견지하자 북은 2009년 5월 25일 1차 때보다 규모가 큰 2차 핵실험으로 대응했다.

원래 핵무기는 남에 먼저 배치되었다. 미국은 정전협정을 어기고 1957년 말에 핵무기를 들여왔다. 1970년대 중반에 남에는 약 700기 또는 1000기 내외의 전술 핵무기가 배치된 것으로 알려졌다. 1970년대 중반에는 박정희가 핵무기 개발에 착수했다가 미국의 압력으로 포기했다.

북은 1985년에 핵무기확산방지조약(NPT)에 가입했고, 1991년 10월 미국이 남에서 핵을 모두 철수시키면 핵 사찰을 받겠다고 나왔다. 1980년대 중반부터 이 무렵까지 운동권은 "반전·반핵"을 외쳤다. 1991년 12월 31일 남과 북은 "핵무기를 시험·제조·생산·접수·보유·저장·배비·사용하지 않고, 핵에너지를 오직 평화적 목적에만 이용한다"는 '한(조선)반도 비핵화에 관한 공동선언'에 합의했다. 1992년에 북은 국제원자력기구(IAEA)와 조약을 체결했다. 미국은 1991년 남에서 핵을 철거했다.

하지만 남은 소련에 이어 중국과 수교했는데 북-미-일 관계는 호전되지 않았고, 소련이 해체되어 북의 체제가 심각한 위기에 놓였다. 북은 1993년 NPT를 탈퇴하고 IAEA의 사찰 요구를 거부했다. 그러다가 대타협이 이루어져 1994년 미국과 북은 제네바에서 북이 핵 개발을 중단하고 핵 사찰을 받는 대신 미국은 북의 체제 안전을 보장하고 경수로발전소를 지어준다는 데 합의했다. 그러나 미국에 부시 정권이 등장한 이래 북미관계는 다시 악화되었고, 그러한 상황에서 2003년 가까스로 6자회담이 열렸던 것이다.

북의 핵실험은 일본의 핵무장을 부추기는

등 동아시아 평화에 짙은 암운을 드리웠다. 한번 핵을 보유하면 악마의 유혹처럼 강렬해 결코 포기하려 하지 않는다. 북은 2006년 핵실험 직후 한반도 비핵화를 실현하려는 원칙에 변함이 없다고 공표했지만, 2차 핵실험 이후에는 핵보유국이라는 점을 강조하고 있어 한반도 비핵화의 길을 위협하고 있다.

북의 핵실험에 노무현 정권은 몹시 당황했지만, 긴장 완화를 위한 노력은 계속되어 2007년 5월 남과 북에서 북과 남을 향해 철마가 달렸다. 56년 만에 경의선이 개통된 것이다.

노 대통령은 다른 방향에서도 한반도 평화의 길을 찾아나섰다. 2007년 10월 2일 국가원수로는 처음으로 육로로 평양에 가, 10월 4일 북의 김정일 국방위원장과 '남북관계 발전

과 평화 번영을 위한 선언'에 합의했다. 이 선언에서 주목할 만한 것이 북의 해주 지역과 주변 해역을 포괄하는 지대에 공동어로수역과 평화수역을 설정하고 경제특구를 건설하며, 한강 하구를 공동으로 이용하는 것을 주 내용으로 한 '서해평화협력특별지대' 설치를 추진하는 것이었다. 이것은 긴장 완화와 남북 경협에 새로운 이정표를 마련한 획기적 합의였다.

2008년 이명박 정권이 들어서자 냉전시대에 주입했던 판에 박은 현대사 도식을 재교육시키려는 이유와 똑같은 이유로 이 대통령과 수구냉전세력은 남북관계를 냉전시대로 되돌려놓으려고 안간힘을 다했다. 2000년 6·15 공동성명, 2007년 10·4공동선언이 상징하는 긴장 완화, 남북 화해와 경협은 반공독재 권력을 지탱해온 이데올로기를 산산조각 냈고, 이 대통령과 수구냉전세력의 아픈 곳을 찌른 치명타였다.

이명박 정권이 들어서면서 다시금 대결의 시대가 펼쳐졌다. 2008년 금강산에서 관광객이 북한 군인의 총격으로 사망하자 금강산 관광이 중단되었다. 두 동강난 허리를 이어 달리던 철마도 1년 만에 멈추었다. 민간 교류도 억제되었다.

남북 이산가족 상봉도 2010년 11월을 마지막으로 중단되었다. 노무현 정권 시기에는 이산가족 상봉이 10회, 화상 상봉도 4회 있었으나, 이명박 정권 시기에는 이산가족 상봉이 2회, 화상 상봉은 아예 없었다. 2000년부터 2007년 말까지 3443건 1만 6000여 명의 이산가족이 만났고, 2005년부터 시작된 화상 상봉은 557건 3748명이 이용했다. 한편 2008년까지 대한적십자사에 상봉을 신청한 이산가족은 12만 7323명인데, 이 중 30퍼센트가 그사이에 세상을 떴다.

2010년 3월 서해에서의 한미합동 군사훈련 중 발생한 천안함 사건은 거의 두 달이 다 되어서야 조사단이 북의 어뢰 공격에 의한 것으로 발표했다. 이 발표는 논란을 불러일으켰

천안함 인양하는 모습.

개성공단 노동자들.

다. 발표 4일 후인 5월 24일 이명박 정부는 대북 교역과 교류를 중단시켰다.

이 무렵을 전후해 수구냉전세력은 일제히 긴장 고조에 열을 올렸으나, 곧이어 치른 6·2지방자치 선거에서의 한나라당 패배는 6·15정상회담 이후 민심이 달라졌음을 보여주었다. 그해 11월 북이 연평도를 향해 포격을 해 해병대원 2명, 민간인 2명이 사망한 사건은 북이 위험한 모험을 저지를 수 있다는 것을 실증했다. 또한 천안함 사건이 일어나자 때를 만났다는 듯이 수구냉전세력이 긴장을 고조시키고 전쟁을 불사하겠다고 나선 것은 박정희 유신시대가 부활한 것 같은 느낌을 갖게 했다. 이 시기에 개성공단이 존폐위기에 처했으나 살아남은 것은 그동안 쌓아온 남북 교류와 협력이 헛된 것이 아니라는 것을 상징적으로 말해주었다. 한반도 평화와 남북경협의 길은 멀고도 험했으나 이처럼 성과도 쌓였다.

2011년 12월 김정일 국방위원장이 사망하고, 김정일 아들로 할아버지 김일성을 닮은 20대의 젊은 김정은이 후계자로 등장했다. 12월 29일 북미고위급회담에서 북의 핵실험 유예가 발표되어 북미 간에 훈풍이 도는 듯했으나, 2012년 4월 북이 로켓을 발사하자 한반도 정세는 다시 경색되었다.

2012년 대선 정국이 무르익으면서 남북관계가 중요 이슈로 떠올랐다. 문재인·안철수 후보는 물론이고 새누리당의 박근혜 후보조차 이명박 정권의 대북정책에 비판적이었다. 박 후보는 남북 간 신뢰를 바탕으로 하여 비핵화 회담이 진전을 보이면 한반도 경제공동체 건설을 추진하겠다고 공약했다.

북은 2013년 2월 12일 세 번째 핵실험을 해 남북관계와 동아시아 평화를 심각하게 위협했다. 박근혜 새 대통령과 두 번째 임기를 맞은 미국의 오바마 정부는 북의 핵 무장에 현실적으로 접근해 북이 핵을 포기하도록 분위기를 조성했어야 했는데, 그 이전과 똑같은 방식으로 대처했다.

글을 마치며

미래를 여는 역동적 참여

해방 60년을 맞은 2005년 여러 국가기구에서 진실 규명과 명예 회복으로 민주주의와 인권을 진전시키고 화해와 상생, 국민 단합을 이루어내 새로운 역사를 만들어내자는 정신으로 과거사 청산 작업이 활발히 전개되었다. 바로 그해에 한국인은 광복 60주년 행사를 펼치며 세계 어디에 내놓아도 부끄럽지 않은 민주주의와 경제 발전을 이룩한 것에 뿌듯한 자부심을 가졌고, 남북의 화해와 협력으로 한국 역사 최대의 부끄러움인 분단체제를 끝맺음하자고 다짐했다.

한국 현대사는 역동적인 참여로 일구어낸 역사였다. 해방을 맞아 우리 민족은 식민체제 청산에 적극 뛰어들었다. 해방은 역사의 주인공으로서 우리 민족이 이룩한 정치혁명이자 시민혁명이었고, 사회혁명이자 문화혁명이었다. 세계에서 한국처럼 피를 흘리지 않고 경제혁명인 토지(농지)개혁을 수행한 지역도 드물다. 놀라운 변화로 해방은 현대사의 기점이 되었다.

한국인은 4월혁명으로 또다시 새롭게 태어났다. 암울한 어둠에 갇혀 죽어 있는 것 같았던 한국인은 이승만 정권의 압제와 악정, 부정선거에 항거하여 떨쳐 일어나 새로운 역사의 지평을 열었다. 그리하여 민주주의로 향하는 큰 틀이 잡혔고, 언론·출판·집회·결사의 자유가 쟁취되었다. 지식인·학생에게 4월혁명은 냉전 이데올로기를 벗어나 폭넓게 시야를 연 정신혁명의 계기가 되었다. 경제 자립, 경제 건설의 열망이 드높았고, 민족 자주성과 통일을 위한 운동이 전개되었다. 민간 차원에서 또 정부 차원에서 이승만 정권의 집단 학살, 여러 의혹 사건 등 과거사 문제와 부정선거 원흉 등의 처단 문제가 제기되었다. 법치주의가 어느 정도 자리잡았고, 관료사회도 변하기 시작했다.

4월혁명 이후 한국은 30여 년 동안 학생운동, 민주화운동이 끊임없이 전개되었다. 세계에서 한국만큼 군부의 철권통치에 맞서 치열하게 싸운 나라도 드물다. 만약에 박정희나 전두환·신군부 의도대로 독재정권이 수십 년간 더 지속되었더라면 한국은 좌절과 침체, 의기소침과 무기력에 빠져 활기나 역동성을 찾을 수 없는 지역이 되었을 것이다. 그렇게 되었더라면 다른 지역의 역사가 가리키듯, 또 부마항쟁을 유발한 유신체제 말기의 암울한 상황이 말해주듯 끝이 보이지 않는 쇠퇴의 늪에 빠졌을 것이다.

6월항쟁에 이르기까지 정권이 평화적으로 교체되지 못한 것은 불행한 일이었지만, 정권 교체가 사회에 엄청난 역동성을 불어넣어 그때마다 새로운 시대를 맞게 한 것은 천만다행이었다. 어느 지역 어느 사회건 장기 독재정권처럼 무서운 적은 없다는 것을 한국과 세계의 역사는 말해주고 있다.

4월혁명 이후 커진 경제 자립, 경제 건설을 향한 열망은 경제 발전의 강력한 추동력이 되었다. 해방 이후 한글세대의 대량 탄생은 대규모 산업예비군을 형성했고, 경제 발전의 기본 동력이 되었다. 여공으로 불렸던 어린 여성 노동자에서 회사원, 기업가, 테크노크라트에 이르기까지 모두 다 열심히 일할 태세가 갖추어져 있었다. 장면 정권과 그 이후의 정권은 경제제일주의에 매달렸고, 군부정권은 정당성이 취약했기 때문에도 경제 건설에 총력을 기울였다. 해외 여건도 좋아져 1960년대 후반부터 자본과 기술 도입이 용이해졌고, 1970년대까지 미국이 시장을 개방했으며, 국내 시장의 개방 압력도 적었다. 유신정권 중반부터 중동건설 붐이 일었고, 서울아시아경기대회와 서울올림픽대회 시기에는 저금리·저달러·저유가의 국제적인 3저 현상에다가 경제 안정화 정책도 작용해 사상 최대의 호황을 누렸다. 1997년 IMF사태와 신자유주의로 흔들렸지만 한때 내수 기반도 생겨나는 것 같았고, 세계 경제 위기에도 저력으로 버텨냈다.

4월혁명이 제2의 해방이라면 6월항쟁은 제3의 해방이라 할 만하다. 이제 민주화는 정치의 제도적 절차에서뿐만 아니라 사회 각 부문, 각층에 일정하게 자리잡았다. 예컨대 언론의 경우만 보더라도 6월항쟁 이후 일부 TV 기자와 PD의 자성과 노력은 민주화에 한몫했다. 문화면에서도 많은 변화를 보였다. 지적 시야도 넓어졌으며, 한류가 점차 세계를 매혹시키고 있다. 한때 일본처럼 보수정권이 장기 집권할 것이라는 좌절감이 있기도 했지만, 그것은 한국의 보수세력은, 일부를 제외하고는, 보수할 가치관을 만들어내지 못하고 수구냉전세력의 구태로 되돌아갈 뿐이라는 현실을 인식하지 못한 데서 나온 견해였다.

21세기에 들어와 역동성이 오히려 떨어지는 것이 아니냐 하는 우려가 있지만, 2002년 두 여중생이 미군 장갑차에 깔려 죽은 데 항의한 촛불시위, 2004년 탄핵 정국에서 보여준 촛불 시위, 2008년 이명박 정권 출범 초기에 보여준 촛불 시위에서처럼 한국인의 역동성은 여전히 살아 있다. 다만 짧고도 짧은 21세기의 10여 년을 가지고 살펴볼 때 젊은 세대가 안일함과 무기력에 빠져 유권자 의식을 망각하면 수구냉전세력이 활개를 치게 되고, 2002년 대선이나 2010년 지방자치 선거에서처럼 젊은이들이 적극 참여하면 미래에 대한 희망을 가질 수 있다는 점을 지적할 수 있겠다.

젊은이들은 정치나 선거와는 다르게 남북 교류와 협력, 통일 문제에 대해서 거리를 두었다. 그렇지만 천안함 피격 사건을 전후해서 수구냉전세력이 긴장을 고조시키고 남북관계를 위험한 상태로 몰아넣으려 하자 6·2지방선거에서 투표로 응답했다. 남과 북의 극단적인 세력에 의해 남북관계가 위기에 빠지는 것은 자신들의 미래를 더욱 위태롭게 만들기 때문이었다.

수구냉전세력의 전신이라고 할 만한 단정세력은 친일파를 주요 기반으로 했는데, 이들은 일제강점기에 군국주의 침략세력에 협력해 반민족 행위를 저지르고 해방 후 분단에 앞장섰기 때문에 민족 앞에 원죄의식을 가지고 있었다. 이 때문에 그들은 역사 교육에 지대한 관심을 보였고, 왜곡과 변조를 서슴지 않았다. 그리고 분단을 이용해 최대한 반공·독재 권력 및 그에 기생한 기득권을 강화하려고 기회만 있으면 긴장을 고조시켜 분단체제를 심화시키고자 했다. 그러나 수구냉전세력은 6·2지방선거에서 자기들의 위협이 먹혀들지 않고 젊은층의 반감을 살 수 있다는 새로운 현실에 직면했다. 냉전적 사고에 익숙해 있던 사회에서 새로운 변화가 일어난 것이다.

한 걸음 더 나아가 젊은이들은 한반도 평화와 통일에 대해서 더 적극적으로 사고할 필요가 있다. 1948년 남·북 분단정부 수립을 코앞에 두고 민중이 남북협상을 그토록 성원한 것은 1000년 이상 단일민족국가를, 그것도 중앙집권적으로 발전시켜왔기 때문에 분단은 있을 수 없다는 본능 같은 반응이 자리잡고 있었던 것인데, 거기에는 분단은 인간의 허리가 두 동강 나 불구가 되는 것과 같다는 두려움이 자리잡고 있었다. 분단으로 말미암아 하나였던 역사와 문화가 불구가 되고, 정치와 경제, 사회가 불구가 되는 것이 어쩔 수 없이 초래된다는 것이었다. 그뿐만이 아니었다. 극우와 극좌의 행태를 볼 때 참혹한 동족상잔의 전쟁이 일어나고 상대방을 증오하고 적대시하게 만들 거란 예감이 들지 않을 수 없었다.

그런데 이제는 다른 상황 때문에도 통일에 관심을 가질 필요가 있다. 한국은 해양(남방) 세력과 대륙(북방) 세력의 교차 지점에 있고, 세계 4대 강국인 미·중·러·일에 둘러싸여 있는, 지정학적으로 중요한 위치에 있다. 그 때문에 민족적 대통합을 이루어내면 정치·경제 면에서나 문화 등 다른 면에서나 대단히 유리한 상황을 조성해낼 수 있다. 왜 일본과 중국, 미국이 한반도가 통일되어 하나의 국가가 되는 것을 강하게 반대하는가 그 이유를 거듭 심사숙고할 필요가 있다.

분단도 오래되면 자연스럽게 보일 수 있다. 그렇지만 긴 역사에서 볼 때 분단은 아주 짧은 기간에 지나지 않는다. 민족 화해, 경제협력과 긴장 완화는 궁극적으로는 분단의 지양으로 수렴되어야 한다. 현재의 단순한 경제협력 차원을 넘어서서 북의 노동력과 시장, 자원과의 적극적인 결합, 나아가 일체화는 남한 경제의 돌파구가 될 수 있고, 북의 변화를 이끌어내면서 통일 비용을 줄일 수 있다. 뿐만 아니라 과도한 외부 의존 경제로 세계 경제가 기침할 때마다 따라서 기침을 하는데, 내수 경제 등 경제의 저력을 강화시켜 경제의 자생력을 높일 수 있다. 그와 함께 동북아에 평화를 정착시키고 북을 경제적·정치적으로 변화시키려면 호혜·평등을 기본으로 한 북미 관계 정상화와 일본의 과거사 반성을 기조로 한 북일 국교 정상화가 요청된다. 그렇게 되면 한반도와 만주·시베리아와의 경제가 밀착될 것이고, 한·중·일을 중심으로 EU와 같은 동아시아 경제 공동체로 나아가는 길이 열릴 것이다.

이제 어느 때보다도 민주주의와 인간 존중의 사회, 평화와 통일을 위해 능동적으로 참여해 삼천리강산을 모든 인간이 더불어 인간답게 사는 땅으로 일구어내야 하겠다.

대구 하계 유니버시아드대회 개회식에서 남북한 임원 선수단이 한반도기를 흔들며 입장하고 있다(2003년).

ㄱ

ㅅ

ㅇ

ㅈ

이미지 제공처

— 이 책은 아래의 단체 및 저작권자의 도움으로 만들어질 수 있었습니다.
사진을 제공해주신 분들께 감사드립니다.

— 저작권자를 찾지 못하여 게재 허락을 받지 못한 사진에 대해서는 저작권자가 확인되는 대로
게재 허락을 받고 통상의 기준에 따라 사용료를 지불하도록 하겠습니다.

4.19혁명기념도서관
강요배
고려대학교박물관
고명진
구아바라 시세이
국가기록원
국립민속박물관
국사편찬위원회
김천길
김녕만
나경택
뉴스뱅크
대통령기록관
대한민국역사박물관
대한민국정부기록사진집
도서출판 눈빛
독립기념관
동아일보
몽양여운형기념사업회
민주화운동기념사업회
백범기념관
서울시립대학교박물관
서울신문
서울역사박물관
서울특별시사편찬위원회《사진으로 보는 서울》
스포츠서울
신복진
연합뉴스
오동명
오마이뉴스
오윤
외교사료관
이경모
이응노
이한열기념사업회
이형록
임옥상
임응식
전민조
전쟁기념관
중앙선거관리위원회 선거정보도서관
중앙일보
지식산업사
프레시안
한겨레
한국영상자료원
홍성담

고려대학교박물관 114
국립민속박물관 110(위)
대한민국역사박물관 86(왼쪽), 127, 138(왼쪽), 149, 183, 187, 207, 252, 323, 332, 338, 364(오른쪽), 373, 390(위), 395, 425
대한민국정부기록사진집 150, 154, 157, 168, 172, 180, 215, 216, 217, 222, 224, 227, 254, 258(왼쪽 위), 264, 266, 297, 300, 304, 311, 315, 330, 347, 363, 367(아래), 370, 389, 399
독립기념관 82(왼쪽)
외교사료관 317
전쟁기념관 137(아래)
한국영상자료원 100